职业教育汽车类示范专业系列教材

首届机械行业职业教育精品教材

汽车机械识图

主　　编	曹　静	陈金炆			
副 主 编	崔　嵬	武　响	邢海清		
参　　编	李炳锋	王　兰	陆　伟	同铁新	刘　丽
主　　审	雷虎成				

机械工业出版社

本教材根据最新的《技术制图》与《机械制图》等国家标准，以"教师好教、学生好学"为出发点，强化"以图阐理、识图为主、读画结合"的编写思路。教材采用模块化、项目式的课程结构，共分五大模块：识图的基础知识、投影作图、图样表示法、图样的识读与绘制、其他图样简介。

本书可作为各类职业技术院校、技工学校等汽车类各专业、机械类专业学生教学用书，也可作为中高级职业技能培训教材以及汽车行业专业技术人员和绘图人员的参考工具书。

为方便教学，凡选用本书作为授课教材的教师，均可登录www.cmpedu.com以教师身份下载免费电子课件，或来电咨询：010-88379865。

图书在版编目（CIP）数据

汽车机械识图/曹静，陈金炫主编. —北京：机械工业出版社，2010.8
(2025.9 重印)
职业教育汽车类示范专业系列教材
ISBN 978-7-111-31649-7

Ⅰ.①汽⋯ Ⅱ.①曹⋯②陈⋯ Ⅲ.①汽车-机械图-识图法-职业教育-教材 Ⅳ.①U463

中国版本图书馆CIP数据核字（2010）第164885号

机械工业出版社（北京市百万庄大街22号 邮政编码100037）
策划编辑：曹新宇 王莉娜 责任编辑：王莉娜 版式设计：霍永明
责任校对：李秋荣 封面设计：马精明 责任印制：常天培
河北虎彩印刷有限公司印刷
2025年9月第1版·第19次印刷
184mm×260mm·17.75印张·438千字
标准书号：ISBN 978-7-111-31649-7
定价：43.00元

电话服务 网络服务
客服电话：010-88361066 机 工 官 网：www.cmpbook.com
　　　　　010-88379833 机 工 官 博：weibo.com/cmp1952
　　　　　010-68326294 金 书 网：www.golden-book.com
封底无防伪标均为盗版 机工教育服务网：www.cmpedu.com

编审委员会

(按姓氏笔画排序)

主　任　黄武全
副主任　李亚平　张金山　赵　彦　赵爱军
委　员　于淑燕　毛　斐　王桐昆　代凯飞　左志强　朱雄伟
　　　　　李思静　鱼小波　赵哲峰　高小利　曹　静　黄庚春
　　　　　雷希锋　蔡立新
主　审　雷虎成

前 言

　　进入 21 世纪，随着我国汽车工业的迅速发展，汽车的拥有量大幅度提高，对汽车制造、维修、保养等专业技能型人才的需求与日俱增。为适应市场对汽车专业技能型人才的素质要求，根据职业技术教育汽车类专业汽车机械识图课程教学大纲及最新颁布的《技术制图》和《机械制图》国家标准编写了本教材。

　　本教材在编写过程中，力求知识系统、循序渐进、强化应用、文字简练、通俗易懂。在内容上，既注重知识的实用性，又体现汽车专业的特殊性，突出以读图为主、读画结合的方法，并通过图例来阐明概念，将基础知识和理论融入例题中。其中，投影基础部分侧重于从"体"入手，投影作图部分加大了"形体分析"的力度；零件图和装配图部分采用了大量典型的汽车零部件图例，侧重于"读图"训练；对一些绘图时易犯的错误，给出了正误对比图例；对复杂的投影作图例题采用了分解图示，一目了然；对难看懂的图形附加了轴测图，以利于图物对照，帮助读者加深理解；对重要的知识点，编写了歌诀式的顺口溜，以增加学生的记忆。本教材充分体现了"知识系统化、内容实用化、记忆口诀化、教学方便化"的职业教育特色，力求做到"通俗易懂、教师好教、学生乐学"。这种以图阐理的编写风格及以识图为主的编写思路，特别适合于各类职业技术院校、技工学校的学生学习。

　　本教材编写模式新颖、结构独特，将需要掌握的知识点进行了分解，按模块、项目、课题的层次安排编写。全书共分五大模块：识图的基础知识、投影作图、图样表示法、图样的识读与绘制、其他图样简介。为便于教师组织教学和学生自学，在每个项目开头都有"任务描述"及"学习目标"，项目末还有"项目小结"。

　　本书另配有习题册，其编排结构与本教材完全一致，在选题内容、顺序、难度和类型等方面力求结合职业学校学生的特点，以读为主，读、画结合，反复训练，循序渐进。

　　本教材由曹静、陈金炫担任主编，雷虎成主审，崔嵬、武响、邢海清任副主编，参加编写的还有李炳锋、王兰、陆伟、同铁新、刘丽。

　　由于水平有限，书中错误及疏漏在所难免，敬请读者提出宝贵意见，以便进一步修改。

编　者

目 录

前言

第一模块　识图的基础知识 ……1

项目一　制图的基本规定 ……1
- 课题一　常用国家标准 ……1
- 课题二　图样中的尺寸注法 ……6

项目二　几何作图 ……10
- 课题一　常用绘图工具及其使用方法 ……10
- 课题二　基本作图方法 ……12
- 课题三　圆弧连接 ……15
- 课题四　平面图形的绘制与识读 ……18
- 课题五　徒手画图的方法 ……21

第二模块　投影作图 ……24

项目三　正投影与三视图 ……24
- 课题一　投影法的基础知识 ……24
- 课题二　三视图的形成及对应关系 ……26

项目四　点、线、面的投影 ……33
- 课题一　点的投影 ……33
- 课题二　直线的投影 ……37
- 课题三　平面的投影 ……42

项目五　立体的投影 ……47
- 课题一　基本几何体 ……47
- 课题二　切割体 ……54
- 课题三　相贯体 ……65

项目六　轴测图 ……72
- 课题一　轴测图的基础知识 ……72
- 课题二　正等轴测图 ……74
- 课题三　斜二轴测图 ……80

项目七　组合体 ……82
- 课题一　识读组合体视图的基础知识 ……82
- 课题二　组合体视图的画法 ……85
- 课题三　组合体的尺寸标注 ……89
- 课题四　组合体轴测图的画法 ……95
- 课题五　读组合体视图 ……98

第三模块　图样表示法 ……110

项目八　图样的基本表示法 ……110
- 课题一　视图 ……110
- 课题二　剖视图 ……115
- 课题三　断面图 ……128
- 课题四　其他表达方法 ……131
- 课题五　第三角画法简介 ……139

项目九　常用机件及结构要素的特殊表示法 ……142
- 课题一　螺纹及螺纹紧固件 ……142
- 课题二　键和销 ……154
- 课题三　齿轮 ……159
- 课题四　滚动轴承 ……166
- 课题五　弹簧 ……168

第四模块　图样的识读与绘制 ……171

项目十　零件图 ……171
- 课题一　零件图的基础知识 ……171
- 课题二　零件表达方案的选择 ……173
- 课题三　零件图上的尺寸标注 ……177
- 课题四　零件上常见的工艺结构 ……184
- 课题五　零件图的技术要求 ……188
- 课题六　读零件图 ……203
- 课题七　零件测绘 ……211

项目十一　装配图 ……216
- 课题一　装配图的基础知识 ……216
- 课题二　装配图的表达方法 ……218
- 课题三　装配图中的其他内容 ……221
- 课题四　常见的装配结构 ……224
- 课题五　读装配图 ……227
- 课题六　由装配图拆画零件图 ……233

第五模块　其他图样简介 ……238

项目十二　展开图 ……238
- 课题一　平行线展开法 ……239

课题二　放射线展开法 …………………… 243
课题三　三角形展开法 …………………… 246
项目十三　焊接图 ……………………… 248
课题一　焊接图的画法 …………………… 248
课题二　焊缝符号及标注方法 …………… 249
课题三　识读焊接图 ……………………… 253
附录 ………………………………………… 255
附录A　螺纹 ……………………………… 255
附录B　螺纹紧固件 ……………………… 259
附录C　普通平键 ………………………… 264
附录D　销 ………………………………… 266
附录E　滚动轴承 ………………………… 267
附录F　极限与配合 ……………………… 268
附录G　常用材料及热处理 ……………… 273
参考文献 ………………………………… 277

第一模块　识图的基础知识

图样是汽车机械和现代工业生产的重要技术文件，是人们表达设计思想、进行技术交流、组织生产的重要工具之一，是国际上通用的工程语言。掌握制图的基本知识与技能，是培养绘图与识图能力的基础。本模块重点介绍国家标准《技术制图》和《机械制图》的有关规定、绘图工具的正确使用方法及平面图形的绘图方法。

项目一　制图的基本规定

【任务描述】
　　图样是汽车工业重要的技术资料，具有严格的规范性。本项目主要介绍国家标准关于图纸幅面和格式、比例、字体、图线和尺寸标注等制图的基本规定。

【学习目标】
　　1. 掌握国家标准中图幅、图线、比例、字体等制图有关规定和尺寸标注的基本规定。
　　2. 养成严格遵守国家标准的习惯，并培养认真负责的工作态度和严谨细致的工作作风。

课题一　常用国家标准

　　国家标准《技术制图》和《机械制图》是工程界重要的技术基础标准，是绘制和阅读汽车图样的准则和依据。
　　我国国家标准（简称国标）的代号是"GB"（"GB/T"为"推荐性标准"，无"T"字时为"强制性标准"），它是由"国标"两个字的汉语拼音的第一个字母"G"和"B"组成的。例如《GB/T 17451—1998 技术制图　图样画法　视图》表示制图标准中图样画法的视图部分，发布的顺序编号为 17451，发布的年号是 1998 年。
　　本课题主要介绍制图中最基本的几项标准规定，其他标准将在后续有关项目中叙述。

一、图纸幅面和格式（GB/T 14689—2008）

1. 图纸幅面

　　图纸的基本幅面共有 5 种，见表 1-1。幅面的代号分别为 A0、A1、A2、A3、A4。其中 A0 幅面最大，A4 幅面最小，相邻幅面的尺寸为对折关系。

2. 图框格式

　　在图纸上必须用粗实线画出图框，其格式有两种，分别是留有装订边和不留装订边，如图 1-1 所示。

表 1-1　基本幅面　　　　　　　　　　　　　（单位：mm）

幅面代号	A0	A1	A2	A3	A4
$B \times L$	841×1189	594×841	420×594	297×420	210×297
e	20			10	
c	10			5	
a	25				

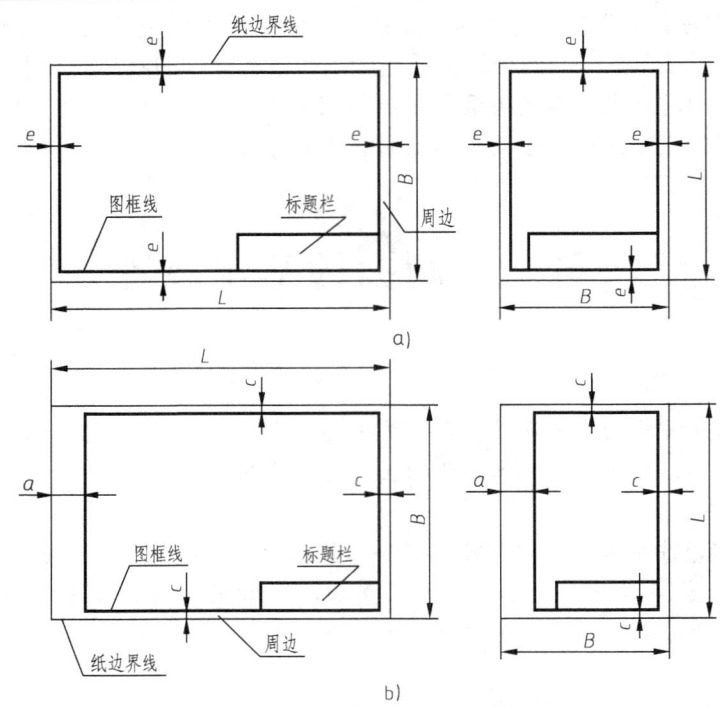

图 1-1　图框格式
a）不留装订边　b）留装订边

3. 标题栏

每张图纸都必须画出标题栏，其位置位于图纸的右下角。标题栏的内容、格式及尺寸，国家标准均做了规定。学生作业中的标题栏，建议采用图 1-2 的形式。

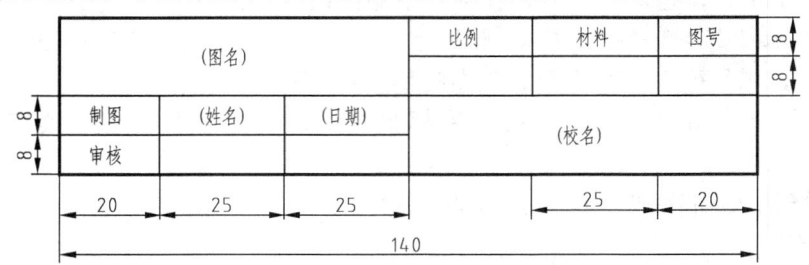

图 1-2　作业中使用的标题栏

二、比例（GB/T 14690—1993）

比例是指图样中图形与其实物相应要素的线性尺寸之比。当需要按比例绘制图形时，应从表 1-2 规定的系列中选取。为看图方便，建议尽可能采用原值比例画图。如机件太大或太小，则采用缩小或放大的比例画出。但无论采用何种比例，图形中所标注的尺寸数值必须是实物（机件）的实际尺寸，与图形所采用的比例无关，如图1-3所示。

表1-2 常用的比例

种类	比例
原值比例	1∶1
放大比例	2∶1　2.5∶1　4∶1　5∶1　10∶1
缩小比例	1∶1.5　1∶2　1∶2.5　1∶3　1∶4　1∶5

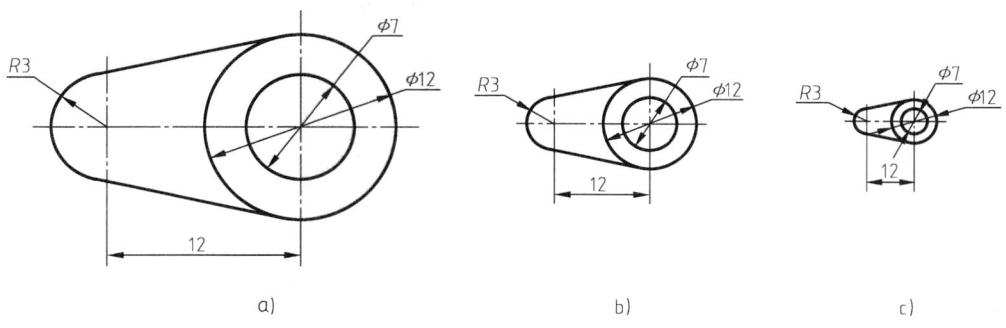

图1-3 不同比例画出的图形及尺寸数值的标注
a) 2∶1　b) 1∶1　c) 1∶2

三、字体（GB/T 14691—1993）

1. 基本要求

该标准规定了汉字、字母和数字的结构形式。书写字体的基本要求是：

1) 字体工整、笔画清楚、间隔均匀、排列整齐。

2) 汉字应写成长仿宋字，并按国家规定的简化字书写。

3) 字母和数字可写成斜体（字头向右倾斜，与水平基准线成75°）或正体。但同一张图样上，只允许选用一种形式的字体。

2. 字体号数

字体号数即字体的高度 h。分别为 20mm、14mm、10mm、7mm、5mm、3.5mm、2.5mm、1.8mm。汉字的高度不应小于 3.5 mm，字宽一般为 $h/\sqrt{2}$，可近似看成宽/高 = 2/3。

3. 书写示例

各种字体的书写示例见表1-3。

表1-3 字体的书写示例

字体		示　　例
长仿宋体汉字	10号	字体工整、笔画清楚、间隔均匀、排列整齐
	7号	横平竖直 注意起落 结构均匀 填满方格
	5号	技术制图石油化工机械电子汽车航空船舶土木建筑矿山井坑港口纺织焊接设备工艺
	3.5号	螺纹齿轮端子接线飞行指导驾驶舱位挖填施工引水通风闸阀坝棉麻化纤

(续)

字体		示 例
拉丁字母	大写斜体	ABCDEFGHIJKLMNOPQRSTUVWXYZ
	小写斜体	abcdefghijklmnopqrstuvwxyz
阿拉伯数字	斜体	0123456789
	正体	0123456789
罗马数字	斜体	I II III IV V VI VII VIII IX X
	正体	I II III IV V VI VII VIII IX X

四、图线（GB/T 4457.4—2002）

1. 基本线型

图样是由多种图线组成的。国家标准《技术制图 图线》规定绘制各种图样的 15 种基本线型，机械制图中规定了 9 种图线，其名称、线型、应用等见表 1-4。

表 1-4 图线的形式及应用

名称	线型	代号 No.	线宽 d/mm		主要用途及线素长度	
粗实线	———	01.2	0.7	0.5	可见棱边线，可见轮廓线	
细实线	———	01.1			尺寸线，尺寸界线，剖面线，引出线，重合断面的轮廓线，过渡线	
波浪线	～～～	01.1	0.35	0.25	断裂处的边界线，视图与剖视图的分界线	
双折线	─⌒─	01.1			断裂处的边界线，视图与剖视图的分界线	
细虚线	- - - -	02.1			不可见棱边线，不可见轮廓线	画长 12d，短间隔长 3d
粗虚线	- - - -	02.2	0.7	0.5	允许表面处理的表示线	
细点画线	—·—·—	04.1	0.35	0.25	轴线，对称中心线，分度圆（线），孔系分布的中心线，剖切线	长画长 24d，短间隔长 3d，点长 ≤0.5d
细双点画线	—··—··—	05.1			相邻辅助零件的轮廓线，可动零件的极限位置轮廓线及移动轨迹线，中断线	
粗点画线	—·—·—	04.2	0.7	0.5	限定范围表示线	

2. 图线的宽度

图线的宽度应根据图形的大小和复杂程度，在下列数系中选取：0.13、0.18、0.25、0.35、0.5、0.7、1、1.4、2（单位：mm），该数系的公比为 $1:\sqrt{2}$。

机械图样中的图线一般采用两种宽度，分别称为粗线和细线，其宽度之比为 2:1。通常情况下，粗线的宽度采用 0.5~0.7mm，细线的宽度采用 0.25~0.35mm。

3. 图线的应用

图线的应用示例如图1-4所示。

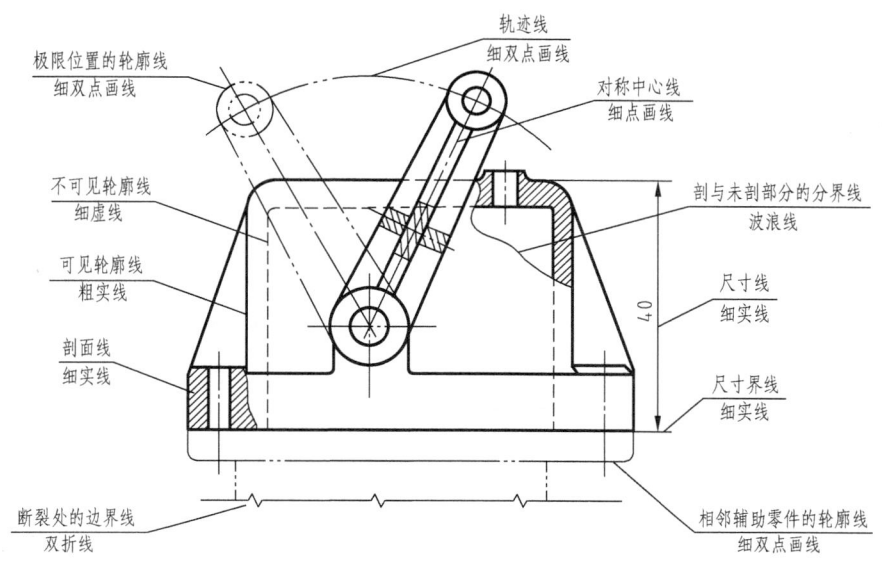

图1-4 图线的应用示例

4. 图线的画法

图线的画法要点如图1-5所示。

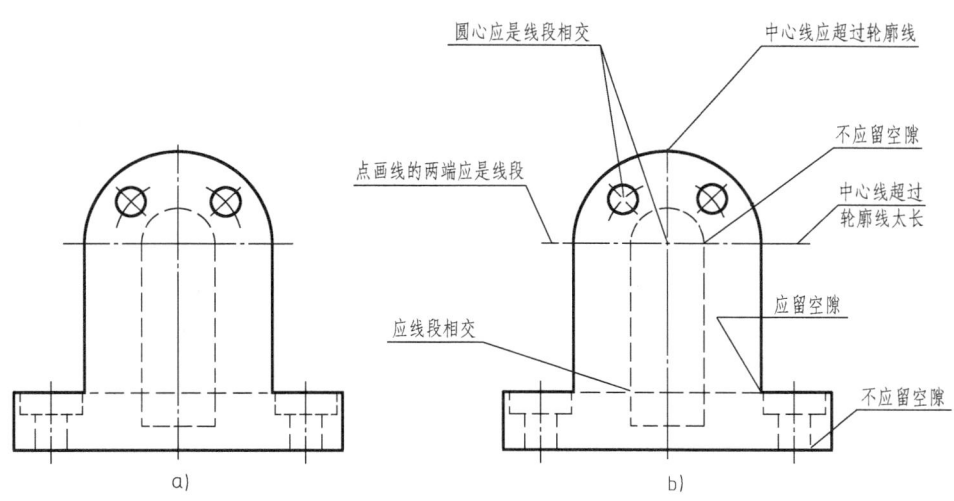

图1-5 图线的画法要点
a) 正确 b) 错误

1) 同一图样中同类图线的宽度应基本一致。细虚线、细点画线及双点画线的线段长度和间隔应各自大致相等。

2) 绘制圆的对称中心线时，圆心应为线段的交点。细点画线和双点画线的首末两端应是线段而不是点，且应超出图形外约 2~5mm。

3) 在较小的图形上绘制细点画线或双点画线有困难时，可用细实线代替。

4) 细虚线、细点画线、双点画线相交时，应该是线段相交。当细虚线是粗实线的延长线时，在连接处应断开。

5) 当各种线型重合时，应按粗实线、细虚线、细点画线的优先顺序画出。

课题二　图样中的尺寸注法

图形只能表示机件的形状，各部分的大小和相对位置关系必须由尺寸来决定。因此，尺寸标注也是图样中的重要内容之一，是制造和检验零件的直接依据。标注尺寸时应严格遵守国家标准的有关规定，做到正确、齐全、清晰、合理。尺寸注法的依据是 GB/T 4458.4—2003、GB/T 19096—2003，国家标准中规定了标注尺寸的方法和规则。

一、标注尺寸的基本规则

1. 基本规定

1) 机件的真实大小应以图样上所注的尺寸数值为依据，与图形的大小及绘图的准确度无关。

2) 图样中（包括技术要求和其他说明）的尺寸，以毫米为单位时，不需要标注计量单位的代号和名称。如采用其他单位，则必须注明相应计量单位的代号或名称，如 45 度 30 分应写成 45°30′。

3) 图样中所标注的尺寸为该图样所示机件的最后完工尺寸，否则应另加说明。

4) 机件的每一尺寸，一般只标注一次，并应标注在反映该结构和形状最清楚的图形上。

2. 尺寸的组成

一个完整的尺寸包括尺寸界线、尺寸线、箭头和尺寸数字四个组成部分，如图 1-6 所示。

（1）尺寸界线　表示尺寸的度量范围，用细实线绘制。

（2）尺寸线　表示尺寸的度量方向，用细实线绘制。

（3）箭头　尺寸线的终端可用箭头表示。

（4）尺寸数字　表示机件的实际大小。

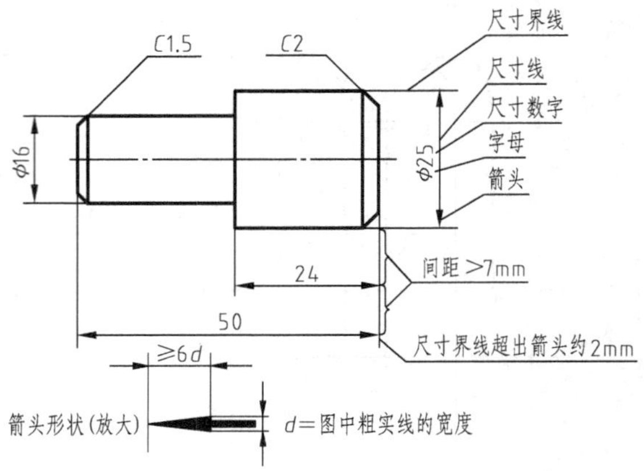

国家标准《技术制图　简化表示法》（GB/T 16675.2—1996）要求标注尺寸时，应尽可能使用符号和缩写词，常见的符号及缩写词见表 1-5。

尺寸要素的注写方法见表 1-6。

图 1-6　尺寸的组成

表 1-5 常见的符号及缩写词

名称	符号或缩写词	名称	符号或缩写词
直径	ϕ	正方形	□
半径	R	45°倒角	C
球直径	$S\phi$	孔深	▽
球半径	SR	沉孔或锪平	⊔
厚度	t	埋头孔	∨
三角形	△	均布	EQS

表 1-6 尺寸要素的注写方法

项目	说　明	图　例
尺寸界线	1. 尺寸界线用细实线绘制 2. 尺寸界线应由图形的轮廓线、轴线或对称中心线处引出，也可利用轮廓线、轴线或对称中心线作尺寸界线，如图 a、b 所示 3. 尺寸界线一般应与尺寸线垂直 4. 当尺寸界线过于靠近轮廓线时，允许倾斜画出，如图 c、d 所示 5. 在光滑过渡处标注尺寸时，必须用细实线将轮廓线延长，从它们的交点处引出尺寸界线，如图 c 中的箭头所指处	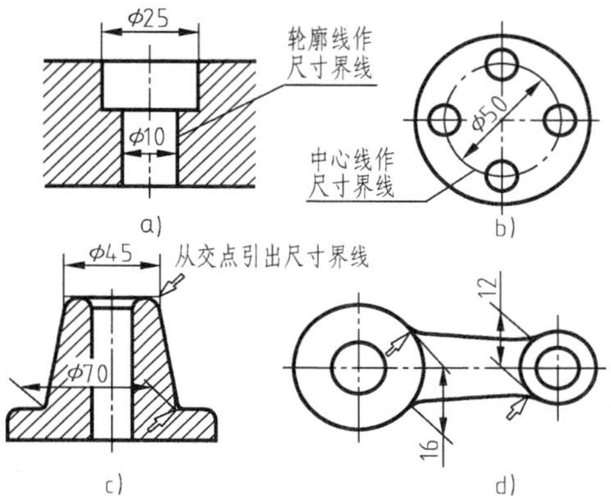
尺寸线	1. 尺寸线必须用细实线单独绘制，不能用其他图线代替，一般也不得与其他图线重合或画在其他图线的延长线上 2. 尺寸线应与所注的线段平行，其间隔以及两平行的尺寸线之间的间隔以 5~7mm 为宜 3. 尺寸线间或尺寸线与尺寸界线之间应尽量避免相交	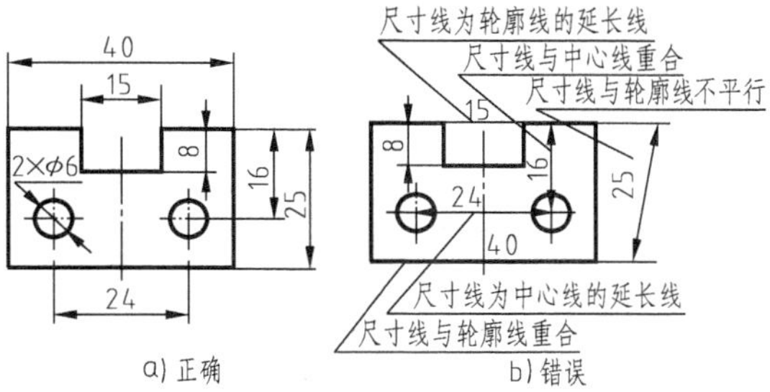
尺寸数字	1. 线性尺寸数字一般书写在尺寸线的上方或中断处	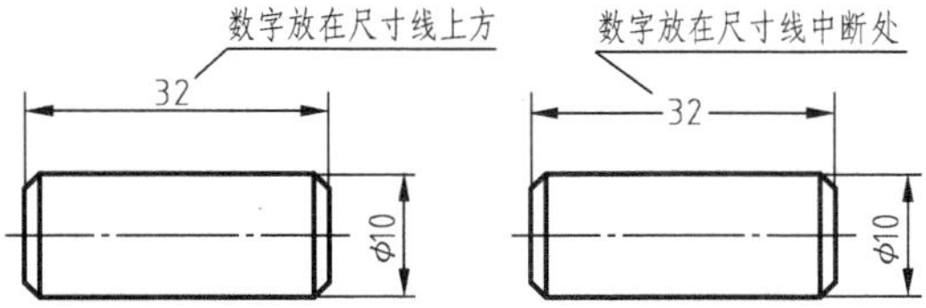
	2. 线性尺寸数字的注写方向如图 a 所示，并尽量避免在 30°范围内标注尺寸，当无法避免时，可按图 b 的形式标注 3. 竖直方向的尺寸可按 c 的形式标注	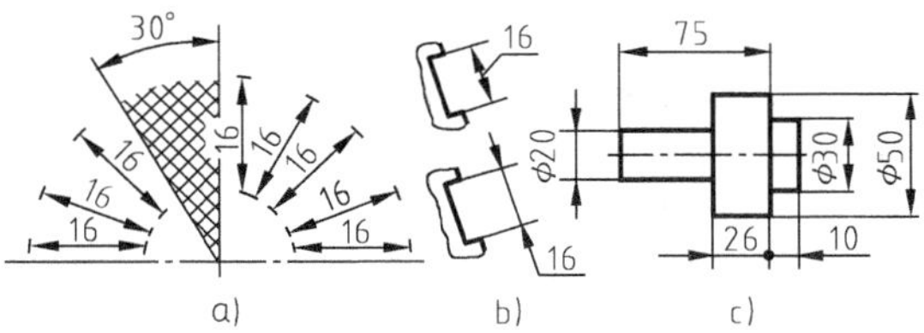

(续)

项目	说　明	图　例
尺寸数字	4. 尺寸数字不能被图样上的任何图线遮挡，当不可避免时，必须将图线断开	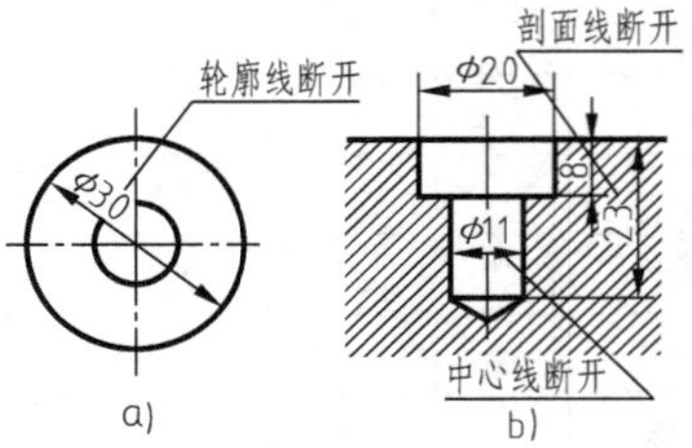 a) b)

二、常见的尺寸注法示例

常见的尺寸注法示例见表1-7。

表1-7　常见的尺寸注法示例

项目	说　明	图　例
圆和圆弧	1）标注圆的直径时，在尺寸数字前加符号"ϕ"，其尺寸线应通过圆心，尺寸线的终端应画成箭头，但不能与对称中心线重合 2）标注圆弧的尺寸时，必须在尺寸数字前加注符号"R"，半径尺寸必须标注在反映圆弧的图形上	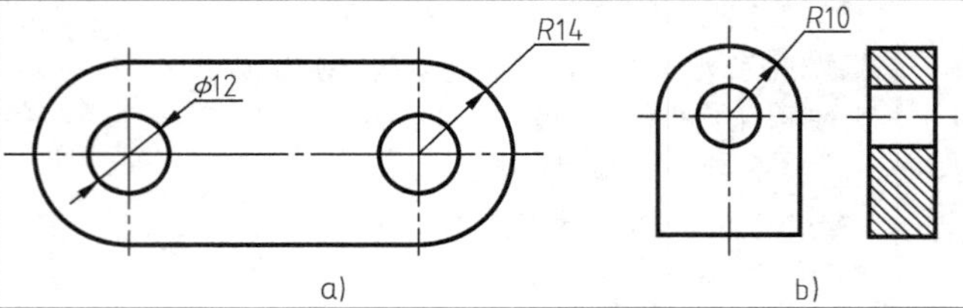 a) b)
圆和圆弧	3）当尺寸线的一端无法画出箭头时，尺寸线一定要超过圆心，如图a、b 4）大于半圆的圆弧都必须标注直径 5）小于半圆的圆弧都必须标注半径	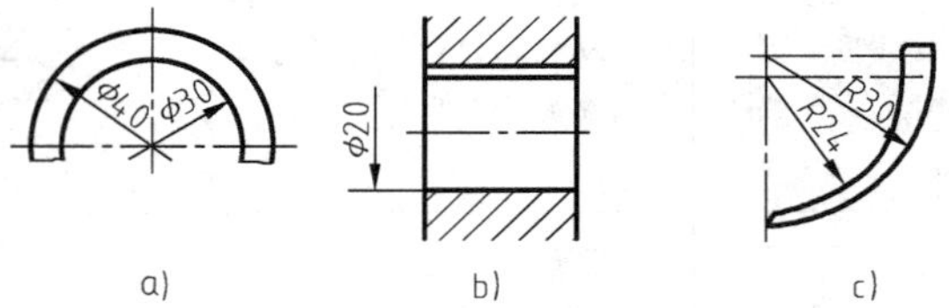 a) b) c)
	6）半径过大，圆心不在图形内时，尺寸线可画成折线，如图a所示；若不需注出圆心位置时，尺寸线可以中断，如图b所示	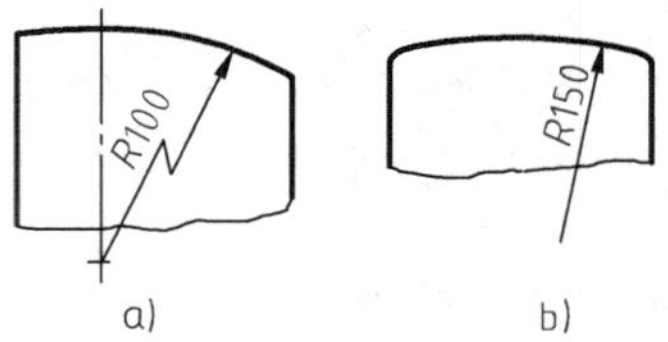 a) b)
球面	标注球面的直径或半径时，要在"ϕ"或"R"前再加注"S"	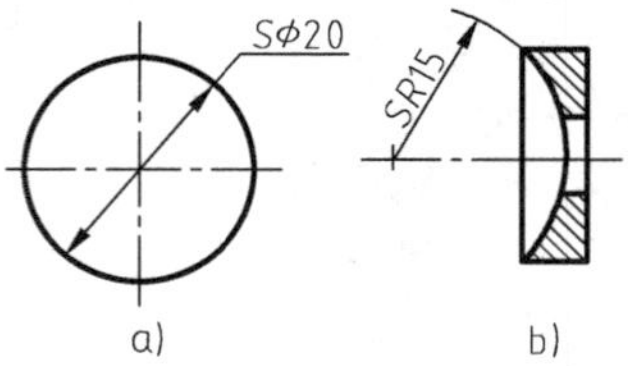 a) b)
角度	1）角度的尺寸界线应沿径向引出 2）角度的尺寸线是以角度顶点为圆心的圆弧线 3）角度的数值一律水平注写，一般写在尺寸线的中间，必要时可引出标注	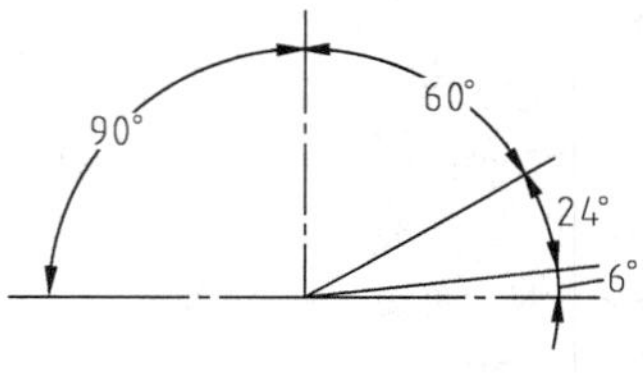

项目	说 明	图 例
小尺寸	1）无足够位置标注尺寸时，箭头可移至图外或用小圆点代替 2）尺寸数字也可写在尺寸界线外或引出标注	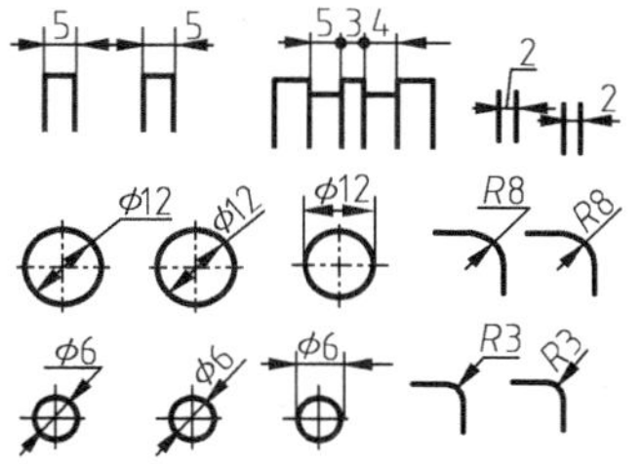
对称图形	1）对称图形画一半时，尺寸线的一端无法注全，其尺寸线要超过对称线一段距离，如图 a 中的 78mm 和 90mm 2）图中 4×φ6mm 表示有 4 个直径为 φ6mm 的孔 3）分布在对称线两侧的相同结构，可仅标注其中一侧的结构尺寸	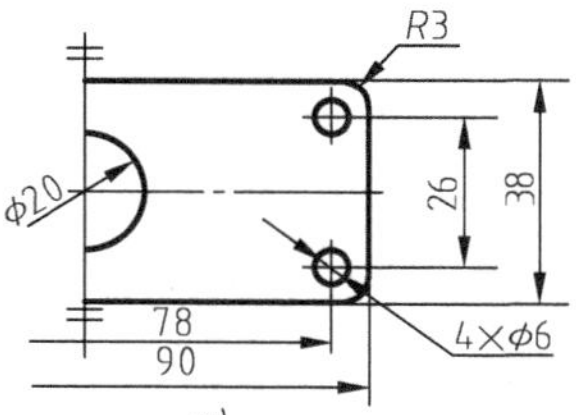 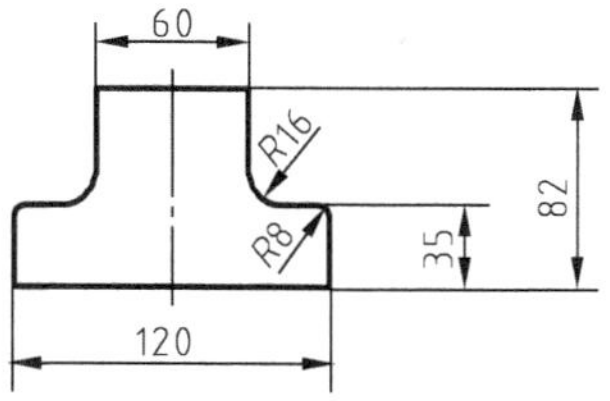

【项目小结】

国家标准《技术制图》和《机械制图》是工程界重要的技术基础标准，具有国际先进性，它不仅吸收了最新相关国际标准的成果，而且可以满足我国工业生产的实际需要，是绘制和阅读汽车机械图样的准则和依据。画图不能有错误，看图不能有误解。因此，无论画图或看图，应首先熟悉和掌握国家标准的基本规定。必须具有高度的责任感，严肃认真的工作态度和一丝不苟的工作作风。对图线和字体，要多加练习；对比例和图幅应根据图形的具体大小合理选用。

项目二　几何作图

【任务描述】

绘制平面图形的方法称几何作图。本项目主要介绍绘图工具和仪器的正确使用方法；线段等分，圆周等分的方法；斜度和锥度的画法；椭圆的画法以及圆弧连接等基本作图方法；平面图形的分析与绘制方法；草图的画法等内容。

【学习目标】

1. 能正确使用常用绘图工具和仪器。
2. 掌握作图的基本方法与技巧。
3. 掌握平面图形的尺寸分析、线段分析及作图方法。
4. 能按照所给定的平面图形，准确地将图形绘制出来。
5. 掌握徒手画图的基本方法与技巧。

课题一　常用绘图工具及其使用方法

正确、熟练地使用和维护绘图工具，是保证绘图质量和提高绘图速度的重要条件。因此，必须养成正确使用和维护绘图工具和仪器的良好习惯。

一、绘图板

绘图板是绘图时用来固定图纸的矩形木板，板面及导边应平整光滑。绘图前应先用胶带纸将图纸固定在图板上，如图2-1所示。

二、丁字尺

丁字尺是用于画水平线的，它由尺头和尺身组成。使用时，左手扶住丁字尺的尺头，使内侧边紧靠图板左导边（不能用其他边）。将丁字尺沿图板导边上下滑动，移到所需位置后，左手移到尺身的适当部位压住尺身，以防画线时尺身倾斜；右手执笔，笔杆略向右倾斜，笔尖紧靠尺身并沿尺身工作边自左向右画水平线，自下而上画竖直线，如图2-1所示。

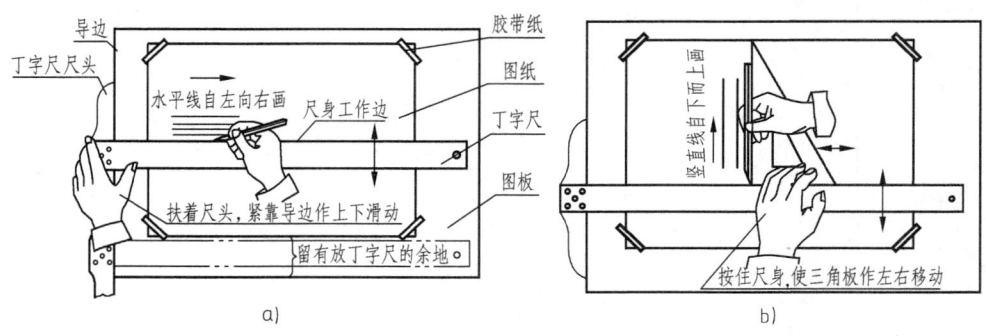

图2-1　图板、丁字尺、三角板及其配合使用
a）画水平线　b）画竖直线

三、三角板

一副三角板由45°和30°（60°）的两块组成。三角板与丁字尺配合使用，可画竖直线，如图2-1b 所示；还可画与水平方向成 15°、30°、45°、60°、75°的倾斜线，如图 2-2 所示。用两块三角板配合使用，可画已知直线的垂直线和平行线，如图 2-3 所示。

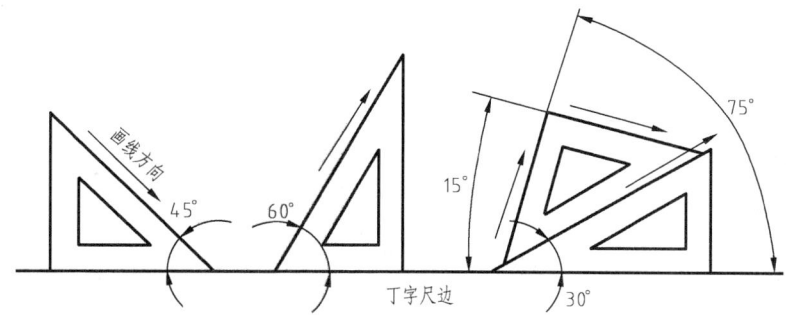

图 2-2 丁字尺与三角板配合画常用的角度线

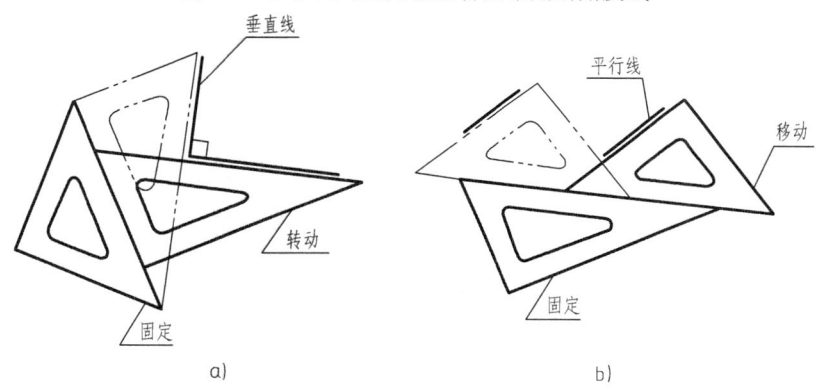

图 2-3 两块三角板配合使用
a）画垂直线 b）画平行线

四、圆规

圆规主要是用来画圆和圆弧的。画圆时选用的铅芯应比画直线的铅芯软一号。加深时，

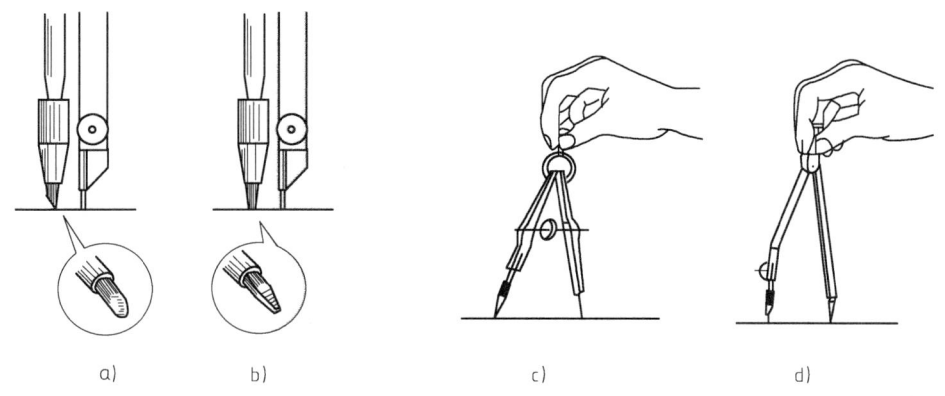

图 2-4 圆规及使用
a）画底图用 b）加深用 c）画小圆 d）画大圆

圆规的钢针应使用有台阶的一端（支承尖），以免使图纸上的针眼过于扩大。画图前应调整圆规，使插针、铅芯与纸面保持垂直，如图2-4所示。

五、分规

分规主要用于量取和等分直线或圆弧（常用试分法），分规的两个针尖并拢时应对齐，如图2-5所示。

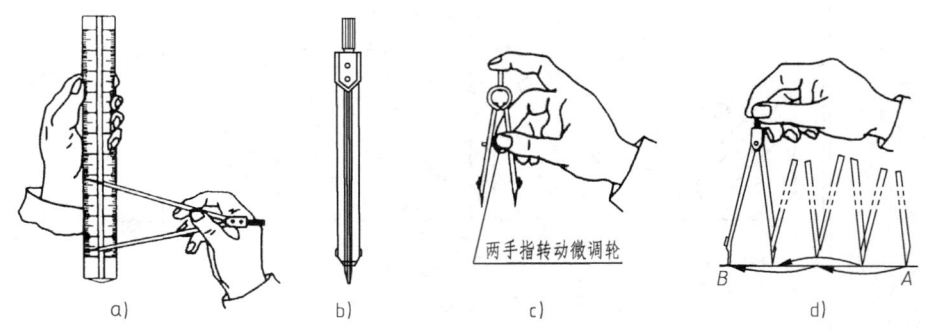

图 2-5　分规及使用

a）量取长度　b）两针尖对齐　c）用弹簧分规量精确距离　d）分割线段时分规摆动的方法

六、铅笔

画图时应使用绘图铅笔。绘图铅笔用"B"和"H"代表铅芯的软硬程度，如"2B"、"3B"、"2H"、"3H"等。"B"前面的数字越大，表示铅芯越软（黑）；"H"前面的数字越大，表示铅芯越硬。画粗线时建议采用B、HB或2B铅笔；画细线时用H、2H铅笔；写字可用H和HB。用于画粗线的铅芯应削磨成断面为矩形的棱柱，其余可削磨成锥形，如图2-6所示。

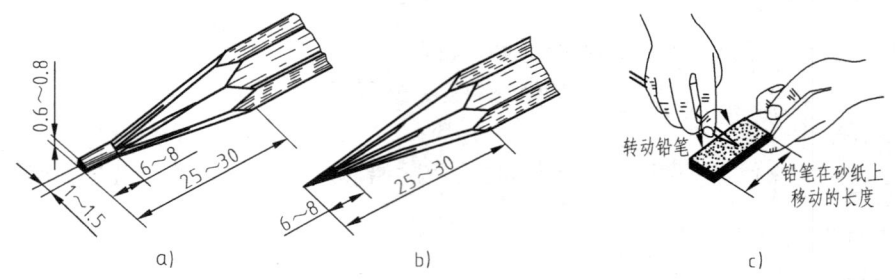

图 2-6　铅笔的削磨方法

a）磨成矩形　b）磨成锥形　c）铅笔的磨法

除上述工具外，绘图时还要备有削铅笔的小刀、磨铅笔的砂纸、固定图纸的胶带纸、画非圆曲线的曲线板、擦图的橡皮等用品。

课题二　基本作图方法

机械零件的轮廓形状虽然各不相同，但基本上都是由直线、圆、圆弧或其他曲线组成的几何图形。

一、常用的等分法

1. 等分直线

将直线 AB 四等分，作图步骤如下。

1）过点 A 作任意直线 AB_0，使 $A1_0 = 1_0 2_0 = 2_0 3_0 = 3_0 4_0$，并连接 $B4_0$，如图 2-7a 所示。

2）过点 1_0、2_0、3_0 作 $B4_0$ 的平行线，与 AB 相交，即得等分点 1、2、3，如图 2-7b 所示。

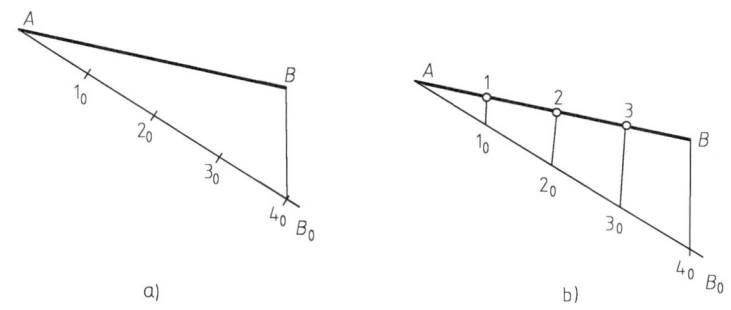

图 2-7 将直线 AB 四等分

2. 圆周六等分及作正六边形

圆周六等分及作正六边形的方法有三种，如图 2-8 所示。

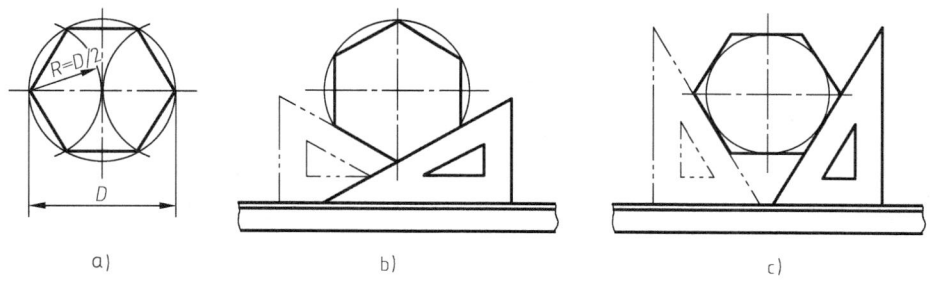

图 2-8 作正六边形
a）用圆规作正六边形 b）用丁字尺和三角板配合作圆的内接正六边形
c）用丁字尺和三角板配合作圆的外切正六边形

3. 圆周五等分及作正五边形

圆周五等分及作正五边形的步骤如下。

1）作出 OB 的中点 E，如图 2-9a 所示。

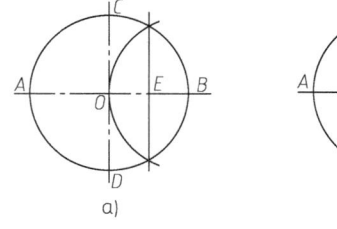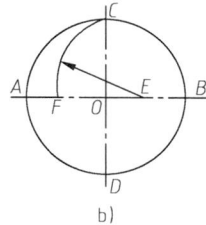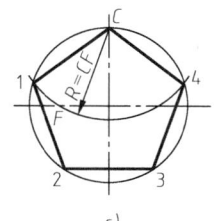

图 2-9 作正五边形

2）以 E 为圆心，EC 为半径作圆弧交 OA 于 F，CF 即为五边形的边长，如图 2-9b 所示。

3）以 CF 长依次截取圆周得五个等分点，连接相邻各点即为正五边形，如图 2-9c 所示。

二、斜度和锥度的画法

1. 斜度的画法

（1）斜度的概念　斜度是指一直线或平面对另一直线或平面的倾斜程度，一般以直角三角形的两直角边的比例表示，并把前一项化成 1 而写成 $1:n$ 的形式，如图 2-10a 所示。

（2）斜度的符号　斜度的符号如图 2-10b 所示。

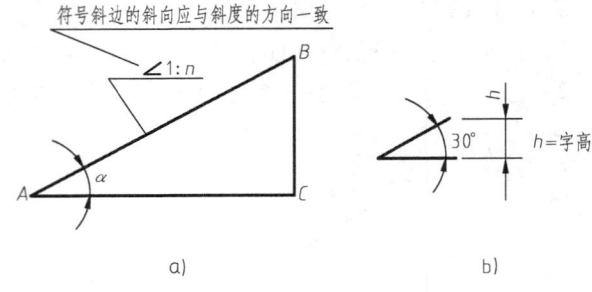

图 2-10　斜度的概念及符号
a）斜度的概念及标注　b）斜度符号

（3）斜度的画法

求作如图 2-11a 所示的斜楔，其作图步骤如下：

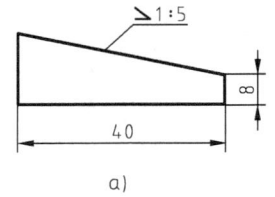 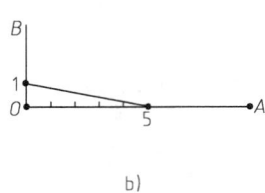 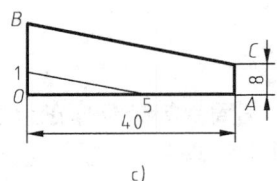

图 2-11　斜度的画法

1）作 $OB \perp OA$，且 $OA = 40$，在 OA 上取 5 单位长度，在 OB 上取 1 单位长度，连接 5 和 1 点，即为 1:5 的斜度，如图 2-11b 所示。

2）取 $AC = 8$，过 C 点作线 51 的平行线，即完成作图，如图 2-11c 所示。

2. 锥度的画法

（1）锥度的概念　锥度是指圆锥的底圆直径与圆锥的高度之比，锥度也写成 $1:n$ 的形式，如图 2-12a 所示。

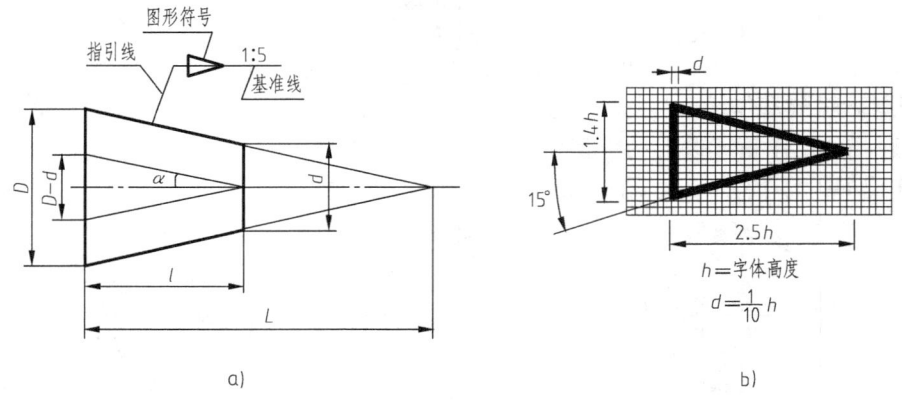

图 2-12　锥度的概念及符号
a）锥度的概念　b）锥度符号

（2）锥度的符号　锥度的符号如图 2-12b 所示。

（3）锥度的画法

求作如图 2-13a 所示的图形，其作图步骤如下：

1）从 O 点开始任取 5 单位长度，得点 N，在左端面上取 $OM = 0.5$ 单位长度，得点 M，连接 MN，即得 1:5 的锥度线，如图 2-13b 所示。

2）过 A 点作 $AC // MN$，即完成作图，如图 2-13c 所示。

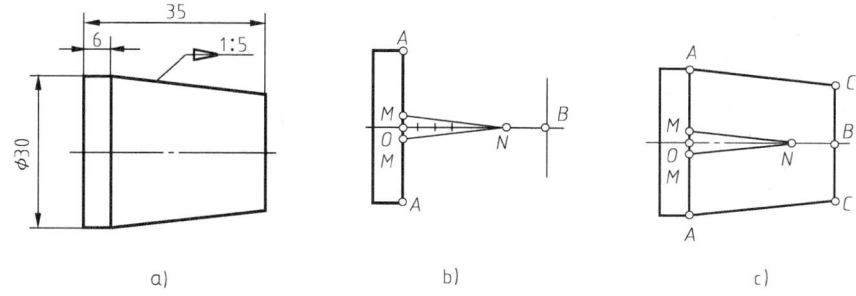

图 2-13 锥度的画法

三、椭圆的画法

椭圆为常见的平面曲线，常采用"四心法"近似地画出（即用四段圆弧连接而成），椭圆的作图步骤如下。

1）画出长短轴 AB、CD，连 AC，以 C 为圆心，长、短半轴之差为半径画弧交 AC 得 E 点，如图 2-14a 所示。

2）作 AE 的中垂线分别交长轴、短轴于 O_3、O_1 点，并作出其对称点 O_4、O_2，如图 2-14b 所示。

3）分别以 O_1、O_2 为圆心，O_1C 为半径画大弧，再以 O_3、O_4 为圆心，O_3A 为半径画小弧，即得椭圆，如图 2-14c 所示。

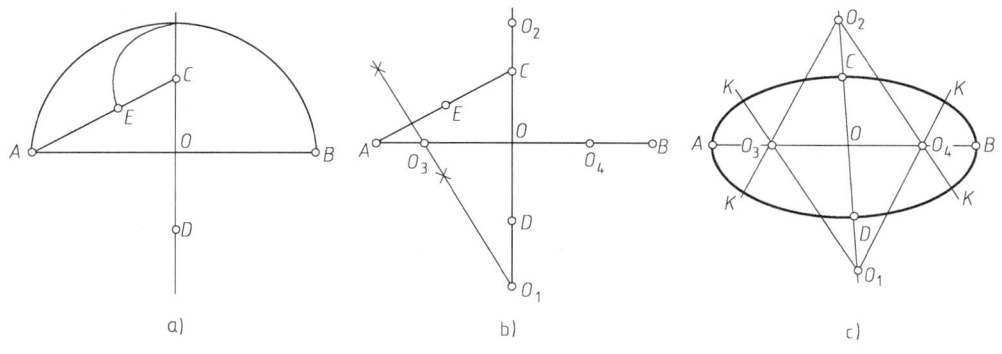

图 2-14 椭圆的画法

课题三 圆 弧 连 接

圆弧连接指用一段圆弧光滑地连接两相邻已知线段（直线或圆弧）的作图方法。例如在图 2-15 中，用圆弧 $R16mm$ 连接两直线，用圆弧 $R12mm$ 连接一直线和一圆弧，用圆弧 $R35mm$ 连接两圆弧等。要保证圆弧连接光滑，作图时必须先求作连接圆弧的圆心以及连接圆弧与已知线段的连接点，以保证连接圆弧与已知线段在连接处相切。

16 汽车机械识图

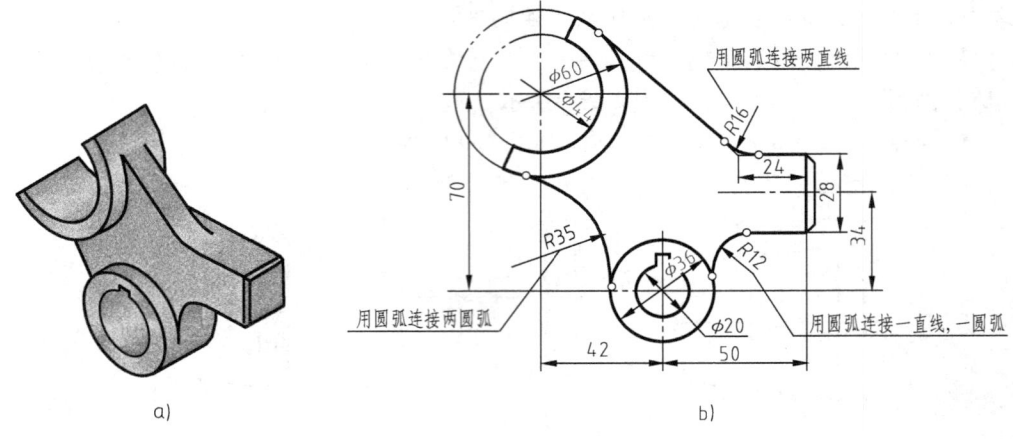

图 2-15 常见的圆弧连接形式
a) 拨叉 b) 三种连接情况示例

一、圆弧连接的作图步骤

任何形式的圆弧连接，其作图过程都分为以下三步：
1）求连接弧的圆心。
2）求连接点（圆弧与连接线段的分界点）。
3）画连接弧（在两连接点之间画弧）。

二、圆弧连接的作图方法

1）两直线间的圆弧连接的作图方法见表2-1。
2）两圆弧间的圆弧连接的作图方法见表2-2。

表 2-1 两直线间的圆弧连接

类别	图例	作图方法与步骤
用圆弧连接钝角的两边		1）作与已知角两边分别相距为R的平行线，两平行线相交于点O，即为连接弧的圆心 2）自O向两个夹角边引垂线，其垂足M、N即为连接点 3）以O为圆心，R为半径，在M、N之间画弧，即完成作图
用圆弧连接锐角的两边		1）作与已知角两边分别相距为R的平行线，两线相交于点O，即为连接弧的圆心 2）自O向两个夹角边引垂线，其垂足M、N即为连接点 3）以O为圆心，R为半径，在M、N之间画弧，即完成作图

（续）

类别	图 例	作图方法与步骤
用圆弧连接直角的两边	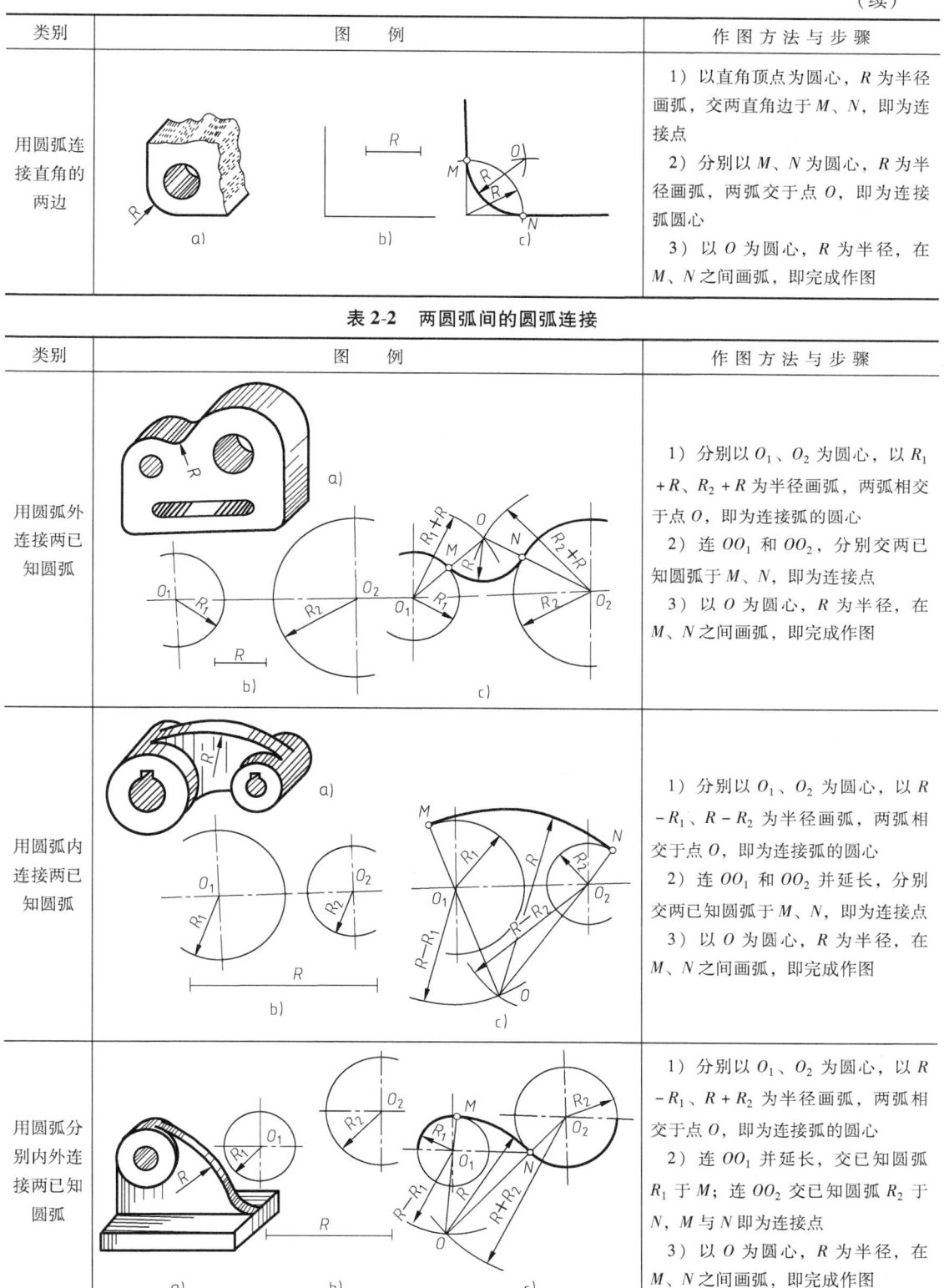	1）以直角顶点为圆心，R 为半径画弧，交两直角边于 M、N，即为连接点 2）分别以 M、N 为圆心，R 为半径画弧，两弧交于点 O，即为连接弧圆心 3）以 O 为圆心，R 为半径，在 M、N 之间画弧，即完成作图

表 2-2　两圆弧间的圆弧连接

类别	图 例	作图方法与步骤
用圆弧外连接两已知圆弧		1）分别以 O_1、O_2 为圆心，以 R_1+R、R_2+R 为半径画弧，两弧相交于点 O，即为连接弧的圆心 2）连 OO_1 和 OO_2，分别交两已知圆弧于 M、N，即为连接点 3）以 O 为圆心，R 为半径，在 M、N 之间画弧，即完成作图
用圆弧内连接两已知圆弧		1）分别以 O_1、O_2 为圆心，以 $R-R_1$、$R-R_2$ 为半径画弧，两弧相交于点 O，即为连接弧的圆心 2）连 OO_1 和 OO_2 并延长，分别交两已知圆弧于 M、N，即为连接点 3）以 O 为圆心，R 为半径，在 M、N 之间画弧，即完成作图
用圆弧分别内外连接两已知圆弧		1）分别以 O_1、O_2 为圆心，以 $R-R_1$、$R+R_2$ 为半径画弧，两弧相交于点 O，即为连接弧的圆心 2）连 OO_1 并延长，交已知圆弧 R_1 于 M；连 OO_2 交已知圆弧 R_2 于 N，M 与 N 即为连接点 3）以 O 为圆心，R 为半径，在 M、N 之间画弧，即完成作图

课题四 平面图形的绘制与识读

一、平面图形分析

平面图形是由若干直线和曲线连接而成的,这些线段之间的相对位置和连接关系由给定的尺寸来确定。因此,画平面图形时,必须通过分析尺寸的性质,才能明确图中各线段的类型,从而确定画不同类型线段的顺序及平面图形的作图步骤。

平面图形的分析包括尺寸分析和线段分析。下面以图 2-16 所示的手柄的图形为例进行分析。

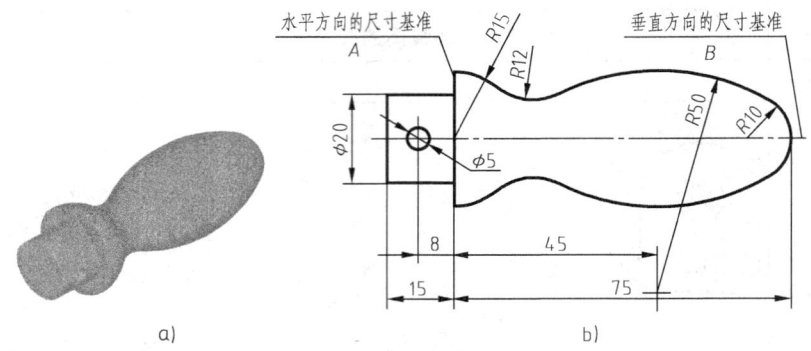

图 2-16 手柄的图形
a) 立体图　b) 零件图

1. 尺寸分析

平面图形中的尺寸,按其作用可分为两类:

(1) 定形尺寸　用于确定线段的长度、圆弧的半径、圆的直径和角度的大小等的尺寸,称为定形尺寸。如图 2-16 中的 $\phi 5$mm、$\phi 20$mm、$R10$mm、$R15$mm、$R12$mm、15mm 等。

(2) 定位尺寸　用于确定线段在平面图形中所处位置的尺寸,称为定位尺寸。如图 2-16 中的尺寸 8mm,确定了 $\phi 5$mm 圆心的左右位置;尺寸 75mm,间接地确定了 $R10$mm 圆心的左右位置;尺寸 45mm,确定了 $R50$mm 圆心的左右位置。

2. 尺寸基准

尺寸基准就是标注尺寸的起点。对平面图形来说,尺寸基准指图形中的点和线,其水平(左右)方向和垂直(上下)方向各有一个尺寸基准。定位尺寸需从尺寸基准出发进行标注。如图 2-16 中的 A 作为水平方向的尺寸基准,B 作为垂直方向的尺寸基准。

标注尺寸时,应首先确定图形水平方向和垂直方向的基准,再依次标注出各线段的定位尺寸和定形尺寸。

3. 线段分析

平面图形中的线段(直线或圆弧),根据其定位尺寸是否完整,可分为以下三类:

(1) 已知线段　具有两个方向定位尺寸的线段,如图 2-16 中的 $R15$mm、$R10$mm 圆弧,$\phi 5$mm 圆,$\phi 20$mm 和尺寸 15mm 组成的矩形线框等。

(2) 中间线段　具有一个方向定位尺寸的线段,如图 2-16 中的 $R50$mm,只有水平方向的定位尺寸 45mm。

（3）连接线段　没有定位尺寸的线段，如图2-16中的R12mm。

作图时，由于已知线段有两个定位尺寸，故可直接画出；而中间线段虽然缺少一个定位尺寸，但它总是和一个已知线段相连接，利用相切的条件便可画出；连接线段由于没有定位尺寸，只有借助它与已经画出的两条相邻线段相切的连接条件才能画出来。

因此，平面图形中各种线段的画图顺序是：先画已知线段，再画中间线段，最后画连接线段。

二、平面图形的绘制方法与步骤

【例2-1】 绘制图2-16所示手柄的图形。

1. 准备工作

1）分析图形的尺寸及其线段。
2）确定比例，尽量选用1∶1比例，根据图形大小选用合适的图幅，固定图纸。
3）拟定具体的作图顺序。

2. 绘制底图

1）绘制底图的步骤：绘图步骤如图2-17a、b、c、d所示。

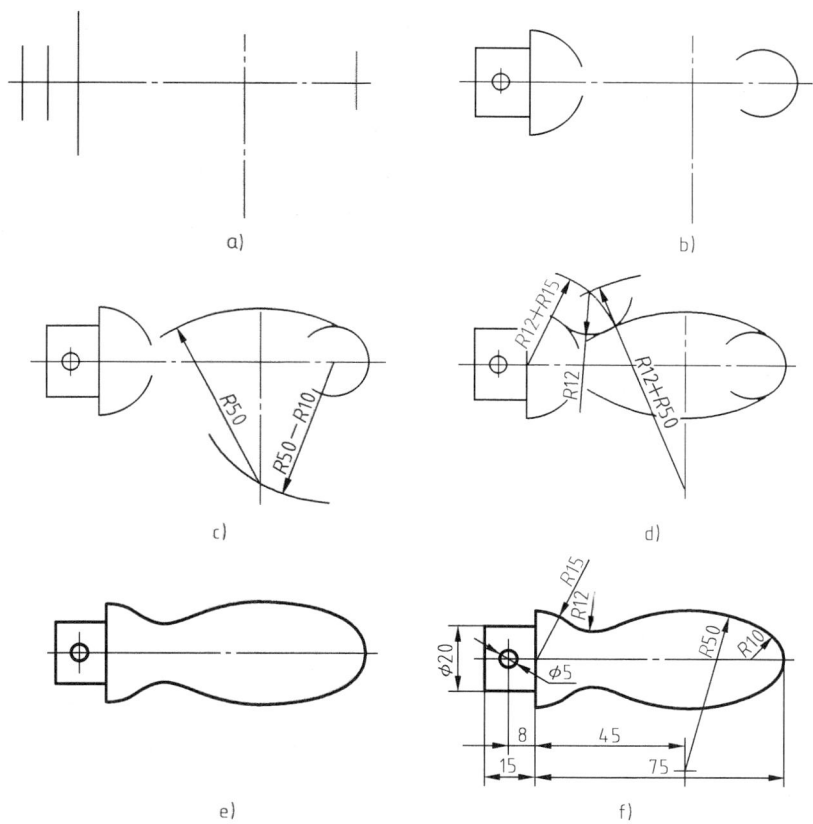

图2-17　绘制手柄的方法和步骤
a）布图，画基准线　b）画已知线段　c）画中间线段　d）画连接线段
e）检查，加深　f）标注尺寸

2）画底图时，应注意以下几点：

① 画底图用 H 或 2H 铅笔，铅芯应经常削磨以保持尖锐。
② 底图上的各种线型暂不分粗细，均用细实线绘制，并要画得很轻、很细。
③ 作图力求准确。
④ 画错的地方，在不影响画图的情况下，可先做记号，待底图完成后一起擦掉。

3. 加深底图

（1）加深底图的步骤

1) 先粗后细。一般应先加深全部粗实线，再依次加深全部细虚线、细点画线及细实线等，这样既可提高绘图效率，又可保证同一线型在全图中粗细一致，不同线型之间的粗细也符合比例关系。

2) 先曲后直。在加深同一种线型（特别是粗实线）时，应先加深圆弧和圆，再加深直线，以保证连接光滑。

3) 先水平、后垂斜。先用丁字尺自上而下画出全部相同线型的水平线，再用三角板自左向右画出全部相同线型的垂直线，最后画出倾斜的直线。

（2）加深底图时应注意以下几点

1) 在用铅笔加深以前，必须全面检查底图，修正错误，把画错的线条及作图辅助线用软橡皮轻轻擦净。

2) 用不同铅笔加深各种图线时，用力要均匀一致，以免线条浓淡不匀。

3) 为避免弄脏图面，要保持双手和三角板及丁字尺的清洁。加深过程中应经常用毛刷将图纸上的铅芯浮沫扫净，并应尽量减少三角板在已加深的图线上反复推摩。

4) 加深后的图线很难擦净，故要尽量避免画错。需要擦掉时，可用软橡皮顺着图线的方向擦拭。

加深后的手柄的图形如图 2-17e 所示。

4. 画箭头，标注尺寸

完成的手柄的图形如图 2-17f 所示。

三、平面图形的识读

平面图形实际上就是物体的一面视图。识读平面图形就是根据已知的图形，分析出尺寸和线段，为识读组合体及零件图奠定基础。

【例 2-2】 识读图 2-18 所示的图形。

1. 尺寸基准分析

1) 水平（左右）方向的尺寸基准是下部矩形的右边。

2) 垂直（上下）方向的尺寸基准是下部矩形的底边。

2. 尺寸分析

（1）定形尺寸 图中的定形尺寸有：下边矩形的定形尺寸是长 80mm 和高 10mm；圆和圆弧的定形尺寸有直径 φ15mm、φ30mm 和半径 R18mm、R30mm、R50mm 等。

（2）定位尺寸 尺寸 50mm 是以下部

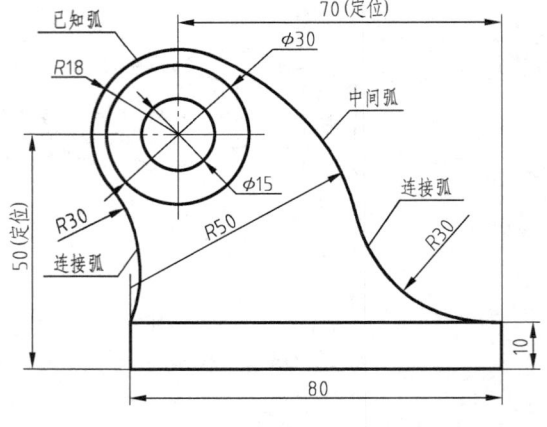

图 2-18 平面图形分析

矩形的底边为基准确定 $\phi 15mm$、$\phi 30mm$ 及 $R18mm$ 圆心垂直（上下）方向位置的定位尺寸。尺寸 70mm 是以下部矩形的右边为基准确定 $\phi 15mm$、$\phi 30mm$ 及 $R18mm$ 圆心水平（左右）方向位置的定位尺寸。必须注意，有时一个尺寸既是定形尺寸，也是定位尺寸，如尺寸 80mm 是矩形的长，也是 $R50mm$ 圆弧左右方向的定位尺寸。

3. 线段分析

（1）已知线段　$\phi 15mm$、$\phi 30mm$ 的圆，$R18mm$ 的圆弧，矩形的长 80mm、宽 10mm 等，其定位尺寸齐全，均属已知线段。

（2）中间线段　图中的 $R50mm$ 只有一个左右方向的定位尺寸 80mm，所以是中间线段。

（3）连接线段　图中的两个 $R30mm$ 的圆弧，只有定形尺寸，没有定位尺寸，属于连接线段。

课题五　徒手画图的方法

徒手图也叫草图，即不用绘图仪器和工具，通过目测形体各部分的比例和尺寸，按一定画法要求画出的图形。徒手画图具有灵活快捷的特点。徒手图是创意构思、进行技术交流常用的绘图方法，有很大的实用价值。草图虽然是徒手绘制，但决不是潦草的图，画图时应做到：

1）绘制图线要稳，线型粗细分明。
2）目测尺寸要准，图形比例匀称。
3）标注尺寸无误，字体书写工整。
4）绘图速度要快，保持图面整洁。

一、握笔的方法

手握笔的位置要比用仪器绘图时高一些，以利于运笔和观察目标。笔杆与纸面成 45°～60°角，执笔稳而有力。

二、直线的画法

画直线时，图纸可放的斜一些。手腕靠着纸面，沿着画线方向移动，保证直线画直。眼睛不要只盯着笔尖，而要目视笔尖运行的方向和运行的终点，匀速运笔，一次画成，切忌一小段一小段画出。

各种直线的画法和运笔方向如图 2-19 所示。

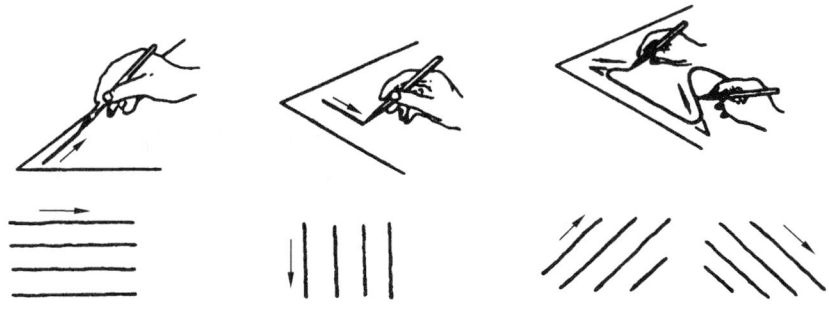

图 2-19　直线的画法

三、常用角度的画法

画 30°、45°、60° 等常用角度时，可根据两直角边的比例关系，在两直角边上定出几点，然后连线而成，如图 2-20 所示。

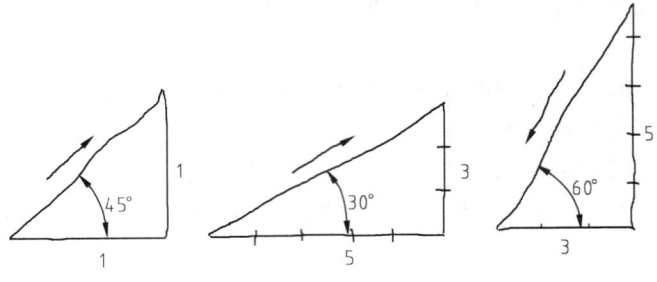

图 2-20 常用角度的画法

四、圆的画法

画较小的圆时，在画出的中心线上按半径目测定出四点，徒手画出圆；也可先画出正方形，再作出正方形的内切圆，如图 2-21a 所示。画较大的圆时，可增加两条 45° 斜线，在斜线上再根据半径的大小定出四点，然后分段画出，如图 2-21b 所示。

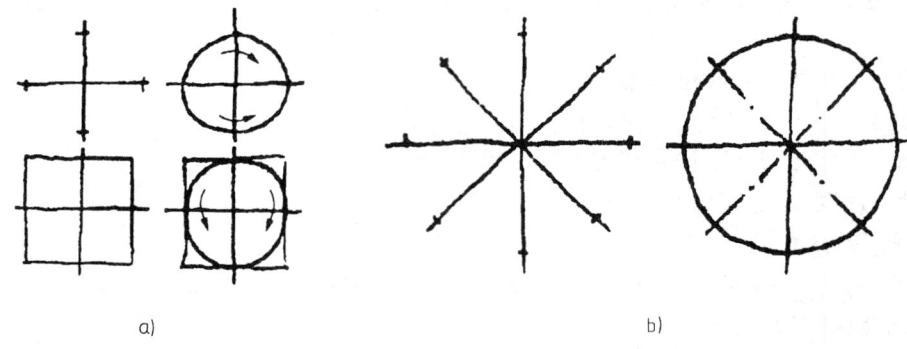

a)　　　　　　　　　　　　　　b)

图 2-21 圆的画法

五、圆弧的画法

画圆弧时，根据圆弧大小，先画出相交的两条直线。然后目测，在角平分线上定出圆心的位置，使它与角两边的距离等于圆弧半径的大小，过圆心向两边引垂线，定出圆弧的起点和终点，并在角平分线上也定出一半径点，然后画弧将三点相连，如图 2-22 所示。

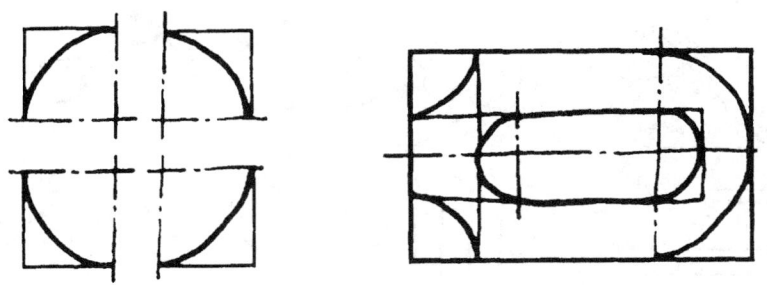

图 2-22 圆弧的画法

六、椭圆的画法

画椭圆时，先目测定出其长、短轴上的四个点，然后分段画出四段圆弧。画图时应注意图形的对称性，如图 2-23a 所示。也可利用外切菱形法作出椭圆，如图 2-23b 所示。

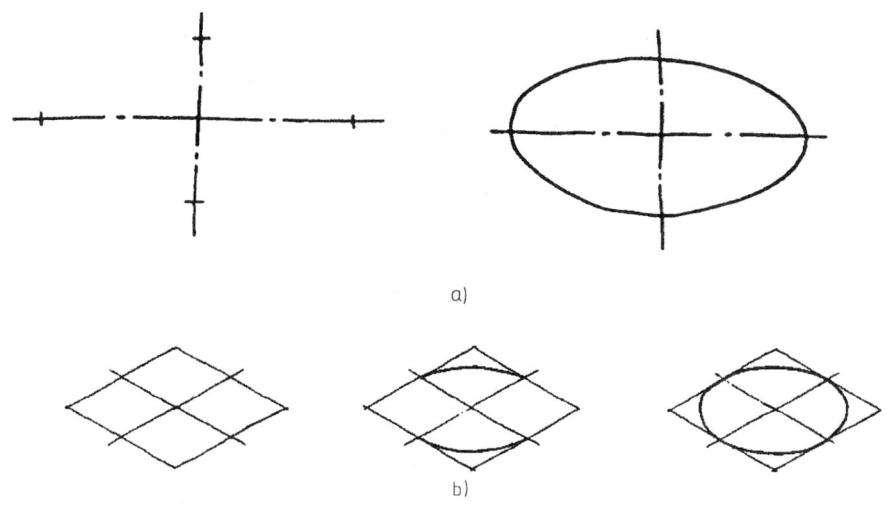

图 2-23　椭圆的画法

【项目小结】

本项目是第一模块的综合应用。通过对本项目的学习，大家明确了国家标准中有关规定的具体运用和绘图工具的正确使用方法，同时掌握了绘制几何图形的基本方法、平面图形的尺寸分析、线段分析及平面图形的绘制方法。

平面图形的绘制要点是：在分析清楚尺寸和线段的基础上，先绘制定位基准线，再按已知线段、中间线段、连接线段的顺序完成全图；尽量选用1:1的作图比例，根据图样大小选用合适的图幅并合理布图。绘图时应做到：字体端正、笔画清楚、图线清晰、尺寸标注完整。

第二模块 投影作图

在实际生产中，不同行业的图样是采用不同的投影方法绘制的，汽车机械图样是采用正投影法绘制的。本模块重点介绍正投影法的基础知识及物体的三视图与轴测图的绘制与识读方法。

项目三 正投影与三视图

【任务描述】

正投影能准确地表达物体的形状，且作图简单方便、度量性好，在汽车机械中得到广泛的应用。本项目主要介绍正投影的概念、正投影的基本特性、三视图的形成、三视图的投影规律及三视图的识读方法。

【学习目标】

1. 掌握正投影的基本原理与特性。
2. 理解三视图的形成过程，掌握三视图的识读方法。
3. 牢固掌握三视图之间的投影对应关系和方位对应关系。

课题一 投影法的基础知识

一、投影法的概念

物体在光线照射下，就会在地面和墙壁上产生影子，影子在一定程度上反映出物体的形状特征。人们对这种自然现象加以抽象研究，总结其中规律，提出投影法。

所谓投影法，就是利用一组投射线通过物体射向预定平面上得到图形的方法。预定平面称为投影面，图形即为该物体的投影。

二、投影法的分类

投影法分为中心投影法和平行投影法两种。

1. 中心投影法

如图 3-1 所示，投射线汇交一点的投影法，称为中心投影法。改变物体和投射中心的距离，则物体投影的大小将发生变化。中心投影法由于投影不能反映物体的真实形状和大小，因此在汽车机械图样中很少使用，常用于

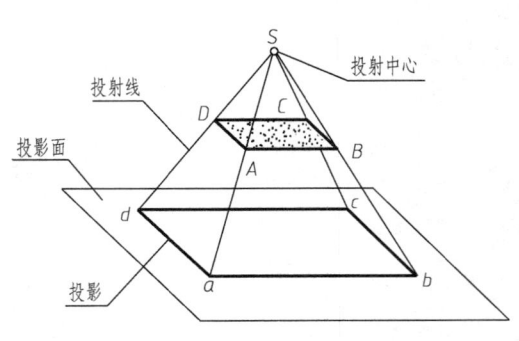

图 3-1 中心投影法

建筑的外形设计。

2. 平行投影法

若将投射中心 S 移到离投影面无穷远处,则所有的投射线都相互平行,这种投射线相互平行的投影方法,称为平行投影法,所得投影称为平行投影。按投射线是否垂直于投影面,平行投影法分为正投影法和斜投影法。

(1) 正投影法　投射线与投影面相垂直的平行投影法,如图 3-2a 所示。
(2) 斜投影法　投射线与投影面相倾斜的平行投影法,如图 3-2b 所示。

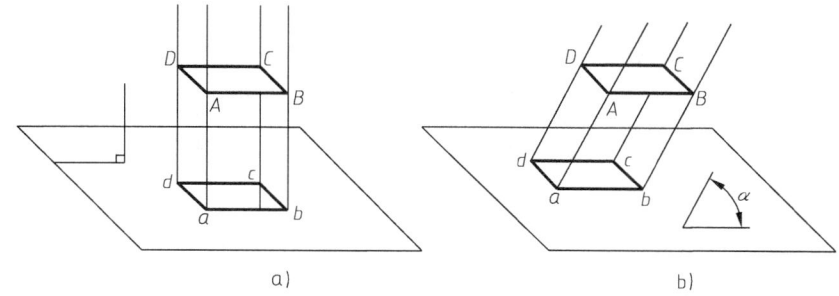

图 3-2　平行投影法
a) 正投影法　b) 斜投影法

由于正投影法的投射线相互平行且垂直于投影面,所以当空间平面图形平行于投影面时,其投影将反映该平面的真实形状和大小,且即使改变物体和投射中心的距离,其投影的形状和大小并不发生变化。因此,绘制汽车机械图样主要采用正投影法。

三、正投影法的特性

1. 真实性

如图 3-3a 所示,当直线 AB 或平面 P 与投影面平行时,直线的投影反映空间直线的实际长度,平面的投影反映实形,这种特性称为真实性。

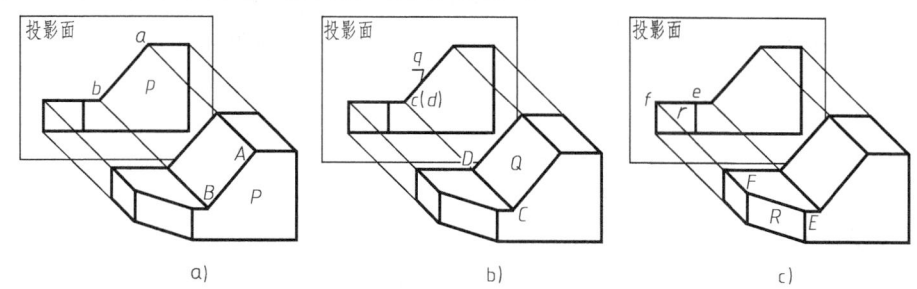

图 3-3　正投影法的特性
a) 真实性　b) 积聚性　c) 类似性

2. 积聚性

如图 3-3b 所示,当直线 CD 或平面 Q 与投影面垂直时,直线的投影积聚为一点,平面的投影积聚为一条直线,这种特性称为积聚性。

3. 类似性

如图 3-3c 所示,当直线 EF 或平面 R 与投影面倾斜时,直线的投影为小于空间直线实长的直线段,平面的投影为小于空间实形的类似形,这种特性称为类似性。

课题二 三视图的形成及对应关系

一、三视图的必要性

根据有关标准和规定，用正投影法所绘制出的物体的图形，称为视图。

如图 3-4 所示，有一个直立的投影面，在投影面和观察者之间放置一个物体（V 形块），并使 V 形块的前面与投影面平行，将观察者的视线视为一组相互平行且与投影面垂直的投射线，用正投影的方法在投影面上得到的正投影图就是 V 形块的一个视图（投射方向代表观察者观察物体的方向）。

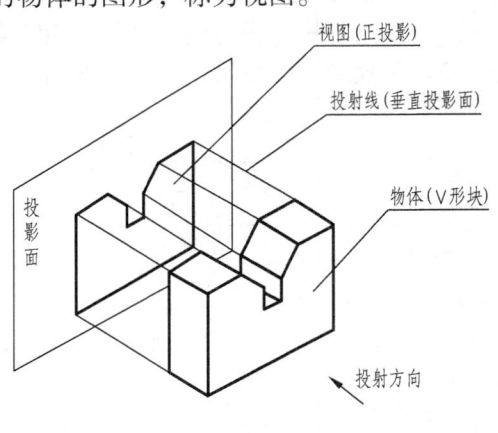

图 3-4 物体的视图

一般情况下，物体的形状不能由一面视图确定。如图 3-5a 所示，三个不同的物体，在一个投影面上的投影完全相同，说明一面视图不能完整地反映物体的形状和大小。有些物体用两面视图仍不能完整地反映其形状。如图 3-5b 所示，不同的物体在两个投影面上的投影也完全相同，说明两面视图仍不能完整地反映物体的形状和大小。因此，工程上通常采用三面视图。

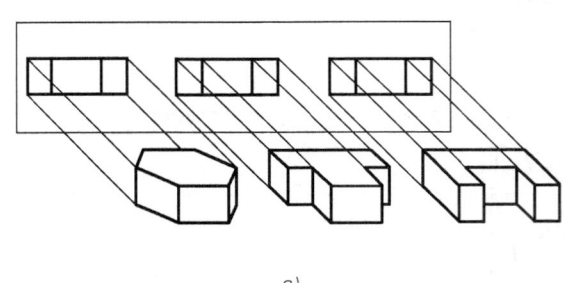 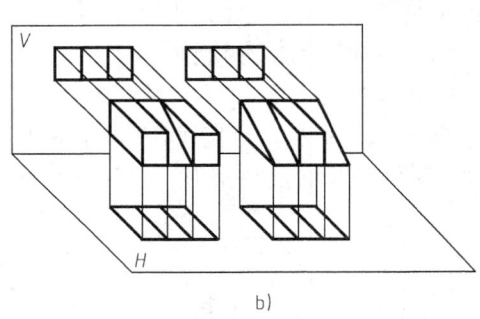

图 3-5 物体的一面视图和两面视图
a) 一面视图相同的不同物体 b) 两面视图相同的不同物体

二、三投影面体系的建立

设立三个互相垂直的投影面，建立三投影面体系，如图 3-6 所示。三个投影面分别称为正立投影面、水平投影面、侧立投影面，简称正面、水平面、侧面，又叫 V 面、H 面和 W 面。三个投影面两两垂直相交，其交线 OX、OY、OZ 称为投影轴，三根投影轴的交点 O 称为原点。

三、三视图的形成

三视图的形成过程如图 3-7 所示。将物体放在三投影面体系中，按正投影法分别向三个投影面投射，

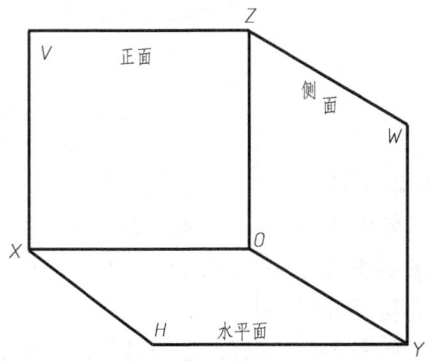

图 3-6 三投影面体系

即可得到正面投影、水平投影和侧面投影。三投影面体系中用正投影方法得到的三面投影图又称为三视图。

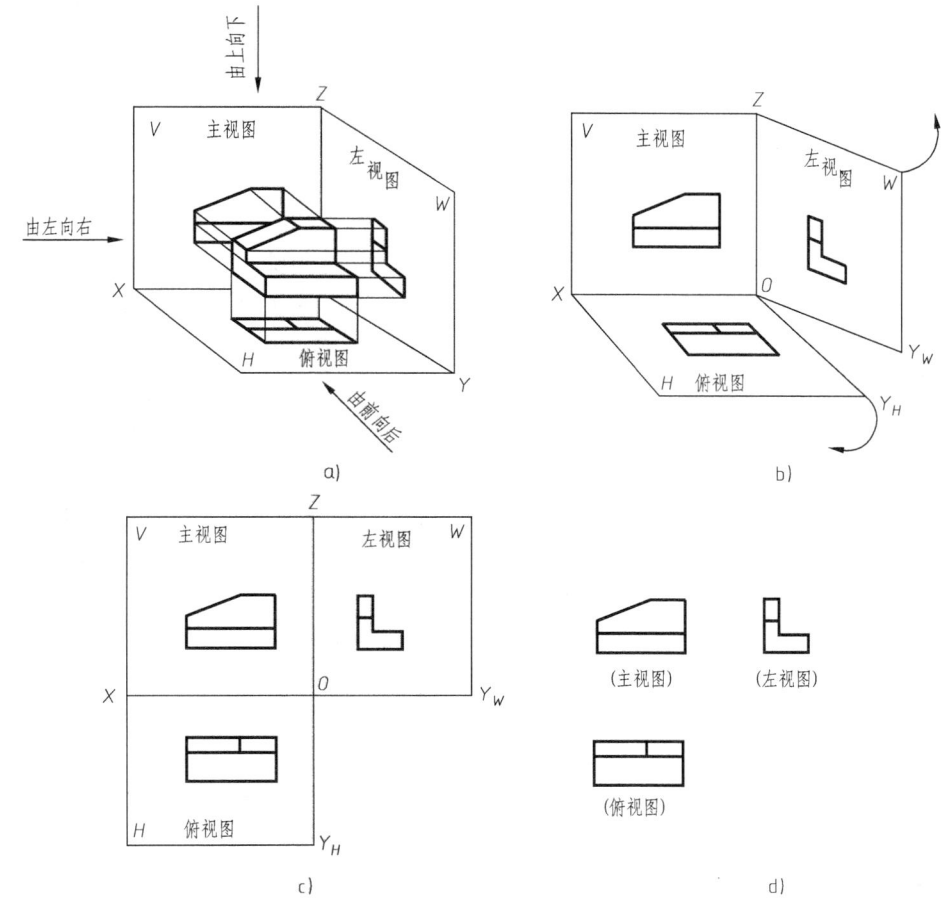

图 3-7　三视图的形成过程
a）物体的三面投影　b）三投影面体系展开　c）展开后的三视图　d）物体的三视图

主视图——由前向后投射，在正面上得到的视图。
俯视图——由上向下投射，在水平面上得到的视图。
左视图——由左向右投射，在侧面上得到的视图。

图 3-7a 所示为物体的三面投影。

为方便看图和画图，必须将三个投影面"展开"到同一个平面上。"展开"的方法是：V 面保持不动，H 面绕 OX 轴向下旋转 90°与 V 面重合，W 面绕 OZ 轴向右旋转 90°也与 V 面重合。要旋转投影面，首先需将 OY 轴一分为二，此时在 H 面上的 OY 轴用 OY_H 表示，在 W 面上的 OY 轴用 OY_W 表示，如图 3-7b 所示。这样处于空间位置的三视图也就在同一平面上了。展开后画三视图时去掉投影面边框和投影轴，展开后的三视图如图 3-7c、图 3-7d 所示。

四、三视图之间的对应关系

1. 投影对应关系

三投影面体系展开后，三视图间的位置关系自然形成：俯视图在主视图的正下方，左视图在主视图的正右方。展开后所形成的三视图，不需标注其名称。

物体有长、宽、高三个方向的尺寸。左右之间的距离为长（X方向），前后之间的距离为宽（Y方向），上下之间的距离为高（Z方向）。

一个视图只能反映两个方向的尺寸，如图3-8所示。主视图反映物体的长和高；俯视图反映物体的长和宽；左视图反映物体的宽和高。从三视图的位置关系和尺寸关系可归纳出三视图之间的投影对应关系：

主、俯视图反映了物体左右方向的同样长度，其投影在长度方向上等长，且对正。

主、左视图反映了物体上下方向的同样高度，其投影在高度方向上等高，且平齐。

俯、左视图反映了物体前后方向的同样宽度，其投影在宽度方向上等宽，且相等。

因此，三视图之间的投影关系可概括为：主、俯视图长对正；主、左视图高平齐；俯、左视图宽相等。

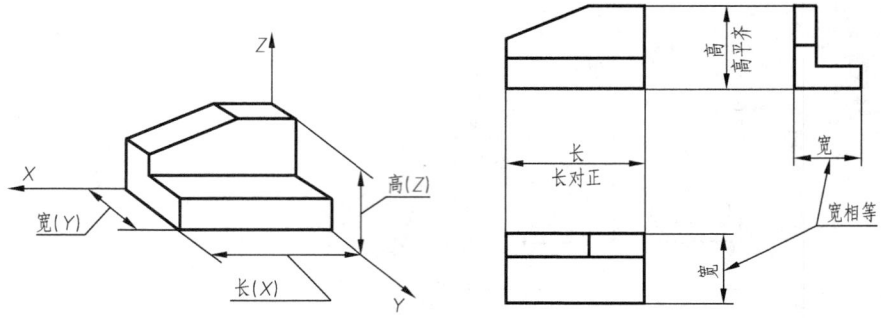

图3-8 三视图的投影对应关系

"长对正，高平齐，宽相等"的投影对应关系又称为投影规律。投影规律是三视图的重要特性，也是看图和画图的依据。

2. 方位对应关系

物体有上、下、左、右、前、后六个方位，一个视图只能反映物体的四个方位，如图3-9所示。

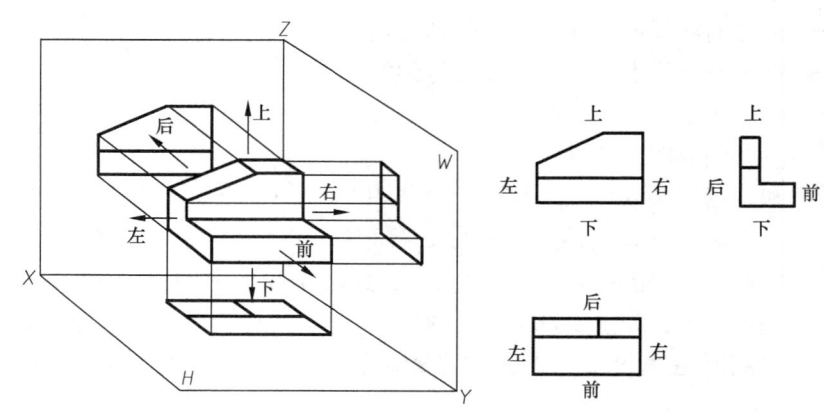

图3-9 三视图的方位对应关系

主视图反映了物体的上、下、左、右相对位置关系。
俯视图反映了物体的前、后、左、右相对位置关系。
左视图反映了物体的上、下、前、后相对位置关系。

五、识读三视图

1. 识读三视图的要点

看图时，必须将已知的几个视图联系起来，才能反映物体六个方位的位置关系。在读图时，应特别注意俯视图和左视图之间的前后位置关系。从三视图的展开可知，俯视图的下方实际上是物体的前方，俯视图的上方实际上是物体的后方；左视图的右边实际上是物体的前方，左视图的左边实际上是物体的后方。即以主视图为准，俯、左视图中远离主视图的一面是物体的前面，靠近主视图的一面是物体的后面（远前近后）。俯、左视图不仅应宽相等，还应保持前后位置的对应关系。

正确判断各表面的相对位置关系是读图的关键。根据方位对应关系，主视图反映物体上的上、下和左、右相对位置关系，但不能反映物体的前、后方位关系。同样，俯视图不能反映物体的上、下方位关系，左视图不能反映物体的左、右方位关系。因此，如果在主视图上来判断物体前、后两个表面的相对位置时，必须从俯视图或左视图上找到前、后两个表面的位置，才能确定哪个表面在前，哪个表面在后，如图 3-10a 所示。

可用同样的方法在俯视图上判断物体上、下两个表面的相对位置，在左视图上判断物体左、右两个表面的相对位置，如图 3-10b、图 3-10c 所示。

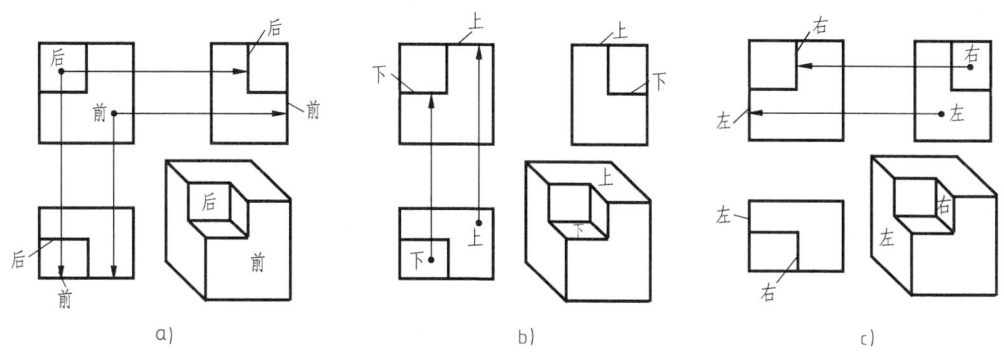

图 3-10 判断三视图各表面的相对位置关系

表 3-1 列出了物体上不同位置表面的比较。

表 3-1 物体上不同位置的表面

三 视 图	相对位置答案	轴 测 图
	① A 面在 B 面（后）（应在俯、左视图中判别） ② C 面比 D 面（高）（应在主、左视图中判别）	

30　汽车机械识图

（续）

三视图	相对位置答案	轴测图
	①A 面比 B 面（低）（应在主、左视图中判别） ②C 面在 D 面（右）（应在主、俯视图中判别）	
	①A 面在 B 面（后）（应在俯、左视图中判别） ②C 面比 D 面（高）（应在主、左视图中判别） ③E 面在 F 面（右）（应在主、俯视图中判别）	

2. 识读三视图举例

识读三视图，就是由三视图（平面图形）想象出物体（空间形状）的过程。

【例 3-1】　识读如图 3-11a 所示托架的三视图，想象托架的形状。

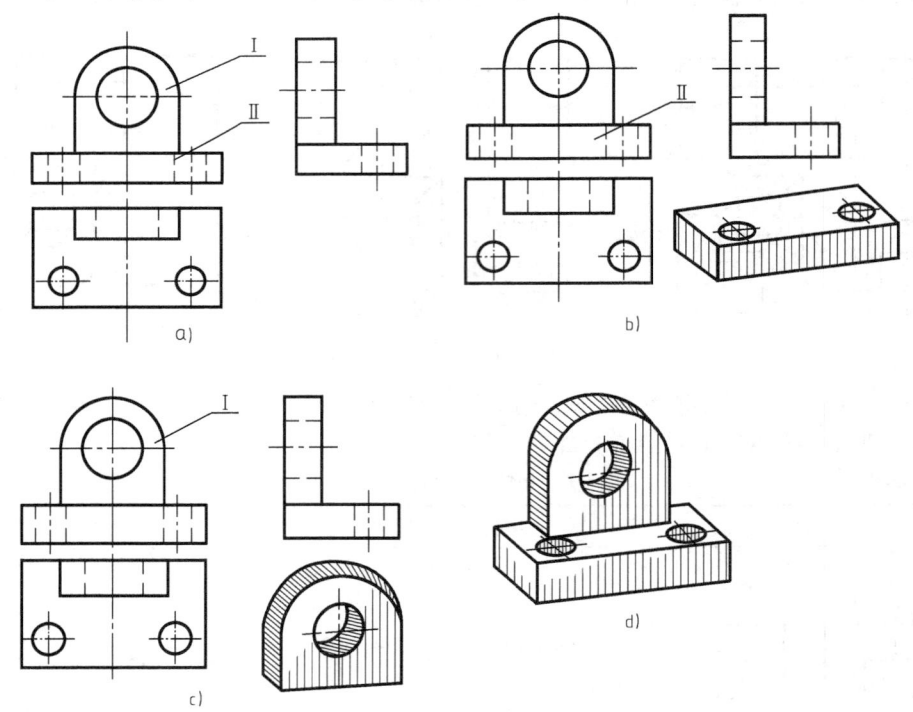

图 3-11　识读托架的三视图

1) 三视图的位置分析：

从图 3-11a 中可知，水平排列的左边一个图为主视图，右边一个图为左视图，主视图的下方为俯视图。它们之间有长对正、高平齐、宽相等的投影关系。主视图表达了托架的主要形状特征。将主视图和左视图联系起来看,托架可以分为底板Ⅱ和竖板Ⅰ两部分。将主视图和俯视图联系起来看,托架是左右对称的。将俯视图和左视图联系起来看,可知竖板Ⅰ在底板Ⅱ的后方并与底板的后面靠齐共面,其左右在底板Ⅱ的中间。

2) 各部分形状分析:

底板Ⅱ是一平放的长方体,俯视图中两个小圆与主视图中细虚线对应,表明底板Ⅱ上钻了两个圆通孔,如图 3-11b 所示。竖板Ⅰ由长方体和半圆柱组合而成,主视图中的圆与左视图、俯视图中的细虚线相对应,表明竖板中间与半圆柱同心的位置有一圆通孔,如图 3-11c 所示。

3) 综合起来想象形状:

通过上面的分析,可以想象出托架的整体如图 3-11d 所示。

识读物体的三视图时,除了采用上例的方法分析想象形状以外,还可以利用橡皮泥切制出物体的模型,以帮助想象出物体的形状。

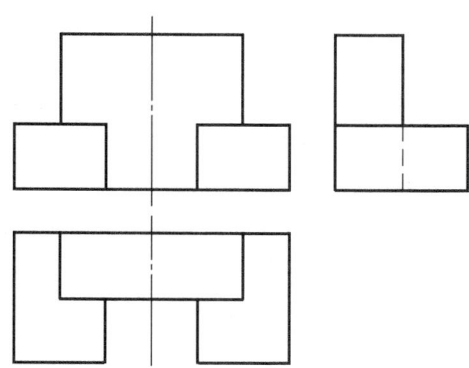

图 3-12 识读弯块的三视图

【例 3-2】 看懂如图 3-12 所示弯块的三视图,并切制出模型。

1) 从主视、俯视和左视图的图形都是由大小不同的矩形框所组成,可以想象出该物体的基本形状为一长方体。这时可用橡皮泥,切出一个长方体模型,如图 3-13a 所示。

2) 根据俯视图和左视图中图线的位置,在长方体模型的前上角切去一长方体,如图 3-13b、图 3-13c 所示。

3) 根据主视图和俯视图中图线的位置,用小刀将长方体模型后面的左上角和右上角的

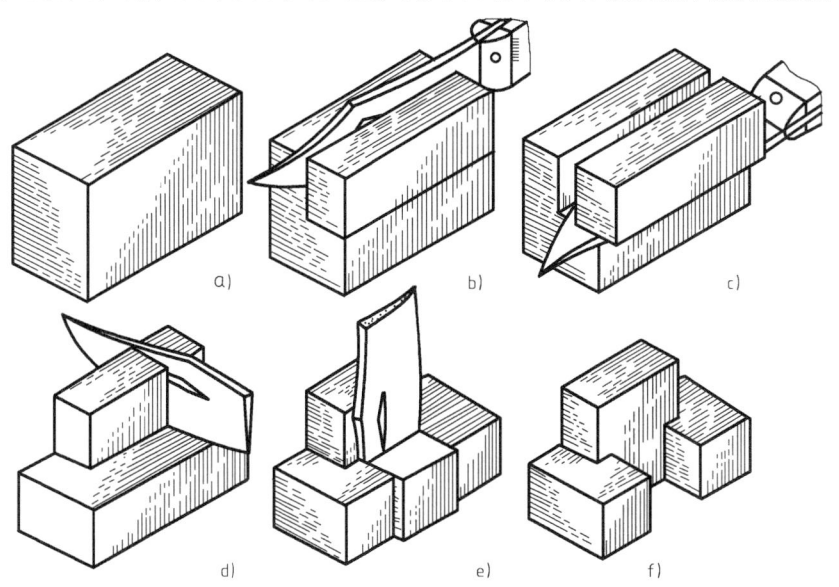

图 3-13 切制模型的方法

两块切去，如图 3-13d 所示。

4）根据俯视图和左视图中细虚线的位置，在长方体模型的下面中间的位置切去一长方体，如图 3-13e 所示。

切制好的模型如图 3-13f 所示。

用做模型的方法来帮助识图，验证想象出来的物体形状是否正确，对初学者来说，是一种很好的方法。

【项目小结】

从本项目开始，将学习本课程的主要任务——如何画图和怎样看图。本项目主要学习了投影法的基本知识，包括投影法的概念和分类、三视图的形成及投影规律、三视图的识读方法等内容。

投影法分为中心投影法和平行投影法两大类，平行投影法又分为正投影法和斜投影法。汽车机械图样主要采用正投影法绘制。三视图的投影规律（长对正、高平齐、宽相等）是画图和看图的理论依据，必须牢固地掌握并在画图和看图的过程中正确地运用。

项目四　点、线、面的投影

【任务描述】

物体都是由点、线、面等基本几何元素构成的。本项目主要介绍点、直线、平面的投影规律和物体上的直线和平面的识读方法。

【学习目标】

1. 熟练掌握点、线、面的投影规律及作图方法。
2. 能够根据直线、平面的投影判断其空间位置。
3. 会分析物体上的直线和平面的空间位置及投影特征。
4. 通过点、线、面的学习，培养学生的空间想象能力及平面与立体之间的转换能力。

课题一　点 的 投 影

任何物体都可以看成是由点、线、面等几何元素构成的，其中点是最基本的元素。点可连成线，线可组成面，面可构成体。如图4-1a所示的三棱锥，就是由四个点、六条线和四个面组成的。图4-1b是三棱锥的三视图。可以看出，三棱锥的三视图实际上就是构成三棱锥的点、线、面的投影集合在一起所形成的图形。因此，要正确、迅速地绘制物体的三视图，就必须掌握这些几何元素的投影。

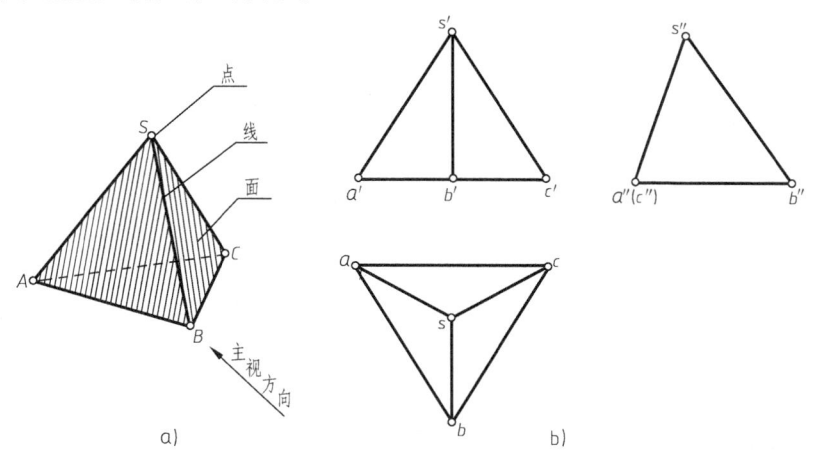

图 4-1　三棱锥
a）轴测图　b）三视图

一、点的三面投影

如图4-2a所示，将三棱锥的顶点 S 放在三投影面体系中，由点 S 分别向三投影面作垂线，其垂足 s'、s、s'' 即为点 S 在 V 面、H 面、W 面的投影。为了统一，规定空间的点用 A、B、C 等大写字母表示；水平投影用相应的小写字母，如 a、b、c…表示；正面投影用相应的小写字母在右上角加一撇，如 a'、b'、c'…表示；侧面投影以小写字母在右上角加两撇，如 a''、b''、c''…表示。

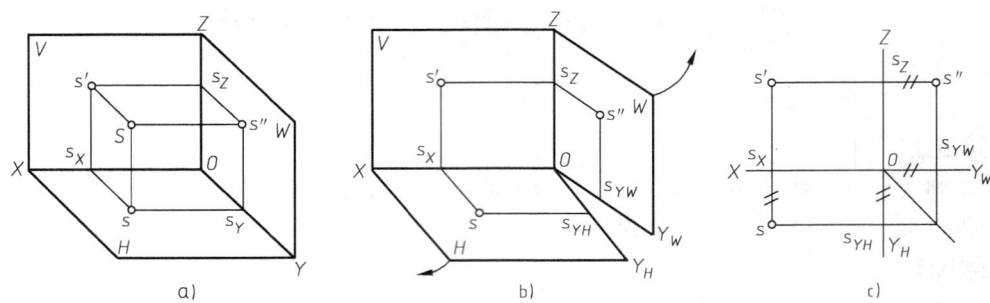

图 4-2 点的三面投影

用图 4-2b 的展开方法，将投影面按箭头所指方向平摊在一个平面上，便得到点 S 的三面投影图，如图 4-2c 所示。图中 s_X、s_{YH}、s_{YW}、s_Z 分别为点的投影连线（为了便于进行投影分析，将点相邻的两面投影用细实线连接起来，称为投影连线）与投影轴 OX、OY、OZ 的交点。

二、点的投影与直角坐标系的关系

如果把三面投影体系看为空间直角坐标系，则 H、V、W 面即为坐标面，OX、OY、OZ 轴即为坐标轴，O 点即为坐标原点。由图 4-3a 可知，点 S 的三个直角坐标 x_s、y_s、z_s 即为点 S 到三个坐标面的距离，即：

点 S 到 W 面的距离等于点的 X 坐标 x_s；

点 S 到 V 面的距离等于点的 Y 坐标 y_s；

点 S 到 H 面的距离等于点的 Z 坐标 z_s。

由图 4-3b 可以看出，点 S 的正面投影 s' 由点 S 的 x_s、z_s 两坐标确定；点 S 的水平投影 s 由点 S 的 x_s、y_s 两坐标确定；点 S 的侧面投影 s'' 由点 S 的 y_s、z_s 两坐标确定。所以，一空间

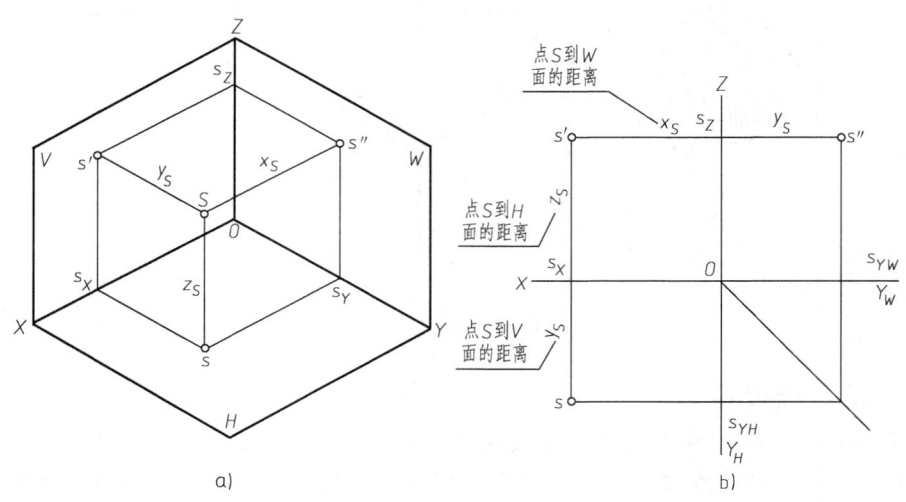

图 4-3 点的投影与直角坐标系的关系及投影规律

点 S（x_s、y_s、z_s）在三投影面体系中有唯一的一组投影（s'、s、s''）；反之，如已知一点的一组投影（s'、s、s''）即可确定该点在空间的坐标值。

三、三面投影体系中点的投影规律

通过点的三面投影的形成过程，可总结出点的投影规律，如图 4-3 所示。

1）点的两面投影的连线，必定垂直相应的投影轴，即：

$s's \perp OX, s's'' \perp OZ, ss_{YH} \perp OY_H, s''s_{YW} \perp OY_W$。

2）点的投影到投影轴的距离，等于空间点到相应的投影面的距离。

$s's_X = s''s_{YW} = S$ 点到 H 面的距离 z_s；

$ss_X = s''s_Z = S$ 点到 V 面的距离 y_s；

$ss_{YH} = s's_Z = S$ 点到 W 面的距离 x_s。

点的水平投影到 OX 轴的距离等于点的侧面投影到 OZ 轴的距离，即 $ss_X = s''s_Z$，图 4-3b 用 45°角平分线来表明了这样的关系（也可用以原点 O 为圆心的四分之一圆弧表示）。

根据点的三面投影规律，可由点的三个坐标值画出其三面投影图，也可根据点的两个投影作出第三投影。

【例 4-1】 如图 4-4a 所示，已知点 B 的正面投影 b' 和水平投影 b，求作其侧面投影 b''。

分析：根据点的投影规律可知，$b'b'' \perp OZ$ 轴，过 b' 作 OZ 轴的垂线 $b'b_Z$，则 b'' 必在 $b'b_Z$ 的延长线上。再由 $b''b_Z = bb_X$ 便可求出 b''。

作图：

1）过 b' 作 OZ 的垂线并延长，如图 4-4b 所示。

2）量取 $b''b_Z = bb_X$，便可求得 b''；也可以利用 45°角平分线作图，如图 4-4c 所示。

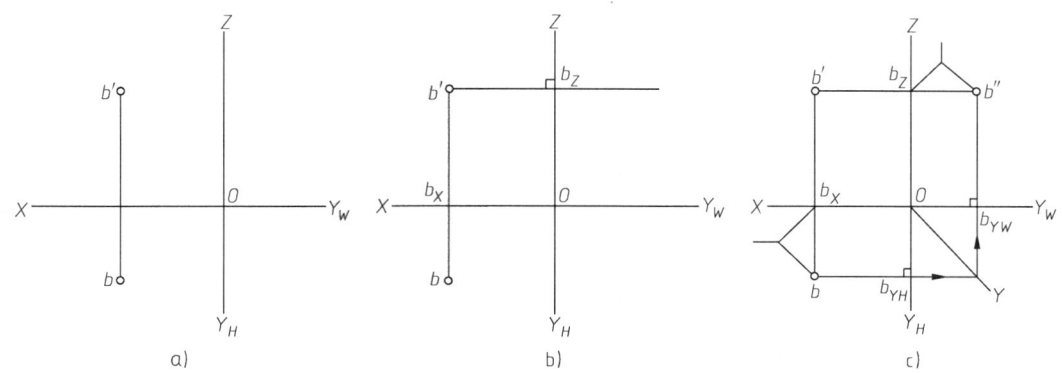

图 4-4 已知点的两面投影求第三投影

【例 4-2】 如图 4-5a 所示，已知点 B 的坐标（12，10，17），作出点的三面投影。

分析：已知空间点的三个坐标，便可作出点的两面投影，再根据这两面投影就可求出第三投影。

作图：

1）作出投影轴，定出原点，并在 OX 轴上从 O 点向左量取 12mm，定出 b_X，如图 4-5a 所示。

2）过 b_X 作 OX 轴的垂线，在此垂线上向上量取 17mm 得 b' 点，向下量取 10mm 得 b 点，如图 4-5b 所示。

3）由 b 及 b'，按点的投影规律作出 b''、b、b'、b'' 即为点 B 的三面投影，如图 4-5c 所示。

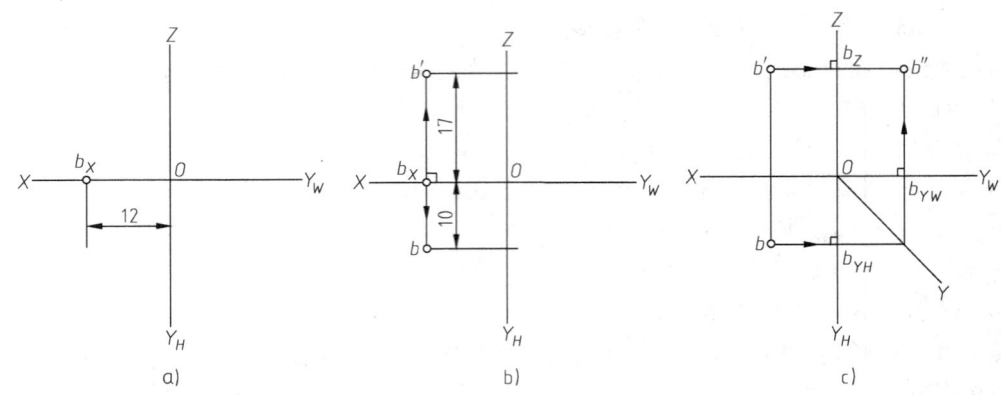

图 4-5　由点的坐标作点的三面投影

四、两点的相对位置

两点的相对位置是指空间两点的上下、左右、前后的关系。在投影图中，观察分析两点的各同面投影之间的坐标关系，就可以判断两点的相对位置，如图 4-6 所示。

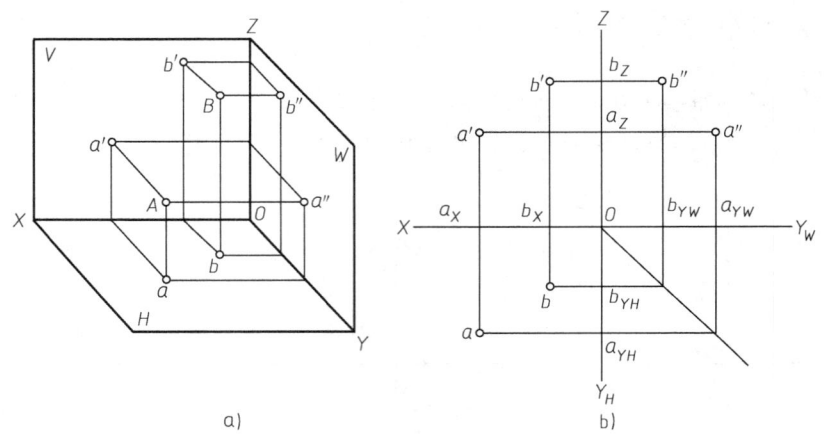

图 4-6　两点的相对位置

两点的左右位置由坐标 X 确定：X 坐标值大者（距 W 面远），点在左，如图 4-6b 所示，A 在 B 的左方。

两点的前后位置由坐标 Y 确定：Y 坐标值大者（距 V 面远），点在前，如图 4-6b 所示，A 在 B 的前方。

两点的上下位置由坐标 Z 确定：Z 坐标值大者（距 H 面远），点在上，如图 4-6b 所示，A 在 B 的下方。

总体来说，就是 A 点在 B 点的左、前、下方。

五、重影点及可见性

当空间两点的某两个坐标相同时，该两点处于某一投影面的同一条投射线上，则两点在该投影面上的投影重合，这两点称为该投影面的重影点，如图 4-7 所示。

当两点的投影重合时，需要判别其可见性，即哪一点可见，哪一点不可见。根据正投影的特性可知：可见性的区分应是前遮后、上遮下、左遮右。图 4-7 中的重影点是上下遮挡关系，即 B 遮挡 A，则水平投影中的 b 可见，a 不可见，规定对投影图上不可见点的投影加括号表示，如"（a）"。

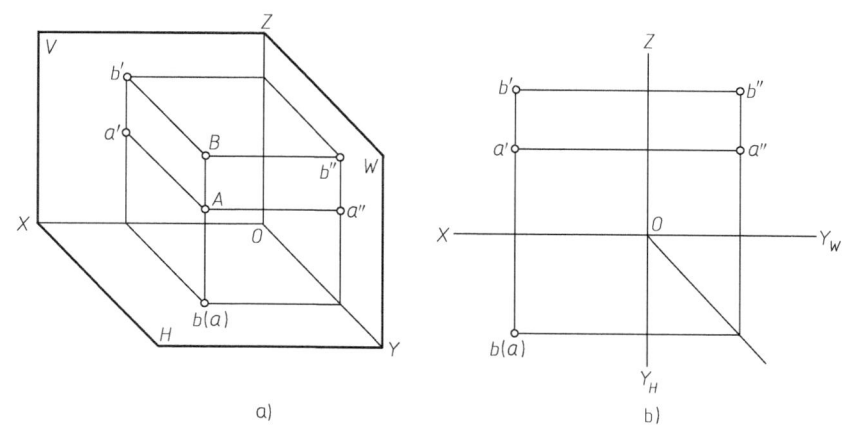

图 4-7 重影点的投影

课题二 直线的投影

空间直线的投影，可由直线上的两点（一般取线段的两个端点）的投影来确定。所以在绘制直线的投影时，只要作出直线上两端点的投影，再连接这两点的同面投影，便得直线的三面投影。如图 4-8a 所示的直线 AB，绘制它的三面投影时，可分别作出 A、B 两端点的投影 a、a′、a″及 b、b′、b″，如图 4-8b 所示。再将其同面投影相连，即得直线 AB 的三面投影 ab、a′b′、a″b″，如图 4-8c 所示。

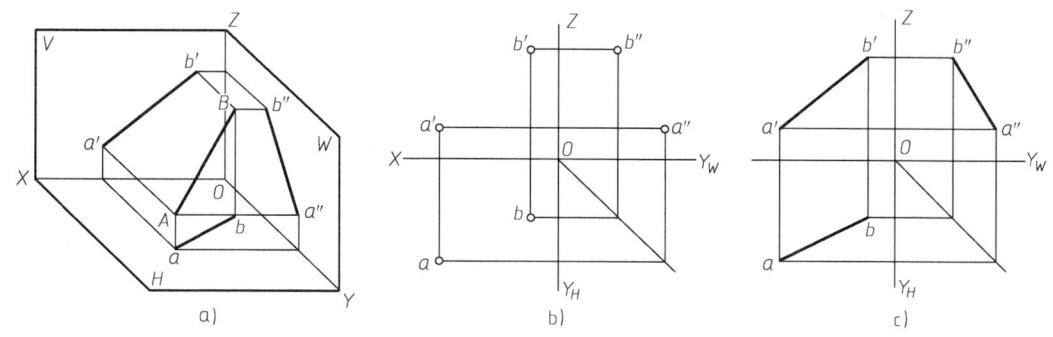

图 4-8 直线的三面投影

一、直线对于一个投影面的投影特性

空间直线相对于一个投影面的位置有平行、垂直和倾斜三种，根据正投影的基本性质可知，三种位置的直线具有如下的投影特性（见图 4-9）：

（1）积聚性　当直线垂直于投影面时，投影积聚为一点，如图 4-9a 所示。
（2）真实性　当直线平行于投影面时，投影为实长，如图 4-9b 所示。

（3）类似性 当直线倾斜于投影面时，投影小于直线的实长，如图 4-9c 所示。

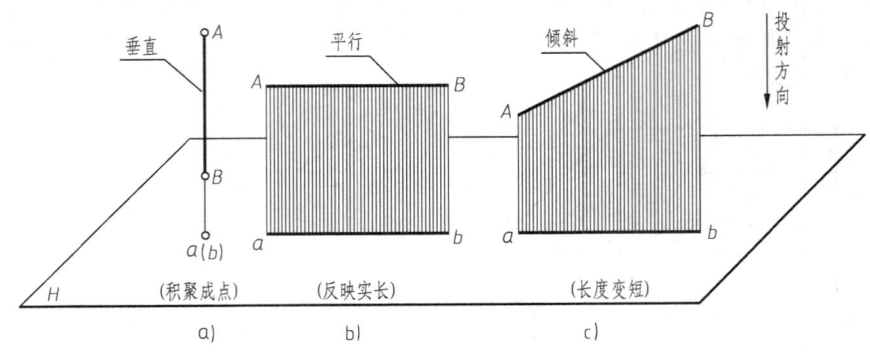

图 4-9 直线对一个投影面的投影

直线的投影特性可概括如下：

> 直线平行投影面，投影实长现；
> 直线垂直投影面，投影聚一点；
> 直线倾斜投影面，投影往短变。

二、各种位置直线的投影特性

直线在三投影面体系中的投影特性取决于直线与三个投影面的相对位置。根据直线与三个投影面的相对位置不同，可以把直线分为三类：投影面垂直线、投影面平行线和一般位置直线。投影面平行线和投影面垂直线又称为特殊位置直线。

1. 投影面垂直线

垂直于一个投影面，平行于另外两个投影面的直线称为投影面垂直线。投影面垂直线分为三种，如图 4-10 所示。

正垂线：垂直于 V 面并同时平行于 H、W 面的直线；

铅垂线：垂直于 H 面并同时平行于 V、W 面的直线；

侧垂线：垂直于 W 面并同时平行于 V、H 面的直线。

投影面垂直线的图例及投影特性见表 4-1。

从表 4-1 中可归纳出投影面垂直线的投影特性如下：

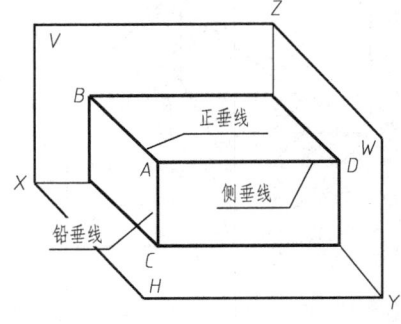

图 4-10 投影面垂直线

1）直线在与其垂直的投影面上的投影积聚为一点，具有积聚性。

2）直线在其他两个投影面上的投影分别垂直于相应的投影轴，且反映该线段的实长，具有真实性。

投影面垂直线的投影可概括为"一点两直线"。

表 4-1 投影面垂直线的图例及投影特性

名称	铅垂线	正垂线	侧垂线
空间直线			
立体上的直线			
投影图			

画图时,应先画积聚为点的那个投影。读图时,如果直线的三面投影中只要有一个投影积聚为一点,则该直线一定是投影面垂直线,且一定垂直于投影积聚为一点的那个投影面,即"点在哪面垂哪面。"

2. 投影面平行线

平行于一个投影面,倾斜于另外两个投影面的直线称为投影面平行线。投影面平行线分为三种,如图 4-11 所示。

正平线:平行于 V 面并倾斜于 H、W 面的直线;
水平线:平行于 H 面并倾斜于 V、W 面的直线;
侧平线:平行于 W 面并倾斜于 V、H 面的直线。
投影面平行线的图例及投影特性见表 4-2。

从表 4-2 中可归纳出投影面平行线的投影特性如下:

1)在直线所平行的投影面上的投影为倾斜于投影轴的直线(斜线),反映该线段的实长,具有真实性。

2)在其他两个投影面上的投影分别平行于相应的投影轴(直线),且比线段的实长短,具有类似性。

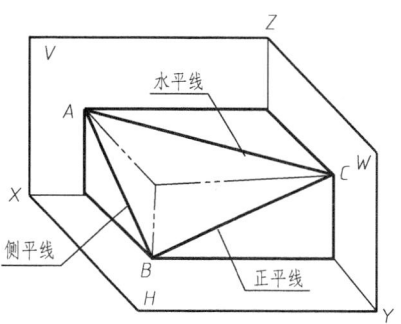

图 4-11 投影面平行线

表 4-2 投影面平行线的图例及投影特性

名称	水 平 线	正 平 线	侧 平 线
空间直线			
立体上的直线			
投影图			

投影面平行线的投影可概括为"一斜两直线"。

画图时,先画反映实长的那个投影。读图时,当直线的三个投影中只有一个投影是与投影轴倾斜的直线,则该直线一定是投影面平行线,且一定平行于投影为倾斜线的那个投影面,即"斜在哪面平哪面"。

3. 一般位置直线

与三个投影面都处于倾斜位置的直线称为一般位置直线。

如图 4-12a 所示,直线 AS 与 H、V、W 面都处于倾斜位置,其投影如图 4-12b、图 4-12c 所示。

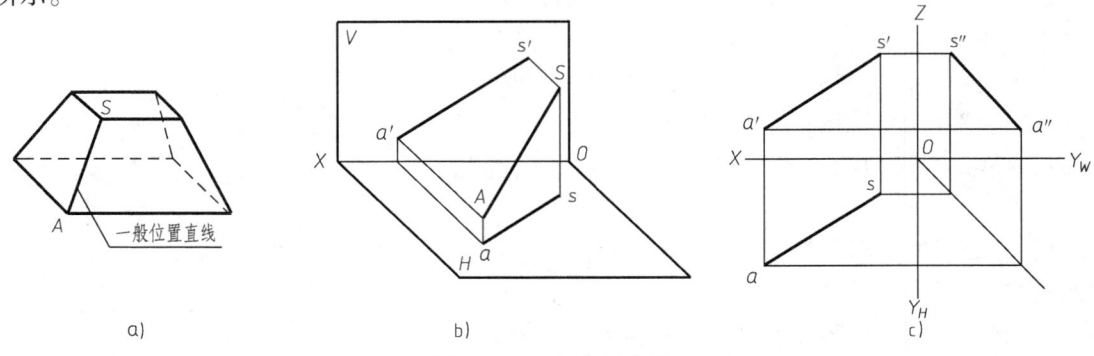

图 4-12 一般位置直线

一般位置直线的投影特征可归纳为:
1) 一般位置直线的三面投影都是倾斜于投影轴的直线(三斜)。
2) 一般位置直线的三面投影长度都小于实长(三短)。
即"三斜三短线"。
读图时,如果直线的三面投影都倾斜于投影轴,则可判定该直线为一般位置直线。通过对各种位置直线的投影分析,将直线的投影特征及空间位置的判断概括如下:

> 一点两直垂直线,点在哪面垂哪面;
> 一斜两直平行线,斜在哪面平哪面;
> 三斜三短一般线,直线倾斜三个面。
> 说明:"直"指的是直线的投影垂直或平行于投影轴;"斜"指的是直线的投影倾斜于投影轴;"垂"指"垂直";"平"指"平行"。

三、识读直线的投影图

识读直线的投影图就是根据直线的投影想象直线的空间位置。

【例 4-3】 根据图 4-13a 所示物体的三视图,分析并判断给定棱线的空间位置,并在图 4-13b 的三视图上进行标注。

分析:图示物体是由不同位置的直线组成的。给定棱线的三面投影、直线的类型及空间位置的分析见表 4-3,给定棱线的标注如图 4-13b 所示。

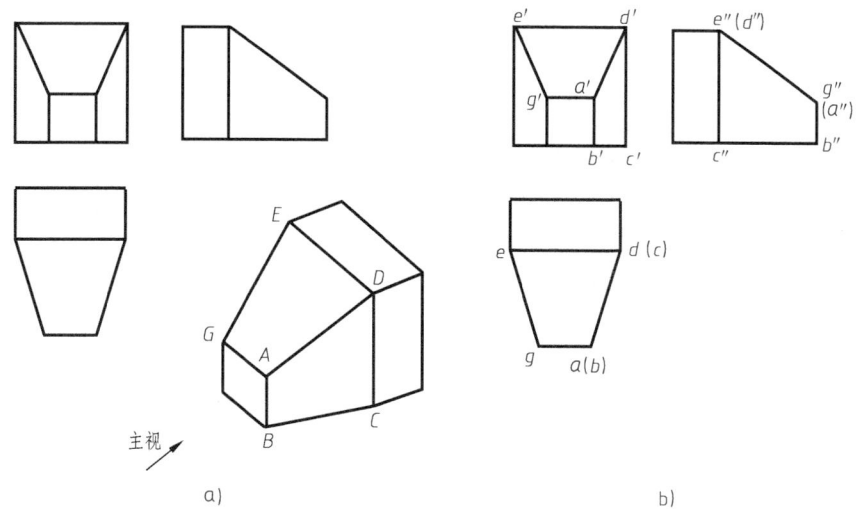

图 4-13 物体上的直线与投影面的相对位置分析

表 4-3 物体上各棱线的投影分析

直线名称	三面投影	直线的类型	特征投影	空间位置
AB	一点两直	垂直线	点在 H 面	铅垂线
BC	一斜两直	平行线	斜在 H 面	水平线
CD	一点两直	垂直线	点在 H 面	铅垂线

(续)

直线名称	三面投影	直线的类型	特征投影	空间位置
AD	三斜三短	一般线	无	一般线
EG	三斜三短	一般线	无	一般线
ED	一点两直	垂直线	点在 W 面	侧垂线
AG	一点两直	垂直线	点在 W 面	侧垂线

课题三　平面的投影

平面图形具有一定的形状、大小和位置，常见的有三角形、矩形、正多边形等由直线轮廓组成的平面图形，还有一些由直线或曲线组成的平面图形。求作平面投影的实质，就是求平面图形轮廓上一系列点的投影，再将各点的同面投影依次连线，便得平面的投影，如图 4-14 所示。

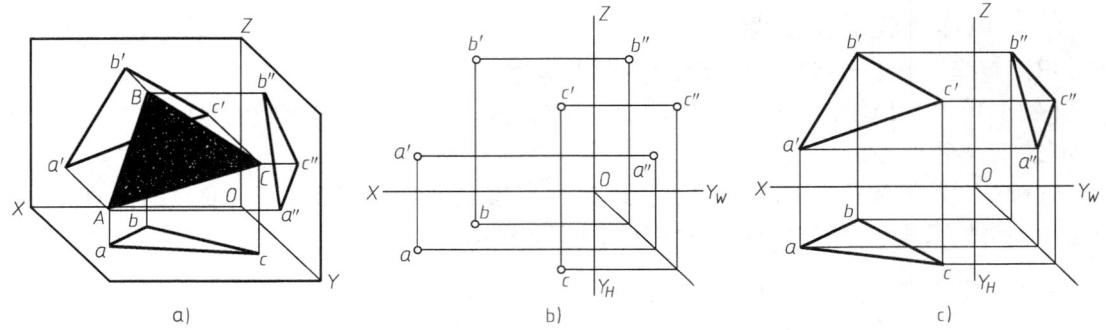

图 4-14　平面的投影

一、平面对一个投影面的投影特性

平面相对于一个投影面的位置有平行、垂直和倾斜三种，根据正投影的基本性质可知，三种位置的平面具有如下的投影特性：

（1）真实性　当平面与投影面平行时，平面的投影为实形，如图 4-15a 所示。

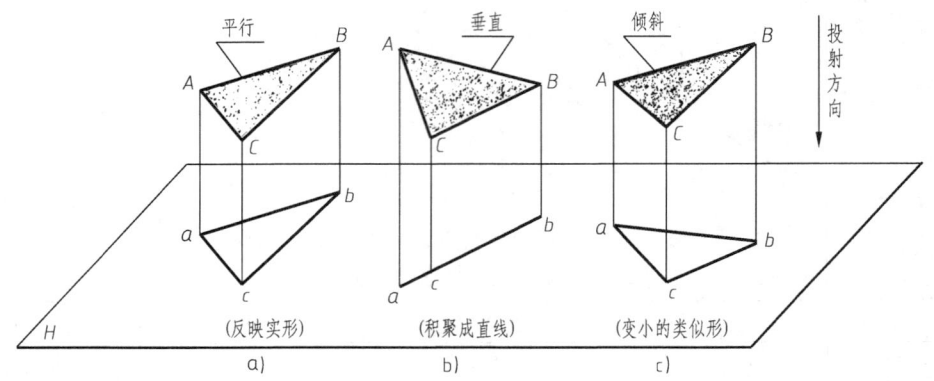

图 4-15　平面的投影特性
a）真实性　b）积聚性　c）类似性

(2) 积聚性 当平面与投影面垂直时，平面的投影积聚成一条直线，如图 4-15b 所示。

(3) 类似性 当平面与投影面倾斜时，平面的投影是变小的原图形的类似形，如图 4-15c 所示。

平面对一个投影面的投影特性可概括如下：

> 平面平行投影面，投影实形现；
> 平面垂直投影面，投影聚一线；
> 平面倾斜投影面，投影往小变。

二、各种位置平面的投影特性

根据平面相对于三个投影面的位置不同，可将平面分为三类：投影面平行面、投影面垂直面、一般位置平面，前两类也称为特殊位置平面。

1. 投影面平行面

平行于一个投影面，垂直于另外两个投影面的平面称为投影面平行面，如图 4-16 所示。

投影面平行面又分为三种：

正平面：平行于 V 面，并与 H、W 面垂直的平面；

水平面：平行于 H 面，并与 V、W 面垂直的平面；

侧平面：平行于 W 面，并与 V、H 面垂直的平面。

投影面平行面的图例及投影特性见表 4-4。

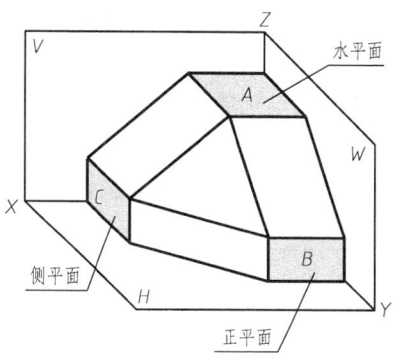

图 4-16 投影面平行面

表 4-4 投影面平行面的图例及投影特性

名称	水 平 面	正 平 面	侧 平 面
空间平面			
立体上的平面			
投影图			

分析表4-4，可总结出投影面平行面的投影特性如下：
1) 在平面所平行的投影面上的投影反映实形（线框）。
2) 另外两个投影积聚为平行于相应投影轴的直线。

可概括为"一框两直线"。

画图时，先画出反映实形的那个投影（线框）。读图时，如果平面的三个投影中，只有一个投影是线框，则该平面一定平行于这个投影面，即"框在哪面平哪面"。

2. 投影面垂直面

垂直于一个投影面，并同时倾斜于另外两个投影面的平面称为投影面垂直面。

投影面垂直面又分为三种（见图4-17）：

正垂面：垂直于 V 面，并与 W、H 面倾斜的平面；
铅垂面：垂直于 H 面，并与 V、W 面倾斜的平面；
侧垂面：垂直于 W 面，并与 V、H 面倾斜的平面。

投影面垂直面的图例及投影特性见表4-5。

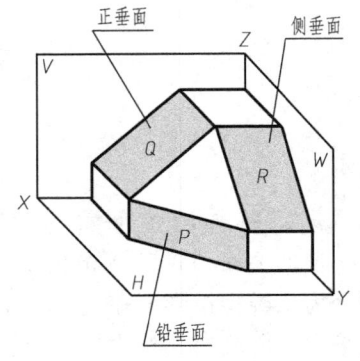

图4-17 投影面垂直面

表4-5 投影面垂直面的图例及投影特性

名称	铅 垂 面	正 垂 面	侧 垂 面
空间平面			
立体上的平面			
投影图			

分析表4-5，可总结出投影面垂直面的投影特性如下：
1) 在平面所垂直的投影面上的投影积聚为与投影轴倾斜的直线（斜线）。

2）另外两个投影均为小于原形的类似形（线框）。

概括为"两框一斜线"。

画图时，先画有积聚性的那个投影（斜线）。读图时，如果平面的三个投影中，只有一个是斜线，则该平面一定垂直于这个投影面，即"线在哪面垂哪面"。

3. 一般位置平面

与三个投影面都倾斜的平面称为一般位置平面。

如图 4-18 所示，三角形平面 M 与三个投影面 H、V、W 既不平行，也不垂直，即为一般位置平面，所以三个投影面的投影均为缩小的三角形（M 面的类似形）。

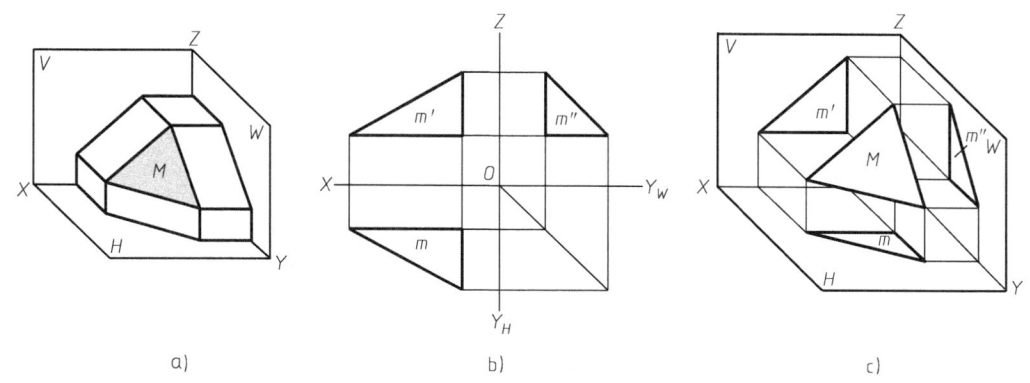

图 4-18 一般位置平面的投影

一般位置平面的投影特性：三面投影都是小于原图形的类似形。

可概括为"三框三小面"。

读图时，如果平面的三个投影均为类似的线框，则该平面一定为一般位置平面，即"三框三小一般面"。

经过对各种位置平面的投影分析，可将平面的投影特征、空间位置的判断方法概括如下：

> 一框两线平行面，框在哪面平哪面；
> 一线两框垂直面，线在哪面垂哪面；
> 三框三小一般面，平面倾斜三个面。
> 说明："框"指的是平面的投影为封闭的线框；"平"指的是平行；"垂"指的是垂直。

三、识读平面的投影图

识读平面的投影图就是根据平面的投影想象平面图形的空间位置。

【例 4-4】 根据图 4-19a 的主、俯视图上给出的各平面的投影，找出它们的另外两个投影，分析它们的空间位置，并在三视图和轴测图上进行标注。

分析：由已知的图形可以看出，该物体是由八个平面组成的，给出各平面的三面投影、特征平面的类型及空间位置的分析见表 4-6，位置标注如图 4-19b 所示。

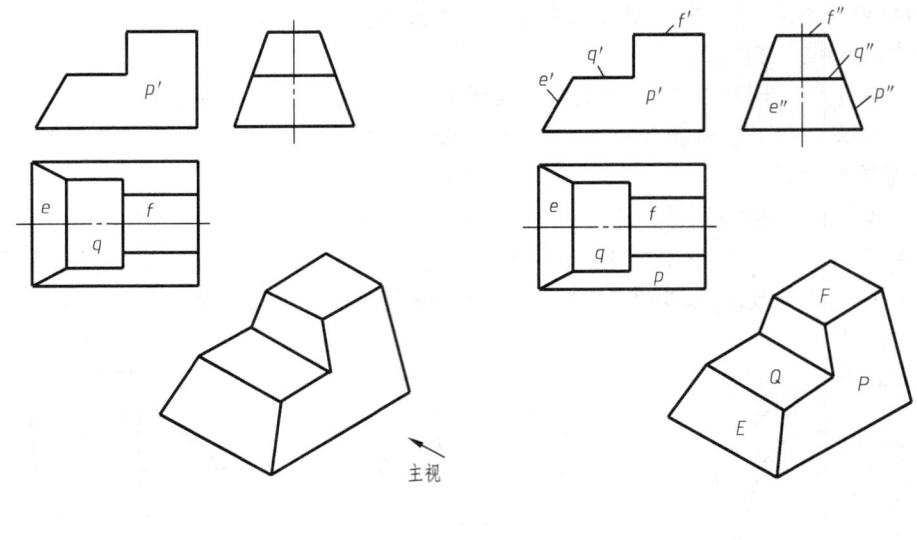

图 4-19 识读物体上各平面的投影

表 4-6 物体上各表面的投影分析

平面名称	三面投影特征	平面的类型	特征投影面	空间位置
平面 P	一线两框	垂直面	线在 W 面	侧垂面
平面 Q	一框两线	平行面	框在 H 面	水平面
平面 E	一线两框	垂直面	线在 V 面	正垂面
平面 F	一框两线	平行面	框在 H 面	水平面

【项目小结】

任何复杂的机械零件，都可以看成是由点、线（直线或曲线）、面（平面或曲面）等几何元素构成的。点可连成线，线可组成面，面可构成体。在制图课的学习中，只要学好"点"、"线"、"面"投影的基本知识，便可为本模块后面的立体及组合体的学习乃至本课程的学习奠定良好的基础，这个基础打好了，以后的学习将一帆风顺。

项目五 立体的投影

【任务描述】
立体包含基本几何体、切割体、相贯体和组合体。本项目主要介绍基本几何体、切割体及相贯体的投影。

【学习目标】
1. 掌握基本几何体（包括棱柱体、棱锥体、圆柱体、圆锥体、圆球体）的三视图的特点及识读方法。
2. 理解截交线、相贯线的概念和性质。
3. 掌握绘制与识读截交线、相贯线的基本方法。

课题一 基本几何体

基本几何体分为平面体和曲面体两类。平面体的表面都是平面，如棱柱和棱锥等；曲面体的表面至少有一个是曲面，如圆柱、圆锥、圆球、圆环等，如图 5-1 所示。

一、棱柱

1. 棱柱的形体特征

棱柱由两个全等的多边形底面、顶面和矩形（直棱柱）或平行四边形（斜棱柱）的侧面组成，各侧面的交线称为棱线，各棱线互相平行。棱线与底面、顶面垂直的棱柱称为直棱柱。当棱柱的底面、顶面为正多边形时，称为正棱柱。常见的棱柱有三棱柱、四棱柱、五棱柱、六棱柱等。下面仅讨论直棱柱的投影。

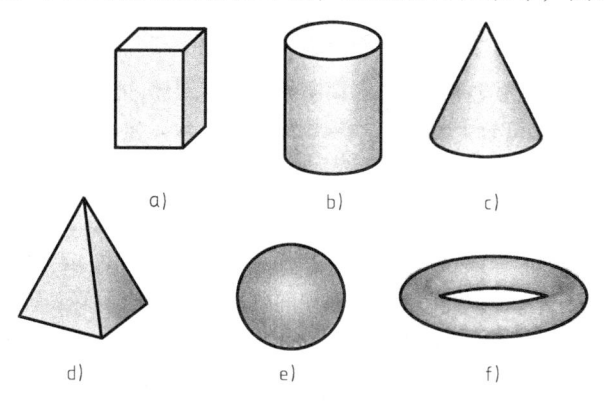

图 5-1 基本几何体
a) 棱柱 b) 圆柱 c) 圆锥
d) 棱锥 e) 圆球 f) 圆环

2. 棱柱的三视图

图 5-2a 所示为正五棱柱的轴测图，将其棱线垂直于水平面放置。图 5-2b 所示为正五棱柱三视图的投射情况。图 5-2c 所示为正五棱柱的三视图。

正五棱柱的顶面 ABCDE 与底面为正五边形的水平面，这两个面反映了棱柱的形状特征，称为形状特征面，其水平投影反映实形，正面投影及侧面投影积聚成一直线；前面为正平面，正面投影反映实形，水平投影及侧面投影积聚为一直线；其他四个侧面均为铅垂面，水平投影均积聚为倾斜的直线，正面投影和侧面投影均为类似形（矩形）。各棱线均为铅垂线，水平投影积聚为一点，正面投影和侧面投影均反映实长。

3. 棱柱的视图特征

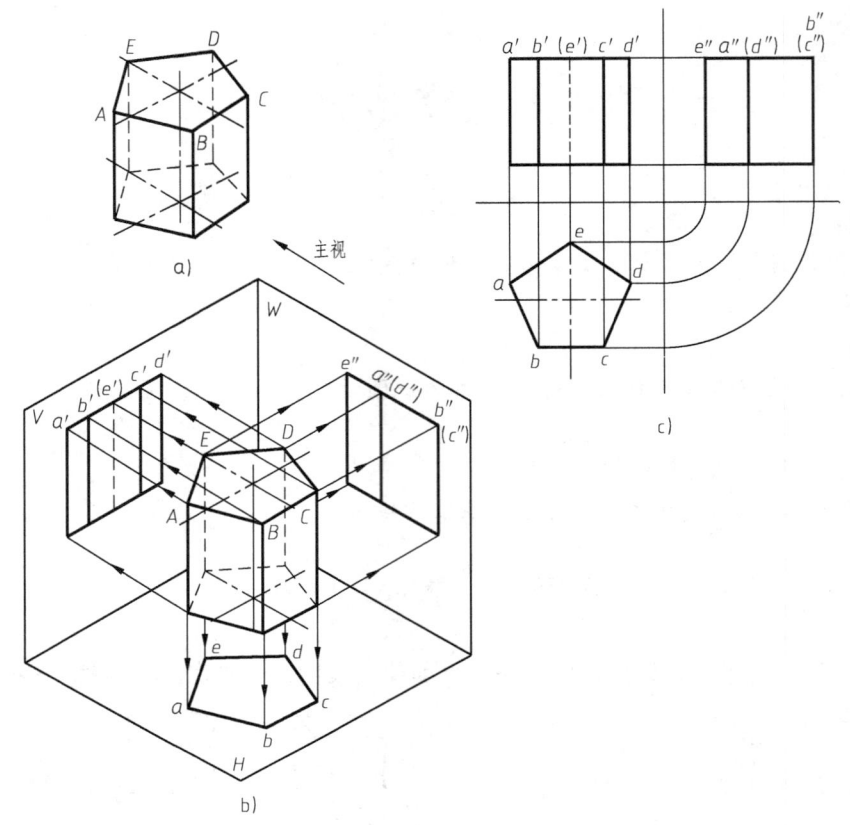

图 5-2 正五棱柱及其三视图

在与棱线垂直的投影面上的视图为多边形（反映棱柱顶面、底面的实形）；另外两个视图为一个或多个大小不等的矩形线框（侧面的实形或类似形）所组成的图形。

二、棱锥

1. 棱锥的形体特征

棱锥由底面及侧面所组成。各侧面的交线称为棱线，各条棱线汇交于一点，侧面为若干个具有公共顶点的三角形，底面为多边形，从顶点到底面的距离称为锥高。当棱锥的底面为正多边形、各侧面均为全等的等腰三角形时称为正棱锥。常见的棱锥有三棱锥、四棱锥、五棱锥等。

2. 棱锥的三视图

图 5-3a 所示为正六棱锥的轴测图，将其放置成底面与水平投影面平行的位置，图 5-3b 所示为正六棱锥的三视图。

正六棱锥的表面由一个底面（正六边形）和六个侧面（等腰三角形）组成。

正六棱锥前后、左右对称，底面 ABCDEF 平行于水平面，其水平投影反映实形；前、后两个侧面 SBC 和 SEF 垂直于侧投影面，其侧面投影积聚成倾斜的直线，正面投影和水平投影为类似的三角形；其余四个侧面均为一般位置平面，三个投影均为类似的三角形；与锥顶相交的棱线 SA 和 SD 为正平线，正面投影反映实长，水平投影和侧面投影为平行于投影轴的直线；其余四条棱线不平行于任一投影面（为一般位置直线），它们在三个投影面上的

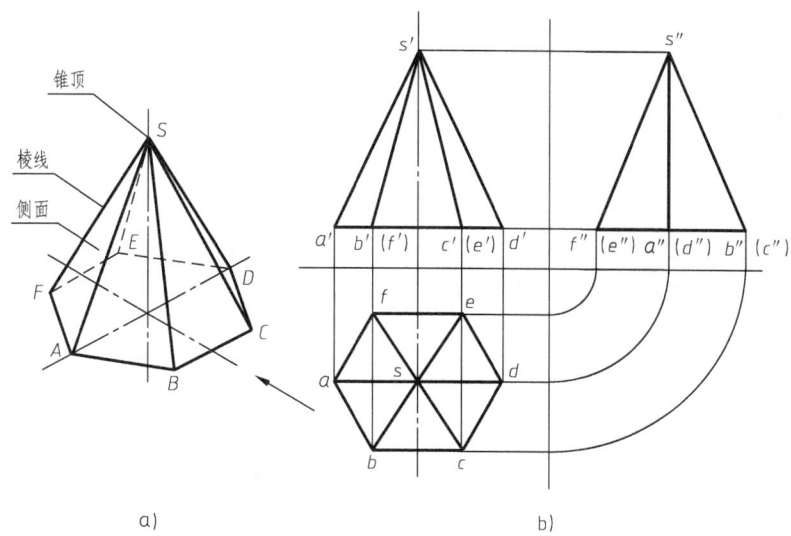

图 5-3 正六棱锥及其三视图

投影都是倾斜的直线,且不反映实长,其中棱线 SB 与 SF、SC 与 SE 的正面投影相互重合,棱线 SB 与 SC、SF 与 SE 的侧面投影相互重合。

3. 棱锥的视图特征

当棱锥的底面平行于某一个投影面时,则棱锥在该投影面上视图的外轮廓为与其底面全等的多边形,其里边还有多个三角形;另外两个视图则由若干个相邻的三角形线框所组成。

三、常见完整及不完整的平面体

几何体作为物体的某些组成部分不一定都是完整的,也并非总是直立的,多看和多画一些完整的和不完整的、方位多变的平面体的三视图,有意识地存储形象,对提高看图能力非常有益。为此,在表 5-1 中给出了多种这样的形体及其三视图。阅读时,应先看具有特征形状的视图,对于平面体应先看具有反映特征的底面多边形的视图,然后再看其他两视图。

表 5-1 常见完整及不完整的平面体及其三视图

名称	图 例
直棱柱	a) 正三棱柱　　b) 直四棱柱　　c) 正四棱柱

(续)

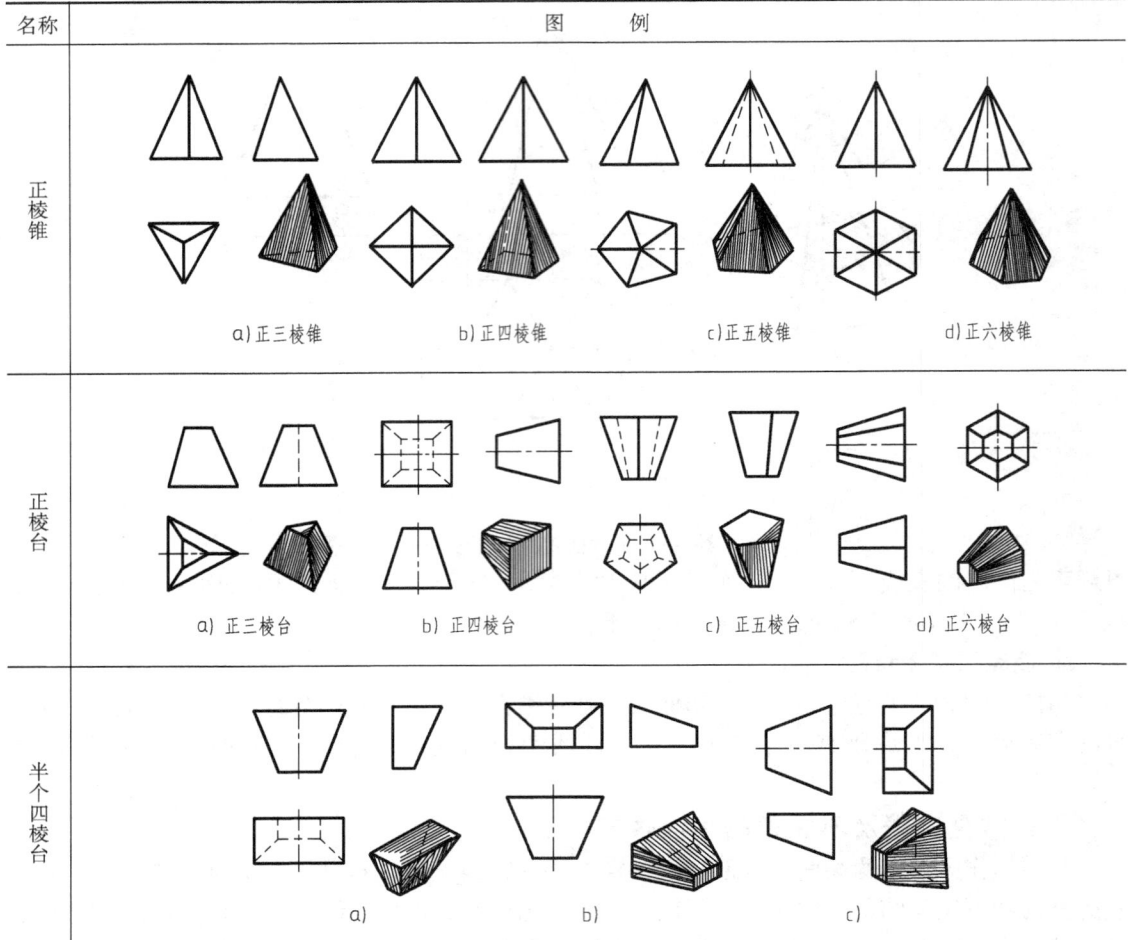

四、圆柱

1. 圆柱的形体特征

圆柱的表面由圆柱面和两端面所组成。圆柱面可看作一条直母线 AB 绕着与它平行的轴线 OO_1 旋转而成,如图 5-4a 所示。直母线在圆柱面上的任意位置称为圆柱面的素线。两端面垂直于轴线的圆柱称为正圆柱。圆柱的轴线相对投影面处于不同位置时,其三视图的特点及形状不同。下面只介绍轴线垂直于某一投影面时的情况。

2. 圆柱的三视图

圆柱三视图的投射情况如图 5-4b 所示,得到的三视图如图 5-4c 所示。该圆柱轴线垂直于水平面,上、下端面的水平投影反映实形,正面和侧面投影积聚成直线,直线的长度等于端面圆的直径。圆柱面的水平投影积聚为一圆周,与两端面的水平投影重合(用细点画线表示中心线);正面投影为一个矩形,是前、后两半圆柱面的重合投影,矩形的两条竖线分别是圆柱面最左素线 AA_1 和最右素线 BB_1 的投影,也是圆柱面前、后分界的转向轮廓线,矩形的上下两条水平线分别是上下端面的积聚投影。圆柱面在侧面的投影也是一个矩形,是左、右两半圆柱面的重合投影,矩形的两条竖线分别是圆柱面最前素线 CC_1 和最后素线 DD_1

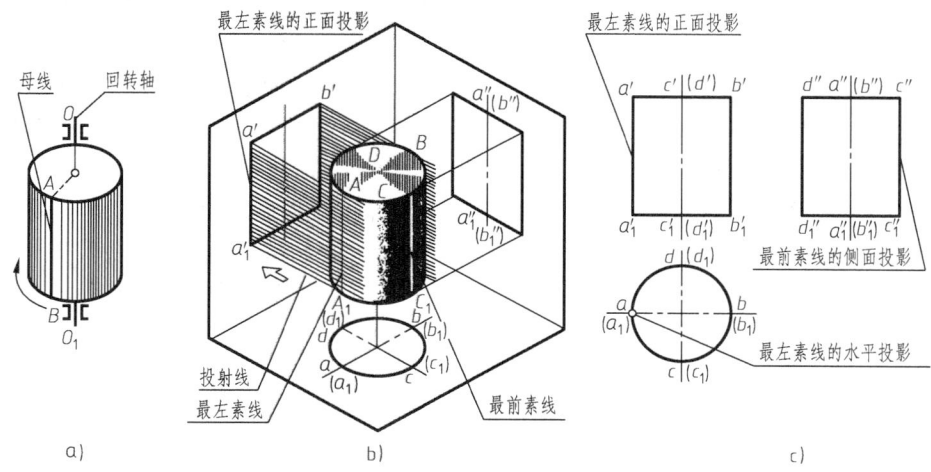

图 5-4 圆柱及其三视图

的投影,也是圆柱面左、右分界的转向轮廓线,矩形上下的两条水平线分别是上下端面的积聚投影。

3. 圆柱的视图特征

轴线垂直于一个投影面的圆柱的视图特征:一个视图为圆形(两端面圆的实形),另外两个视图为全等的矩形。

五、圆锥

1. 圆锥的形体特征

圆锥的表面由圆锥面和底面所组成,如图 5-5a 所示。圆锥面可看作是一条直母线 SA 绕着与其相交的轴线旋转而形成。直母线在圆锥面的任意位置称为圆锥面的素线。圆锥的轴线相对投影面处于不同位置时,其三视图的特点及形状不同。本课题只介绍轴线垂直于某一投影面时的情况。

2. 圆锥的三视图

图 5-5b 所示为轴线垂直于水平面的正圆锥的轴测图,箭头所指为主视图的投射方向。

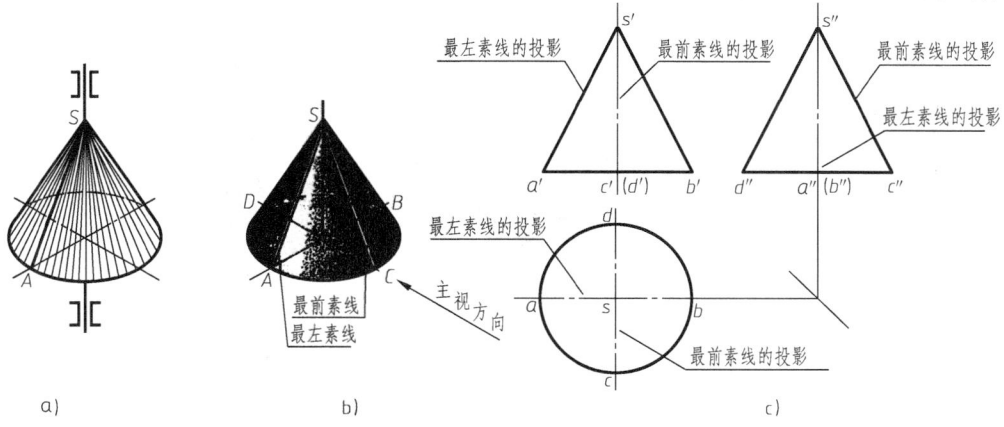

图 5-5 圆锥及其三视图

图 5-5c 所示为正圆锥的三视图。圆锥底面平行于水平面，其水平投影反映实形，正面和侧面投影积聚成直线，直线的长度等于底面圆的直径。圆锥面的三个投影都没有积聚性，其水平投影与底面的水平投影重合，全部可见；正面投影为等腰三角形，是前、后两个半圆锥面的重合投影，三角形的两腰分别是圆锥面最左素线 SA 和最右素线 SB 的投影（反映实长），也是圆锥面前、后分界的转向轮廓素线，同时也是圆锥面前后可见与不可见的分界线，三角形底边的直线为圆锥底面的积聚投影；侧面投影也是等腰三角形，是左、右两半圆锥面的重合投影，三角形的两腰分别是圆锥最前素线 SC 和最后素线 SD 的投影（反映实长），也是圆锥面左、右分界的转向轮廓素线，同时也是圆锥面的左右可见与不可见的分界线，三角形底边的直线是底面圆的积聚投影。

3. 圆锥的视图特征

轴线垂直于一个投影面的圆锥的视图特征：一个视图为圆（底面圆的实形），另外两个视图为全等的等腰三角形。

六、圆球

1. 圆球的形体特征

圆球的表面是球面，如图 5-6a 所示，球面可看作是一条圆母线绕着通过其圆心的轴线（直径）回转而成。

2. 圆球的三视图

图 5-6b 所示为圆球三视图的投射情况，图 5-6c 所示为圆球的三视图。圆球在三个投影面上的投影都是直径相等的圆，但这三个圆分别表示三个不同方向的圆球面轮廓素线的投影。正面投影的圆是平行于正面的圆素线 A 的投影，它是前面可见半球与后面不可见半球的分界线。与此类似，侧面投影的圆是平行于侧面的圆素线 C 的投影，它是左面可见半球与右面不可见半球的分界线。水平投影的圆是平行于水平面的圆素线 B 的投影，它是上面可见半球与下面不可见半球的分界线。这三条圆素线的其他两面投影，都与相应圆的中心线重合，不应画出。

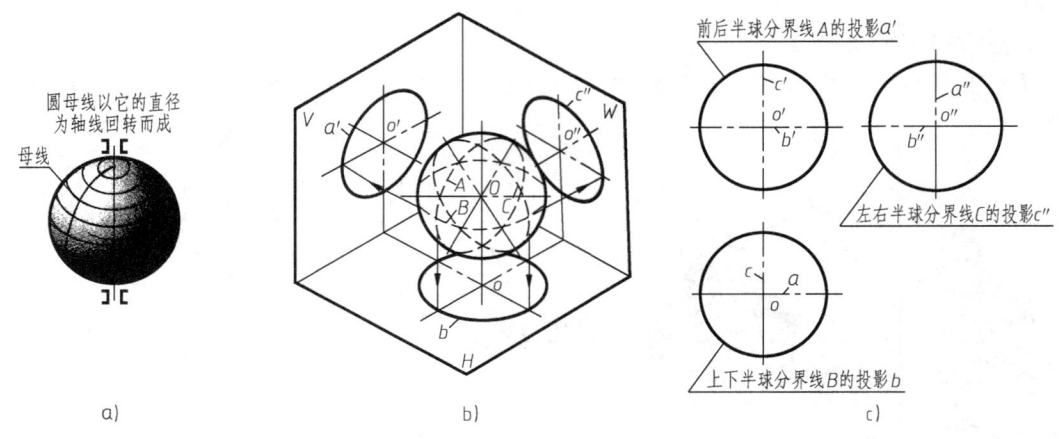

图 5-6 圆球及其三视图

3. 圆球的视图特征

圆球的三个视图都是直径相等的圆。

七、常见完整及不完整的曲面体

曲面体在汽车机械零件中使用非常广泛,表 5-2 中给出了常见的完整及不完整的曲面体图例,看图时,应先看具有形状特征的视图(即先看具有圆或其中的一部分的视图),然后再看其他两视图。

表 5-2　常见的完整及不完整的曲面体及其三视图

名称	图　　例
圆锥体	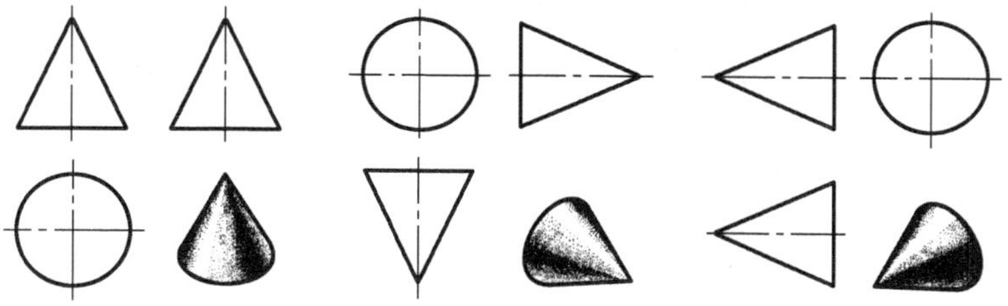 a)　　　　b)　　　　c)
半个圆柱	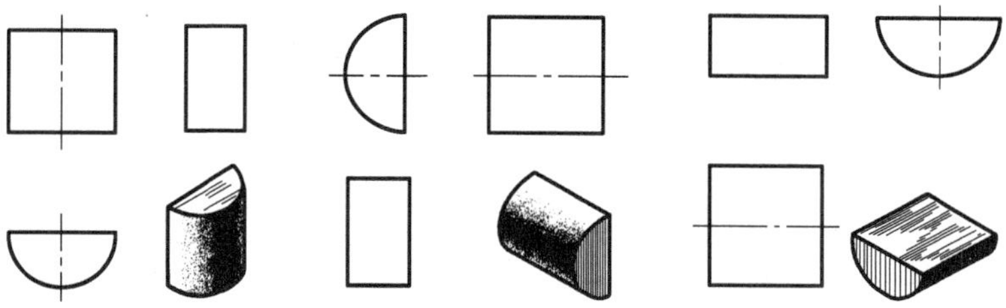 a)　　　　b)　　　　c)
半个圆台	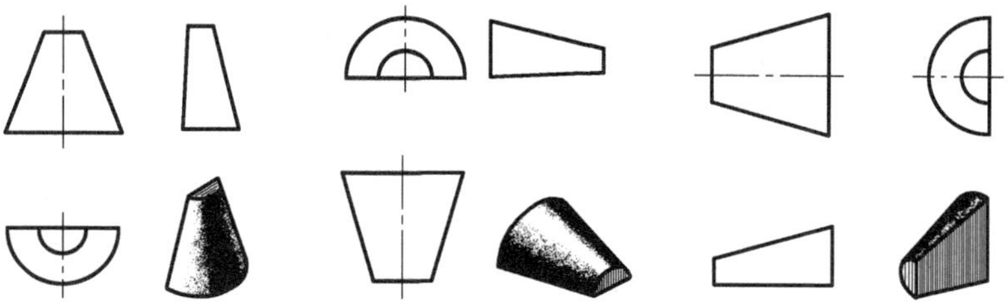 a)　　　　b)　　　　c)
圆台	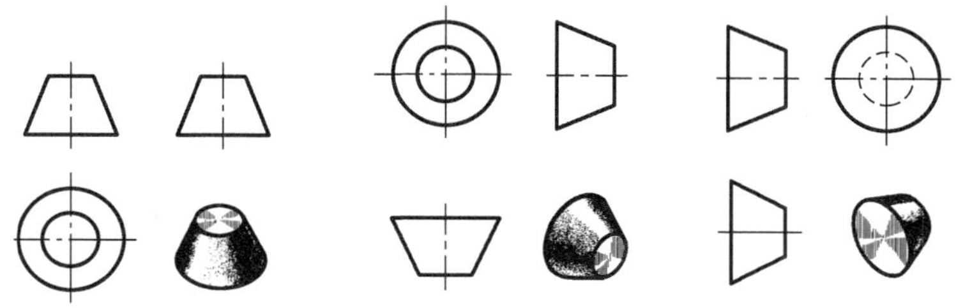 a)　　　　b)　　　　c)

(续)

名称	图 例
四分之一圆台	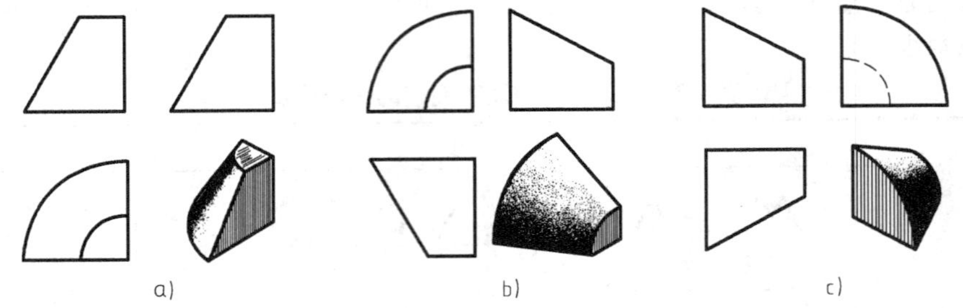 a) b) c)
半个圆球	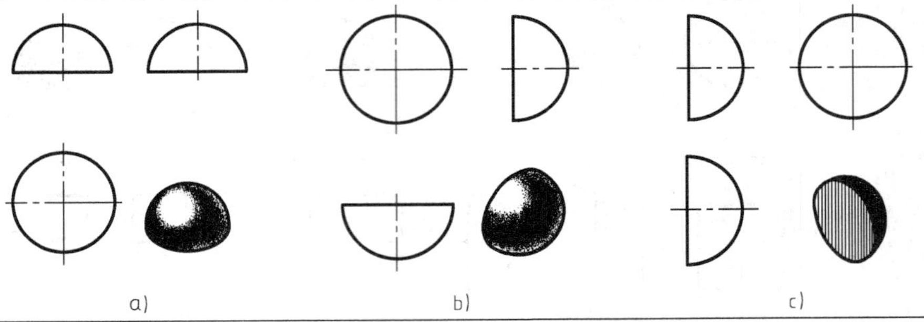 a) b) c)
四分之一圆球	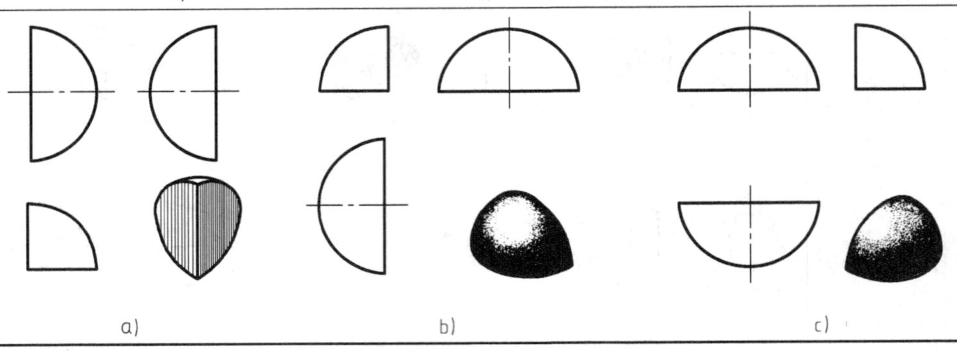 a) b) c)

课题二 切 割 体

切割体是指基本体被平面截切后的剩余部分,常见的切割体如图 5-7 所示。其中立体被

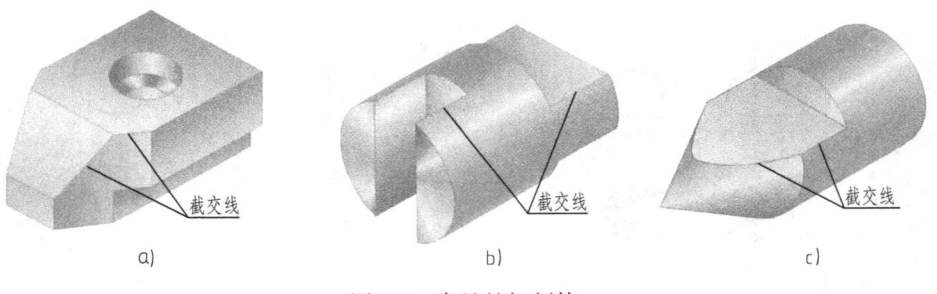

图 5-7 常见的切割体
a) 压板 b) 接头 c) 顶尖

截切后的断面图形称为截断面，截切基本体的平面称为截平面，截平面与基本体表面的交线称为截交线，如图 5-8a 所示。绘制切割体的关键，就是绘制截交线的投影。

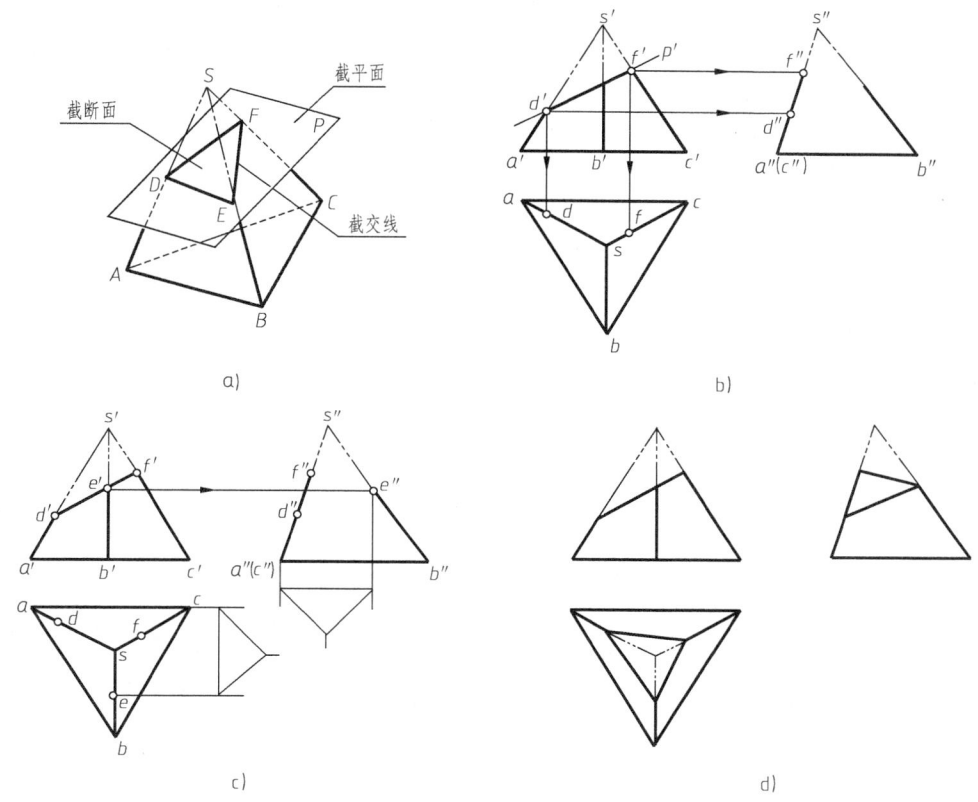

图 5-8 平面切割三棱锥

一、截交线的特性

由于立体表面的性质及截平面的位置不同，截交线的形状也不相同，但均具有以下两个基本特性。

1）截交线都是一个封闭的平面图形（平面折线、平面曲线或两者间的组合）。

2）截交线是截平面与立体表面的共有线，既在截平面上，又在立体表面上，其上的点均为截平面与立体表面的共有点。

由此可知，求作截交线就是求出截平面与立体表面的一系列共有点，再将各点的同面投影顺次相连即可。

二、切割平面体

因平面立体的各表面都是平面图形，因此截交线为封闭的平面多边形。多边形的各个顶点是截平面与立体的棱线或底边的交点，多边形的各条边是截平面与立体表面的交线。

【例 5-1】 如图 5-8a 所示，完成三棱锥被正垂面 P 切割后的三视图。

分析：正垂面 P 与三棱锥的三条棱线都相交，所以截交线为三角形，其顶点 D、E、F 是三棱锥的各棱线与截平面 P 的交点。由于这些交点的正面投影与正垂面 P 的正面投影重合，可利用直线上点的投影特性，由截交线的正面投影作出水平投影和侧面投影。

作图步骤：

1) 作出三棱锥的三视图以及截平面 P 的正面投影 p'，由 $s'a'$ 和 $s'c'$ 与 p' 的交点 d' 和 f'，分别在 sa、sc 和 $s''a''$、$s''c''$ 上直接作出 d、f 和 d''、f''，如图 5-8b 所示。

2) 由于 SB 是侧平线（一斜两直线，且斜在侧面），可由 $s'b'$ 与 p' 的交点 e' 先在 $s''b''$ 上作出 e''，再根据宽相等的投影关系在 sb 上作出 e，如图 5-8c 所示。

3) 连接各顶点的同面投影，即得截交线的三面投影。擦去作图线，加深全图，完成切割后三棱锥的三视图，如图 5-8d 所示。

【例 5-2】 完成如图 5-9 所示切割四棱柱的三视图。

分析： 该切割体可看成四棱柱用正垂面 P 在左上角切去一个三棱柱，又用铅垂面 Q 在左前方切去一角而形成。正垂面 P 与四棱柱表面的交线为矩形，其正面投影积聚成斜线，水平和侧面投影仍为矩形，但不反映实形（类似形）；铅垂面 Q 与四棱柱表面的交线 AB、CD 是铅垂线；P 面与 Q 面的交线 AD 是一般位置直线。本题作图的关键是求作交线 AD 的侧面投影 $a''d''$。

作图步骤：

1) 作出四棱柱被正垂面 P 切割后的投影，如图 5-10a 所示。

2) 作出铅垂面 Q 的投影，即表面交线 AB、CD 的投影，如图 5-10b 所示。铅垂面 Q 产生的截交线为梯形 $ABCD$。先画出有积聚性的水平投影（倾斜的直线），再作出铅垂线 AB、CD 的正面投影 $a'b'$、$c'd'$，最后作出侧面投影 $a''b''$、$c''d''$，连接端点 a''、d'' 即为一般位置直线 AD 的侧面投影 $a''d''$。

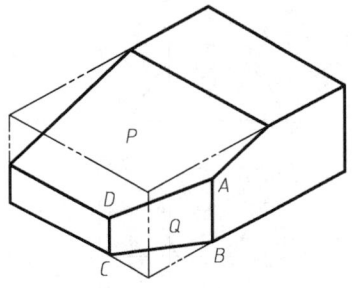

图 5-9 切割四棱柱

3) 检查：正垂面 P 切割四棱柱后产生交线的水平投影和侧面投影是类似的五边形；铅垂面 Q 切割四棱柱后产生交线的正面和侧面投影是类似的四边形。所以，可以利用"类似形"检查交线的正确与否。

4) 检查后擦去作图线，加深全图，即完成四棱柱被切割后的三视图，如图 5-10b 所示。

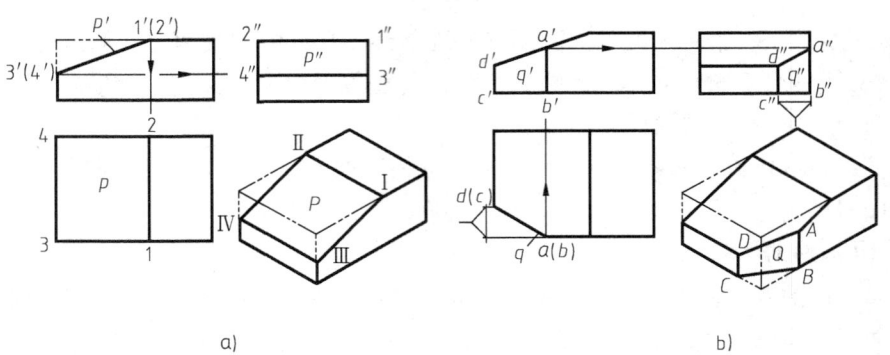

a) b)

图 5-10 平面切割四棱柱的三视图

三、切割回转体

平面切割回转体所产生的截交线通常是一条封闭的平面曲线，也可能是由截平面上的曲线和直线所围成的平面图形或多边形。截交线的形状与回转体的几何性质及截平面的相对位置有关。当截平面与回转体的轴线垂直时，任何回转体的截交线都是圆。

平面与回转体相交的截交线是截平面与回转体表面的共有线，截交线上的点也都是它们的共有点。因此，求截交线的过程可归结为求出截平面与回转体表面的若干共有点，然后依次光滑连接成平面曲线。当截平面为特殊位置平面时，截交线的投影就积聚在截平面具有积聚性的同面投影上。

为了准确的作出截交线，必须先求出其上的某些特殊点，以确定出形状和范围。特殊点包括回转体转向轮廓线上的点（可见与不可见的分界点）和极限位置的点（最高、最低、最左、最右、最前、最后），再按需要求作若干中间点，最后依次光滑连接各点的同面投影，并判别可见性，便得截交线的投影。

1. 切割圆柱体

根据截平面与圆柱轴线的位置不同，平面切割圆柱体产生的截交线有三种情况，如表5-3 所示。

表 5-3 圆柱的截交线

截平面位置	垂直于轴线	倾斜于轴线	平行于轴线
截交线	圆	椭 圆	矩 形
轴测图	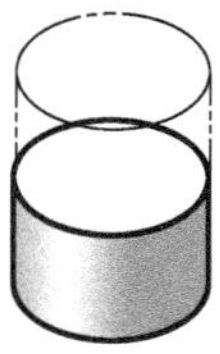	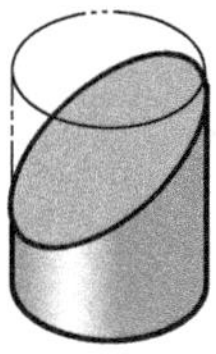	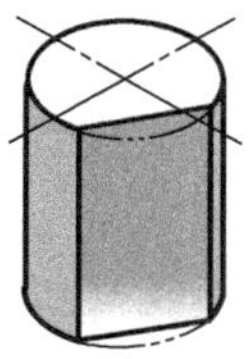
投影图	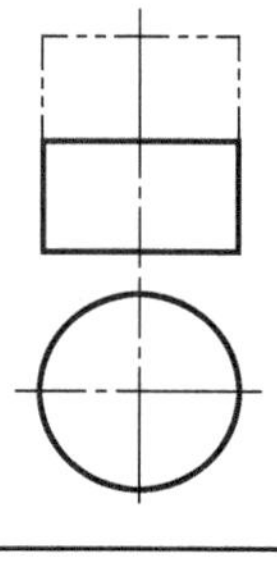	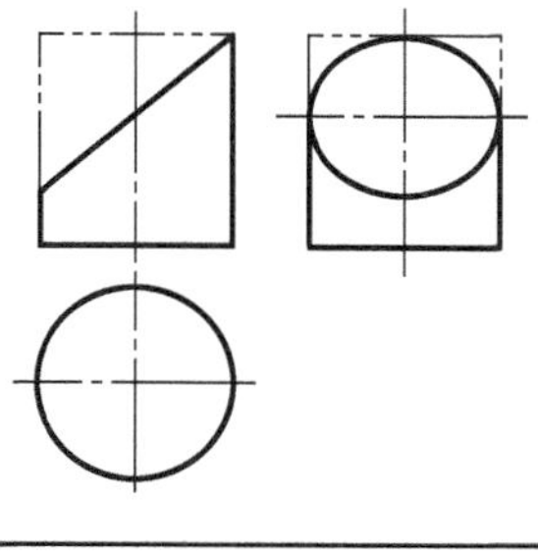	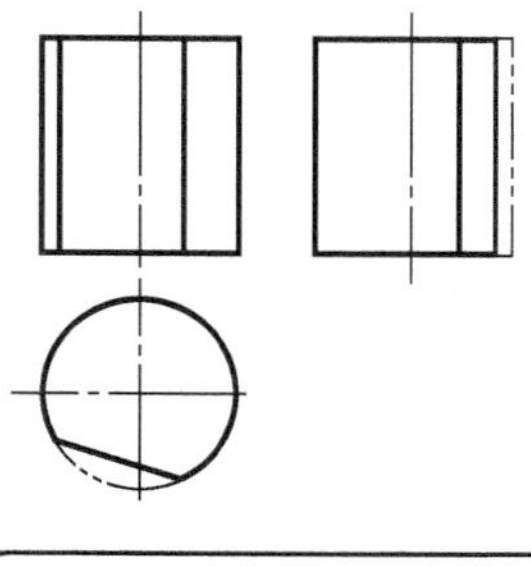

【例 5-3】 识读图 5-11a 所示圆柱切肩的主、俯视图，并补画出左视图。

分析：圆柱左上角的切口是由互相垂直的两个平面 Q 和 P 切割而形成的。水平面 P 与圆柱的轴线垂直，所产生的交线是一段圆弧，正面投影与 P 面的正面投影 p' 重合，水平投影反映实形，并与圆柱的水平投影重合。截平面 Q 与圆柱轴线平行，所产生的交线是矩形，正面投影积聚在 q' 上，水平投影积聚为一条直线。截平面 P 与 Q 的交线是一条正垂线 BD，正面投影 $b'd'$ 积聚成点，水平投影 bd 重合于截平面 Q 的积聚投影 q 上。Q 面与圆柱顶面的交线是一条正垂线 AC，正面投影 $a'c'$ 积聚成点，水平投影 ac 与 bd 重合，也积聚在 q 上。

作图步骤：

1) 画出左视图外形，由 p' 向右引投影连线，再从俯视图上量取宽度定出 b''、d''，如图 5-11b 所示。

2)由 b''、d'' 分别向上作竖线与顶面交于 a''、c''，即得由截平面 Q 所产生的截交线 AB、CD 的侧面投影 $a''b''$、$c''d''$，如图 5-11c 所示。

3)检查后加深，作图结果如图 5-11d 所示。

注意：b''、d'' 以外无线。

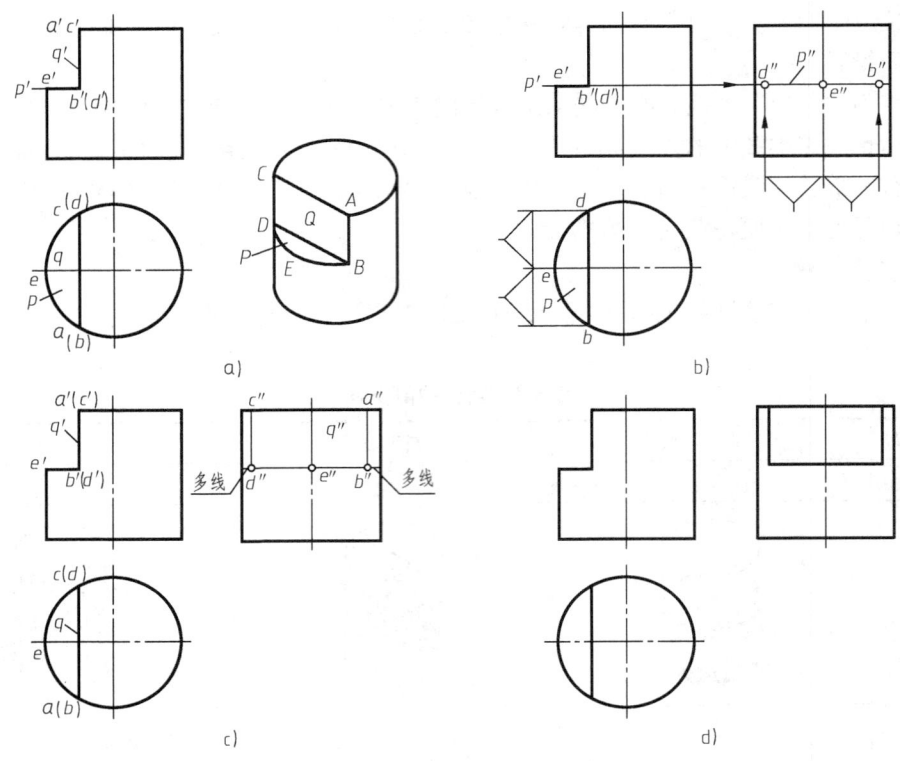

图 5-11 补画带切口圆柱的左视图

【例 5-4】 识读图 5-12a 所示的截切圆柱体的主、俯视图，并补画出左视图。

分析：截平面 P 与圆柱的轴线倾斜，故截交线为椭圆，如图 5-12a 所示。该椭圆的正面投影积聚为一倾斜的直线，水平投影与圆柱面的水平投影重合，侧面投影是它的类似形，仍为椭圆。可根据投影规律由正面投影和水平投影求出侧面投影。

作图步骤：

1)画出左视图外形，求特殊点：椭圆上的特殊点指转向轮廓线上的点，极限位置的点及椭圆长、短轴的端点。由图 5-12a 可知，椭圆上的最高点 B、最低点 A 是椭圆长轴的两端点，也是位于圆柱最左、最右素线上的点；椭圆上的最前点 C、最后点 D 是椭圆短轴的两端点，也是位于圆柱面最前、最后素线上的点；点 A、B、C、D 的正面投影和水平投影可利用积聚性直接作出，再根据正面投影 a'、b'、c'、d' 和水平投影 a、b、c、d 按高平齐和宽相等的规律作出侧面投影 a''、b''、c''、d''，如图 5-12b 所示。

2)求中间点：在特殊点之间作出适当数量的中间点，如 E、F、G、H 各点。可先利用积聚性作出它们的水平投影 e、f、g、h 和正面投影 e'、f'、g'、h'，再作出侧面投影 e''、f''、g''、h''，如图 5-12c 所示。

3)判别可见性：因截平面在左边，所以，截交线上各点的侧面投影均为可见。再依次

光滑连接 a''、e''、c''、g''、b''、h''、d''、f''、a''，即为所求截交线（椭圆）的侧面投影。

4）检查后加深：左视图中圆柱的最前、最后轮廓素线在 c''、d'' 处与椭圆相切，两切点之上的素线被切掉，不能画出。加深后的图形轮廓如图 5-12d 所示。

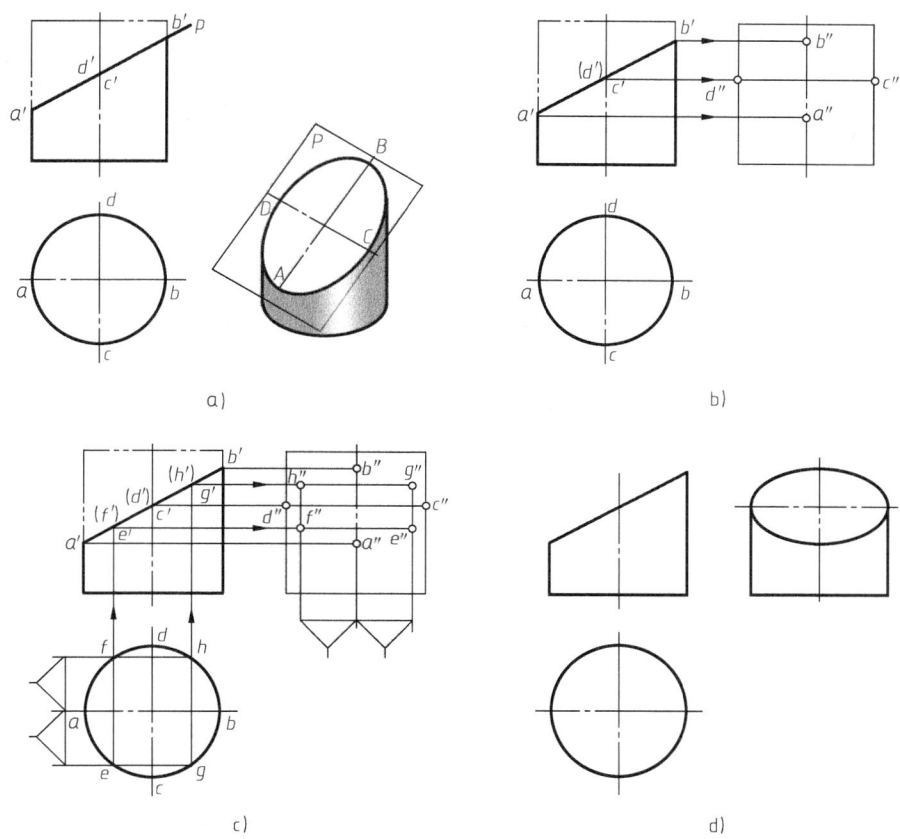

图 5-12　补画正垂面截切圆柱的左视图

2. 切割圆锥体

根据截平面相对于圆锥要素的位置不同，圆锥表面的截交线有五种情况，如表 5-4 所示。除了过锥顶的截平面与圆锥面的截交线是相交两直线外，其他四种情况都是曲线。但不论何种曲线（圆除外），其作图步骤都是先作出截交线上的特殊点，再作出若干中间点，最后连成光滑的曲线。

表 5-4　平面与圆锥面的截交线

截平面的位置	与轴线垂直	过圆锥顶点	平行于任一素线	与轴线倾斜（不平行于任一素线）	与轴线平行
轴测图					

截平面的位置	与轴线垂直	过圆锥顶点	平行于任一素线	与轴线倾斜（不平行于任一素线）	与轴线平行
投影图					
截交线的形状	圆	两相交直线	抛物线	椭圆	双曲线

【例 5-5】 分析图 5-13a 所示缺口圆锥的主视图，并补画出俯视图和左视图。

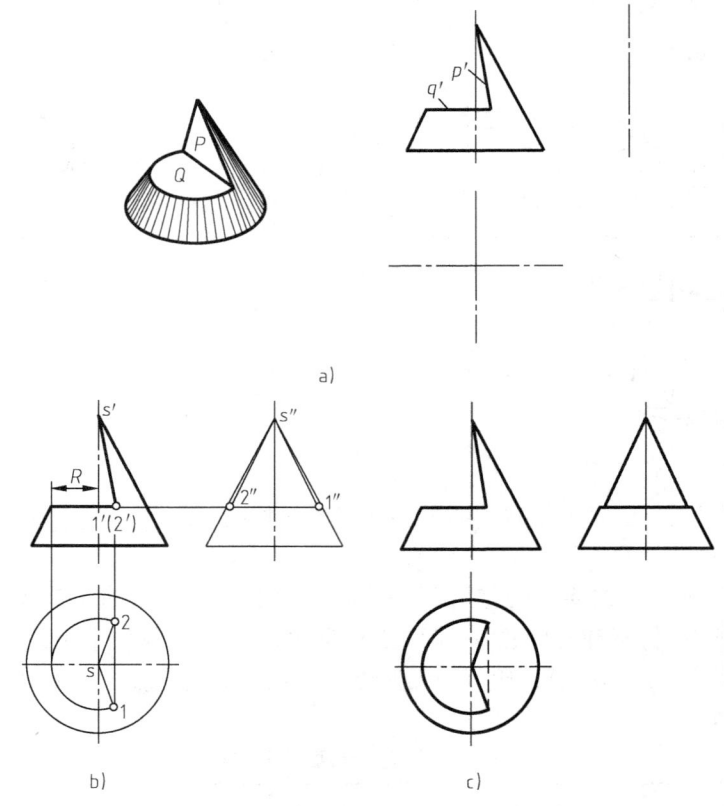

图 5-13　补画缺口圆锥的俯视图和左视图

分析：缺口圆锥被水平面 Q 和过锥顶的正垂面 P 所截切。水平面 Q 与圆锥轴线垂直，与圆锥面的交线为圆的一部分，其水平投影反映实形，正面和侧面投影积聚为直线；过锥顶的正垂面 P 与圆锥面的交线为相交两直线（一般位置直线），其正面投影的两条直线重合，水平和侧面投影均为相交的直线；Q 面和 P 面的交线为正垂线。

作图步骤：

1）作出圆锥的水平投影和侧面投影。

2）根据正面投影提供的圆的半径 R，在水平投影上画圆。按投影规律作出两个截平面交线的水平投影 12 和侧面投影 $1''2''$，连 $s1$、$s2$ 及 $s''1''$、$s''2''$，如图 5-13b 所示。

3）整理轮廓线，判别可见性，检查加深，即得缺口圆锥的三面投影，如图 5-13c 所示。

【例 5-6】 识读图 5-14a 所示被切割圆锥的俯、左视图，并补画出主视图。

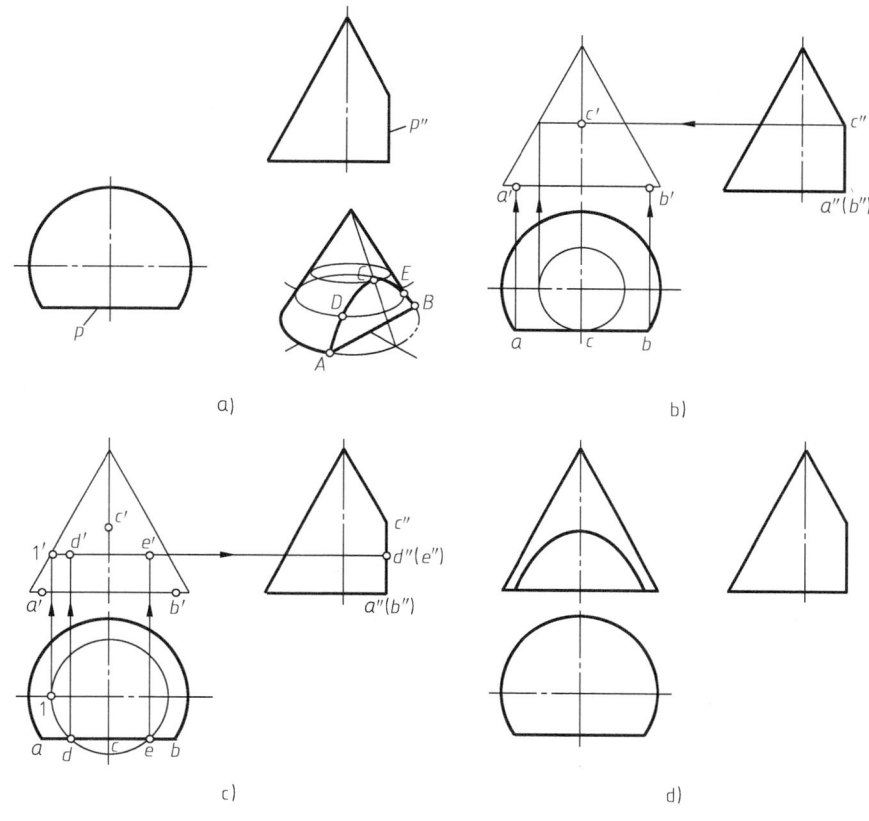

图 5-14 补画圆锥被正平面截切的主视图

分析：正平面 P 与圆锥轴线平行，与圆锥面的截交线为双曲线，其正面投影反映实形，水平和侧面投影均积聚为直线，可利用辅助圆法（即垂直于圆锥轴线的圆）求作双曲线的正面投影。

作图步骤：

1）画出主视图外形，求特殊点，如图 5-14b 所示。最高点 C 是圆锥最前素线与 P 面的交点，利用积聚性直接作出侧面投影 c'' 和水平投影 c，再由 c'' 和 c 作出正面投影 c'；最低点 A、B 是圆锥底面圆与 P 面的交点，直接作出 a、b 和 a''、b''，再作出 a'、b'。

2）求中间点，如图 5-14c 所示。在特殊点之间的适当位置作垂直于圆锥轴线的水平辅助圆，该圆的水平投影与 P 面水平投影的交点 d、e 即为截交线上两点的水平投影，再作出正面投影 d'、e' 和侧面投影 d''、e''。

3）依次光滑连接 a'、d'、c'、e'、b'，即得截交线的正面投影，如图 5-14d 所示。

3. 切割圆球体

平面在任何位置截切圆球时，截交线都是圆。当截平面平行于某一投影面时，截交线在该投影面上的投影为圆的实形,在其他两投影面上的投影都积聚为直线;当截平面垂直于某一投影面时,截交线在该投影面上的投影为斜线,在其他两投影面上的投影为椭圆,具体情况见表 5-5。

表 5-5 平面与圆球的交线

截平面的位置	与 V 面平行	与 H 面平行	与 V 面垂直
轴测图			
投影图			

圆球被水平面截切的三视图画法如图 5-15 所示。由于截平面平行于水平投影面,在水平投影面上的交线圆的投影反映实形,圆的大小取决于平面与球心的距离 A;在另外两个投影面上的投影积聚成直线,该直线的长度等于截交线圆的直径。

【例 5-7】 识读图 5-16a 所示缺口半圆球的已知视图,完成三视图。

分析: 图 5-16a 所示的半圆球左上角被 P、Q 两个平面所截。因为截平面 Q 是侧平面,所以截交线的侧面投影是圆的一部分,水平投影为直线;截平面 P 是水平面,则截交线的水平投影是圆的一部分,其正面投影为直线。

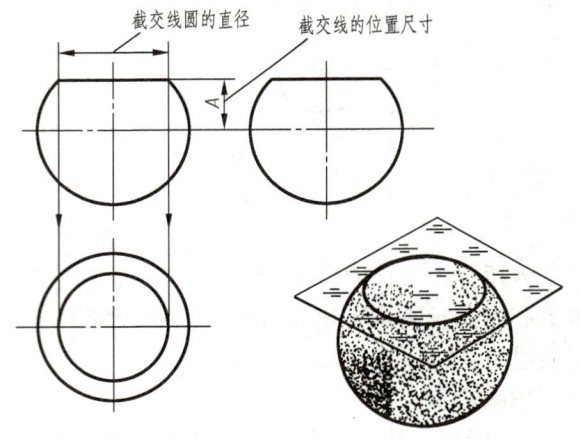

图 5-15 圆球被水平面截切的三视图画法

作图步骤:

1) 画出左视图外形,作出水平面 P 与半圆球交线的投影圆弧:以球心 O 为圆心,ob 为半径画圆弧,并按长度尺寸定出水平投影的范围,再作出侧面投影,如图 5-16b 所示。

2) 作出侧平面 Q 的投影:先根据 D 点的正面投影 d' 按高平齐求出 D 的侧面投影 d'',以 o'' 为圆心,$o''d''$ 为半径画圆弧,并根据 $c''a''$ 定出侧面投影的范围,如图 5-16c 所示。

3) 检查以后加深,作图结果如图 5-16d 所示。

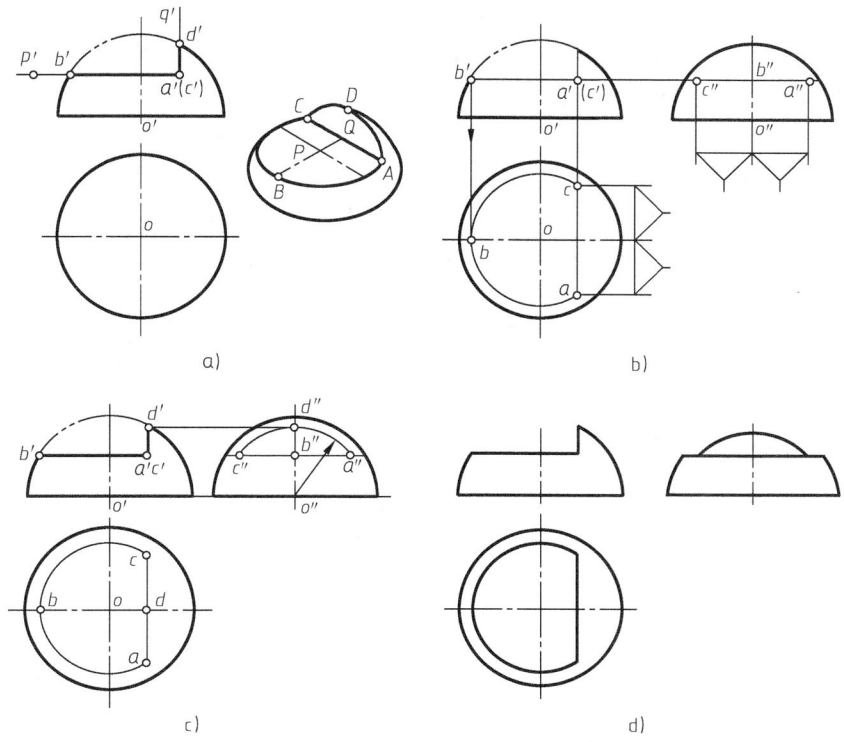

图 5-16 缺口半圆球的截交线

注意：D 点以上的轮廓素线被切掉，所以在左视图 d″以上的轮廓素线不能再画出，而水平投影的轮廓素线应画完整。

4. 切割复合曲面体

实际机件常由几个回转体组合而成。求组合回转体的截交线时，首先要分析构成机件的各基本体与截平面的相对位置、截交线的形状和投影特性，然后逐个画出各基本体的截交线，再按它们之间的相互关系连接起来。

【例 5-8】 求作如图 5-17 所示的顶尖头的截交线。

分析：顶尖头部是由同轴（轴线为侧垂线）的圆锥与圆柱组合而成，它的左上部被相交的水平面 P 和正垂面 Q 切去一部分。P 平面与顶尖的轴线平行，与圆锥表面的交线为双曲线，与圆柱表面的交线为两条侧垂线 AB 和 CD。Q 平面与顶尖的轴线倾斜，与圆柱面的交线为椭圆弧。P、Q 两平面的交线 BD 为正垂线。由于 P 面和 Q 面的正面投影以及 P 面和圆柱面的侧面投影都有积聚性，所以只要作出截交线以及截平面 P 和 Q 的交线 BD 的水平投影即可。

作图步骤：

1）先画出完整顶尖的三视图，再作出 P、Q 平面的正面和侧面投影，如图 5-18a 所示。

2）按图 5-14 的作图方法作出 P 平面与圆锥面的交线（双曲线），再按投影关系作出 P 平面与圆柱的交线

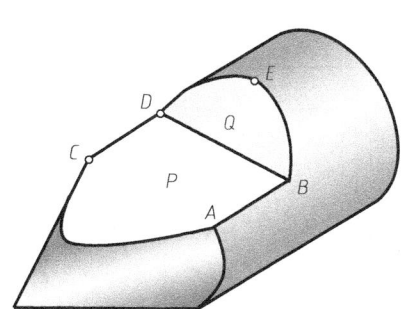

图 5-17 顶尖头

AB、CD 的水平投影 ab、cd，以及 P、Q 两平面交线 BD 的水平投影 bd，如图 5-18b 所示。

3) 正垂面 Q 与圆柱面的交线（椭圆弧）的正面投影积聚为斜线，侧面投影积聚为圆弧。由 e' 作出 e 和 e''，在椭圆弧正面投影的适当位置定出中间点 f'、g'，直接作出侧面投影 f''、g''，再由 f'、g' 和 f''、g'' 作出 f、g。依次连接 b、f、e、g、d，即为 Q 平面与圆柱面交线的水平投影，如图 5-18c 所示。

4) 检查后擦去多余的图线并加深，作图结果如图 5-18d 所示。

注意：俯视图中圆锥与圆柱交接处的一段细虚线不要遗漏。

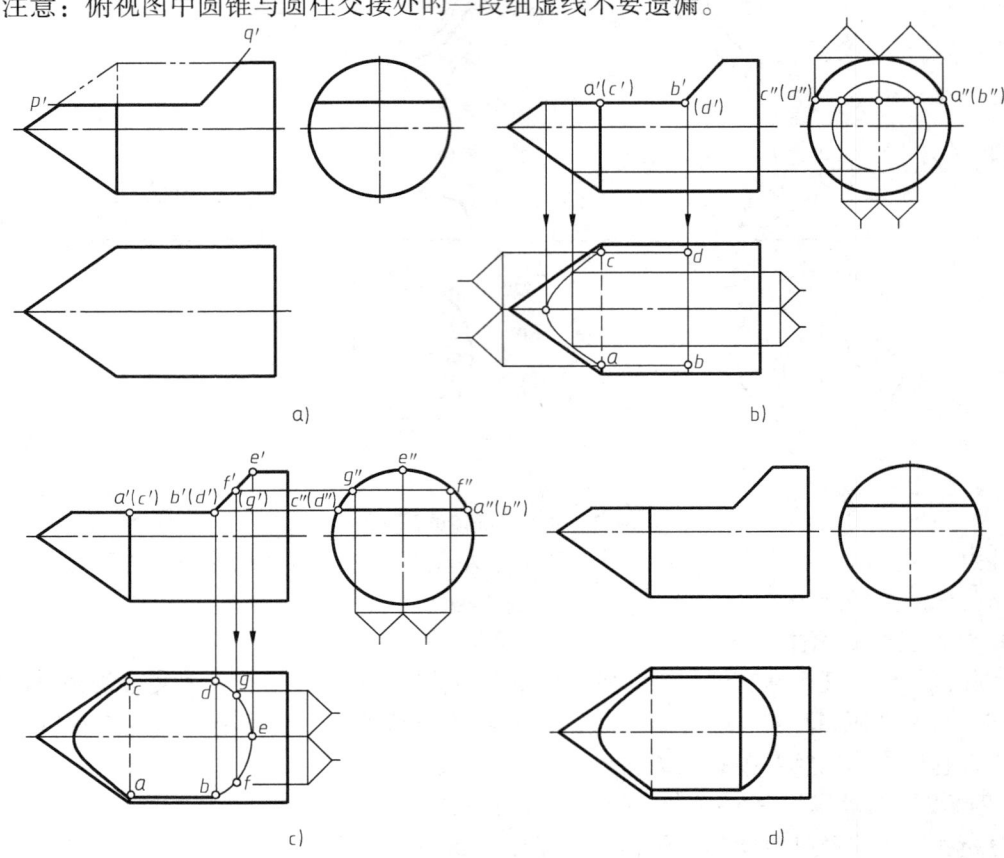

图 5-18　顶尖头的截交线及作图步骤

四、常见的切割体

常见的切割体见表 5-6。

表 5-6　常见的切割体

类型	图例
切割棱柱体	

（续）

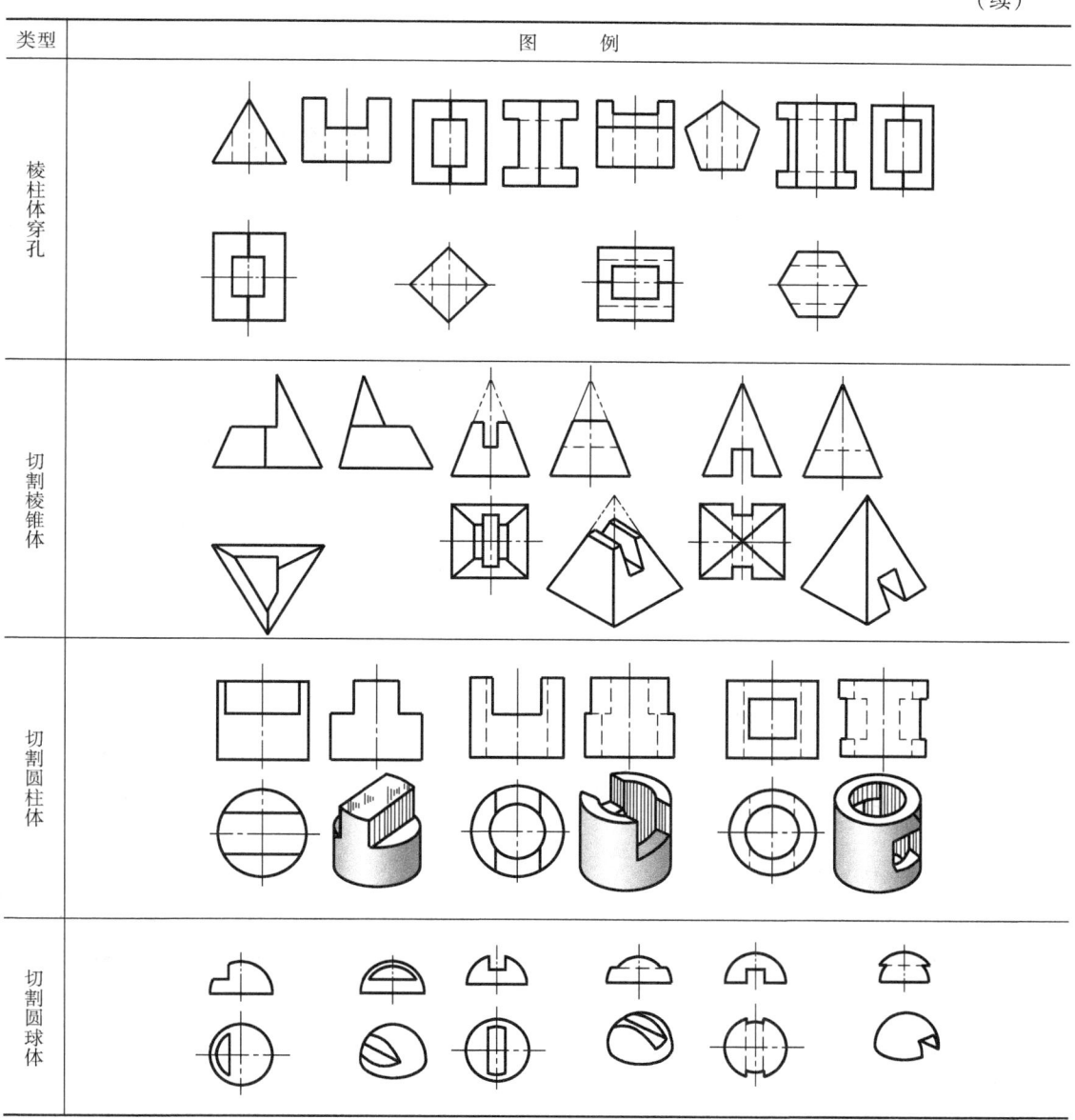

课题三 相 贯 体

相贯体是指两相交的立体，其表面的交线称为相贯线，如图 5-19 所示。相贯线的形状和数量与相贯两立体的形状、大小和相对位置有关。本课题主要介绍曲面立体正交的相贯线及作图方法。

一、相贯线的性质

1）相贯线是两个立体表面的共有线，也是两个立体表面的分界线，相贯线上的点是两个立体表面的共有点。

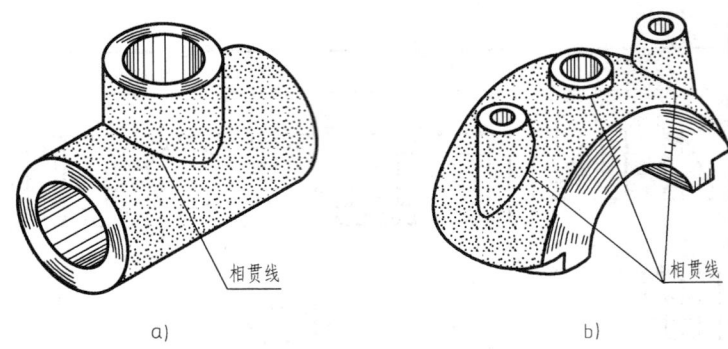

图 5-19 相贯体
a) 三通 b) 轴承盖

2) 相贯线一般为封闭的空间曲线，特殊情况下可能是平面曲线或直线。

根据相贯线的性质可以看出，求相贯线的作图方法，同样可归结为求两回转体表面共有点的问题。

作相贯线的一般步骤是：根据给出的投影，分析相贯回转体的形状、大小及其轴线的相对位置，判定相贯线各投影的特点。先作出回转体表面上的特殊点，即能够确定相贯线的投影范围和变化趋势的点，如相贯体转向轮廓线上的点以及最高、最低、最左、最右、最前、最后点等，然后按需要在特殊点之间再求出一些中间点，判断可见性后，光滑地连接各点，便得相贯线的投影。

二、两圆柱体正交的相贯线

两圆柱体的轴线垂直相交称为正交。当相贯的两个圆柱体的轴线垂直于某一个投影面时，圆柱在该投影面上的投影具有积聚性，则相贯线的投影也积聚在圆柱的这个积聚投影上。

1. 两不等径圆柱体正交的相贯线

【例 5-9】 识读图 5-20a 所示正交两圆柱体的已知视图，完成相贯线的投影。

分析：图示两圆柱体的轴线正交，其中直立小圆柱的轴线为铅垂线，水平大圆柱的轴线为侧垂线，直立小圆柱面的水平投影和水平大圆柱面的侧面投影都具有积聚性，相贯线的水平投影和侧面投影分别积聚在它们的圆周上，如图 5-20a 所示。所以本题可归结为已知相贯线的水平投影和侧面投影，求作正面投影。

作图步骤：

1) 求特殊点：水平大圆柱的最高素线与直立小圆柱最左、最右素线的交点 A、B，是相贯线上的最高点，也是最左、最右点。a、b、a'、b' 和 a''、b'' 均可直接作出。点 C、D 是相贯线上的最低点，也是最前、最后点，c''、d'' 和 c、d 可直接作出，再由 c''、d'' 和 c、d 按投影规律求出 c'、d'，如图 5-20b 所示。

2) 求中间点：利用圆柱面的积聚性，在水平投影和侧面投影上定出 e、f 和 e''、f''，再按投影规律作出 e' 和 f'，用同样的方法可以再作出一系列中间点的投影（因相贯线前后对称，所以只需求出前半部即可），如图 5-20c 所示。

3) 检查后光滑连接 a'、e'、c'、f'、b'，即得相贯线的正面投影，作图结果如图 5-20d 所示。

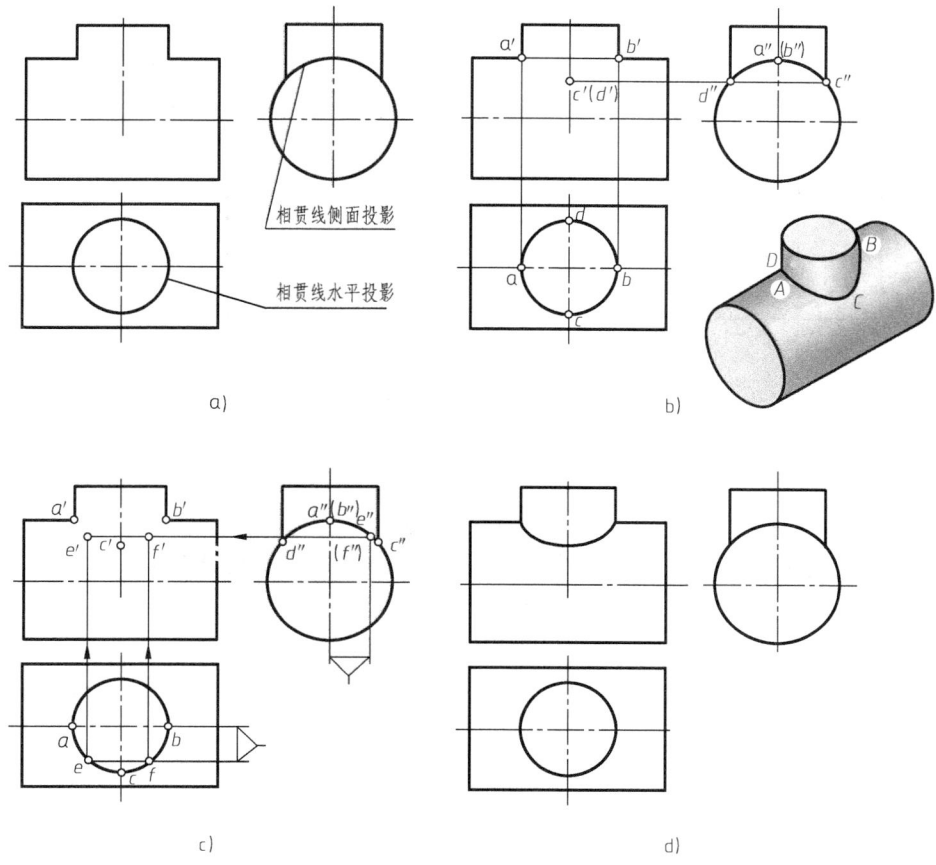

图 5-20 圆柱正交的相贯线及作图步骤

2. 相贯线的简化画法

在工程图样中，经常用到两圆柱正交的情况，为了简化作图，国家标准规定，允许采用简化画法作出相贯线的投影。即用圆弧代替非圆曲线。

当两圆柱的直径不相等时，用大圆柱的半径作圆弧来代替相贯线的投影，圆弧的圆心在小圆柱的轴线上，相贯线向着大圆柱的轴线方向弯曲，如图 5-21 所示。

作图步骤：

1）找圆心：以两圆柱转向轮廓线的交点 a'（或 b'）为圆心，大圆柱的半径 $\phi/2$ 为半径画弧，与小圆柱轴线的交点 O 便是圆心，如图 5-21a 所示。

2）画圆弧：以 O 为圆心，$\phi/2$ 为半径画圆弧，便得简化的相贯线，如图 5-21b 所示。

3. 两圆柱正交的类型

如图 5-22 所示，两圆柱正交有三种情况，即两外圆柱面相交、外圆柱面与内圆柱面相交、两内圆柱面相交。这三种情况的相交形式虽然不同，但相贯线的性质和形状一样，求法也是相同的，只不过两内圆柱面相交的相贯线为不可见的细虚线，如图 5-22c 所示。

从图 5-22 可以看出，相贯线可见性的判断如下：

两个外圆柱面相交，相贯线是可见的；外圆柱面与内圆柱面相交，相贯线也是可见的；两内圆柱面相交，相贯线是不可见的，可概括为：

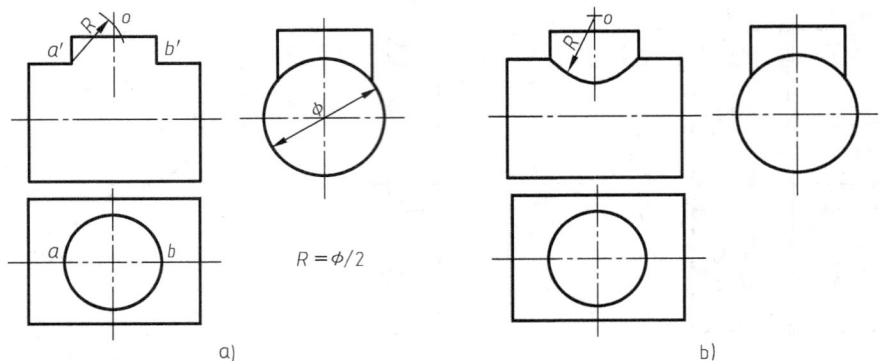

图 5-21 相贯线的简化画法

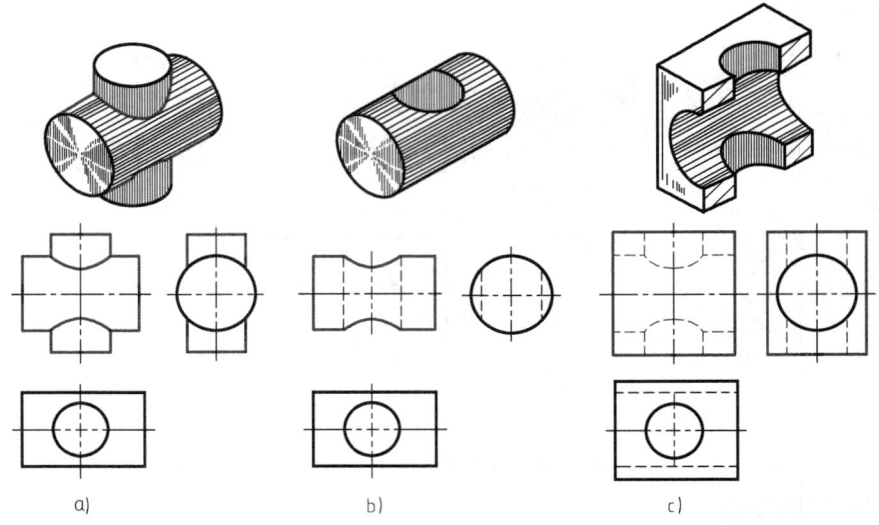

图 5-22 两圆柱正交的类型
a) 两外圆柱面相交 b) 外圆柱面与内圆柱面相交 c) 两内圆柱面相交

> 外外相贯为可见，内外相贯也可见，
> 内内相贯不可见，相贯线画细虚线。

【例 5-10】 识读图 5-23 所示的相贯体。

图 5-23 为内外相贯线的综合示例，图示为互相垂直的两个圆筒相贯，并且在直立圆筒上钻有水平方向的小孔。当在直立圆筒上钻有圆孔时，右侧小孔与直立圆筒外表面及内表面均有相贯线，而左侧小孔只与内表面有相贯线。内相贯线与外相贯线的画法相同。在图示情况下，内相贯线的投影是以直立圆筒内孔的半径为半径画弧而得，且因该相贯线的投影不可见而画成细虚线。

4. 直径大小对相贯线的影响

当正交两圆柱的相对位置不变，而相对大小发生变化时，相贯线的形状和位置也将随之改变。

如图 5-24a 所示，当水平圆柱的直径 D_1 大于垂直圆柱的直径 D_2 时，相贯线的正面投影

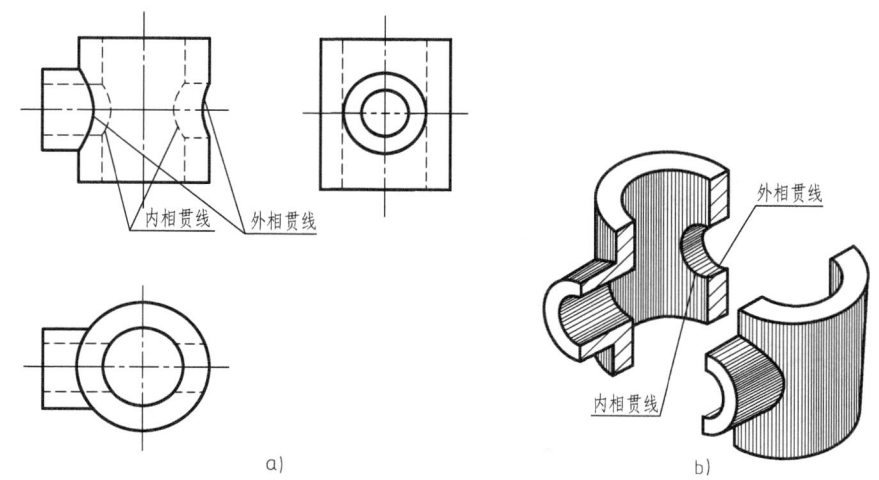

图 5-23 内外相贯线的综合示例

为上下对称的曲线,向着水平圆柱的轴线方向弯曲。

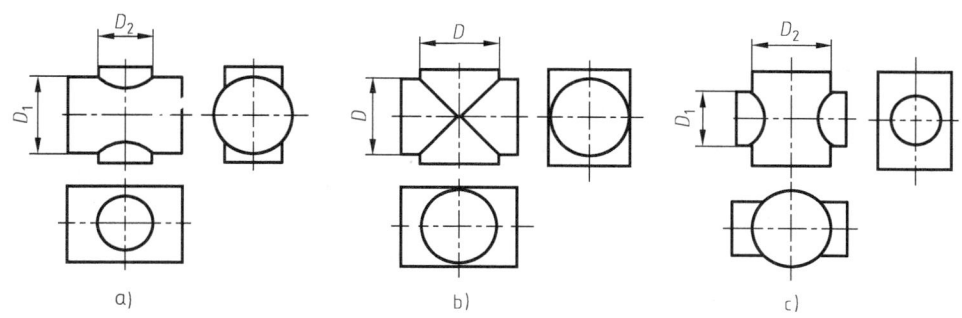

图 5-24 直径大小对相贯线的影响
a) 水平圆柱直径大时 b) 等直径时 c) 水平圆柱直径小时

如图 5-24b 所示,当两圆柱体的直径相等时,相贯线在空间为两个相交的椭圆,正面投影为两条相交的直线。

如图 5-24c 所示,当垂直圆柱的直径 D_2 大于水平圆柱的直径 D_1 时,相贯线的正面投影为左右对称的曲线,向着垂直圆柱的轴线方向弯曲。

由此可知,正交两圆柱体的相贯线,在两圆柱非积聚性的投影图上,其弯曲方向总是朝向较大圆柱的轴线方向。

三、相贯线的特殊情况

两曲面立体相交,其相贯线一般为空间曲线,但在特殊情况下也可能是平面曲线或直线。

1）两个回转体具有公共轴线时,相贯线一定是与轴线垂直的圆,圆在轴线所平行的投影面上投影为垂直于轴线的直线,如图 5-25a、b 所示。

2）两回转体轴线相交且具有公共内切球时,其相贯线为椭圆,在同时反映两轴线的视图上投影为直线,如图 5-25c 所示。

3）当相交的两圆柱轴线平行时,相贯线为两条平行于轴线的直线,如图 5-25d 所示。

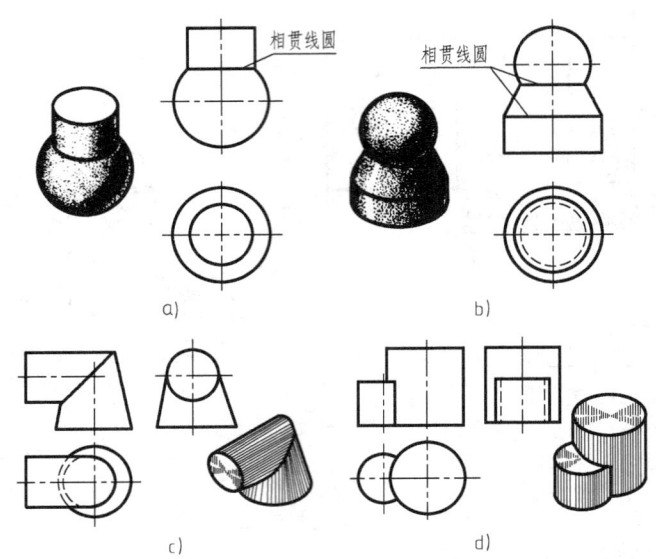

图 5-25 相贯线的特殊情况

四、识读相贯线的视图

【例 5-11】 识读如图 5-26a 所示的相贯体，并分析其上的相贯线。

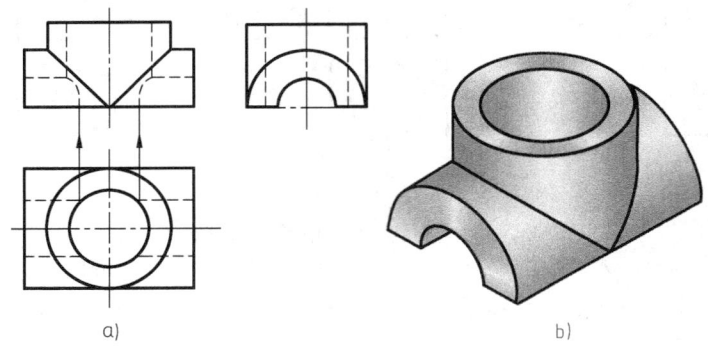

图 5-26 分析相贯线

分析：由图 5-26 可看出，该相贯体由一直立空心圆柱与一水平空心半圆柱正交，内外表面都有相贯线。外表面为两个等径圆柱面相交，相贯线为两条平面曲线（椭圆），其水平投影和侧面投影都积聚在它们所在的圆柱面有积聚性的投影上，正面投影为两段直线。内表面的两个圆柱孔直径不相等，其相贯线为两段空间曲线，水平投影和侧面投影也都积聚在圆柱孔有积聚性的投影上，正面投影为两段曲线（细虚线），可按俯视图上的箭头所指位置找出其正面投影。想象出的相贯体如图 5-26b 所示。

【例 5-12】 识读如图 5-27 所示的半球与两个圆柱三体相交的相贯线的投影。

分析：图示物体是由三个基本体组合而成的组合相贯体，其中有两个圆柱和一个半圆球。水平小圆柱的上半部与半圆球相交，由于小圆柱与半圆球是共有侧垂轴线的同轴回转体，所以相贯线为垂直于轴线的半圆，其侧面投影为半圆的实形，与小圆柱的侧面投影重合，正面和水平投影都是垂直于小圆柱轴线的直线。

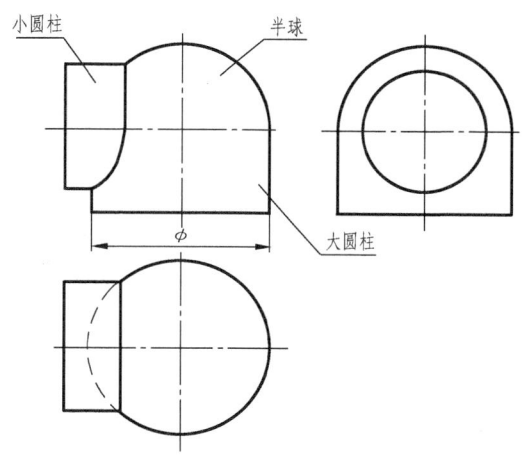

图 5-27 三体相交的相贯线投影

水平小圆柱的下半部与直立大圆柱的轴线正交，相贯线是一段空间曲线，其水平、侧面投影具有积聚性，正面投影为曲线。由于相贯体前后对称，所以相贯线的正面投影前后重合。

【项目小结】

通常把棱柱、棱锥、圆柱、圆锥、圆球等组成机件的基本几何体，称为基本体。基本体分为平面立体和曲面立体两类。表面全部由平面组成的立体称为平面体（如棱柱、棱锥等）；表面全部由曲面组成（如圆球）或由平面和曲面组成的立体（如圆柱、圆锥等）称为曲面体。

许多机械零件可以看成是若干基本体的组合或基本体被平面切割而形成，即相贯体和切割体。绘制相贯体和切割体的视图，关键是要正确地绘制出相贯线及截交线的投影。

识读立体的视图时，一定要先找出特征视图。当同一立体的空间位置变动时，它的三个视图也随之变化。要多看、多画不同位置、不同立体的三视图，以利于后面组合体的学习。

项目六　轴　测　图

【任务描述】

轴测图是一种具有立体感的单面投影（单面正投影和单面斜投影），是另一类投影图。本项目主要介绍轴测图的基本知识及绘制方法。

【学习目标】

1. 理解轴测图的形成及特点。
2. 明确常用的正等轴测图及斜二轴测图的基本参数。
3. 掌握轴测图的绘制方法。

课题一　轴测图的基础知识

三视图能够准确、完整地表达物体的形状和大小，具有度量性好、作图简便等优点，是汽车机械上广泛应用的图样。但三视图缺乏立体感，直观性差，看图时需要对照几个视图，才能想象出物体的结构形状，如图 6-1a 所示。为了弥补三视图的不足，工程上常采用直观性强、富有立体感的轴测图作为辅助图样，如图 6-1b 所示，用以说明产品的结构和使用方法等。

在制图课的教学过程中，学习和掌握绘制轴测图的基本方法，可以帮助我们想象出物体的结构形状，发展空间思维能力。

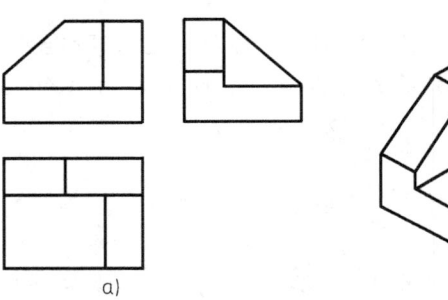

图 6-1　物体的三视图和轴测图
a）三面投影图　b）轴测图

一、轴测图的形成

图 6-2 所示为一个简单物体的正投影图和轴测投影图的形成方法比较。为了便于分析，假想将物体放在一个空间的直角坐标体系中，其坐标轴 X、Y、Z 和物体上三条互相垂直的棱线重合，O 为原点。图 6-2a 所示是用正投影法形成的视图，此时坐标面 XOZ 平行于投影面 P，Y 轴垂直于 P 面，投射方向 S 平行 Y 轴，即也垂直于 P 面，因此在 P 投影面上的视图不能反映 Y 方向的坐标，这样的视图立体感不强。

如果像图 6-2b 那样，使直角坐系的三根轴都倾斜于 P 面，则物体在 P 面上的投影就可以反映三个坐标，因而使图形具有立体感，通过这个图形就可以看出物体的形状，而不再需要其他投影了。

轴测投影图有两种基本的形成方法。

1）轴测投影面 P 与投射方向 S 垂直，将物体放斜，使轴测投影面与物体上任何一个坐标面都不平行，即与三个坐标轴都倾斜，这样所得的轴测投影图称为正轴测投影图，如图 6-

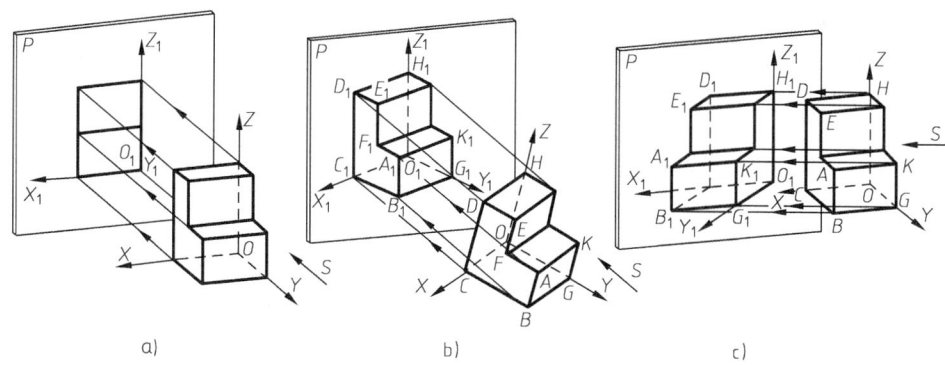

图 6-2 正投影图和轴测投影图的形成

2b 所示。

2）轴测投影面 P 与投射方向 S 倾斜，为了便于作图，一般选取轴测投影面平行于某一坐标面，如图 6-2c 所示的轴测投影面 P 与 XOZ 坐标面平行，投射方向 S 和 P 面倾斜，这样得到的轴测投影图称为斜轴测投影图。

二、轴测图的基本概念

（1）轴测投影面　轴测投影中选定的投影面 P 称为轴测投影面。

（2）轴测轴　空间直角坐标轴 OX、OY、OZ 在轴测投影面上的投影 O_1X_1、O_1Y_1、O_1Z_1 称为轴测轴。

（3）原点　三根轴测轴的交点 O_1 称为原点。

（4）轴间角　任意两根轴测轴之间的夹角 $\angle X_1O_1Y_1$、$\angle Y_1O_1Z_1$、$\angle X_1O_1Z_1$ 称为轴间角。

（5）轴向伸缩系数　轴测轴上的单位长度与相应直角坐标轴上单位长度的比值称为轴向伸缩系数。O_1X_1、O_1Y_1、O_1Z_1 轴上的轴向伸缩系数分别用 p_1、q_1、r_1 表示。

轴间角与轴向伸缩系数是绘制轴测图的两个主要参数。

三、轴测图的基本特性

由于轴测图是用平行投影法绘制的，所以具有平行投影的特性。

1）物体上互相平行的线段，在轴测图中仍然互相平行。

2）物体上平行于坐标轴的线段，在轴测图中仍然平行于相应的轴测轴，且同一轴向所有线段的伸缩系数相同。

3）物体上不平行于轴测投影面的平面图形，在轴测图中变成原形的类似形。如长方形的轴测投影为平行四边形、圆形的轴测投影为椭圆等。

四、轴测图的种类及主要参数

1）根据投射方向与轴测投影面的相对位置不同，轴测图分为两类。

①　正轴测图。投射方向与轴测投影面垂直时所得到的轴测图，如图 6-2b 所示。

②　斜轴测图。投射方向与轴测投影面倾斜时所得到的轴测图，如图 6-2c 所示。

2）根据轴向伸缩系数是否相等，每类又分为三种。

①　正（斜）等轴测图。$p_1 = q_1 = r_1$，简称正（斜）等测。

②　正（斜）二测轴测图。$p_1 = r_1 \neq q_1$，简称正（斜）二测。

③　正（斜）三测轴测图。$p_1 \neq q_1 \neq r_1$，简称正（斜）三测。

在 GB/T 4458.3—1984 和 GB/T 14692—2008 中均推荐了三种轴测图，即正等测、正二测和斜二测，如图 6-3 所示。由于正二测轴测图作图比较繁琐，本项目仅介绍最常用的正等测轴测图和斜二测轴测图的画法。

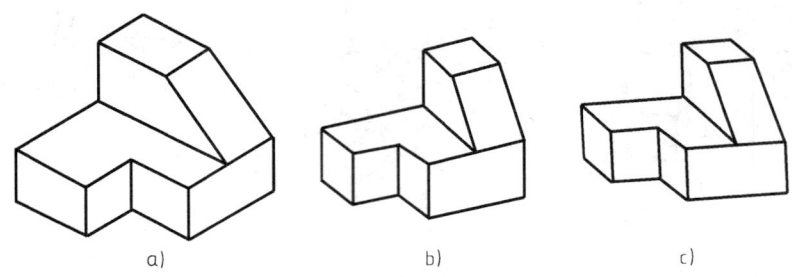

图 6-3 轴测图
a）正等测 b）正二测 c）斜二测

五、轴测轴的设置

根据轴测图的画图方法绘制物体的轴测图时，首先要确定轴测轴 O_1X_1、O_1Y_1、O_1Z_1，再以这些轴测轴为基准来画轴测图。

轴测轴一般常设置在物体本身以内，并选择在最有利于画图的位置上，一般与主要棱线、对称中心线或轴线重合，如图 6-4 所示。

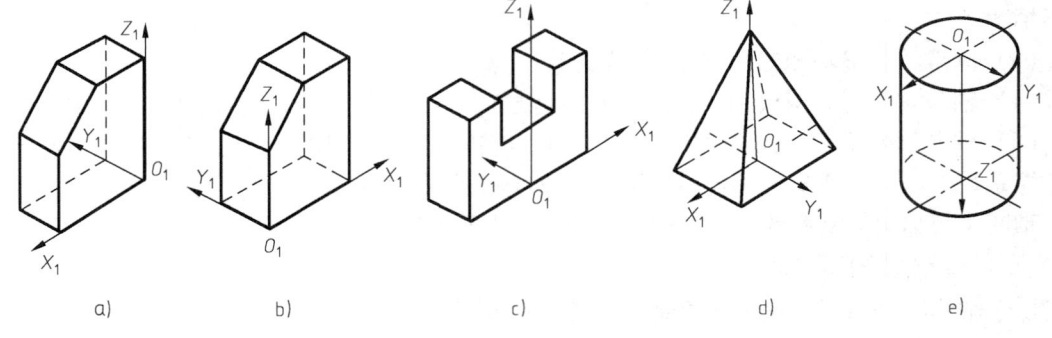

图 6-4 轴测轴的设置

课题二 正等轴测图

一、正等轴测图的参数

正等轴测图的参数如图 6-5a 所示。

(1) 轴间角 三个轴间角均为 120°，即：$\angle X_1O_1Y_1 = \angle Y_1O_1Z_1 = \angle X_1O_1Z_1 = 120°$。

(2) 轴向伸缩系数 三个轴向伸缩系数均相等。经计算可知：$p_1 = q_1 = r_1 = 0.82$，如图 6-5a 所示。

为了作图简便，实际画正等轴测图时采用 $p = q = r = 1$ 的简化伸缩系数，即沿各轴向的所有尺寸都按物体的实际长度量取。这样画出的轴测图比实际物体放大了约 1.22 倍，但形状没有改变，如图 6-5b 所示。

作正等轴测图时，一般将 O_1Z_1 轴画成垂直位置，将 O_1X_1 和 O_1Y_1 轴画成与水平线成

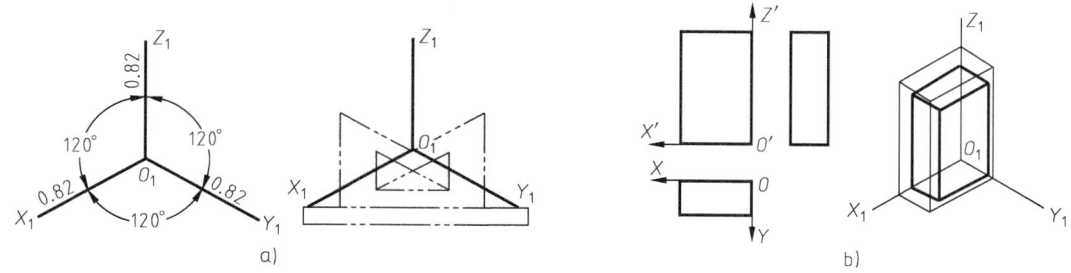

图 6-5 正等轴测图的参数
a) 正等轴测图的参数及轴测轴的画法 b) 轴向伸缩系数不同时画出的轴测图比较

30°方向。

二、平面立体正等轴测图的画法

画平面立体正等轴测图的主要方法有坐标法和切割法，其中坐标法是最基本的方法。

1. 坐标法

坐标法是沿坐标轴测量画出各顶点的坐标，作出各顶点的轴测投影，再将各顶点的轴测投影相连，便得到物体的轴测图。使用坐标法时，先在视图上选定一个合适的直角坐标系（原点）作为起画点，然后根据平面立体上各顶点的坐标，分别画出它们的轴测投影，最后依次连接成物体表面的轮廓线。

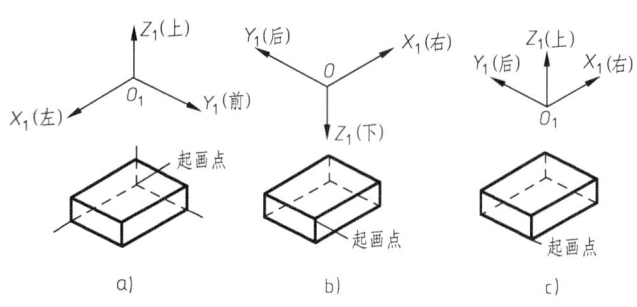

图 6-6 正等轴测轴的方向及原点的选择

如图 6-6 所示的四棱柱，原点常选在物体的一个顶点上，从顶点画起，每点三线，每角三面，面面相连成柱体。

【例 6-1】 绘制正六棱柱的正等轴测图。

分析： 因图示正六棱柱的前后、左右对称，故设空间直角坐标系的坐标原点为顶面正六边形的中心，空间直角坐标系的建立如图 6-7a 所示。

作图步骤：

1) 画出轴测轴。由于 a、d 和 g、k 分别在 X、Y 轴上，可以直接量取。在轴测轴 O_1X_1、O_1Y_1 上直接作出 A、D 和 G、K 各点，如图 6-7b 所示。

2) 过 G、K 点作 O_1X_1 轴的平行线，量得 B、C 和 E、F 点，如图 6-7c 所示。

3) 连接 A、B、C、D、E、F 六点，得顶面正六边形的正等轴测图；过 F、A、B、C 点作 O_1Z_1 的平行线，再沿 O_1Z_1 轴向下量取高度 h，得底面各点，如图 6-7d 所示。

4) 连接底面各点，擦去多余图线，按线型加深各图线，即完成正六棱柱的正等轴测图，如图 6-7e 所示。

2. 切割法

切割法适用于绘制完整的基本体被切割以后而形成的物体的轴测图。它是以坐标法为基础，先用坐标法画出完整的基本体，再按形体分析的方法逐块切去多余部分。

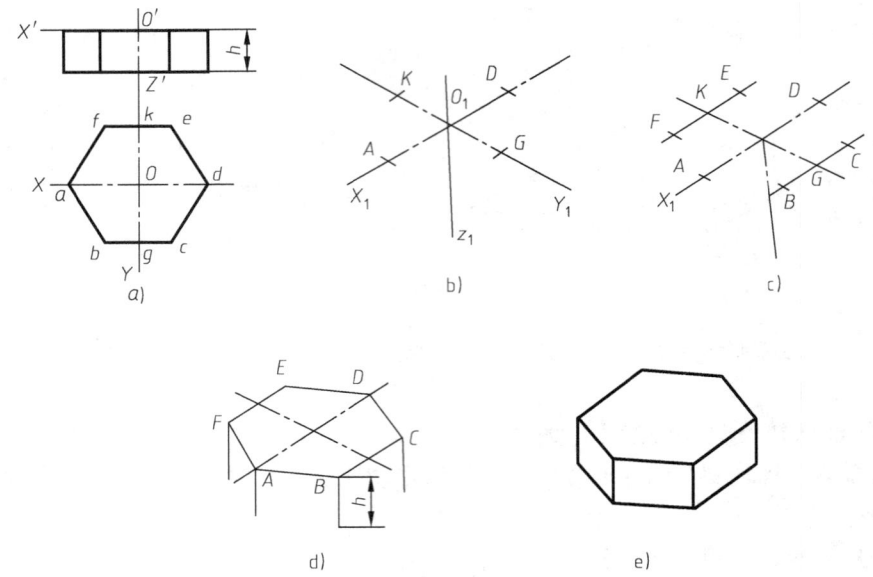

图 6-7 正六棱柱的正等轴测图的作图步骤

【例 6-2】 绘制长方体切槽的正等轴测图。

分析： 从图 6-8 所示的三视图可知，该物体是由一个长方体在偏前中间的位置切出一个矩形槽而形成的。坐标原点选在长方体的左、前、下角，绘图时先用坐标法画出完整的长方体，然后再切去矩形槽。

作图步骤：

1) 画出轴测轴。在 O_1X_1 轴上截取 40mm，在 O_1Y_1 轴上截取 27mm，在 O_1Z_1 轴上截取 14mm，作出长方体的正等轴测图，如图 6-9a 所示。

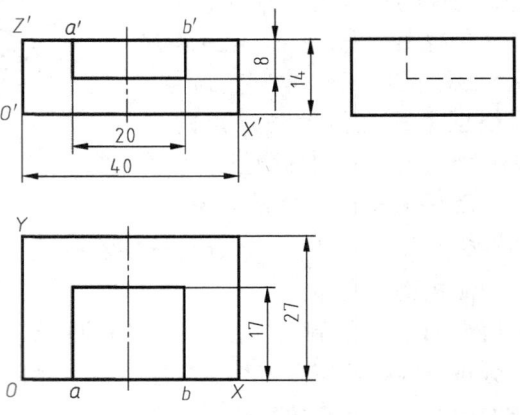

图 6-8 长方体切槽的三视图

2) 根据槽口尺寸 20mm，在长方体上求得 A、B 两点。过 A、B 两点作 O_1Z_1 轴和 O_1Y_1 轴的平行线，并按尺寸 8mm、17mm 画出槽口的外部可见轮廓线，如图 6-9b 所示。

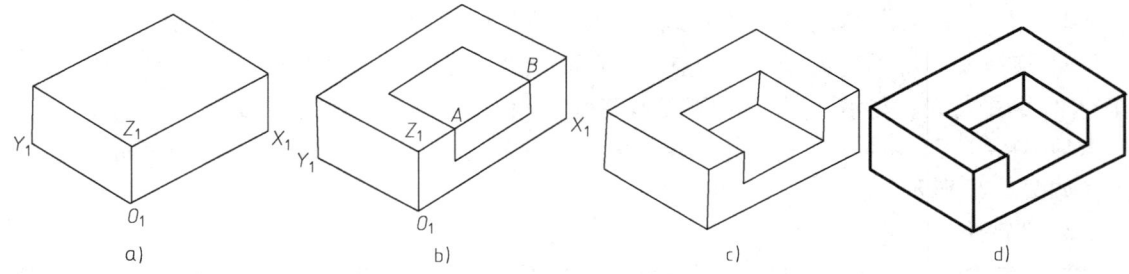

图 6-9 长方体切槽的正等轴测图

3) 按槽口外部轮廓线的各交点，作 O_1X_1 轴、O_1Y_1 轴、O_1Z_1 轴的平行线，即完成槽口的作图，如图 6-9c 所示。

4) 检查、擦去不必要的线条，加深轮廓线，完成全图，如图 6-9d 所示。

【例 6-3】 根据图 6-10a 所示的三视图，作切割体的正等轴测图。

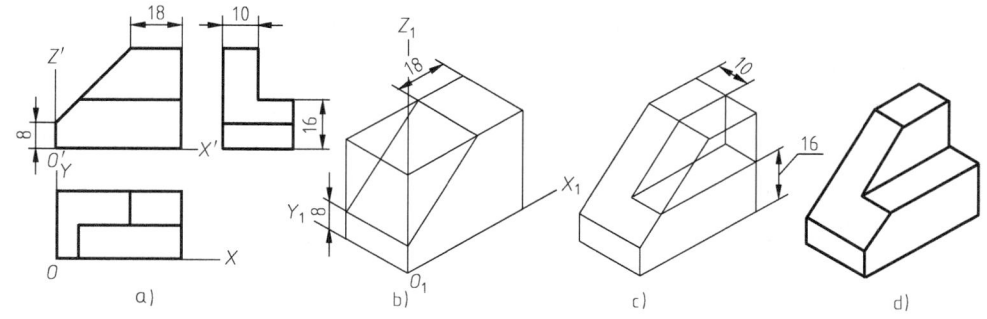

图 6-10 作切割体的正等轴测图

分析： 该物体是一个长方体，先切去左上角的三棱柱，再切去右前上方的斜四棱柱后形成的。坐标原点选在长方体的左、前、下角，绘图时先用坐标法画出完整的长方体，再逐步切去各个部分。作斜面时，应先在轴向定出两个端点，再连线。作图关键在于画出切平面与被切面及切平面与切平面之间的交线，还应注意某些交线与交线的平行关系。

作图步骤：

1) 画出轴测轴及完整的长方体，并按尺寸 18mm 和 8mm 画出切去左上角的三棱柱以后的轴测图，如图 6-10b 所示。

2) 按尺寸 10mm 和 16mm 画出切去右前上方四棱柱以后的轴测图，如图 6-10c 所示。

3) 去掉多余的作图线，加深，作图结果如图 6-10d 所示。

对于形状复杂的柱状物体，当其正放时，有一个视图反映该物体的形状特征，其他视图的里外均为"厚度"相等的矩形框所围成的图形，可用"特征面加厚法"画出其轴测图，即以形状特征面为基础，先作出物体上特征面的轴测图，再按厚度（长度、宽度、高度）画出其他可见轮廓线。

图 6-11a 所示的物体，主视图反映形体特征，先在 $X_1O_1Z_1$ 坐标面上作出特征面的轴测图，再沿 Y_1 轴量取厚度（宽度），作出后端面的可见轮廓线。

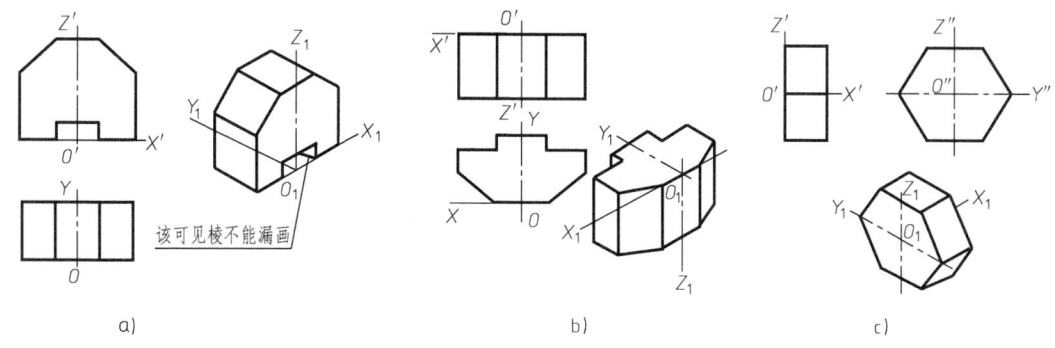

图 6-11 用特征面加厚法画轴测图

图 6-11b 所示的物体，俯视图反映形体特征，先在 $X_1O_1Y_1$ 坐标面上作出特征面轴测图后，再沿 Z_1 轴量取厚度（高度），画出轴测图。

图 6-11c 所示的六棱柱，左视图反映形体特征，先在 $Y_1O_1Z_1$ 坐标面上作出特征面轴测图后，再沿 X_1 轴量取厚度（长度），画出轴测图。

原点 O 及轴测轴 O_1X_1、O_1Y_1、O_1Z_1 的位置根据需要选定。

三、曲面立体正等轴测图的画法

曲面立体都含有圆，而圆在正等轴测图中的投影为椭圆，所以应掌握如何画立体表面上圆的投影。对正等轴测图来说，不论圆所在的平面平行于哪个坐标面，其轴测投影都为椭圆，除了长短轴的方向不同外，画法都是相同的。

作圆柱的正等轴测图时，必须弄清椭圆的长短轴方向。如图 6-12 所示（图中的菱形为与圆外切的正方形的轴测投影），椭圆长轴的方向与菱形的长对角线重合，短轴的方向垂直于椭圆的长轴，即与菱形的短对角线重合。

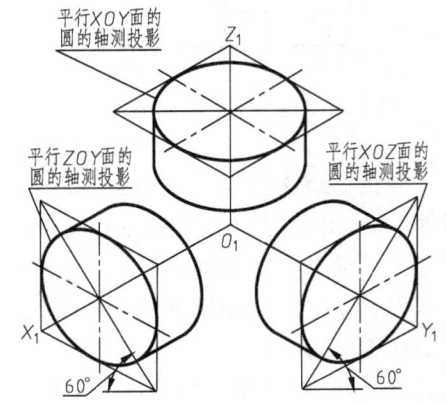

图 6-12 三种不同位置圆柱的正等测图

通过分析可以看出，椭圆的长短轴和轴测轴有关，即：

1) 圆所在的平面平行于 XOY 面（水平面）时，椭圆的长轴垂直于 O_1Z_1 轴，短轴平行于 O_1Z_1 轴。

2) 圆所在的平面平行于 XOZ 面（正面）时，椭圆的长轴垂直于 O_1Y_1 轴，短轴平行于 O_1Y_1 轴。

3) 圆所在平面平行于 ZOY 面（侧面）时，椭圆的长轴垂直于 O_1X_1 轴，短轴平行于 O_1X_1 轴。

1. 圆的正等轴测图

为简化作图，通常采用四段圆弧连接成近似椭圆的方法（四心圆弧法）作出椭圆。XOY 坐标面（水平面）上用四心圆弧法画圆的正等轴测图的方法与步骤见表 6-1。

表 6-1 圆的正等轴测图的画法

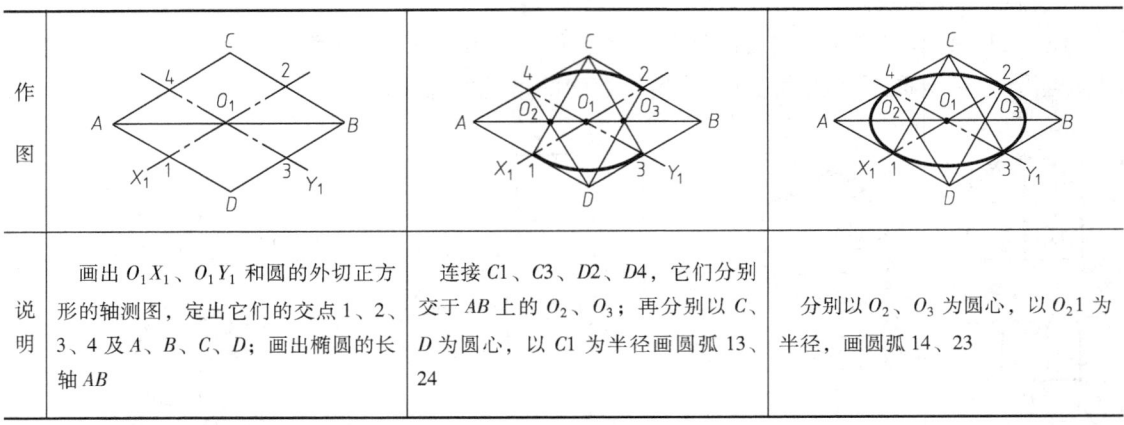

作图			
说明	画出 O_1X_1、O_1Y_1 和圆的外切正方形的轴测图，定出它们的交点 1、2、3、4 及 A、B、C、D；画出椭圆的长轴 AB	连接 $C1$、$C3$、$D2$、$D4$，它们分别交于 AB 上的 O_2、O_3；再分别以 C、D 为圆心，以 $C1$ 为半径画圆弧 13、24	分别以 O_2、O_3 为圆心，以 $O_2 1$ 为半径，画圆弧 14、23

2. 圆柱的正等轴测图

【例 6-4】 作出如图 6-13 所示轴套的正等轴测图。

分析：如图 6-13 所示，轴套的轴线垂直于水平面，顶面和底面均为水平面同心圆，在轴测图中均为椭圆。坐标原点选在顶面的圆心处。作图时，先作出圆柱的正等轴测图，再画出键槽。

作图步骤：

1）画出轴测轴，并画出顶面的椭圆，再将圆心下移高度 h，作出底面的椭圆（不可见部分不必画出），如图 6-14a 所示。

2）作出与上、下椭圆相切的公切线及轴孔，如图 6-14b 所示。

3）根据尺寸 l 定出 2 点，过 2 点作 O_1X_1 的平行线，在平行线上定出 1、3 点；过 1、3 点作 O_1Y_1 的平行线，与椭圆相交得出 4、5 点；再过顶面上的各点作 O_1Z_1 轴的平行线，并在平行线上定出可见的 6、7、8 点，画出键槽，如图 6-14c 所示。

4）检查后加深可见轮廓线，完成轴套的正等轴测图，如图 6-14d 所示。

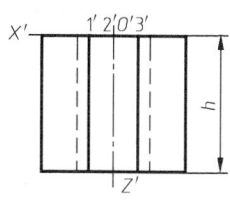
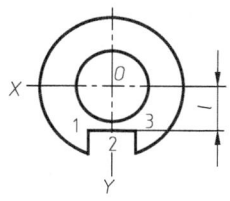

图 6-13 轴套的两视图

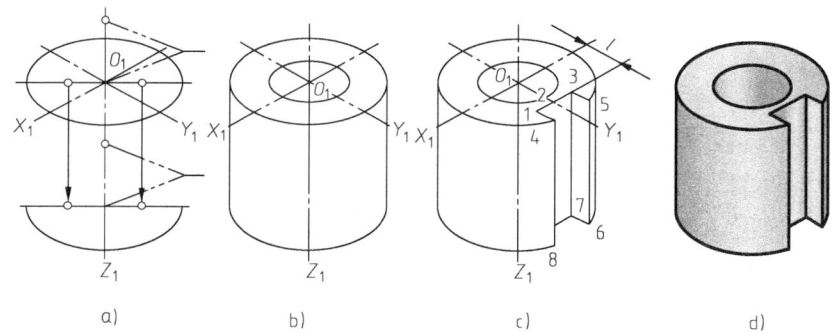

图 6-14 轴套的正等轴测图的作图步骤

3. 圆角正等轴测图的画法

【例 6-5】 作带圆角的底板的正等轴测图。

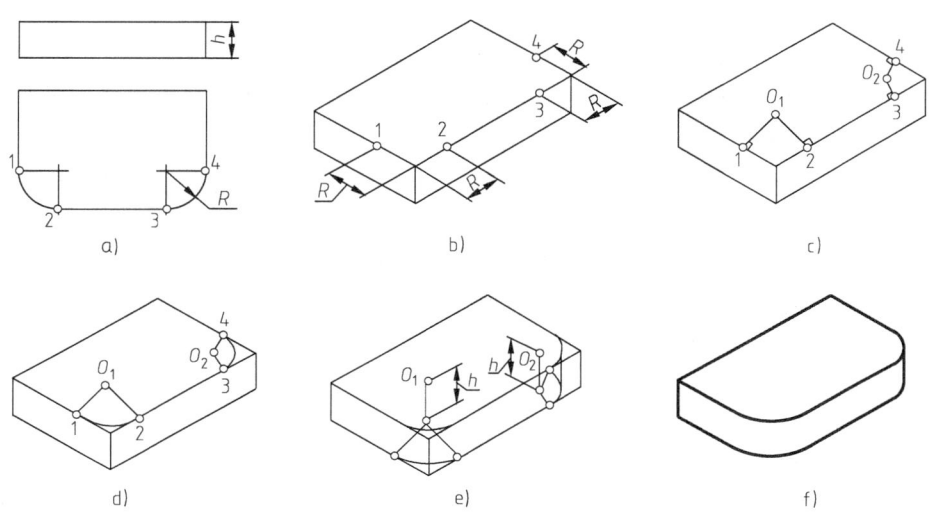

图 6-15 圆角的正等轴测图的画法

分析：如图 6-15a 所示，平板前面的角上都有圆角，圆角可以看作是四分之一圆弧，可用椭圆的近似画法画出它的正等轴测图。

作图步骤：

1) 作出平板的轴测图，并根据圆角半径 R，在平板的顶面相应的棱线上作出切点 1、2、3、4，如图 6-15b 所示。

2) 过切点 1、2 分别作相应棱线的垂线，得交点 O_1；过切点 3、4 作相应棱线的垂线，得交点 O_2，如图 6-15c 所示。

3) 以 O_1 为圆心，$O_1 1$ 为半径，在两切点 1、2 之间画大圆弧；以 O_2 为圆心，$O_2 3$ 为半径，在两切点 3、4 之间画小圆弧，即得平板顶面的正等轴测图，如图 6-15d 所示。

4) 将圆弧的圆心向下平移平板的厚度 h，再用与上表面相同的圆弧半径分别作出两个圆弧，并在平板右端作上、下表面小圆角的公切线，便得平板下表面两圆角的正等轴测图，如图 6-15e 所示。

5) 检查后加深可见部分的轮廓，即完成作图，其结果如图 6-15f 所示。

课题三　斜二轴测图

一、斜二轴测图的参数

如图 6-16 所示，在斜二轴测图中，由于 XOZ 坐标面平行于轴测投影面 P，所以轴测轴 O_1X_1、O_1Z_1 应分别为水平方向和铅垂方向。其轴间角及轴向伸缩系数分别为：

（1）轴间角　$\angle X_1O_1Y_1 = \angle Y_1O_1Z_1 = 135°$；$\angle X_1O_1Z_1 = 90°$。

（2）轴向伸缩系数　三个轴向伸缩系数分别为 $p_1 = r_1 = 1$，$q_1 = 0.5$。

轴间角及轴测轴的画法如图 6-16 所示。

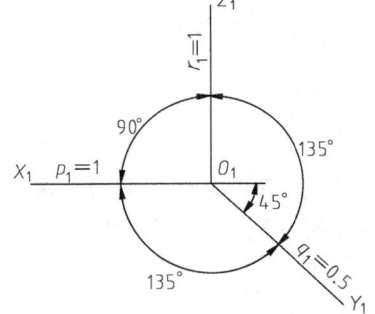

图 6-16　斜二轴测图的参数及轴测轴的画法

二、斜二轴测图的画法

斜二轴测图的画法与正等轴测图的画法基本相似，区别在于轴间角不同以及斜二测图沿 O_1Y_1 轴的尺寸只取投影图上的一半。在斜二测图中，物体上平行于 XOZ 坐标面的直线和平面图形均反映实长和实形，所以，当物体上有较多的圆或曲线平行于 XOZ 坐标面时，采用斜二测轴测图比较方便。

【例 6-6】　绘制如图 6-17a 所示带孔凸块的斜二轴测图。

分析：带孔凸块的正面比较复杂，且反映形状特征，将其平行于轴测投影面放置，则正面形状不变。选取坐标面 XOZ 与前端面重合，原点选在右、下、前角，如图 6-17a 所示。

作图步骤：

1) 画出轴测轴，并按主视图的尺寸作出与主视图完全相同的前端面的图形，再过各顶点作 O_1Y_1 轴的平行线，如图 6-17b 所示。

2) 在平行线上截取宽度尺寸的一半，定出后端面的位置。检查后加深，其作图结果如图 6-17c 所示。

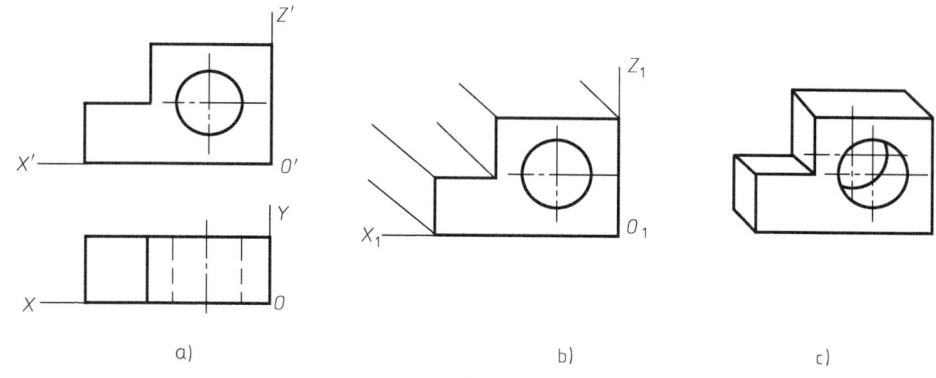

图 6-17 带孔凸块的斜二轴测图的画法

【例 6-7】 绘制如图 6-18a 所示支座的斜二轴测图。

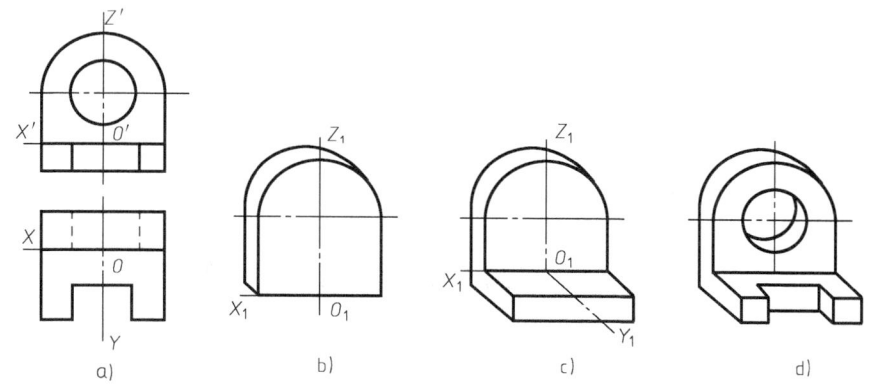

图 6-18 支座的斜二轴测图的画法

分析：图示支座由竖板和底板两部分组成。竖板和底板前面比较复杂，且反映支座的形状特征。将竖板的前、后端面平行于轴测投影面放置，并将竖板前端面作为坐标面 XOZ，原点选在竖板和底板相交的对称中心线上，如图 6-18a 所示。

作图步骤：

1) 画出轴测轴，并画出竖板的斜二轴测图，如图 6-18b 所示。
2) 由 O_1 沿 O_1Y_1 轴向前移一半的底板宽度尺寸，画出底板的斜二轴测图，如图 6-18c 所示。
3) 画出底板上的矩形槽和竖板上的圆孔，检查后加深，完成作图，其结果如图 6-18d 所示。

【项目小结】

用正投影绘制的三视图，能准确地表达物体的形状，但缺乏立体感，而轴测图是一种直观性强、极富立体感的图形。生产中常用轴测图来说明机械产品零部件的外观、内部构造或工作原理。熟练地掌握轴测图的绘制方法，可以帮助大家想象物体的形状，培养和提高空间形体的想象能力和构思能力。

轴测图的尺寸是沿轴量取的。正等测图的三个轴向伸缩系数均为 1，而斜二测的 Y 轴伸缩系数为 0.5，画图时一定要有所区分。

轴测图的绘制方法主要有坐标法和切割法。当物体为较为复杂的柱体时，用"特征面加厚法"绘制比较简单。

项目七 组 合 体

【任务描述】

由两个及两个以上的基本体组合而成的整体,称为组合体。本项目将主要介绍组合体视图的尺寸标注、组合体视图的绘制与识读方法。

本项目是培养空间想象能力和绘图、读图能力的关键,起着承上启下的作用。既是前几个项目所学知识的综合应用,又是从投影法原理过渡到零件图部分的桥梁。因此,本项目学习的成败,将对能否学好后续项目起到决定性的作用。

【学习目标】

1. 掌握运用形体分析法绘制组合体三视图的方法。
2. 掌握组合体各组成部分相邻表面间的连接方式及画法。
3. 正确、齐全、清晰地标注组合体的尺寸。
4. 掌握运用形体分析法和线面分析法识读组合体视图的方法。
5. 掌握组合体轴测图的画法。

课题一 识读组合体视图的基础知识

一、组合体的组合形式

组合体按其构成和组合方式,可分为叠加型、切割型和综合型三类,如图 7-1 所示。

叠加型组合体是由若干基本体叠加而成的,是实形体与实形体的组合。如图 7-1a 所示的螺栓(毛坯)是由六棱柱、圆柱和圆台叠加而成的。切割型组合体则可看成由基本体经过切割或穿孔后形成的,是从实形体中挖去一个实形体,被挖去的部分就形成空形体(孔洞);或者是在实形体上切去一部分,使被切的实形体成为不完整的基本几何形体。如图 7-1b 所示的压块(模型)是由四棱柱经过若干次切割再穿孔以后形成的。多数组合体则是既有叠加又有切割的综合型,如图 7-1c 所示的支座。

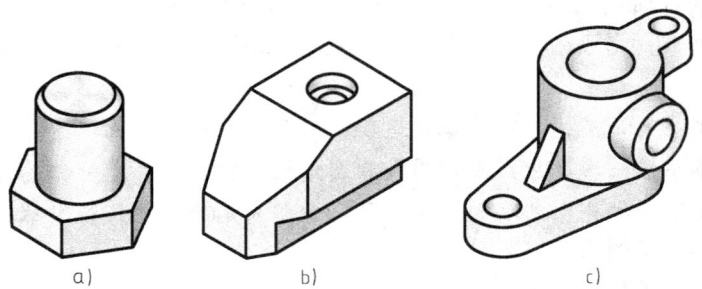

图 7-1 组合体的组合形式

二、组合体上相邻表面的连接关系及画法

组合体中的基本形体经过叠加、切割或穿孔以后,各形体的相邻表面之间的连接关系可

分为共面、不共面、相切、相交四种类型,如图 7-2 所示。

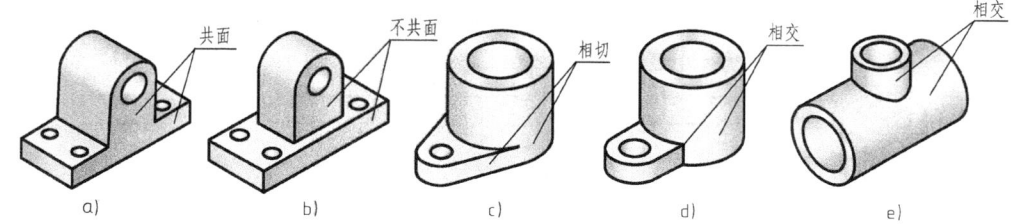

图 7-2 组合体上相邻表面的连接关系

1. 共面

共面指相邻两表面相互平齐而连接成为同一表面。当两表面共面时,结合处不画分界线。如图 7-3b 所示的组合体,上、下两表面共面,在主视图上不应画分界线。

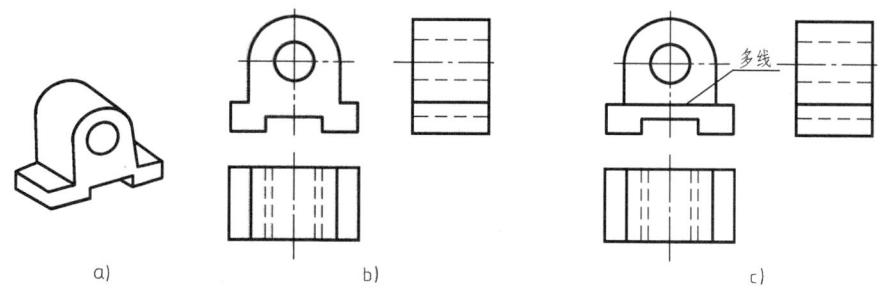

图 7-3 表面共面及画法
a) 轴测图 b) 正确画法 c) 错误画法

2. 不共面

不共面指的是相邻两表面在某方向错开而处在不同位置的平面上。当两表面不共面时,结合处必须画出分界线。如图 7-4 所示的组合体,上、下两表面不共面,前后错开,在主视图上应画出分界线。

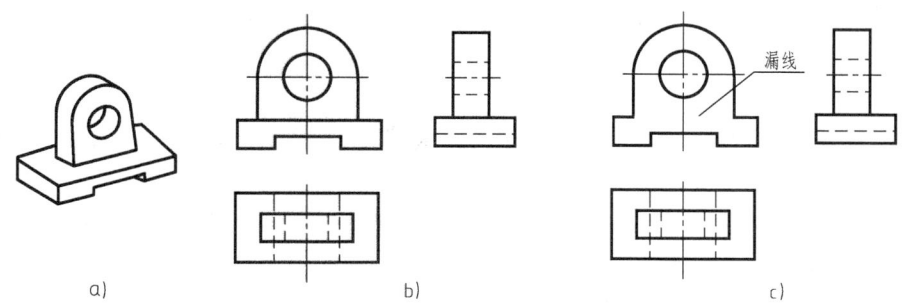

图 7-4 表面不共面及画法
a) 轴测图 b) 正确画法 c) 错误画法

3. 相切

相切指相邻两表面之间光滑过渡。当两表面相切时,在相切处不画分界线。如图 7-5a 所示的组合体,由底板和空心圆柱体组成。底板的侧面与圆柱面相切,在相切处形成光滑过渡，因此主视图和左视图中相切处均不画线，如图 7-5b 所示。图 7-5c 是常见的错误画法。

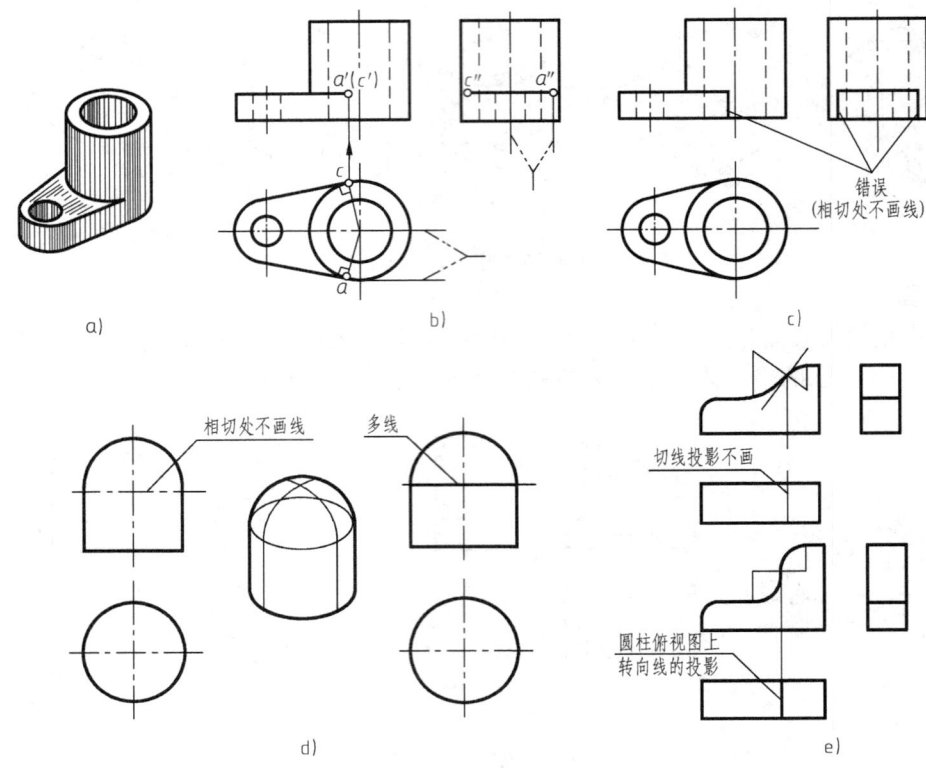

图 7-5　表面相切及画法
a) 轴测图　b) 正确画法　c) 错误画法　d) 圆柱面与半球面相切　e) 相切的特殊情况

图 7-5d 所示为圆柱面与半球面相切，其表面应是光滑过渡，切线的投影不画。但有一种特殊情况必须注意，如图 7-5e 所示的两个圆柱面相切，当圆柱面的公共切平面倾斜或平行于投影面时，不画两个圆柱面的分界线，而当公共切平面垂直于投影面时，应画出两个圆柱面的分界线。

4. 相交

相交指的是相邻两表面之间以各种相交的形式结合。当两形体的相邻表面相交时，在相交处必须画出分界线。

如图 7-6a 所示的组合体，也由底板和空心圆柱体组成，但本例中底板的侧面与圆柱面是相交关系，故在主、左视图中的相交处应画出交线。

如图 7-6b 所示，无论是实形体与实形体相邻表面相交，还是实形体与空形体相邻表面相交，只要形体的大小和相对位置一致，其交线完全相同。值得注意的是，当两实形体相交时已融为一体，圆柱面上原来的一段转向轮廓线已不存在，而圆柱被穿方孔后的一段转向轮廓线已被切去，不能再画出。

三、组合体的形体分析法

在组合体的画图、读图和尺寸标注过程中，假想把组合体分解为若干个基本形体，分清

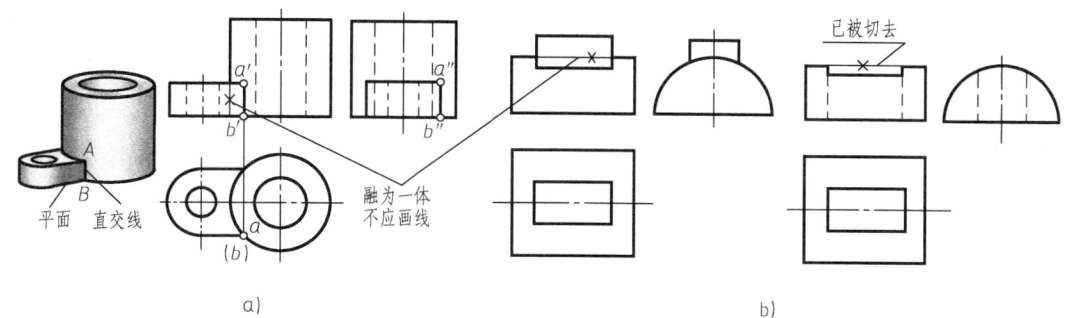

图 7-6 表面相交及画法

各基本形体的形状,确定它们之间的组合形式、各部分的相对位置及表面间的连接关系,从而形成组合体的完整概念,这种"化整为零"、使复杂问题简单化的分析方法称为形体分析法。

图 7-7a 所示的以叠加为主的组合体,是由带圆角的底板Ⅰ、带半圆头的 U 形柱竖板Ⅱ、三棱柱形的肋板Ⅲ三个部分组成的。在底板Ⅰ上又挖去两个圆柱体Ⅴ而形成两个孔洞,在竖板Ⅱ上又挖去一个圆柱体Ⅳ而形成一个孔洞,它们之间的组合形式及相对位置是:底板Ⅰ、竖板Ⅱ和肋板Ⅲ居中叠加,其中,竖板Ⅱ与底板Ⅰ在后面形成共面。

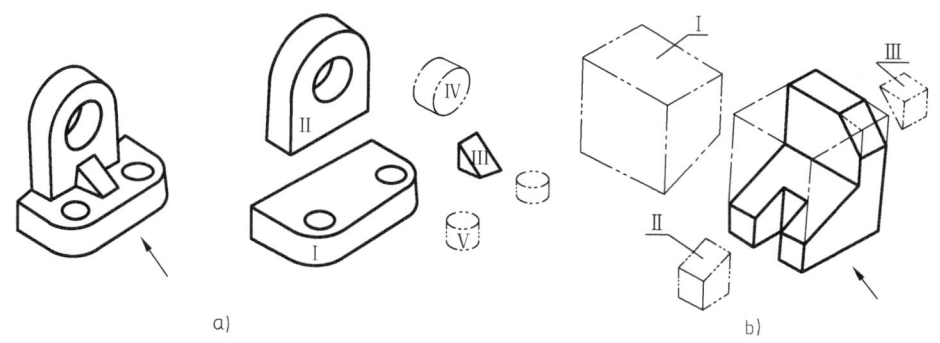

图 7-7 组合体的形体分析
a) 叠加为主的组合体　b) 切割类组合体

又如图 7-7b 所示的切割类组合体,是由一个长方体经过三次切割以后形成的。第一次在左上角切去一个四棱柱Ⅰ,第二次在左边中间的位置切去一个梯形块Ⅱ,第三次在右上前角切去一个三棱柱Ⅲ。

由上述分析可知,运用形体分析法分解组合体,可以把画、看比较复杂的组合体视图的问题,转化为画、看比较简单的基本几何体或简单组合体视图的问题。如果能在理解的基础上记忆一些常见形体的三视图,就能保证正确而迅速地画图和看图。形体分析法是学习画组合体视图或看组合体视图的基本方法。

课题二　组合体视图的画法

画组合体视图之前,首先应对组合体进行形体分析,了解组成组合体的各基本形体的形状、组合方式、相对位置及在某一方向是否对称，以便对组合体的整体形状作总体的把握。

一、叠加类组合体视图的画法

【例7-1】 绘制如图7-8a所示支座的三视图。

1. 形体分析

图7-8a所示的支座，可分解为四个部分，各部分的名称及相对位置如图7-8b所示：底板Ⅰ与直立空心圆柱Ⅲ两者的底面共面，底板Ⅰ的侧面与直立空心圆柱Ⅲ相切，在相切处就没有轮廓线；水平空心圆柱Ⅳ与直立空心圆柱Ⅲ的轴线正交，两空心圆柱相贯连成一体，因此两者的内外圆柱面相交处都有相贯线；肋板Ⅱ叠加在底板Ⅰ的上面，其前、后侧面与直立空心圆柱Ⅲ相交，产生的截交线为两条竖直线，肋板Ⅱ的斜面也与直立空心圆柱Ⅲ相交，产生的截交线为一段椭圆弧。

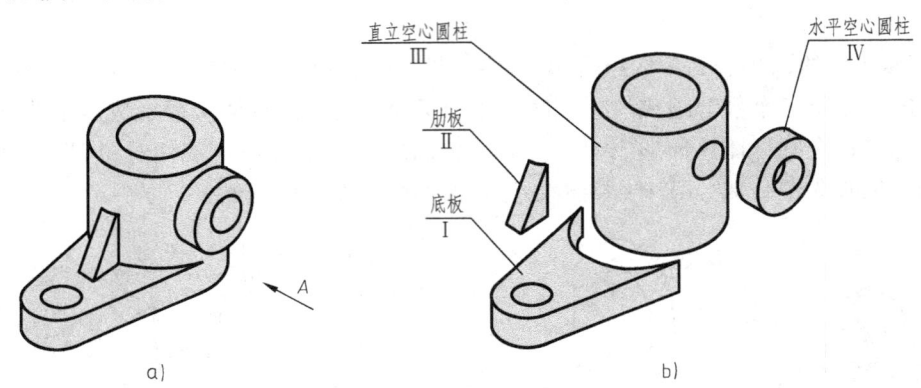

图7-8 支座及形体分析
a) 轴测图　b) 形体分解图

2. 选择主视图

如图7-8a所示，将直立空心圆柱Ⅲ的轴线放成铅垂位置。为了清楚地表达支座和减少视图中的细虚线，将水平空心圆柱Ⅳ放在前面。经比较，选择A向作为主视图的投射方向。主视图确定后，其他视图也就随之而定。

3. 选比例、定图幅

尽量选用1:1的比例，再根据组合体的复杂程度和尺寸大小，选择合适的图幅。

4. 布图、画底图

（1）画作图基准线：即对称中心线、轴线和较大的平面等，如图7-9a所示。

（2）画底图：按组合顺序及各形体之间的相对位置，逐个画出它们的投影以及它们之间的表面交线，综合起来即得到完整的组合体的三视图，如图7-9b、c、d、e所示。

5. 检查、加深

经仔细检查，确认无误后，按规定的图线加深全图，作图结果如图7-9f所示。

二、切割类组合体视图的画法

画切割类组合体的三视图时，一般先画出切割以前的基本形体的三视图作为画图的基础，再逐一进行切割，将每一次切割产生的交线画出来。对于某一部分具体的切割部位，先画切口的形状特征视图，再画另外两个视图。

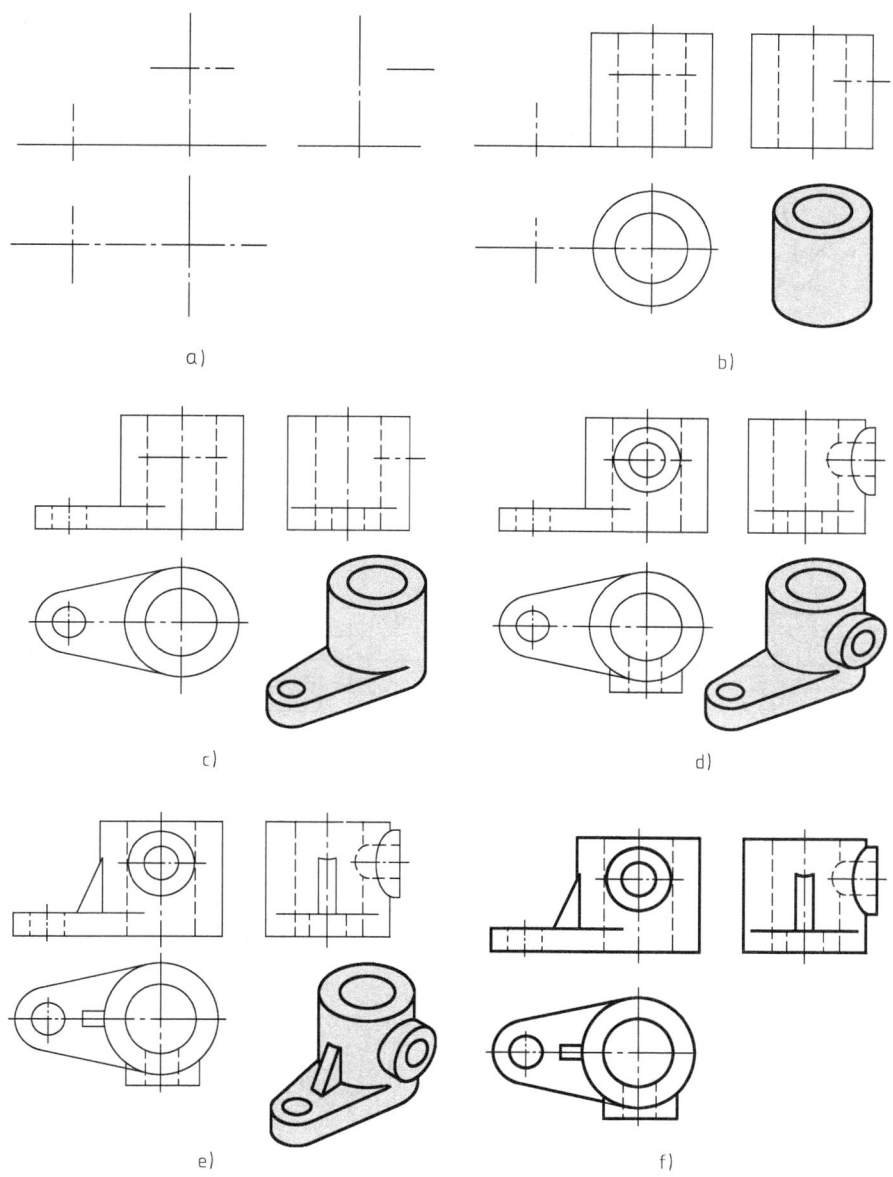

图 7-9 叠加类组合体视图的画法
a) 画作图基准线　b) 画直立空心圆柱Ⅲ　c) 画底板Ⅰ　d) 画水平空心圆柱Ⅳ
e) 画肋板Ⅱ　f) 加深，完成全图

【例 7-2】 绘制图 7-10a 所示组合体的三视图。

1. 形体分析

图 7-10a 所示的组合体，是通过在四棱柱上叠加四棱台，再在左下角和右下角用正垂面和水平面切掉四棱柱Ⅰ、Ⅱ，再在上部左右中间的位置用了两个侧平面和一个水平面切掉梯形块Ⅲ以后所形成的，如图 7-10b 所示的分解图。

2. 选择主视图

如图 7-10a 所示，为了清楚地表达该组合体切掉部分的形状和位置，减少视图中的细虚线，选择图示的箭头所指的 A 向作为主视图的投射方向。

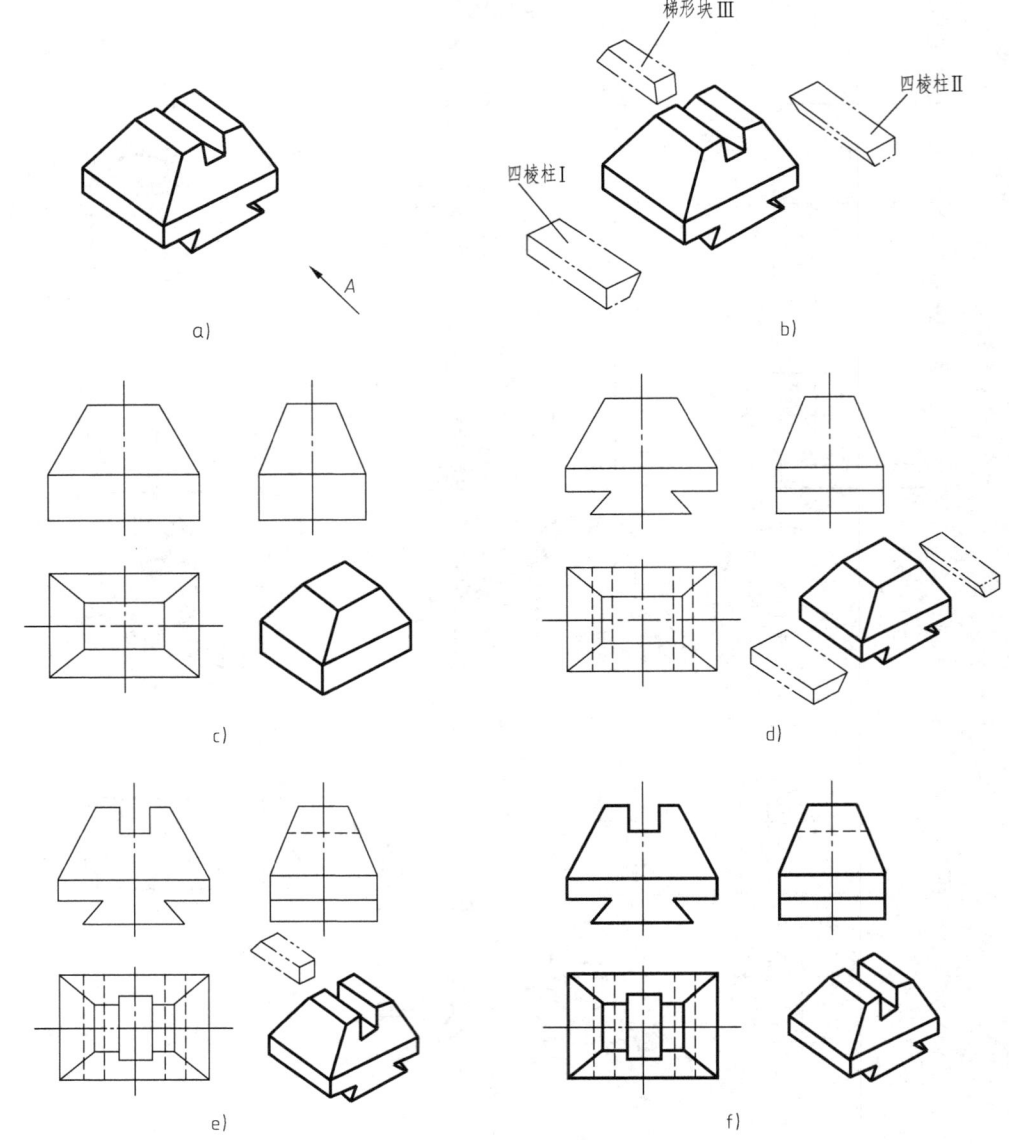

图 7-10　切割类组合体视图的画法
a）轴测图　b）分解图　c）画出切割前的形体　d）切割四棱柱Ⅰ、Ⅱ
e）切割梯形块Ⅲ　f）整理、描深、完成作图

3. 选比例、定图幅

尽量选用 1∶1 的比例，再选择合适的图幅。

4. 布图、画底图

画图时可以先画出四棱柱和其上叠加的四棱台，再按切割的顺序及切割的部位依次画出被切掉的部分，就得到切割类组合体的三视图。作图过程如图 7-10 c、d、e 所示。

5. 检查、加深

经仔细检查，确认无误后，按规定的图线加深全图，作图结果如图 7-10f 所示。

课题三　组合体的尺寸标注

视图只能表达组合体的形状，而各部分的大小及相对位置则要通过尺寸来确定。标注组合体尺寸的基本要求是：正确、完整、清晰。正确是指尺寸注法符合国家标准规定；完整是指所注尺寸不多、不少；清晰是指尺寸标注在明显部位，排列整齐，便于看图。本课题主要介绍如何使尺寸标注达到完整和清晰的要求。

一、标注尺寸要完整

所注尺寸必须能够完全确定组成组合体各形体的大小及相对位置，既不能遗漏，也不能重复，每一个尺寸在图中只标注一次。

组合体一般要标注三类尺寸：定形尺寸、定位尺寸和总体尺寸。形体分析法是保证组合体尺寸标注完整的基本方法。

1. 定形尺寸——确定组合体各组成部分大小的尺寸

定形尺寸一般包括长、宽、高三个方向的尺寸。因组合体是由不同的形体组合而成的，所以，组合体的定形尺寸是由组成组合体各部分的定形尺寸组成的。由于各基本形体的形状特点不同，因而定形尺寸的数量也各不相同。标注组合体的定形尺寸，应按形体分析法将组合体分解为若干个基本形体，标注出各基本形体的定形尺寸。如图 7-11a 所示，该组合体分为底板和带孔的空心圆柱两个组成部分。底板的长是 40mm、宽是 24mm、高是 7mm，其上四个小孔的定形尺寸是 4×φ6mm，四个圆角 R6mm；带孔的空心圆柱的定形尺寸是 φ6mm、φ10mm、φ18mm 及高度 18mm。

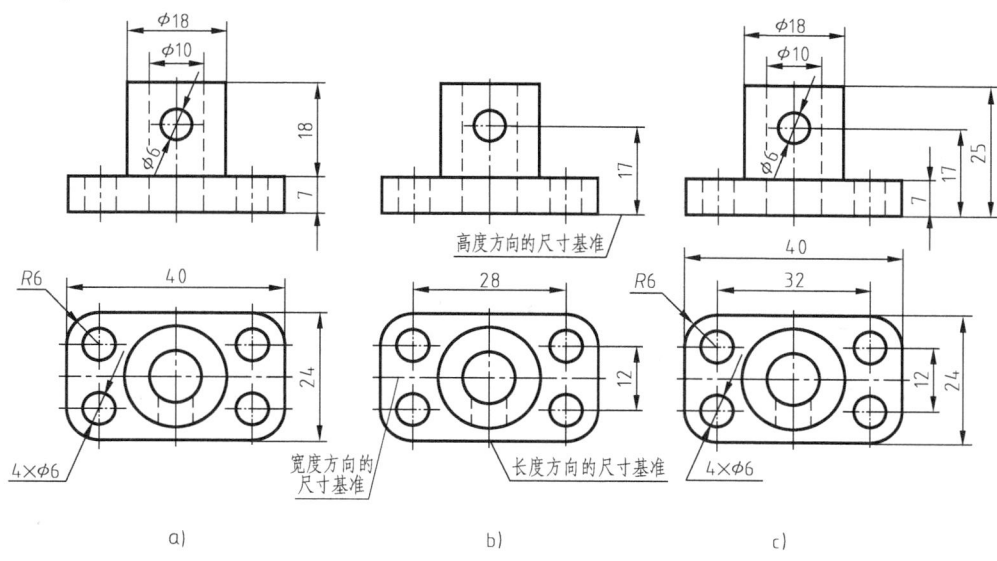

图 7-11　组合体的尺寸分析
a) 定形尺寸　b) 定位尺寸　c) 组合体的尺寸

2. 定位尺寸——确定组合体各组成部分之间相对位置的尺寸

图 7-11b 标注了底板上四个圆孔轴线在长度方向和宽度方向的定位尺寸以及空心圆柱前面小圆孔的轴线在高度方向的定位尺寸。

由于定位尺寸是确定相对位置的尺寸，所以在长、宽、高三个方向上，都应该有一个尺寸基准。如图 7-11b 中以通过圆柱体轴线的侧平面作为长度方向的尺寸基准，按左右对称标注底板上圆柱孔轴线在长度方向上的定位尺寸 28mm；以过圆柱体轴线的正平面作为宽度方向的尺寸基准，按前后对称标注底板上的小圆孔在宽度方向上的定位尺寸 12mm；以底板的底面作为高度方向的尺寸基准，标注空心圆柱前面小圆孔的轴线在高度方向上的定位尺寸 17mm。

当组合体的形状比较复杂时，一个方向可能会有多个基准。常把标注主要尺寸的基准称为主要基准，其他基准称为辅助基准，主要基准和辅助基准之间应有尺寸联系。表 7-1 列出了常用的尺寸基准，其中尺寸 A 为主要基准和辅助基准之间的联系尺寸。

表 7-1 常用的尺寸基准

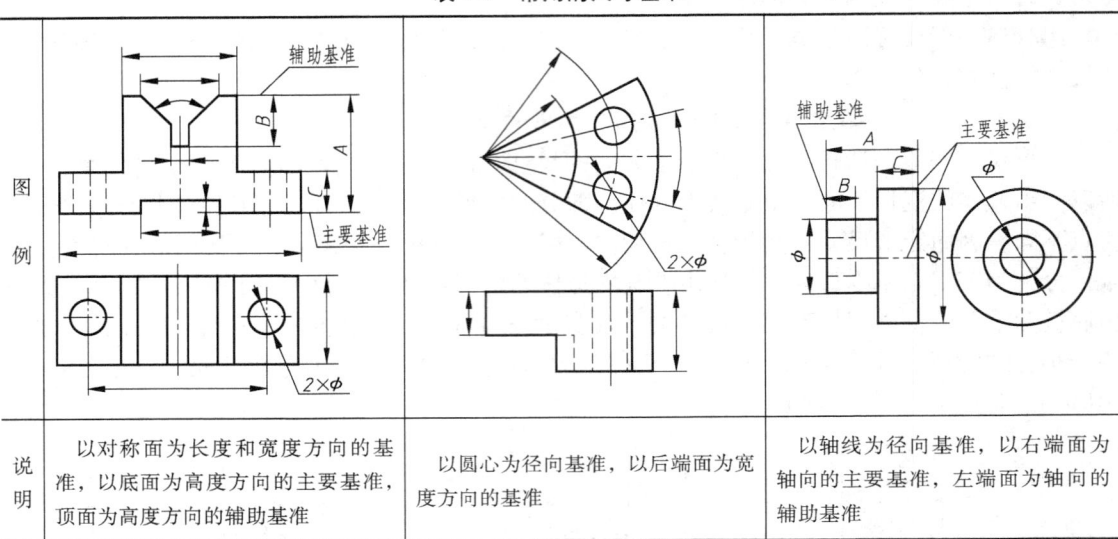

需要指出的是：当组合体的结构不同时，其定位尺寸的数量也不相同，如表 7-2 所示。

表 7-2 基准与定位尺寸的数量

3. 总体尺寸——组合体外形的总长、总宽、总高尺寸

如图 7-11c 所示，为了表示组合体外形的总体大小，标注总长 40mm、总宽 24mm 和总高 25mm。必须注意，如果组合体定形和定位尺寸已经标注完整，若再加注总体尺寸，就会出现多余尺寸或重复尺寸，这时就要对已标注的定形和定位尺寸做适当的调整。如图 7-11c 中主视图上的高度尺寸，若标注总高尺寸 25mm，则应减去一个同方向的定形尺寸，图中减去了在图 7-11a 中标注的圆柱体高度尺寸 18mm。

由于标注组合体的尺寸是按形体分析注出各基本形体的定形尺寸和确定它们之间的相对位置的定位尺寸，因此，**熟悉基本形体的尺寸注法很重要**。

图 7-12 所示为常见基本体的尺寸注法。图 a 所示为平面立体的尺寸标注，一般标注长、宽、高三个方向的尺寸，图中加"（ ）"的尺寸称为参考尺寸，正方形的尺寸在边长尺寸数字前加注"□"符号。图 b 所示为曲面立体的尺寸注法，圆柱和圆锥应注出底圆直径和高度尺寸，圆台还应加注顶圆的直径；直径尺寸应在其数字前加注符号"φ"，一般注在非圆视图上；标注圆球的直径和半径时，应分别在"φ、R"前加注符号"S"；这种标注形式用一个视图就能确定形体的形状和大小，其他视图可省略。

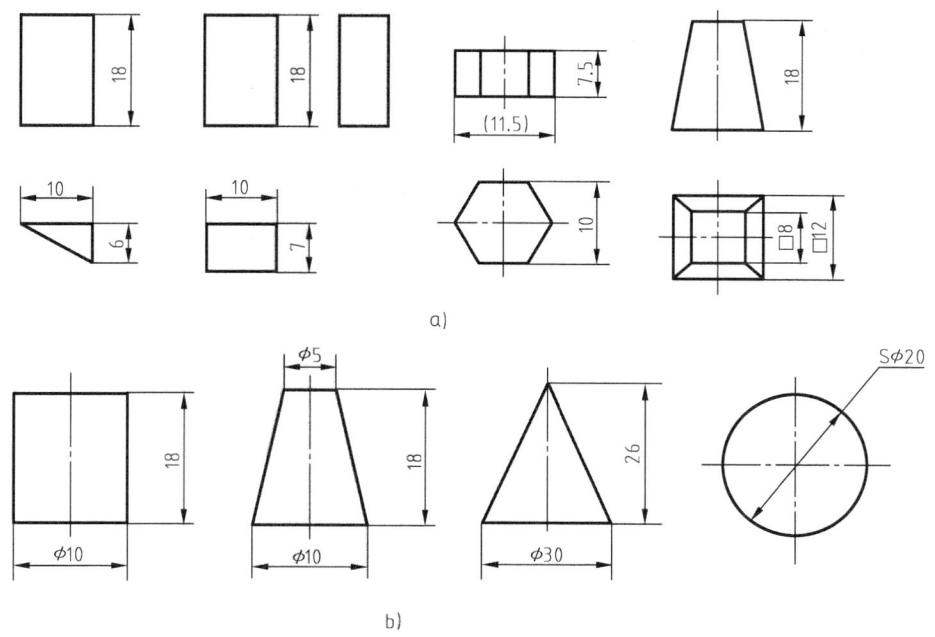

图 7-12 基本体的尺寸标注
a) 平面立体的尺寸标注 b) 曲面立体的尺寸标注

图 7-13 所示是切割体的尺寸标注示例，在图中应注出截平面的定位尺寸，不能标注截交线的尺寸（即图中画"×"的尺寸）。

图 7-14 所示是相贯体的尺寸标注示例。相贯体除了应标注相交的两个基本体的尺寸外，还应注出两相交形体的相对位置尺寸。当两相交基本形体的形状、大小及相对位置确定后，相贯线的形状、大小也就完全确定了，因此，相贯线就不需要标注尺寸了。

图 7-15 是一些不应标注底板总长尺寸的尺寸标注示例。

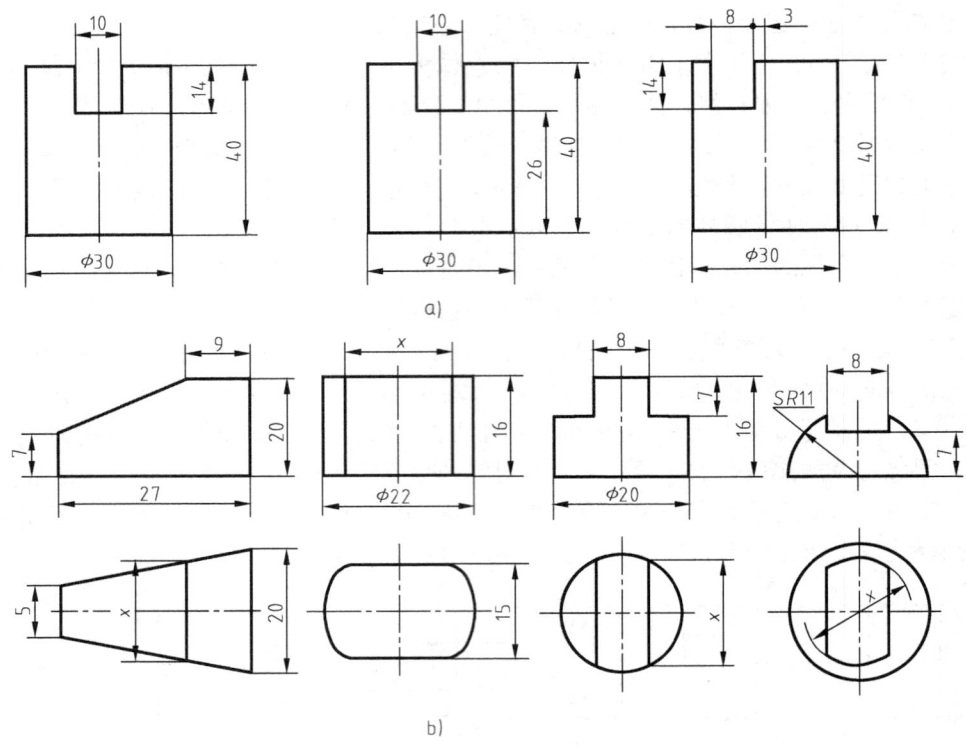

图 7-13 切割体的尺寸标注
a) 切槽的尺寸标注   b) 截交线的尺寸标注

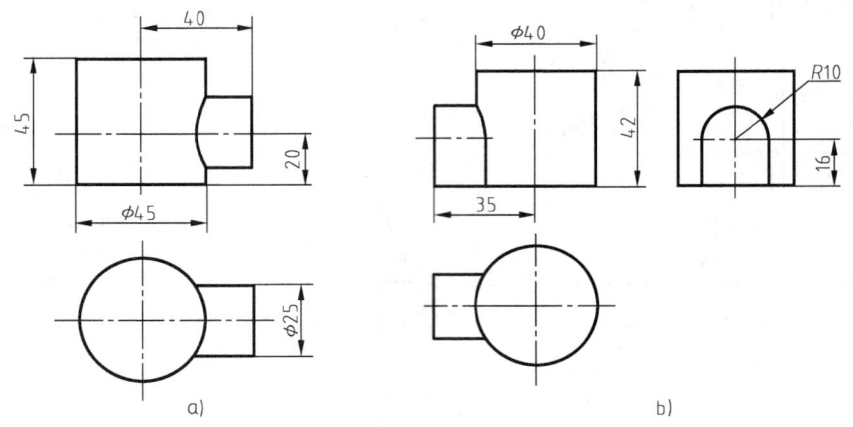

图 7-14 相贯体的尺寸标注

二、尺寸标注要清晰

所谓清晰,就是要求所标注的尺寸位置适当、排列整齐、分布合理。标注尺寸时,为了便于读图,达到清晰的要求,应从下列几个方面加以考虑:

1. 突出特征

突出特征即尺寸尽量标注在形状或位置特征明显的视图上。如图 7-16a 表示相叠加的两个同轴圆柱体,并且穿通了一个同轴圆柱孔,直径尺寸宜标在投影为非圆的视图上;图 7-16b 和 c 中,半径尺寸都应注在投影为圆弧的俯视图上,而定位尺寸也集中标注在俯视图

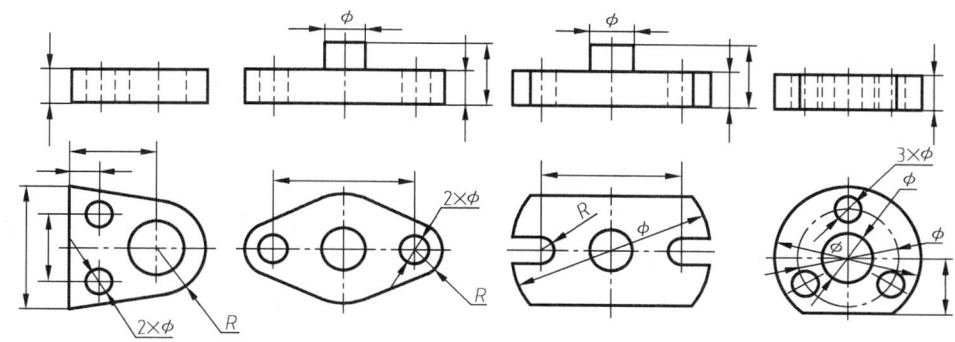

图 7-15　不注底板总长的尺寸标注示例

上；图 7-16d 表示缺口的尺寸应注在反映实形的俯视图上。

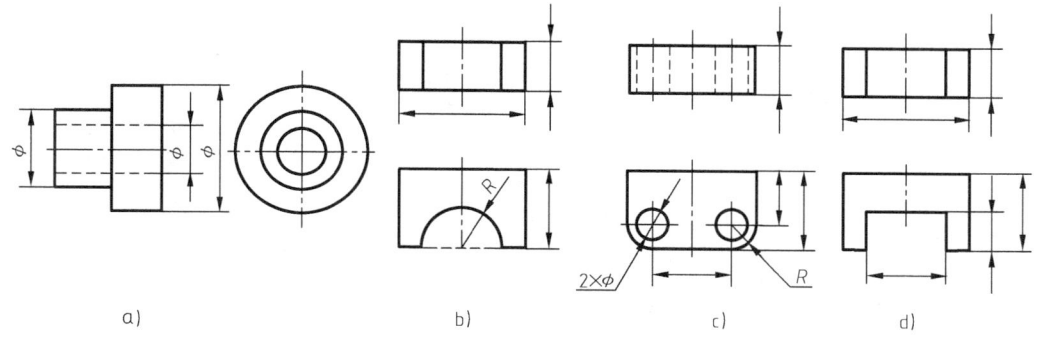

图 7-16　尺寸标注要突出特征

2. 相对集中

同一基本形体的定形尺寸和有关系的定位尺寸尽量集中标注，以便于读图。如图 7-17 中底板上的小孔 $2\times\phi$ 及圆弧 R 的定形尺寸和定位尺寸都集中在俯视图上标注，而竖板上的定形尺寸 R 和 ϕ 及定位尺寸都集中在主视图上标注。

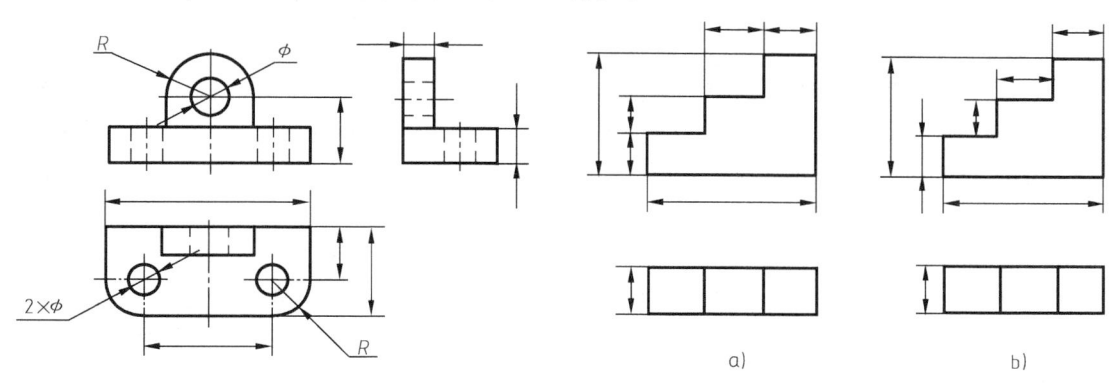

图 7-17　同一形体的尺寸集中标注　　　　图 7-18　尺寸排列要整齐
　　　　　　　　　　　　　　　　　　　　　　　a）好　b）不好

3. 排列整齐

尺寸排列要整齐、清楚。尺寸尽量标注在两个相关视图之间和视图的外面。同一方向的串联尺寸线，最好画在一条线上，不要错开，如图7-18所示。

4. 分布合理

应根据尺寸的大小合理分布，大尺寸在外、小尺寸在内，尽量避免尺寸线与尺寸线、尺寸界线、轮廓线相交，如图7-17和图7-18a所示。

三、标注尺寸的方法与步骤

标注组合体的尺寸时，仍然要运用形体分析法。即先将组合体分解为几个简单的基本体，确定和标注出各基本形体的尺寸；再根据组合体的结构特点，选择出尺寸基准，标注出各组成部分之间的定位尺寸；最后检查、校对，调整必要的尺寸，标注出总体尺寸，使所标注的尺寸达到正确、完整、清晰的要求。

【例7-3】 标注图7-19a所示的组合体的尺寸。

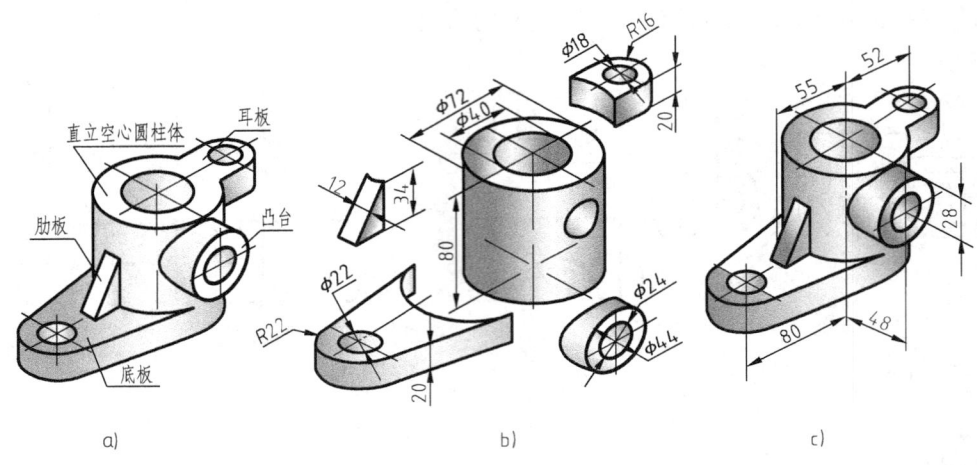

图7-19 组合体的尺寸标注
a) 组合体 b) 定形尺寸分析 c) 定位尺寸分析

1. 形体分析

利用形体分析法，将该组合体分为五个组成部分，定形尺寸如图7-19b所示。

2. 选定尺寸基准

由形体组合情况看，中间的空心圆柱体是主要结构，故该组合体长度方向的尺寸基准为通过空心圆柱体轴线的侧平面；高度方向的主要尺寸基准为空心圆柱体与底板的公共底面，辅助基准为空心圆柱体与耳板的公共顶面；因宽度方向基本对称，所以宽度方向的尺寸基准选通过空心圆柱体轴线的正平面。

3. 逐个标注基本体的定位尺寸

图7-19c表示这些基本形体之间的5个定位尺寸，可以看到它们都与尺寸基准有关。一般来说，两形体之间在左右、上下、前后方向均应考虑是否有定位尺寸。但当形体之间为简单的叠加（如肋板与底板的上下叠加）或有公共对称面（如直立空心圆柱与凸台具有公共对称面——轴线）时，在这些方向就不再标注定位尺寸了。

4. 标注总体尺寸

有时当物体的端部为同轴线的圆柱或圆球（如底板的左端、耳板的右端），在标注了定位尺寸和定形尺寸后，一般就不再标注总体尺寸，如图7-19a所示组合体的总长和总宽就不再注出。

5. 校核

校核的重点是：尺寸是否完整、清晰，有无遗漏或重复。在校核的基础上进行适当的调整，图 7-19a 所示组合体的尺寸标注过程和结果如图 7-20 所示。

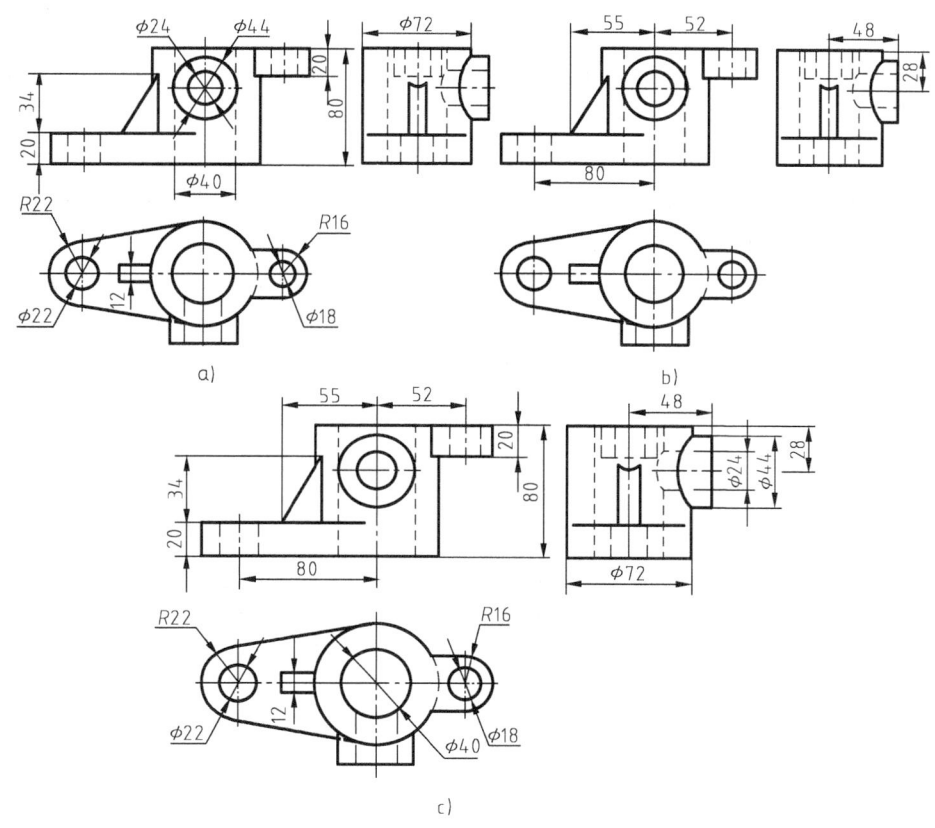

图 7-20 组合体的尺寸标注示例
a）定形尺寸 b）定位尺寸 c）校核后的标注结果

课题四　组合体轴测图的画法

画组合体轴测图时，应从直观性好和作图方便两方面综合起来选择轴测图的种类。正等轴测图的三个坐标方向的伸缩系数相等，不仅作图方便且直观性也好。当组合体单一方向具有圆、半圆、圆角或形状复杂时，采用斜二轴测图最为方便。

画组合体轴测图的基本方法是叠加法和切割法。

（1）叠加法　先将组合体分解成若干个基本形体，再按其相对位置逐个画出各基本形体的轴测图，然后完成组合体的轴测图。叠加法主要用于画叠加类的组合体轴测图。

（2）切割法　先画出完整几何体的轴测图，再按其结构特点逐个切去被切掉的部分，最后完成切割后组合体的轴测图。切割法主要用于画切割类的组合体轴测图。

一、组合体正等轴测图的画法

【例7-4】 根据图7-21a所示的三视图,绘制组合体的正等轴测图。

分析: 由图7-21a所示的三视图可知,该组合体属于叠加类的组合体,且是由三部分组成的,即图示的底板Ⅰ、竖板Ⅱ和肋板Ⅲ,三部分的相互位置是:竖板Ⅱ在底板Ⅰ的后上方,肋板Ⅲ在底板Ⅰ的右上方、在竖板Ⅱ的右前方。坐标原点选在组合体的右、后、下方。

作图步骤:

1) 画出轴测轴,沿各轴分别量取尺寸16mm、12mm、4mm,画出底板Ⅰ的轴测图,如图7-21b所示。

2) 因竖板Ⅱ与底板Ⅰ左、右和后面共面,先沿O_1X_1、O_1Y_1、O_1Z_1分别量取16mm、3mm、14mm,画出长方体,再沿O_1X_1、O_1Z_1分别量取尺寸12mm、10mm,在长方体的左上方切去一角而得竖板Ⅱ的轴测图,如图7-21c所示。

3) 肋板Ⅲ与底板Ⅰ和竖板Ⅱ右面共面,可沿O_1X_1轴量取3mm,画出肋板Ⅲ的轴测图,如图7-21d所示。

4) 检查后擦去各形体间不应有的交线和被遮挡的图线,然后加深即完成作图,结果如图7-21e所示。

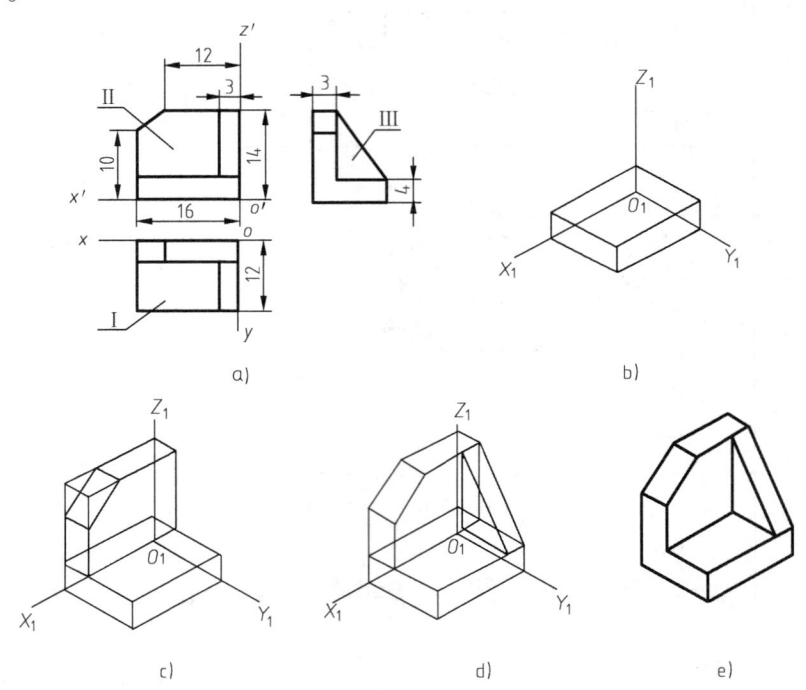

图7-21 用叠加法画组合体的正等轴测图

【例7-5】 根据图7-22所示组合体的三视图,绘制正等轴测图。

分析: 该组合体属于切割类组合体,且是由一长方体在前方切掉四棱柱以后,再在上方左右的中间位置切割V形槽而形成的。因其左右对称,所以原点定在后面的左右对称线上,坐标面选在组合体的后面。画图时先画出长方体的正等测图,再用切割法画出切割前方的四棱柱及切割上方中间V形槽的正等测图,即可完成作图。具体作图方法和步骤如图7-23所示。

作图步骤:

1）画轴测轴及完整的长方体，并按左视图画出前面切掉四棱柱后的正等轴测图，如图 7-23a 所示。

2）按主视图切掉 V 形槽，画出顶面和底面矩形的八个顶点，如图 7-23b 所示。

3）根据定出的八个顶点画出 V 形槽的正等轴测图，并检查然后加深，完成作图，结果如图 7-23c 所示。

二、组合体斜二测轴测图的画法

【例 7-6】 作如图 7-24 所示填料压盖的斜二测轴测图。

分析： 填料压盖属于叠加类的组合体，由底板 I 和空心圆柱体 II 组合而成，且沿空

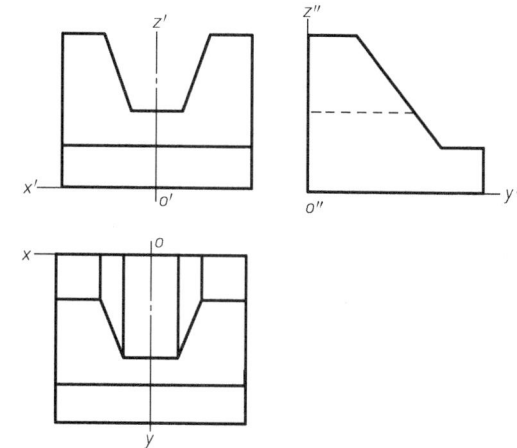

图 7-22 组合体的三视图

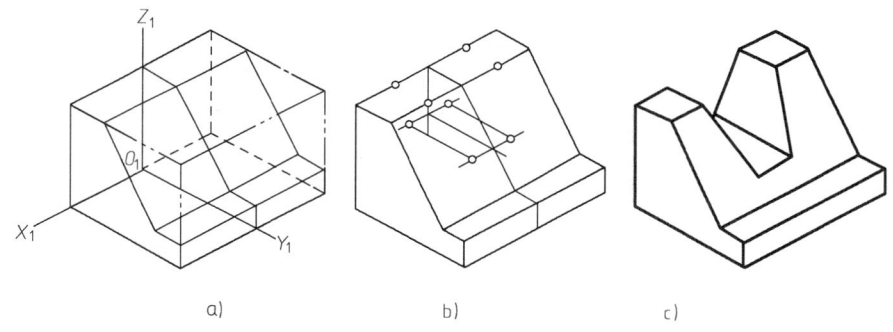

图 7-23 用切割法画切割类组合体的正等轴测图的作图步骤

心圆柱体 II 的轴线方向左右、上下都对称，取坐标面 XOZ 与底板 I 的后端面重合，以底板 I 后端面的圆心 O 为坐标原点，坐标轴 OY 与圆孔轴线重合，如图 7-24 所示。

作图步骤：

1）画轴测轴，并在 O_1Y_1 轴上按 $q_1 = 0.5$ 确定底板 I 前面的中心 a_1 和空心圆柱体 II 最前面的圆心 b_1 以及底板两侧圆柱面（及圆孔）前后的圆心 c_1、d_1、e_1、f_1，如图 7-25a 所示。

2）以 O_1、a_1 为圆心画出底板 I 中间的大圆弧；以 c_1、d_1、e_1、f_1 为圆心画出两侧圆柱面和圆孔；再作它们的公切线，完成底板 I 的斜二测轴测图，如图 7-25b 所示。

3）以 a_1、b_1 为圆心，$\phi_1/2$ 为半径画圆，并作两圆的公切线，完成组合体前方空心圆柱体 II 的斜二测轴测图；以 O_1、b_1 为圆心，$\phi_2/2$ 为半径画圆，作出组合体中间圆孔的斜二

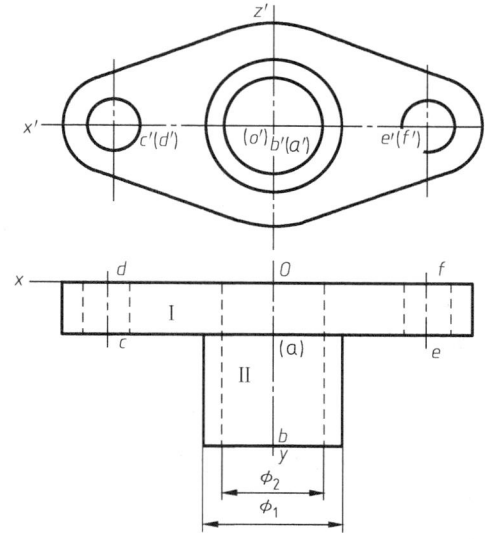

图 7-24 填料压盖的视图

测轴测图，如图 7-25c 所示。

4）检查后擦去作图线，加深可见轮廓线，完成作图。作图结果如图 7-25d 所示。

注意：空心圆柱的内壁与底板后端面相交的可见圆弧的轮廓线不要漏画。

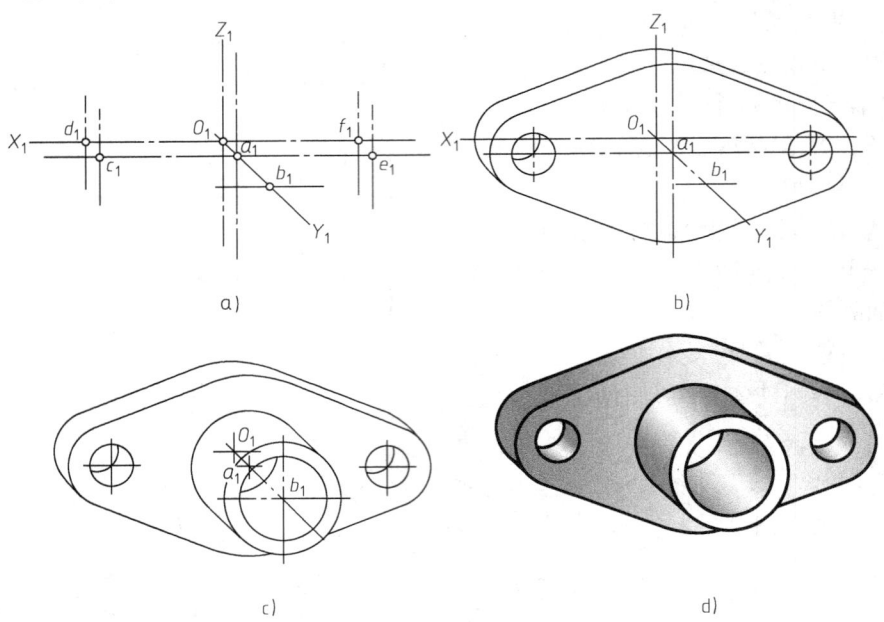

图 7-25　填料压盖的斜二测轴测图的作图步骤

课题五　读组合体视图

读组合体视图是根据投影规律由已知的视图想象出组合体的空间形状和结构。其过程是根据物体的三视图（或两面视图），用形体分析法逐个分析投影的特点，并确定它们的相互位置，综合想象出物体的结构和形状。要正确、迅速地读懂组合体视图，必须掌握读图的基本方法和步骤，培养空间想象能力，通过不断实践，逐步提高读图能力。

一、读图的基本要领

1. 将已知的几个视图相互联系

每个视图只能反映组合体一个方向的形状，在没有标注尺寸的情况下，只看一个视图不能确定组合体的形状。如图 7-26a 所示，三个相同的主视图，代表了三个不同的组合体；图 7-26b 为三个相同的俯视图，也代表了三个不同的组合体。因此，必须把已知的两个视图联系起来识读。有时虽然有两个视图，但如果视图选取不当，物体的形状也不能确定。如图 7-26c 所示，三个相同的主、俯视图，也代表了三个形状各异的物体，此时必须把已知的三个视图联系起来识读。

由此可见，读图时必须将已知的几个视图联系起来，互相对照分析，才能正确地想象出组合体的形状。

2. 明确视图中的图线和线框的含义

视图中的图线或线框，在不同的物体上表示的意义是不同的。

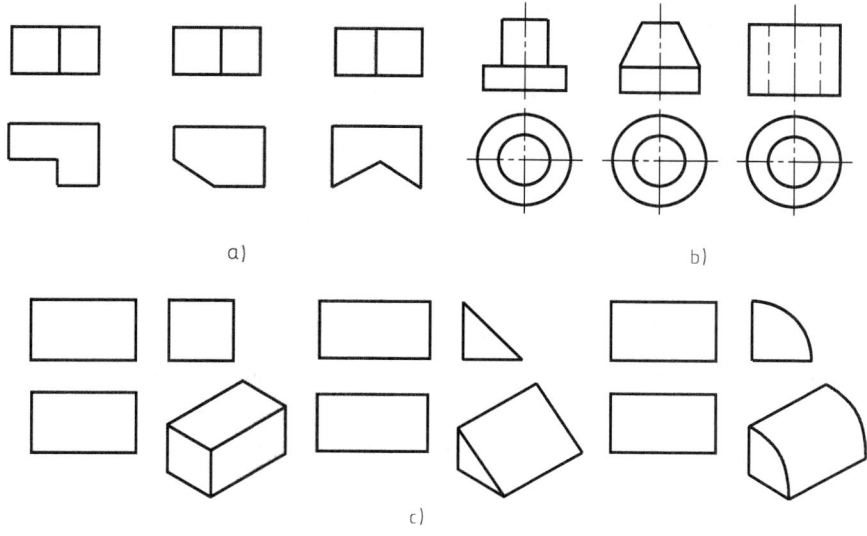

图 7-26 将已知视图联系起来识读

a) 三个相同的主视图　b) 三个相同的俯视图　c) 三个相同的主、俯视图

(1) 视图中的图线的含义

如图 7-27a 所示，视图中的图线表示的含义如下：

1) 面与面（平面或曲面）交线的投影。
2) 具有积聚性的面（平面或曲面）的投影。
3) 回转体（图示为圆柱体）转向素线的投影。

(2) 视图中线框的含义

视图中的线框表示的含义如下：

1) 视图中的一个封闭线框，表示物体上一个面（平面或曲面）的投影，如图 7-27b 所示。

2) 两个相邻的封闭线框，表示物体上两个相交面或同向错位的两个面的投影。如图 7-

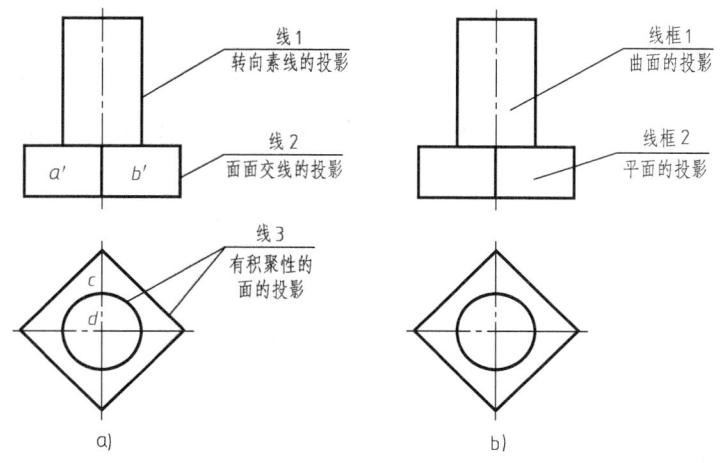

图 7-27 视图中的图线和线框的含义

27a 主视图中下方的两个矩形线框 a' 和 b'，即为两个相交平面的投影。

3) 大线框内套小线框，表示物体是在大平面（或曲面）上凸起或凹下平面（或曲面）体。如图 7-27a 俯视图中的 c 和 d 两个线框，即表示在大的正方形平面（四棱柱的顶面）上凸起的圆柱体。

3. 从反映形体特征的视图看起

所谓特征视图，就是把物体的形状特征及相对位置反映得最充分的那个视图。找到了这个视图，再配合其他视图，就能较快地认清组合体了。

(1) 形状特征视图　能够清楚地反映组合体及各基本形体形状特征的视图，称为形状特征视图，如图 7-28b 中的主视图。由于组合体的组成方式不同，物体的形状特征并非总是集中在某一个视图上，有时是分散于不同的视图上。如图 7-28a 所示，该组合体由四个部分叠加组成，形体Ⅱ、Ⅲ的形状特征在主视图上反映，形体Ⅰ的形状特征在俯视图上反映，而形体Ⅳ的形状特征则在左视图上反映。看图时必须要善于找出反映形状特征的视图，这样就便于想象其形状。

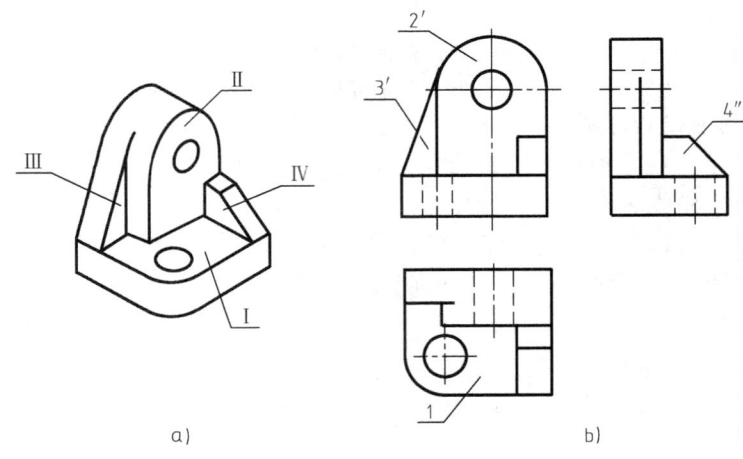

图 7-28　形状特征明显的视图

(2) 位置特征视图　能清楚地反映构成组合体的各基本形体之间相互位置关系的视图，称为位置特征视图。如图 7-29a 所示，主视图中的圆形线框Ⅰ和矩形线框Ⅱ，它们的形状特征很明显，但相对位置不够清楚。对照俯视图可看出，圆形和矩形线框中一个是凹进去的孔，另一个是向前凸出的实体。但仅从主、俯视图上并不能确定哪个形体是孔，哪个形体向前凸出，只有对照主、左视图识读才能确定出该组合体为 7-29c 所示形体。显然，左视图是反映该组合体各组成部分之间相对位置特征最明显的视图。

二、读图的基本方法

读图的基本方法与画图一样，也主要运用形体分析法。而对于比较复杂的切割类组合体，在运用形体分析法的同时，还要用线面分析法来帮助想象和读懂不容易看明白的局部结构。

1. 形体分析法

根据组合体视图的特点，将其大致分成几个组成部分，然后逐个将每一部分的几个投影对照起来进行分析，想象出其形状，再分析各组成部分的相互位置关系，最后想象出物体的

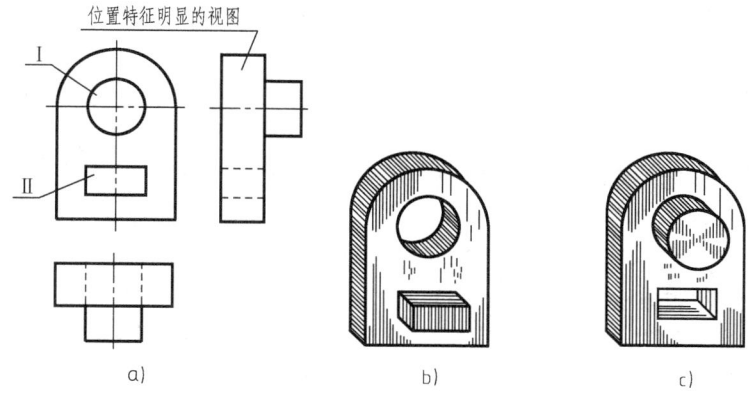

图 7-29 位置特征明显的视图

整体结构和形状,这种读图方法称为形体分析法。下面以轴承座为例,说明用形体分析法读图的方法与步骤。

【例 7-7】 识读如图 7-30 所示轴承座的两视图,想象轴承座的形状。

(1) 划分线框,分解形体 首先从主视图入手,将其线框分为四个部分,如图 7-30 所示。

(2) 抓住特征,想象形状 主视图较明显地反映出了四个部分的形状特征。根据三视图之间的"三等"规律,在其他视图中找出各线框对应的投影,逐步想象出各组成部分的形状,如图 7-31a、b、c 中的粗实线线框及轴测图所示。其中 Ⅰ 为长方体的底板,Ⅱ 为带半圆槽的长方体,Ⅲ、Ⅳ 为三棱柱形的肋板。

(3) 对照投影,明确位置 在想象出各部分的形状以

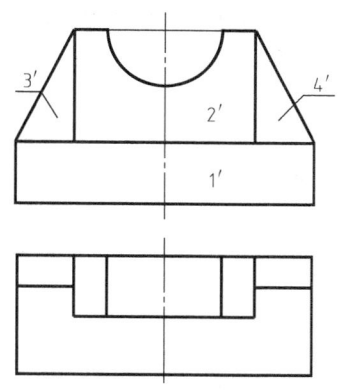

图 7-30 轴承座的已知视图

后,按照投影关系,可进一步分析并明确各部分之间的相对位置关系。以底板为基准,带半圆槽的长方体 Ⅱ 在底板 Ⅰ 的上面,两形体的对称面重合且后面靠齐共面。肋板 Ⅲ、Ⅳ 对称地分布在带半圆槽长方体 Ⅱ 的左右两侧,且与其相接,后面靠齐共面。

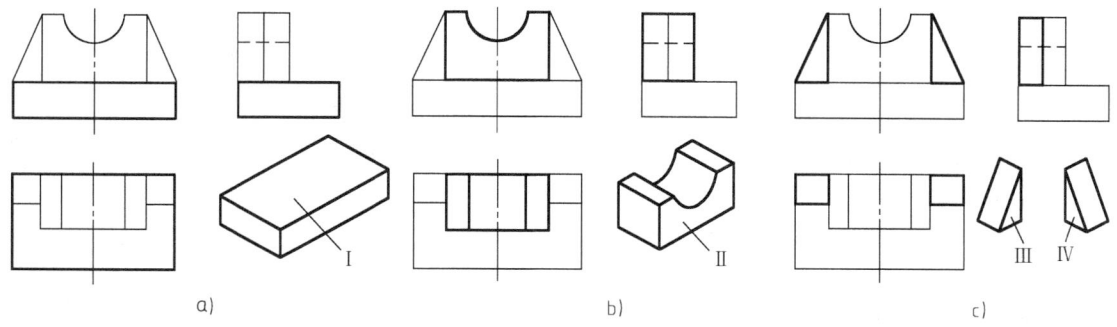

图 7-31 形体分析法读图

(4) 综合起来,想出整体 通过上述分析,对组合体各组成部分的形状和位置有了一

个完整的印象,再综合起来,便可想象出轴承座的整体形状,如图 7-32 所示。

2. 线面分析法

构成组合体的各形体可以看作是由形体上的若干个表面(平面或曲面)和线(直线或曲线)围成的实体。线面分析法就是把组合体分解为若干个表面和线,从面、线的角度分析形体的表面或表面间的交线,并确定它们之间的相对位置以及它们相对于投影面的位置的方法。

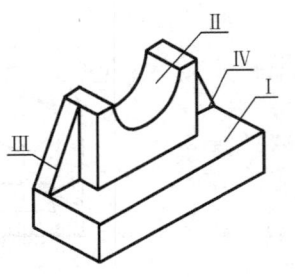

图 7-32 想象出的立体形状

利用线面分析法看图,要熟练运用各种位置平面和直线的投影特性来分析问题。比如:在三视图中,凡是"一框两直线",则表示为投影面的平行面;凡是"两框一斜线",则表示为投影面的垂直面;凡是"三框三小面",则表示为一般位置平面。

(1) 分析组合体上各表面的空间位置 构成物体的各个表面,不论其形状如何,它们的投影如果不具有积聚性,一般都是一个封闭的线框。

现以图 7-33a 所示切割类组合体为例,分析其上的四个表面的投影关系。在图 7-33b 中,对于俯视图上的"L"形线框 1,由于在主视图上没有与它类似的线框,所以它只可能对应斜线 1′,于是可判断 Ⅰ 面为正垂面(线在正面)。同样对于俯视图上的线框 2,在主视图上也没有对应的类似形,只可能对应直线 2′,于是可判断 Ⅱ 面为水平面(框在水平面)。

再分析图 7-33c 中主视图上的线框 3′和 4′。对应主、俯视图可判断 Ⅲ 面为正平面(框在正面),Ⅳ 面为铅垂(曲)面(曲线在水平面)。

通过以上分析,可想象出该组合体的形状如图 7-33d 所示。

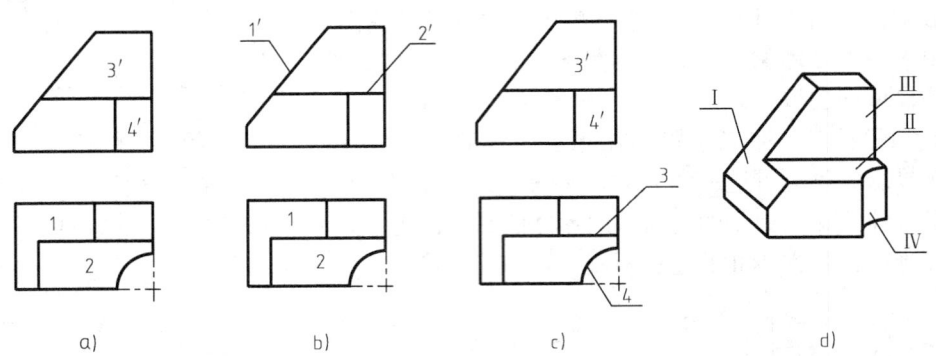

a)　　　　　　b)　　　　　　c)　　　　　　d)

图 7-33 分析切割类组合体上各表面的投影关系

(2) 分析组合体上相邻表面之间的相对位置 视图中相邻的两个线框可能表示相交的两个面,或前后、上下、左右错开的两个面,如图 7-34 所示的三组视图。分析视图中的线框及投影关系,并区分出它们的前后、上下、左右相对位置和相交等连接关系,可帮助想象形体。

按相邻两个封闭线框表示不同位置的两个面的判别方法,可以归纳得出:主视图不反映"面"的前后位置、俯视图不反映"面"的上下位置、左视图不反映"面"的左右位置。如图 7-34a 所示,要判断 A、B 两面的前后位置,可将主视图中的线框 a′、b′按长对正的关系,找到与俯视图对应的部位;如图 7-34c 所示,要判断 E、F 两面的左右位置,可将左视图中

的 e''、f'' 按高平齐的关系，找到与主视图对应的部位；而图 7-34b 则表示两个相交面的投影。

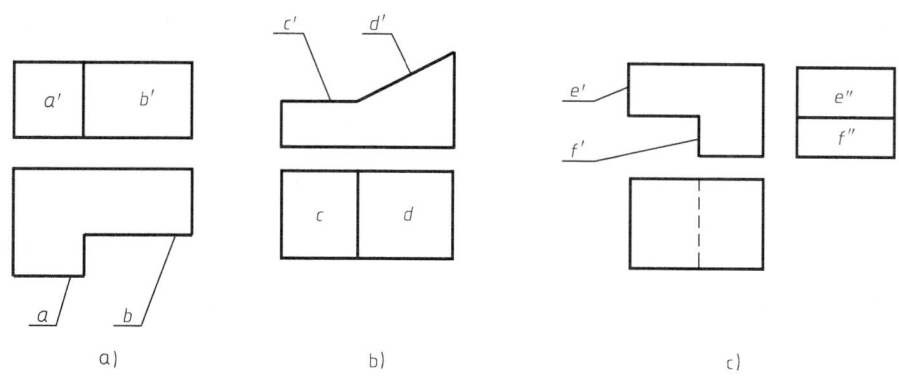

图 7-34 分析组合体上相邻表面间的位置关系

（3）线面分析法读图举例　下面以图 7-35a 所示压块的三视图为例，来说明线面分析法看图的具体步骤。

【例 7-8】 识读图 7-35a 所示压块的三视图，想象出压块的形状。

分析：从图 7-35a 可看出，该压块属于切割类的组合体，采用线面分析法比较方便。从三个视图的最大线框来看，基本都是矩形，因此可判断该压块是由长方体经多次切割以后形成的。

1）划分线框，认识大体。根据已知的视图，可以大致看出切割以前的基本形体，再把组合体划分为几个线框，便可分析出组合体是在什么位置用什么平面切割的。

2）细读线面，明确结构。

如图 7-35b 所示，从主视图的斜线 p' 出发，按长对正、高平齐的对应关系，对应出边数相等的两个类似形 p 和 p''，则三个视图的投影特征是"两框一斜线"，可判断该面为垂直面，又因"线"在正面，所以 P 面垂直于正面，是正垂面。

如图 7-35c 所示，从俯视图中的斜线 q 出发，按长对正、宽相等的对应关系，对应出边数相等的两个类似形 q' 及 q''，则三个视图的投影特征也是"两框一斜线"，该面为垂直面，因"线"在水平面，所以 Q 面垂直于水平面，是铅垂面。

如图 7-35d 所示，从左视图中的直线 r'' 出发，按高平齐、宽相等的对应关系，对应出一直线 r 及线框 r'，则三个视图的投影特征是"一框两直线"，R 面为平行面，因"框"在正面，所以 R 面平行于正面，是正平面。

如图 7-35e 所示，从主视图中的直线 s' 出发，按长对正、高平齐的对应关系，对应出俯视图中的一线框 s 及左视图中直线 s''，则三个视图的投影特征是"一框两直线"，S 面为平行面，因"框"在水平面上，所以 S 面是水平面。

3）综合起来，想象整体。通过上面的分析可知，此压块的左上角的缺口是被正垂面 P 所切，左边前后对称的缺角是被两个铅垂面 Q 所切，前后下方的缺块分别被正平面 R 和水平面 S 所切。在弄清了压块各表面的形状与空间位置的基础上，进而综合想象出整体形状，如图 7-35f 所示。

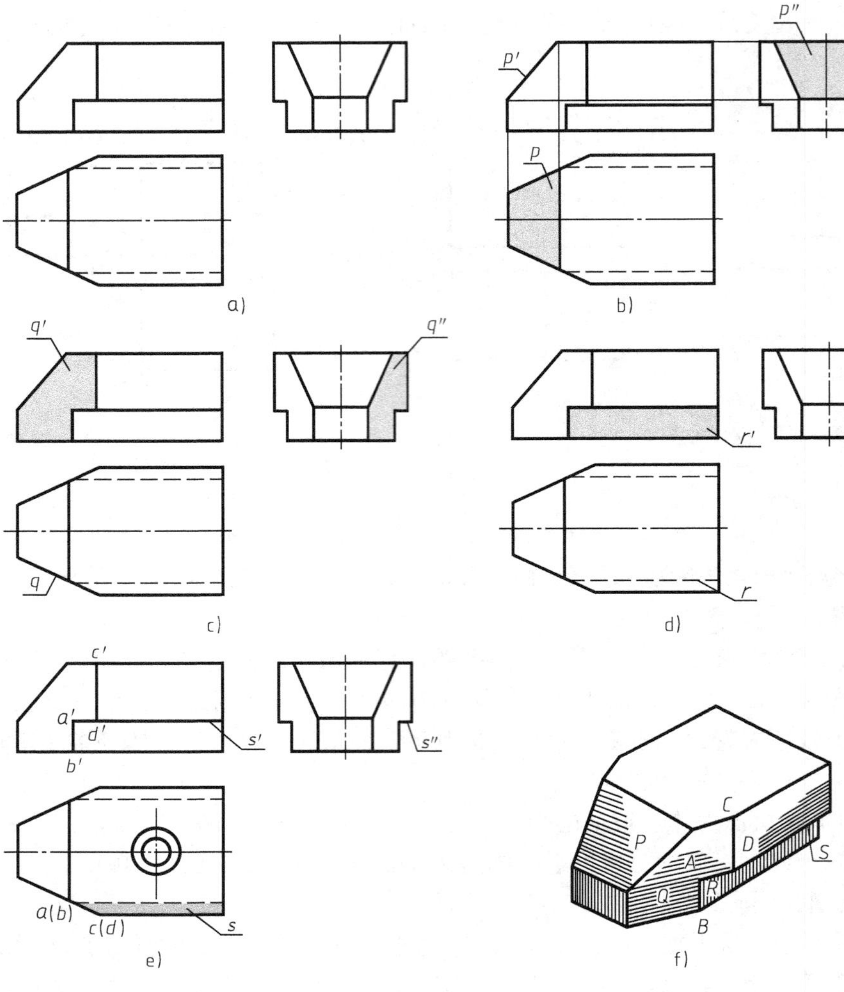

图 7-35　用线面分析法读压块的视图

【例 7-9】 识读图 7-36 所示的主、俯视图，并补画其左视图。

分析：从主视图入手，把主视图和俯视图对应起来分析，可将主视图划分成三个主要的线框 1′、2′ 和 3′，根据投影规律，可在俯视图中找到对应的线框 1、2 和 3。由此可知，形体Ⅰ为带腰圆形孔的底板；形体Ⅱ是一竖立的长方形板；形体Ⅲ是一块带半圆柱的 U 形耳板，上面有一小圆孔，且相同形状的板有两块。这样，对图 7-36 所示的组合体的整体形状有了一个初步的认识。

作图步骤：按形体分析的情况，逐个画出三个基本形体的三视图。想象出组合体的整体形状，对照检查已补画出的左视图，修正错误，擦去多余图线，按国家标准规定的线型加深。整个作图过程如图 7-37 所

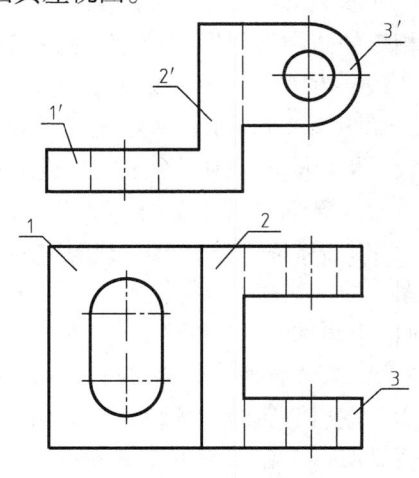

图 7-36　已知的主、俯视图

示。

1）画出带腰圆形孔的长方形板Ⅰ的左视图，如图7-37a所示。
2）画出竖板Ⅱ的左视图，如图7-37b所示。
3）画出带半圆柱的U形耳板Ⅲ的左视图，如图7-37c所示。
4）检查无误后，加深，结果如图7-37d所示。

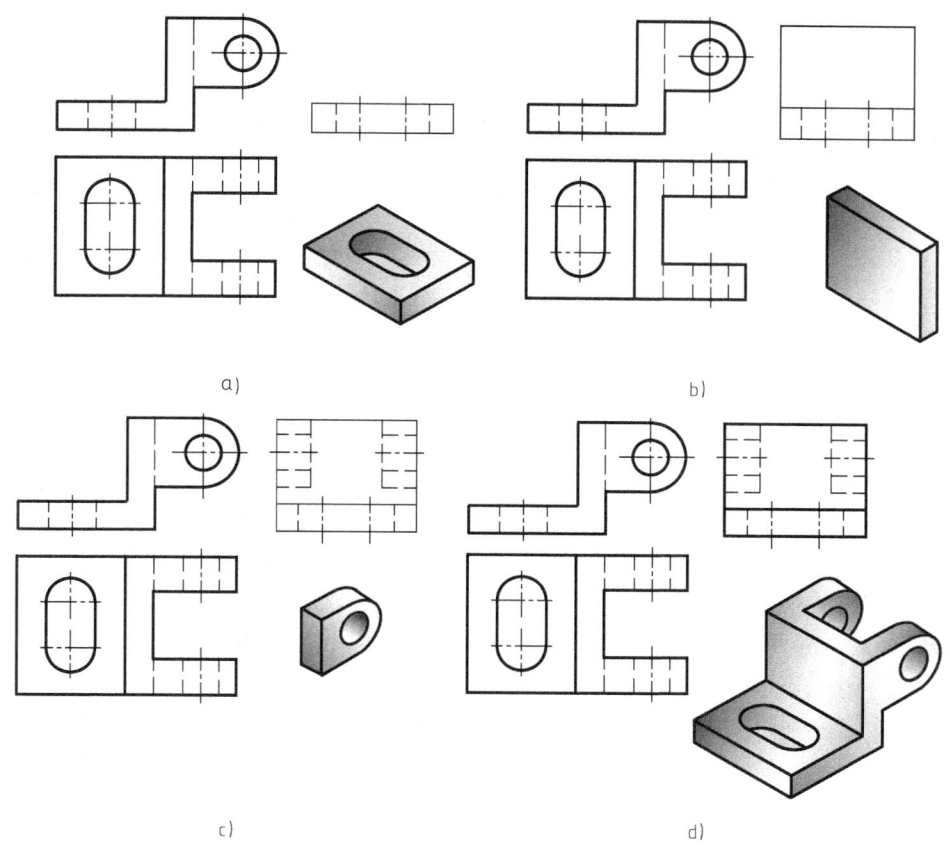

图 7-37 补画组合体的左视图的作图步骤

【例 7-10】 识读图 7-38a 所示组合体的主、俯视图，并补画左视图。

分析：由已知的两个视图可以看出，该组合体属于切割类，未切割以前的基本形体是带半圆头的U形柱体。在主视图中有3个线框，由主、俯视图对应投影可以看出，3个线框分别表示组合体上3个不同位置的表面。a'线框是一个凹形块，处于组合体的前面；c'线框中还有一个小圆线框，与俯视图中的两条细虚线对应，可想象出是在半圆头U形柱体上穿了一个圆孔，它处于组合体的后面。从主视图中可以看出，b'线框的上部有个半圆槽，在俯视图上可找到对应的两条粗实线，处于 A 面和 C 面之间。由此看来，主视图中的3个线框实际上是组合体的前、中、后三个正平面的投影。

作图步骤：

1）按照前后和高低层次画出左视图的外形轮廓，如图 7-38b 所示。
2）在前层切出凹形槽，画出细虚线，如图 7-38c 所示。

3) 在中层切出半圆槽，画出细虚线，如图 7-38d 所示。
4) 在后层切出圆孔，画出细虚线，如图 7-38e 所示，完成作图。

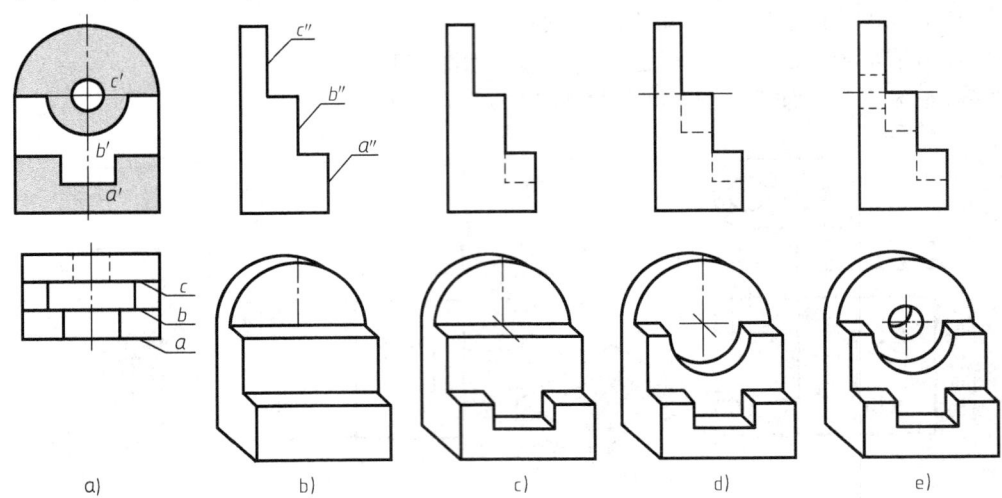

图 7-38 根据主、俯视图，补画左视图

三、补画视图中所缺的图线

补画视图中的缺线也是提高读图能力常用的方法。但应明确，视图中虽然缺线，可组合体的形状通常是唯一的。所以，补线时不可节外生枝，添加原本不存在的新结构。

作图时，应从视图中的形状、位置特征明显之处出发，在另外两个视图中找出其对应的投影，先想出物体的大致形状，再按物体的组成情况一部分一部分地看，发现一处补出一处。补线完成后，再将想象出的物体与三视图相对照，若相互都吻合，说明补线齐全，图形正确、完整。否则，须再推敲、修正，直到完全吻合为止。

一般说来，视图中的缺线常常出现在两形体衔接处的投影部位，可将其归纳为四种类型，如图 7-39 所示。其中各缺线视图中箭头所指之处均表示缺线，各补线后视图中箭头表示补线的方法。

【例 7-11】 识读图 7-40a 所示的三视图，想象组合体的形状，并补画图中所缺的图线。

分析：根据已知的三视图，可以看出该组合体属于切割类，切割以前的基本形体是长方体，在前上方切掉一角，在上面中间的位置切掉一矩形直槽，下面左右各切去一直角。在相邻表面的接合处及直槽和两个直角的相交处都应该有交线。

作图步骤：
1) 补画前上方切掉一角后的主、俯视图，如图 7-40b 所示。
2) 补画切掉矩形直槽后的俯、左视图，如图 7-40c 所示。
3) 补画左右切去直角后的主、左视图，如图 7-40d 所示。

【例 7-12】 识读图 7-41a 所示的三视图，想象组合体形状，并补画图中所缺的图线。

分析：根据已知的三视图分析可知，该组合体是在长方体的左上方切掉一直角，在左下方的上下方向及下面的左右方向各切去一直槽，在竖直方向钻一圆柱大孔，在水平方向钻一圆柱小孔。切角及切槽处都应该有交线，两圆柱孔应该有相贯线。

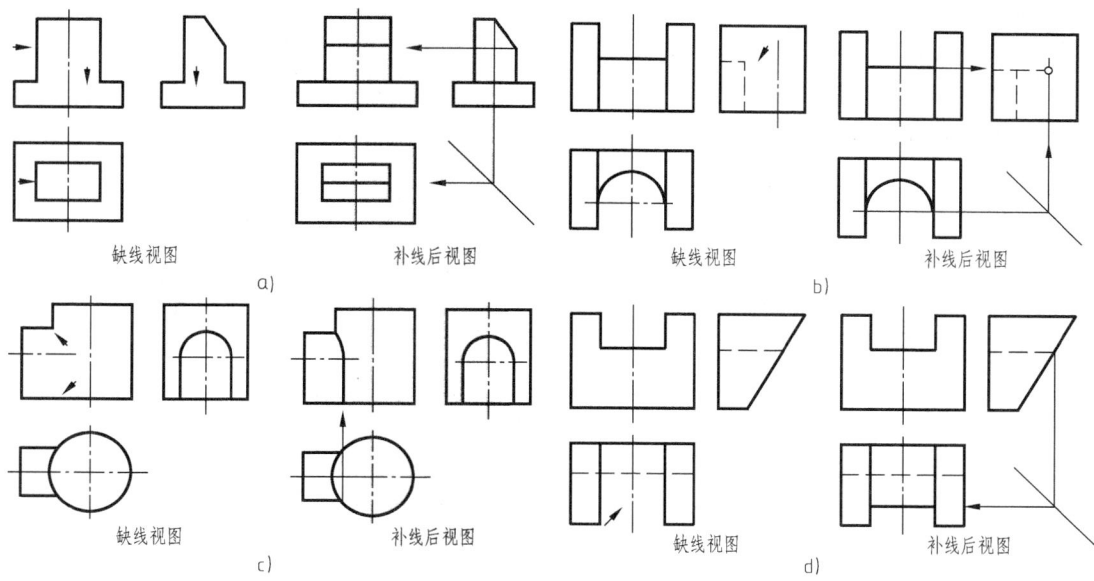

图 7-39 常见缺线的类型

a) 叠加型：**两体不共面，中间必有线** b) 相切型：**线要画至切点处**
c) 相交型：**相贯线的投影应画出** d) 切割型：**交线的投影必画出**

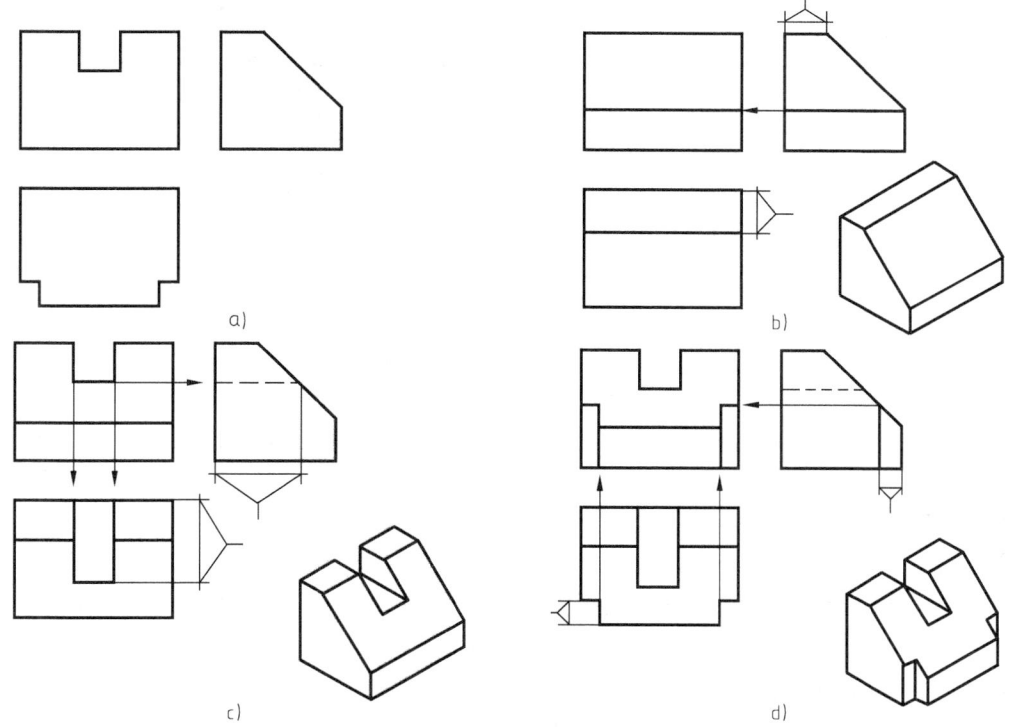

图 7-40 补画缺线（一）

作图步骤：

1) 补画左上方切掉直角后的俯、左视图，如图 7-41b 所示。
2) 补画切掉上下方向及左右方向矩形直槽后的三个视图，如图 7-41c 所示。
3) 补画钻出两圆柱孔后的主、左视图，如图 7-41d 所示，注意相贯线的画法。

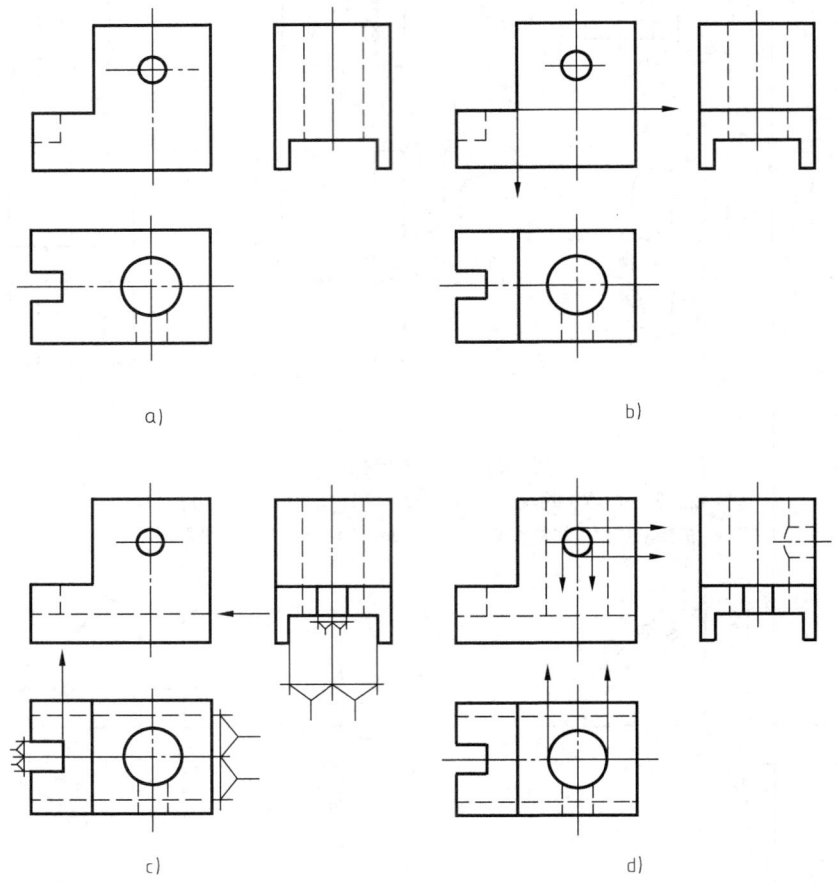

图 7-41 补画缺线（二）

四、识读组合体的尺寸

识读组合体的尺寸是指在读懂三视图的基础上，分析组合体上所标注的尺寸。下面以图 7-42 所示的发动机前悬置支架为例，分析组合体的尺寸。

【例 7-13】 识读图 7-42 所示的发动机前悬置支架的尺寸。

1. 形体分析

按形体分析的方法，将发动机前悬置支架分解为两大组成部分，即底座和竖板。底座在下，竖板在上，两部分左右对称叠加，后表面共面。

2. 分析尺寸基准

因该机件左右对称，所以长度方向的尺寸基准是左右对称面；宽度方向的尺寸基准是后表面；高度方向的尺寸基准是底面。

3. 主要定位尺寸分析

竖板上的圆弧 R66mm 和 φ84mm 孔高度方向的定位尺寸是 78mm，因孔和圆弧的轴线与左右方向的尺寸基准重合，且为通孔，所以这两个方向不必标注定位尺寸。底座上两个小孔 2×φ15mm 长度方向的定位尺寸是 192mm，宽度方向的定位尺寸是 24mm，因为是通孔，所以高度方向上也不必标注定位尺寸。

4. 主要定形尺寸分析

长方体底座的定形尺寸为：长 228mm，宽 42mm，高 30mm；竖板的定形尺寸为：底部长 144mm，上部半圆柱面的半径 R66mm，宽 30mm，高 114（78 - 30 + 66）mm，通孔直径 φ84mm；底板上底槽的定形尺寸为：长 132mm，高 6mm；底板上前缺口的定形尺寸为：长 168mm，宽 12（42 - 30）mm。

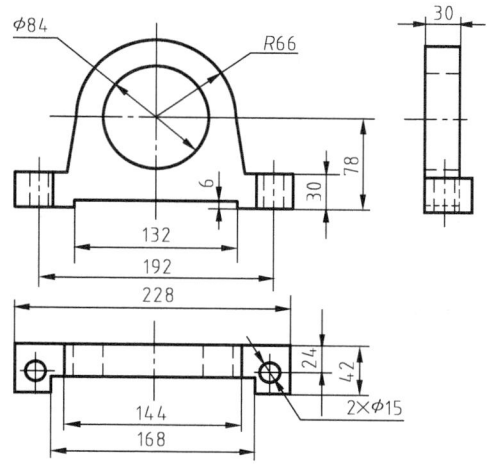

图 7-42　识读发动机前悬置支架的尺寸

5. 总体尺寸分析

该机件的总长 228mm，总宽 42mm，总高 144（78 + 66）mm。

【项目小结】

本项目是投影作图模块的核心内容，也是全书的重点，是培养空间想象能力和读图能力的关键部分。组合体可以理解为把机械零件抽象而成的几何模型，是忽略了工艺结构的零件，组合体的视图是不含技术要求的零件图。所以掌握组合体图形的绘制、识读及尺寸标注的方法可以为零件图的绘制与识读奠定坚实的基础。

绘制与识读组合体视图的基本方法是形体分析法。绘制组合体视图时，必须首先明确相邻表面间的连接关系及画法；识读组合体视图时，必须搞清楚图形中的每一条线及每一个封闭线框的含义。

标注组合体的尺寸时，首先应确定定位基准，再标注出定位尺寸和定形尺寸，最后调整好总体尺寸。要注意不能使尺寸重复和遗漏，还要注意尺寸布局的清晰性要求。

识读组合体的尺寸时，首先对组合体进行形体分析，再分析出定位基准，并找出定位尺寸和定形尺寸，最后确定总体尺寸。

第三模块　图样表示法

通过前面的学习，大家已经掌握了正投影法的基本特性，并借以图示出物体的三视图。但这还是不够的，欲将正投影法运用到实际的生产图样中，还必须掌握国家标准对图样画法和标注的规定。画法和标注合称为表示法。图样的表示法包括基本表示法和特殊表示法。

项目八　图样的基本表示法

【任务描述】
　　汽车机械零件的品种多种多样，结构有简有繁，形状千变万化。当其结构和形状比较复杂时，仅用前面所讲的三视图，已难将物体的内、外形状正确、完整、清晰地表达出来。本项目主要介绍国家标准《技术制图》与《机械制图》中规定的视图、剖视图和断面图等基本表示法。

【学习目标】
　　1. 熟悉并掌握机件各种表达方法的特点、画法要点及标注方法。
　　2. 能根据机件的结构特点，对具体机件选择适当的表达方案。
　　3. 了解第三角画法的特点及与第一角画法的主要区别。
　　4. 会识读用各种表达方法表示的图形。

课题一　视　　图

视图是指用正投影法将机件向投影面投射所得的图形，主要用来表达机件的外部结构形状。视图一般只表示机件的可见部分，必要时才用细虚线画出其不可见部分。视图分为基本视图、向视图、局部视图和斜视图四种。

一、基本视图

机件向基本投影面投射所得的视图，称为基本视图。

1. 基本视图的形成

在原有三个投影面的基础上，再增设三个互相垂直的投影面，从而构成一个正六面体，正六面体的六个侧面称为基本投影面，如图 8-1a 所示。将机件放在正六面体中间，分别向六个投影面投射，即得到六个基本视图。除原来的三个视图外，新增加的视图为右视图、后视图、仰视图，如图 8-1b 所示。

六个基本投影面的展开方式如图 8-2a 所示，即保持正投影面不动，其余各投影面按箭头所指的方向展开，使之与正投影面共处一面，便得六个基本视图。

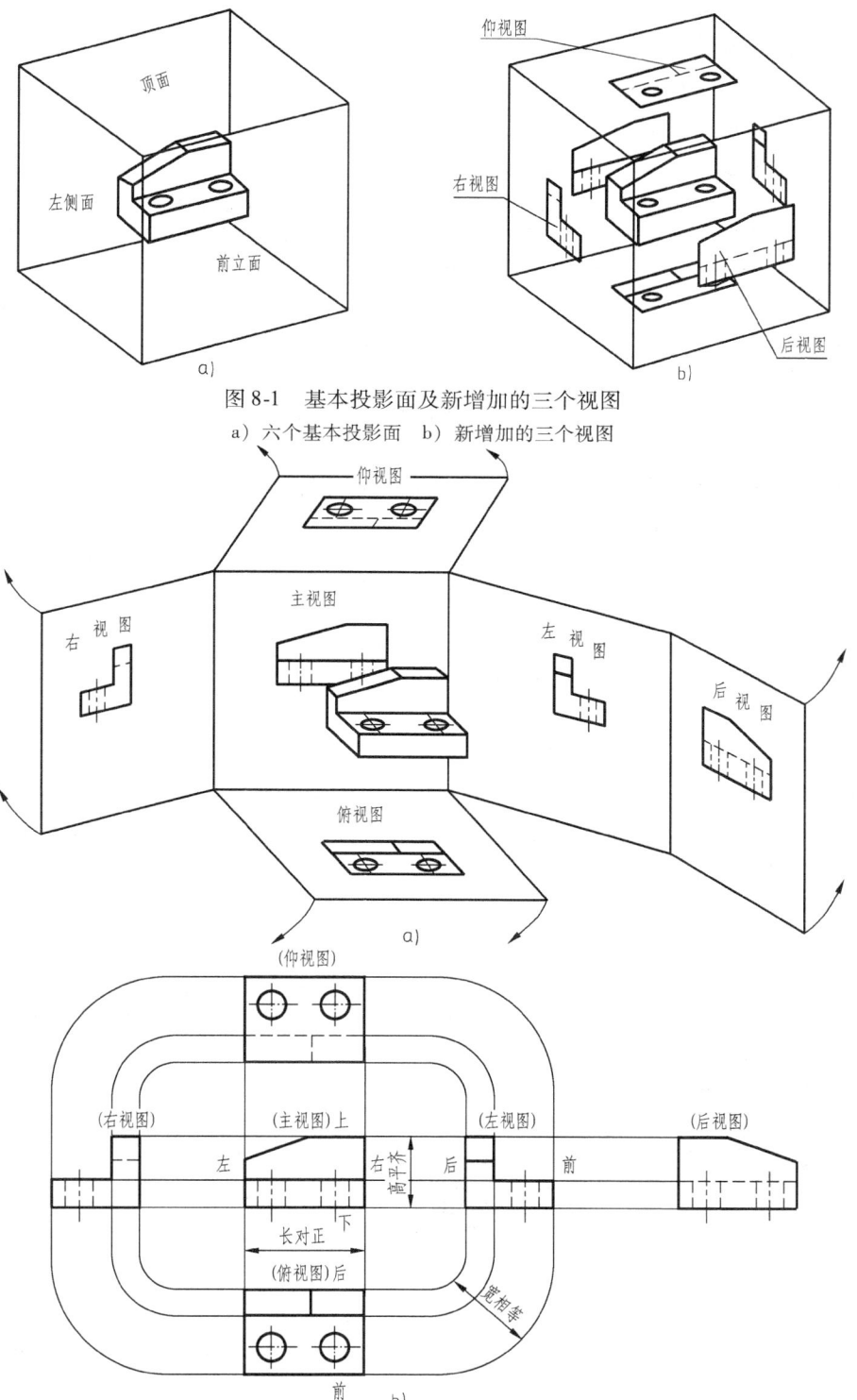

图 8-1 基本投影面及新增加的三个视图
a) 六个基本投影面　b) 新增加的三个视图

图 8-2 基本视图
a) 六个基本投影面的展开　b) 六个基本视图的配置

展开后各视图的配置如图 8-2b 所示，按此位置配置，画在一张图纸内的六个基本视图，一律不标注视图名称。

从图中可以看出，除后视图外，其他各视图靠近主视图的一侧表示机件的后面，远离主视图的一侧表示机件的前面，即"远前近后"。

六个基本视图的名称、投射方向及位置配置见表 8-1。

表 8-1　六个基本视图的名称、投射方向及位置配置

视图名称	主视图	俯视图	左视图	右视图	仰视图	后视图
投射方向	自前向后	自上向下	自左向右	自右向左	自下向上	自后向前
位置配置		在主视图下方	在主视图右方	在主视图左方	在主视图上方	在左视图右方

2. 投影规律

如图 8-2b 所示，六个基本视图之间仍保持着与三视图相同的"长对正、高平齐、宽相等"的投影规律，即主视图、俯视图与后视图、仰视图长对正；主视图、左视图与后视图、右视图高平齐；俯视图、左视图与仰视图、右视图宽相等。

可概括为：主、俯、后、仰视图长对正，
　　　　　　主、左、后、右视图高平齐，
　　　　　　俯、左、仰、右视图宽相等。

实际应用时，应根据机件的结构特点和复杂程度，按实际需要选择基本视图的数量，总的要求是表达完整、清晰，又不重复，使视图的数量最少。

二、向视图

向视图是可以自由配置的基本视图。

六个基本视图按图 8-2b 所示的位置配置时，可不标注视图的名称，但在实际绘图过程中，为了合理利用图纸，以上六个基本视图的位置可以自由配置，这种可以自由配置的基本视图，称为向视图，如图 8-3 所示。

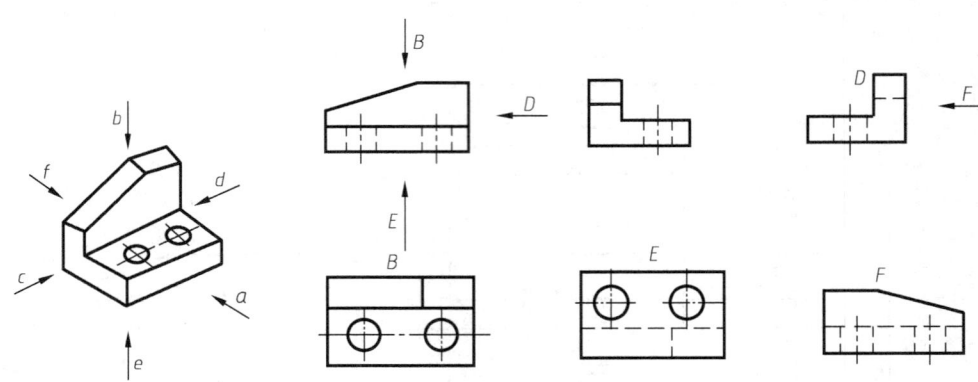

图 8-3　向视图及标注

画向视图时，一般应在向视图上方用大写拉丁字母标出视图的名称"X"，并在相应视图附近用箭头标明投射方向，注上同样的字母，如图 8-3 所示。

向视图是基本视图（完整的视图）的另一种表达形式，是只能平移（不能旋转）的基本视图。其投射方向应与基本视图的投射方向一一对应。

三、局部视图

将零件的某一部分向基本投影面投射所得的视图称为局部视图，如图 8-4 所示。

局部视图是不完整的基本视图，利用局部视图可以减少基本视图的数量，使表达简洁、重点突出。如图 8-4a 所示机件，在画出了主视图和俯视图以后，已将工件主体部分的形状表达清楚，只有左右两边的凸台形状没有表达，就用了两个局部视图。

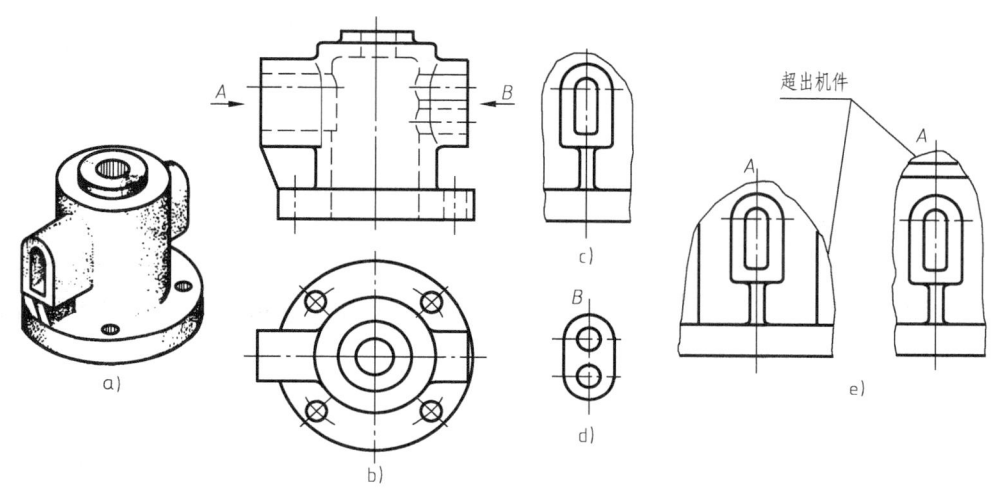

图 8-4 局部视图
a) 轴测图　b) 主、俯视图　c)、d) 局部视图　e) 波浪线的错误画法

1. 局部视图的标注

在局部视图上方正中位置用大写拉丁字母标出视图名称"X"，在相应视图附近用箭头指明投射方向，并注上相同的字母，如图 8-4d 所示。当局部视图按投影关系配置，中间又无其他图形隔开时，允许省略标注，如图 8-4c 所示。

2. 局部视图的配置

（1）按基本视图配置　如图 8-4c 所示，以直接保持投影联系。

（2）按向视图配置　如图 8-4d 所示。

（3）按第三角画法配置　配置在视图上需要表示的局部结构附近，并用细点画线连接两图形，此时不需另行标注，如图 8-5 所示。第三角画法将在本项目课题五中介绍。

3. 局部视图的画法要点

局部视图的范围用波浪线表示，如图 8-4c 所示。但所表示的图形完整且外轮廓线又封闭时，则波浪线可省略，如图 8-4d 所示。波浪线的错误画法如图 8-4e 所示。

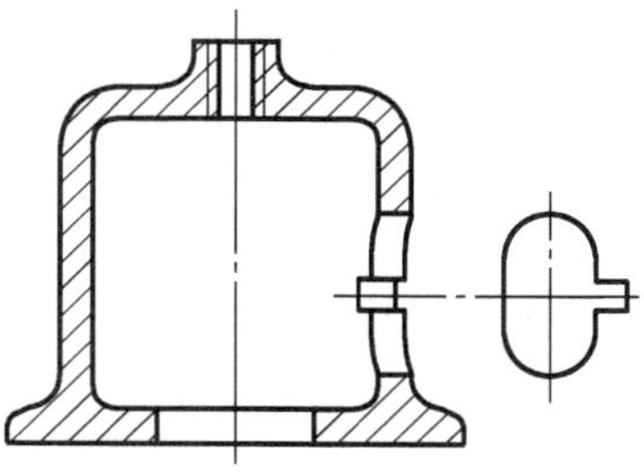

图 8-5 局部视图按第三角画法配置

四、斜视图

将机件向不平行于任何基本投影面的平面投射，所得

到的视图称为斜视图。

斜视图适用于表达机件上倾斜结构的外形。如图 8-6a 所示是一个弯板形机件,它右边的倾斜部分在俯视图和左视图上的投影都不反映实形。如果增加一个平行于该倾斜部分(并垂直于一个基本投影面——V 面)的辅助投影面,在该投影面上就可以得到倾斜部分的实形投影,即斜视图,如图 8-6b 中的 A 图所示。

1. 斜视图的配置与标注

斜视图的配置与标注方法同向视图,应尽可能配置在与基本视图直接保持投影联系的位置,也可以平移到图纸内的适当地方。为了画图方便,斜视图也可以旋转,但必须在斜视图上方注明旋转符号。旋转符号的箭头方向应与斜视图的旋转方向一致,表示该视图名称的大写拉丁字母应靠近旋转符号的箭头端,如图 8-6c 所示。

图 8-6d 所示为斜视图中的错误标注。

2. 斜视图的画法要点

因增设的投影面只垂直于一个基本投影面,因此,机件上原来平行于基本投影面的一些结构,在斜视图上应以波浪线为界而省略不画,以避免出现失真的投影,如图 8-6b 中所示的俯视图。

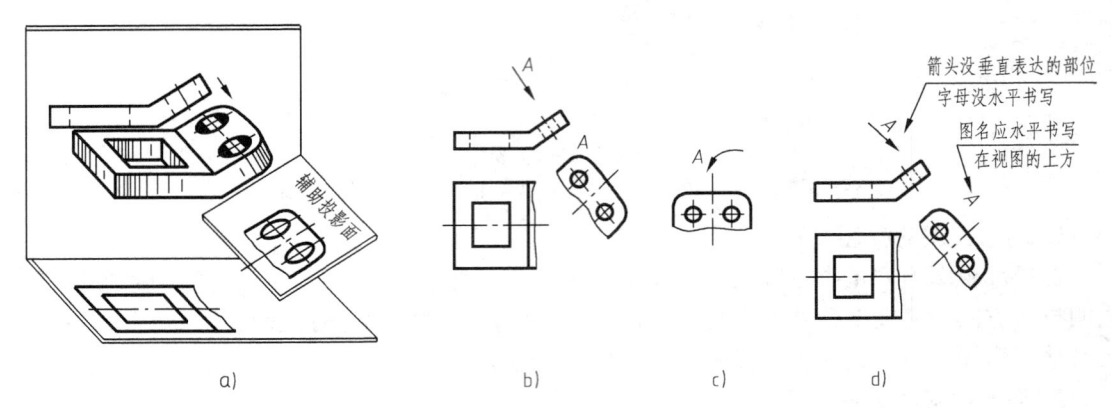

图 8-6 斜视图

五、识读视图举例

以上介绍了基本视图、向视图、局部视图和斜视图,在实际应用时,应根据机件的复杂程度和表达需要,灵活选用上述的各种表达方法。

图 8-7a 所示为压紧杆的三视图。由于压紧杆左端耳板是倾斜的,所以在俯视图和左视图上都不反映实形,画图繁琐,且表达不清楚。为了清晰地表达倾斜结构,可按图 8-7b 所示,在平行于耳板的正垂面上作出耳板的斜视图,以反映耳板的实形。因为斜视图只是表达压紧杆倾斜部分结构的局部形状,所以画出耳板的实形后,用波浪线断开,其余部分的轮廓线不必画出。

图 8-7c 所示为压紧杆的表达方案:

采用一个基本视图——主视图,用于表达主体结构和各组成部分的相互位置关系;一个配置在俯视图位置上的局部视图(不必标注),表达内孔及键槽的深度(通孔和通槽);一个旋转配置的斜视图——A，表达左下角耳板的实形；还有一个画在右端凸台附近按第三角画法配置的局部视图（用细点画线连接，不必标注），表达右端凸台的实形。

通过此例不难看出，采用局部视图、斜视图等表达方法，便省去了基本视图，既避免了重复，又使表达简单明了，有利于画图和看图。

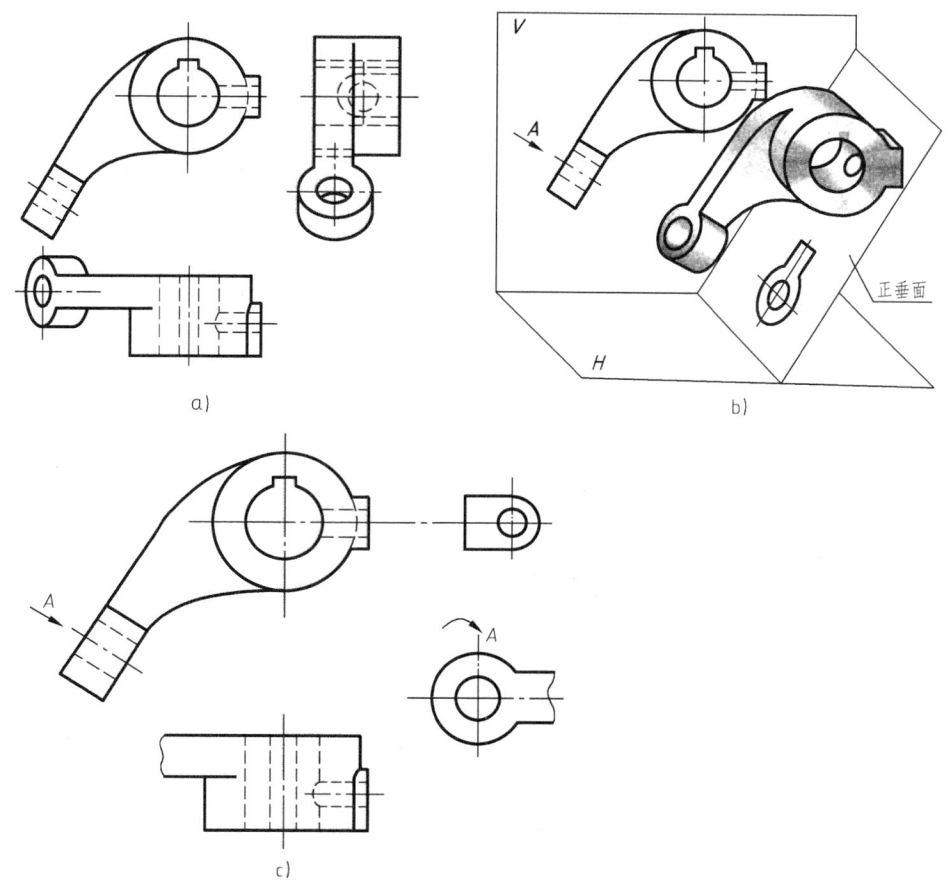

图 8-7　压紧杆的表达方案

课题二　剖　视　图

用视图表达机件时，其内部不可见结构用细虚线表示。如果机件内部结构比较复杂，视图中的细虚线较多，有时会使不同的图线相互重叠，图形不够清晰，既不便于画图和读图，也不便于标注尺寸。为了清晰地表达零件的内部结构，《机械制图》GB/T 17452—1998、GB/T 4458.6—2002 国家标准中规定可采用剖视图。

一、剖视图的基础知识

1. 剖视图的形成

假想用剖切平面剖开机件，将处在观察者和剖切平面之间的部分移去，而将其余部分向投影面投射所得的图形称为剖视图（简称剖视）。

如图 8-8a 所示为机件的已知两视图。在主视图中，用细虚线表达内部结构，图上的细虚线较多，且部分细虚线与点画线相重合，图形不够清晰。

按照图 8-8b 所示的方法，假想用剖切平面沿机件的前后对称平面把它剖开，拿走剖切平面前面的部分，将剩余的后面部分向正投影面投射，便得到了一个剖视的主视图，如图 8-8c 所示。

将视图与剖视图相比较可以看出：由于主视图采用了剖视的画法，机件内部不可见的部分变成了可见，图中原有的细虚线变成了粗实线，再加上剖面线的作用，使机件内部结构形状的表达既清晰、又有层次感；同时，画图、看图、标注尺寸也将更为方便。

2. 剖视图的画法要点

（1）剖切位置要适当　剖切时，使剖切平面尽量通过较多的内部结构（孔、槽等）的轴线或对称平面，并平行（或垂直）于选定的投影面。如图 8-8 所示，以机件的前后对称面为剖切平面。

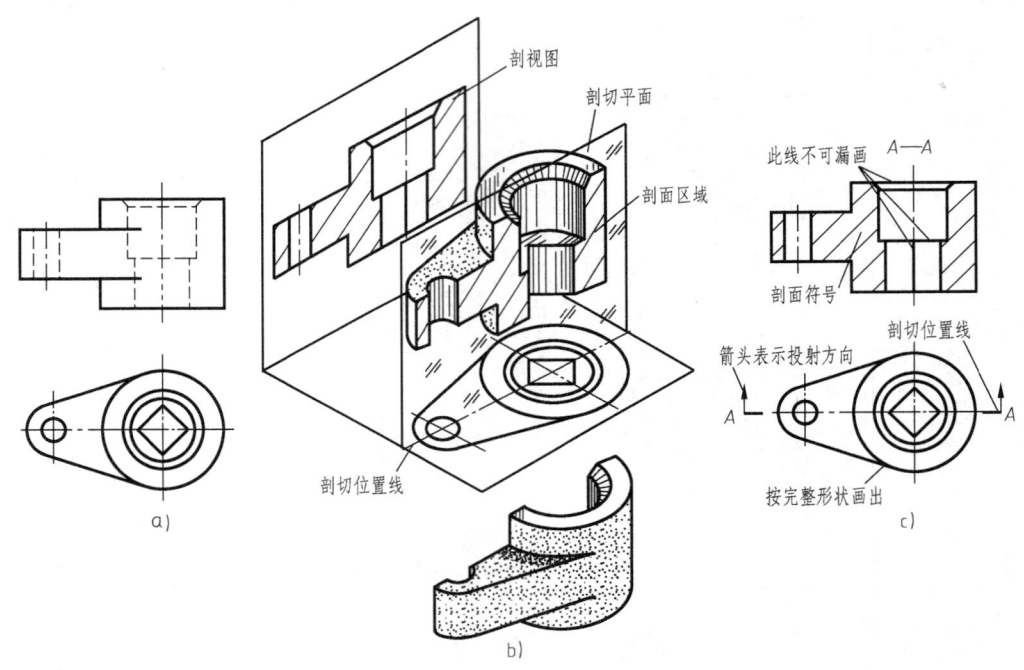

图 8-8　剖视图的形成过程

（2）内外轮廓要画齐　机件剖开后，处在剖切平面之后的所有可见轮廓线都应画齐，不得遗漏，如图 8-8c 所示，也不能多线。机件上已表达清楚的结构，剖视图中的细虚线可省略；机件上未表达清楚的结构则需要画出细虚线，如图 8-9 所示。剖视图中常见的多线和漏线的正误画法对比见表 8-2。

（3）其他图形应完整　因为剖视图是假想剖切的，并不是真的切开机件拿走一部分，所以一个视图剖开后，其他的相关视图仍应保持完整，错误画法如图 8-9c 所示。

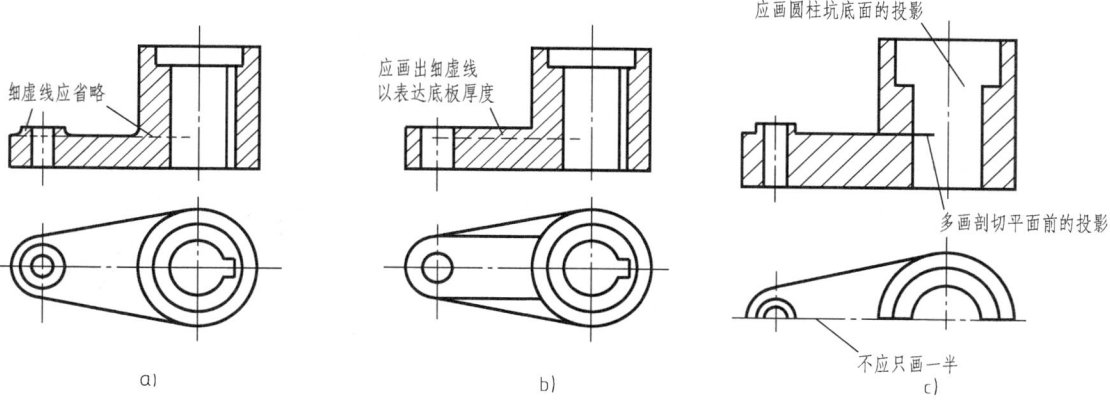

图 8-9　剖视图中常见的错误画法

表 8-2　剖视图中容易漏线和多线结构的正误画法比较

正确画法	错误画法	空间投影情况

(续)

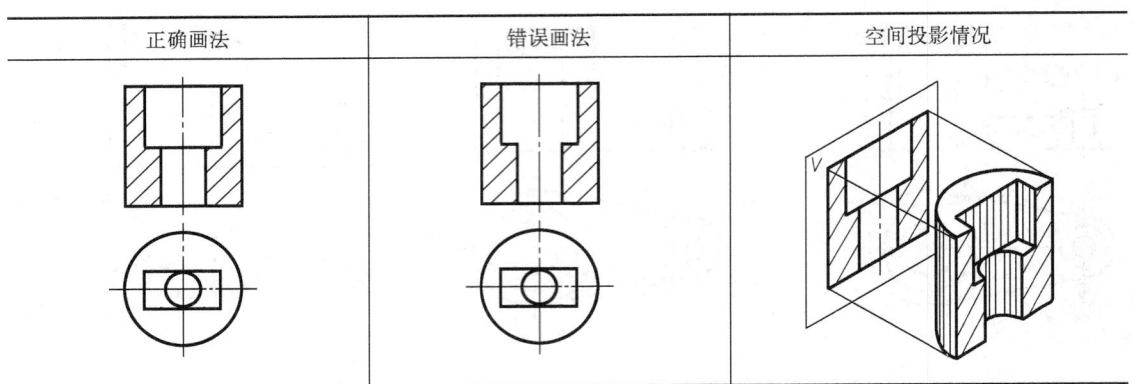

（4）剖面符号应画好　机件上凡与剖切面接触的实体部分称为剖面区域。为使机件上的实体部分与空心部分加以区别，应在剖面区域内画出剖面符号。表8-3列出了《机械制图》国家标准GB/T 4457.5—1984中规定的常见材料的剖面符号。

表8-3　常见材料的剖面符号

材料名称	剖面符号	材料名称	剖面符号
金属材料（已有规定的剖面符号者除外）	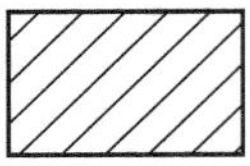	砖	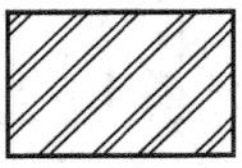
线圈元件	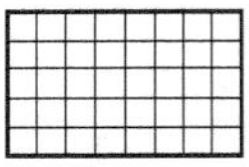	玻璃及供观察用的其他透明材料	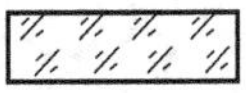
转子、电枢、变压器和电抗器等的叠钢片	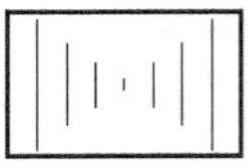	液体	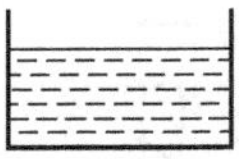
型砂、填砂、粉末冶金、砂轮、陶瓷刀片、硬质合金刀片等	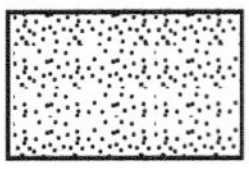	非金属材料（已有规定的剖面符号者除外）	

当不需要在剖面区域中表示材料的类别时，剖面符号可采用通用的剖面线表示。通用的剖面线为间隔相等的平行细实线，一般应画成与主要轮廓或剖面区域的对称线成45°方向，如图8-10a所示。剖面线之间的距离视剖面区域的大小而异，通常可取2~4mm。同一零件的各个剖面区域，其剖面线的间隔与方向应一致。

当图形的主要轮廓线或剖面区域的对称线与水平方向成45°或接近45°角时，该图形的剖面线可画成与主要轮廓线或剖面区域对称线成30°或60°的平行线，其倾斜方向应与其他图形的剖面线的倾斜方向一致，如图8-10b、c所示。

3. 剖视图的配置

剖视图可按基本视图的规定配置，如图8-10所示，必要时允许配置在其他适当位置。

4. 剖视图的标注

为了看图时便于找出剖视图与其他视图的对应关系，应对剖视图进行标注。剖视图的标注一般应包括以下三个要素（见图8-10）：

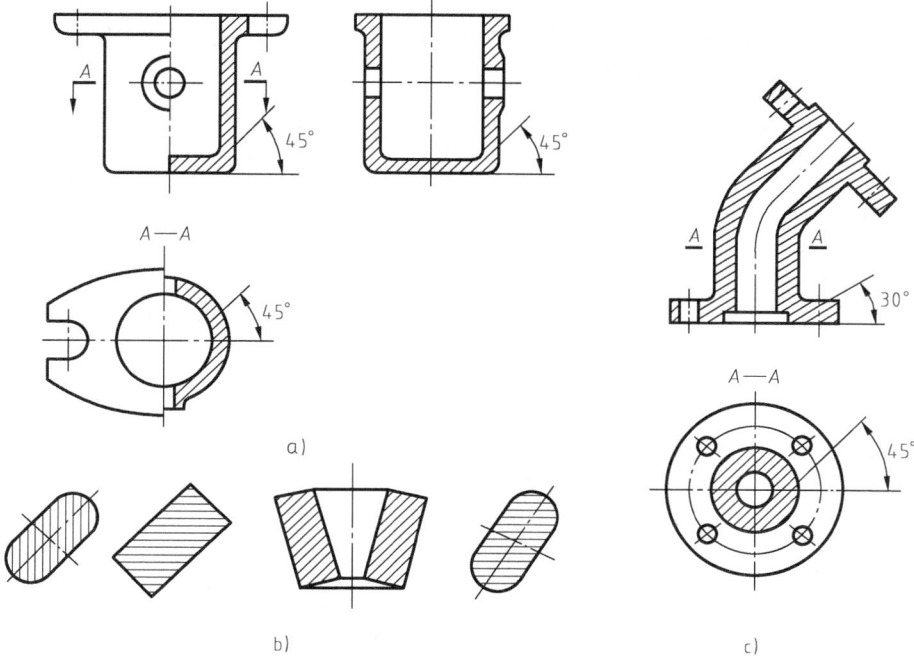

图 8-10 剖视图的标注及剖面线的方向

（1）剖切线　剖切线指示剖切面的位置，用细点画线表示。剖切线在剖视图中通常省略不画出。

（2）剖切符号　剖切符号是指明剖切面起止和转折处的位置及剖切后投射方向的符号。剖切符号用粗实线的短画表示，线长约为 5 毫米，投射方向用箭头表示。

（3）字母　表示剖视图的名称，用大写拉丁字母注写在剖视图的上方及剖切符号的两端，标注的形式为 $A—A$、$B—B$ 等。

在下列情况下，剖视图的标注内容可以简化或省略。

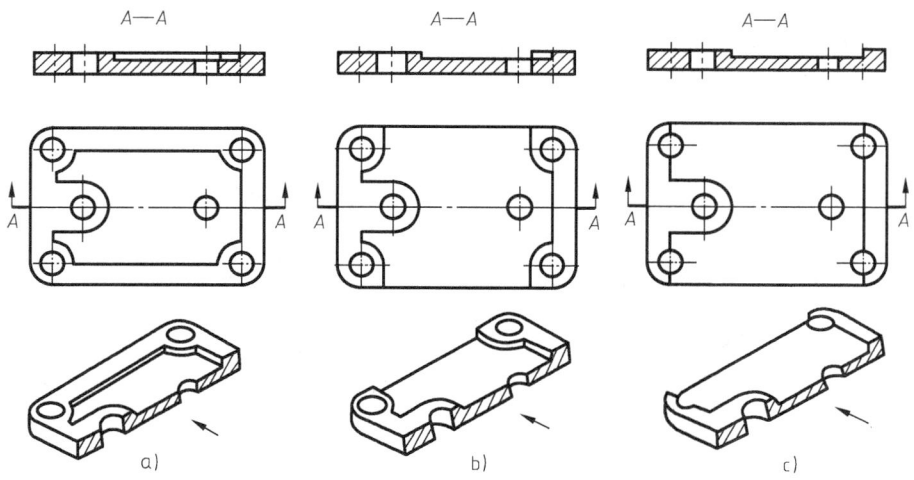

图 8-11 结构相似机件的剖视图

1）当剖视图按基本视图或投影关系配置时，可省略箭头，如图 8-10c 中的 A—A。

2）当单一剖切平面通过机件的对称平面或基本对称平面、且剖视图按投影关系配置、中间又没有其他图形隔开时，可省略标注，如图 8-10a 中的左视图。

画剖视图时，应仔细分析剖切后的结构形状，并分析有关视图的投影特点，以免画错。图 8-11 给出了几种结构相似的机件，请仔细分析其画法上的区别。

二、剖视图的种类

根据剖切范围的大小，剖视图可分为全剖视图、半剖视图和局部剖视图三种。

1. 全剖视图

用剖切平面完全地剖开机件所得到的剖视图，称为全剖视图。如前所述的剖视图均为全剖视图。

（1）应用　全剖视图一般用于表达外部形状比较简单，内部结构比较复杂的不对称机件，如图 8-12 所示。

（2）标注　全剖视图按前所述剖视图的标注方法标注。

2. 半剖视图

当机件具有对称平面时，向垂直于对称平面的投影面上投射所得的图形，可以对称中心线为界，一半画成剖视图，另一半画成视图，这种剖视图称为半剖视图。

如图 8-13 所示，用两个视图表达的轴承座，图中的细虚线较多。如果主视图取全剖视，前面的外形（凸台和圆孔）被切掉了，其形状和位置在主视图上都无法显示，如图 8-14 所示。根据轴承座左右对称的特点，可以对称中心线为界，取表达外形的半个视图和表达内形的半个剖视图，从而组合成了半剖视图，如图 8-15 所示。图 8-16 所示是轴承座的最终表达方案。

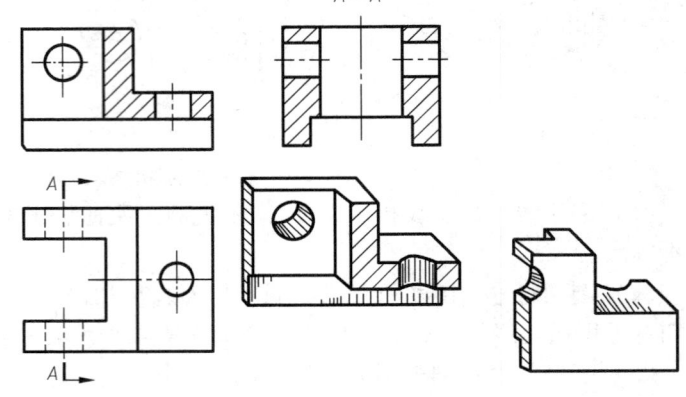

图 8-12　全剖视图

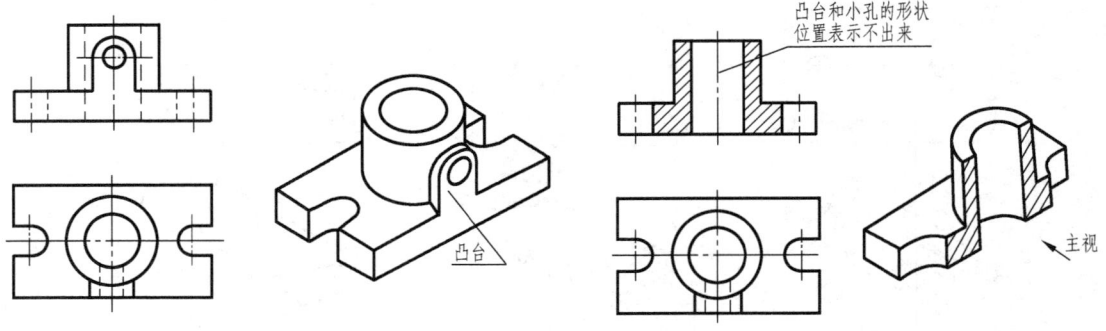

图 8-13　用视图表达轴承座　　　　图 8-14　用全剖视图表达轴承座

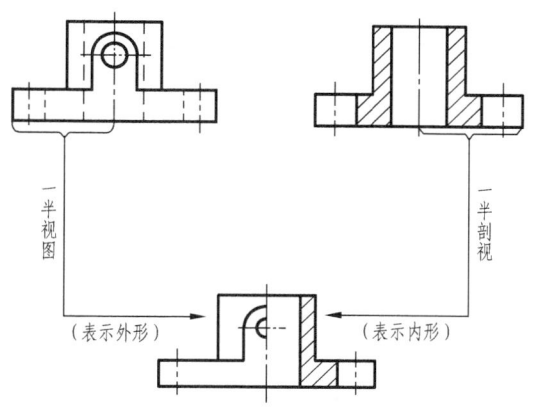
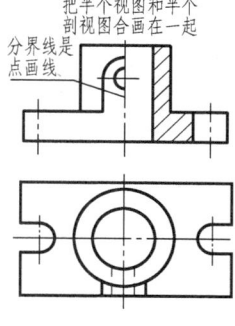

图 8-15　半剖视图的形成　　　　　　　　图 8-16　轴承座的表达方案

半剖视图可以看作是由半个剖视图和半个视图合并组成的图形，其优点在于：一半剖视图能够表达内部结构，另一半视图可以表达外形，而且由于机件是对称的，很容易想象出整个机件的内外形状。

（1）半剖视图的应用　　半剖视图主要用于表达内外形状都比较复杂的对称机件，如图 8-17 所示汽车牵引钩弹簧衬套的半剖视图。当机件形状接近对称，且不对称部分已在其他视图上表达清楚时，也可用半剖视图表示，如图 8-18 所示。

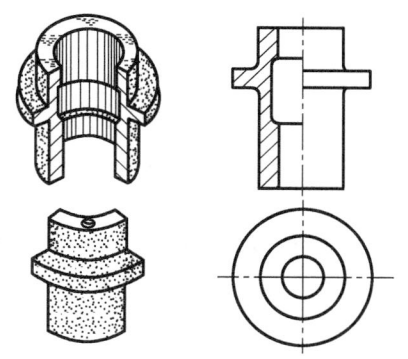

图 8-17　汽车牵引钩弹簧衬套的半剖视图　　　　图 8-18　基本对称机件的半剖视图

（2）半剖视图的标注　　半剖视图的标注方法与全剖视图相同。

（3）半剖视图的画法要点

1）半剖视图中视图与剖视图的分界线为细点画线，不能画成粗实线。

2）物体的内部结构在剖视图部分已表示清楚，在表达外形的视图部分不必再画出细虚线。

3. 局部剖视图

用剖切面局部地剖开机件所得的剖视图称为局部剖视图，如图 8-19 所示。

局部剖视图具有同时表达机件内、外结构的优点，且不受机件是否对称的限制，在什么位置剖切、剖切范围多大，均可根据需要灵活地选用。

（1）局部剖视图的应用　　局部剖视图通常用于下列情况：

1）只有局部结构的内形需要表示，而又不宜采用全剖视的机件，如图 8-19a 所示。

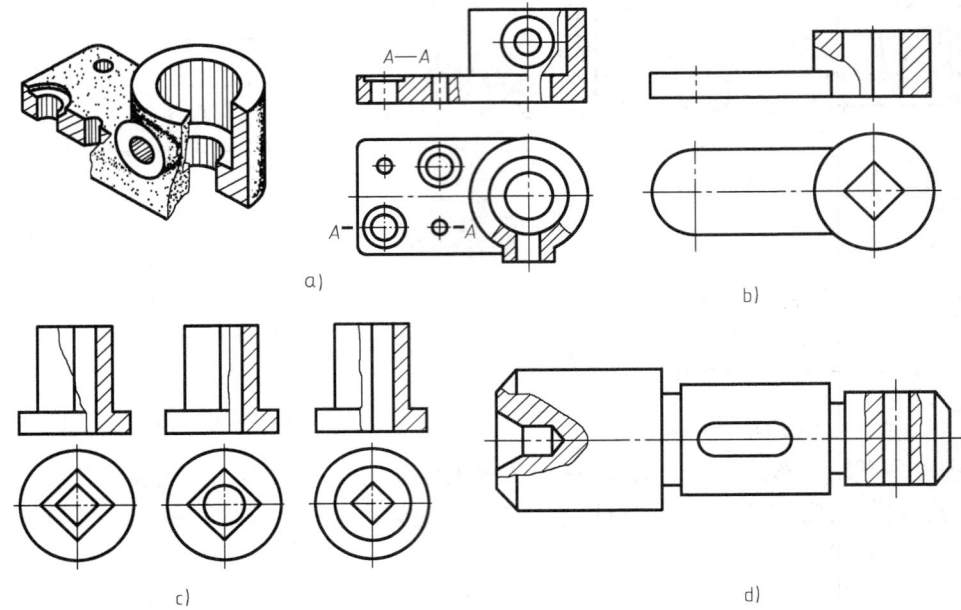

图 8-19 局部剖视图

2) 不对称的内、外形状均需要表达的机件，如图 8-19b 所示。

3) 对称图形的轮廓线与中心线重合，不宜采用半剖视的机件，如图 8-19c 所示。

4) 实心轴类杆件上面的孔或槽等局部结构需剖开表达的机件，如图 8-19d 所示。

（2）局部剖视图的标注　局部剖视图的标注方法和全剖视图相同。如果局部剖视图的剖切位置非常明显，则可以不标注；如果不明显，则需要标注，如图 8-19a 中的 A—A。

（3）局部剖视图的画法要点

1) 在一个视图中，剖切位置与范围根据需要而定，但局部剖的次数不宜过多，否则就会显得零乱，甚至影响图形的清晰度。

2) 视图与剖视图的分界线用波浪线（或双折线）表示。波浪线不能超出视图的轮廓线，不应与轮廓线重合或画在其他轮廓线的延长线上，也不可穿空（孔、槽等）而过，其正误对比的图例如图 8-20 所示。

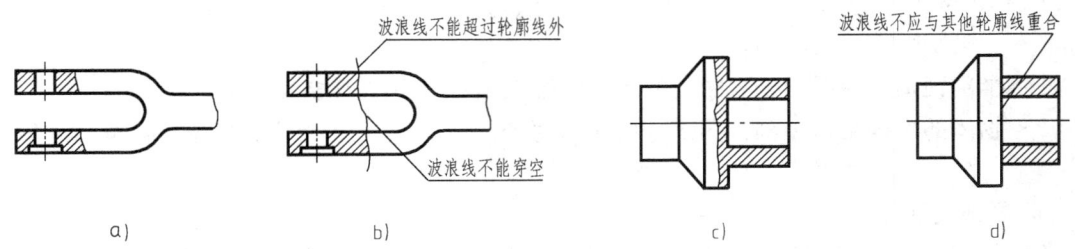

图 8-20　局部剖视图波浪线画法的正误对比
a)、c) 正确　b)、d) 错误

三、剖切面的种类

剖视图是假想将机件剖开而得到的视图，因为机件内部形状的多样性，剖开机件的方法也不尽相同。国家标准《机械制图》规定的剖切面有三种：单一剖切面、几个互相平行的剖切面、几个相交的剖切面。用其中任何一种剖切面都可以得到全剖视图、半剖视图和局部剖视图。

1. 单一剖切面

（1）单一剖切面的类型　单一剖切面包括单一剖切平面、单一斜剖切平面和单一剖切柱面。

1）单一剖切平面。单一剖切平面（平行于基本投影面）是画剖视图最常用的一种。前面的图例，无论是全剖视图、半剖视图或局部剖视图，都是采用单一剖切平面获得的。

2）单一斜剖切平面。单一斜剖切平面即不平行于基本投影面（应垂直于某一基本投影面）的剖切平面。它用于表达机件上倾斜部分的内部结构形状，如图8-21中的 $B—B$ 及图8-23中的 $A—A$。

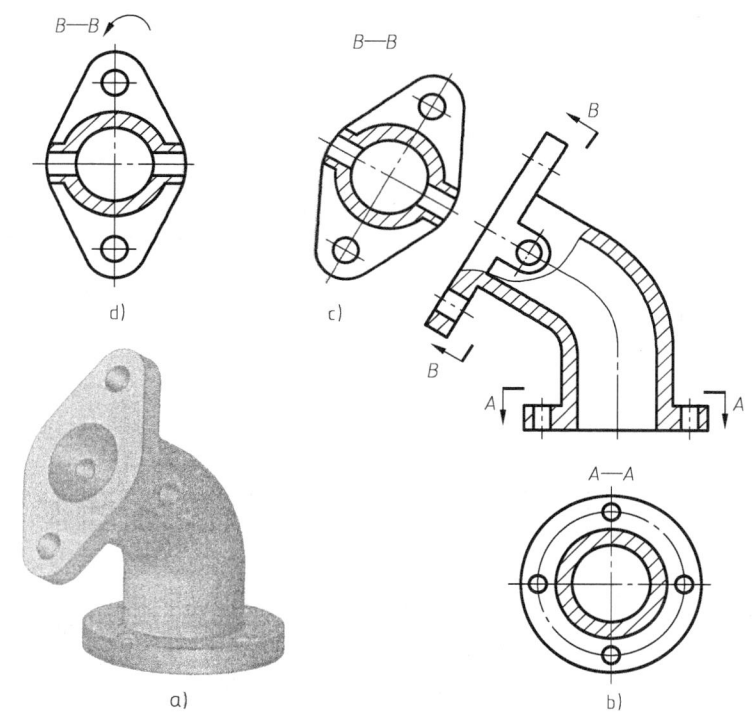

图 8-21　单一斜剖切平面

3）单一剖切柱面。采用柱面剖切时，机件的剖视图按展开方式绘制，如图8-22所示。

（2）单一剖切面的配置与标注　用单一斜剖切平面及单一剖切柱面剖切得到的剖视图最好配置在与基本视图的相应部分保持直接投影关系的部位，标出剖切位置及字母，并用箭头表示投射方向，在该剖视图上方用相同的字母标明剖视图的名称，如图8-21c所示；也可以配置在其他位置，如图8-23d所示；还可

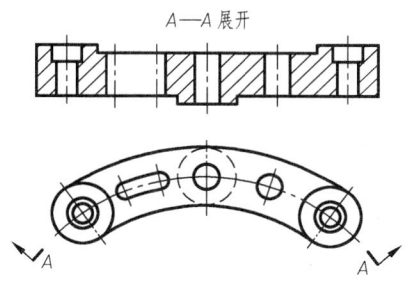

图 8-22　单一剖切柱面

以把剖视图旋转放正，但必须按规定加注旋转符号标注，如图 8-21d 及图 8-23c 所示。

（3）单一斜剖切面的应用　单一斜剖切平面适用于表达机件内部结构处于倾斜的情况，如图 8-23 所示的汽车驻车制动器拉杆臂的剖视图。

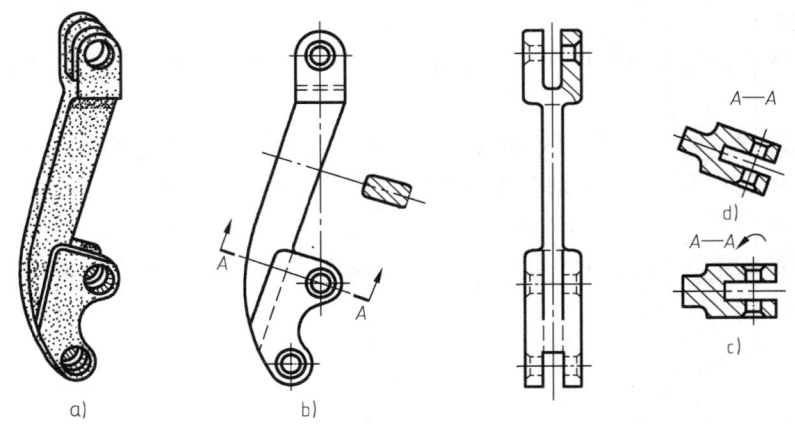

图 8-23　汽车驻车制动器拉杆臂的剖视图

2. 几个平行的剖切平面

几个互相平行的剖切平面可能是两个或两个以上的剖切平面。

如图 8-24a 所示的机件，内部结构（三种不同结构的孔）的轴线分别位于两个平行的平面上，不能用单一剖切平面剖开，而是采用两个互相平行的剖切平面将其剖开，主视图为全剖视图，如图 8-24b 所示。

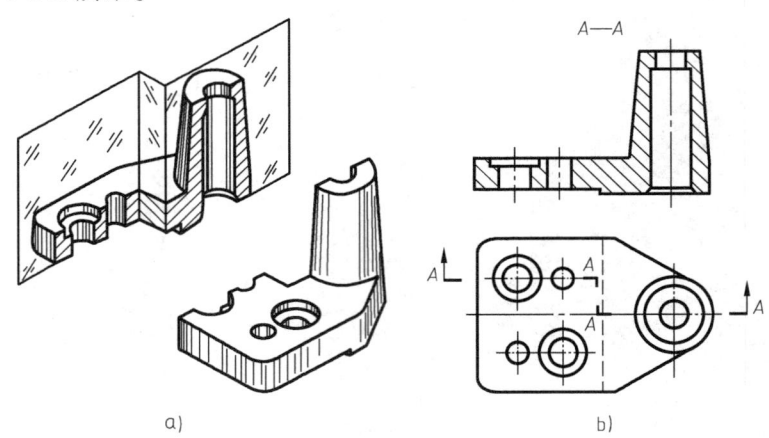

图 8-24　几个平行的剖切面

图 8-25 是采用两个互相平行的剖切平面将机件剖开画出的半剖视的主视图。图中肋板的画法是采用简化画法，即肋板内不画剖面线，并用粗实线将其与相邻部分分开。

（1）几个平行的剖切平面的标注　在剖视图上方标出相同字母的剖视图名称 "X—X"，在相应视图上用剖切符号表示剖切位置，在剖切平面的起、迄和转折处标注相同字母，剖切符号两端用箭头表示投射方向，如图 8-25 所示。当剖视图按投影关系配置、中间又无其他图形隔开时，可省略箭头，如图 8-26 所示。

（2）几个平行的剖切平面的画法要点

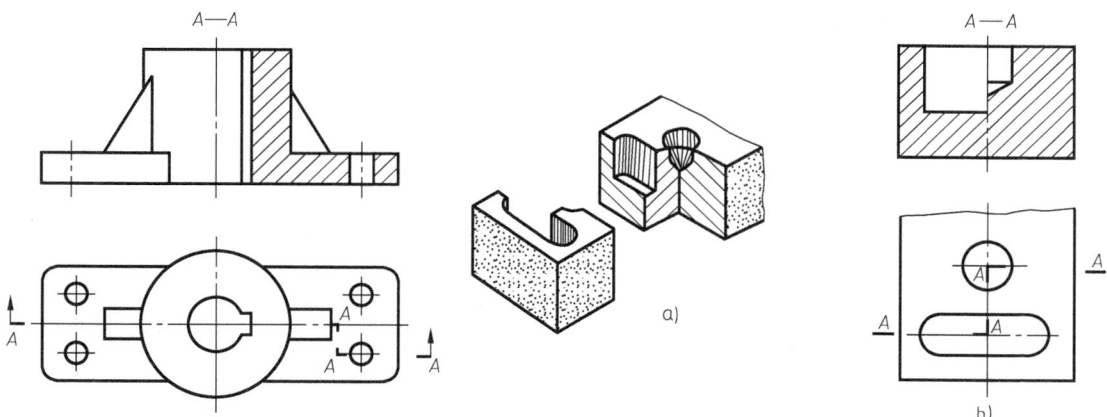

图 8-25　几个平行剖切面的标注　　　　图 8-26　几个平行剖切面剖切的特例

1）为了表达孔、槽等内部结构的实形，几个剖切平面应同时平行于同一个基本投影面。

2）因剖切平面是假想的，在两个剖切平面的转折处，不能画轮廓线。剖切面的转折处要画成直角，且不应与图中的轮廓线重合，图 8-27 所示是经常出现的错误画法。

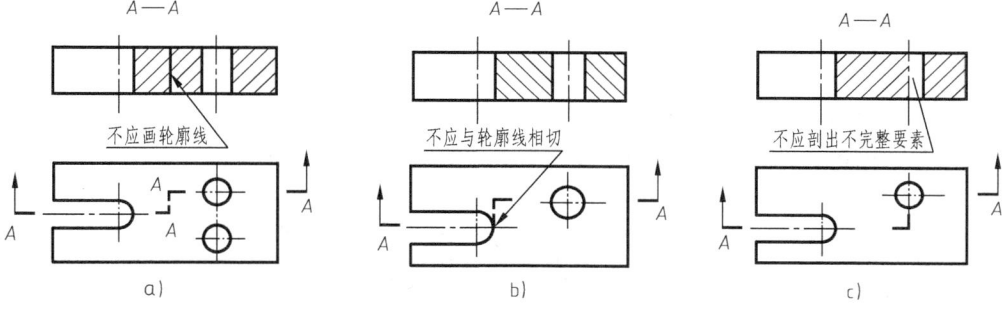

图 8-27　几个互相平行的剖切面常见的错误画法

3）用几个平行的剖切平面画出的剖视图中，一般不允许出现不完整的要素。仅当两个要素在图形上具有公共对称中心线或轴线时，才允许各画一半，如图 8-26 所示。

（3）几个平行的剖切平面的应用　适宜于表达机件内部结构位于互相平行的平面内的情况。

3. 几个相交的剖切面

当机件的内部结构用一个剖切平面不能完全表达，且这个机件在整体上又具有回转轴时，可用几个相交的剖切平面（交线垂直于某一基本投影面）剖开机件，并将与投影面不平行的结构及其相关部分旋转到与投影面平行后再进行投射。

几个相交的剖切面可以是几个相交的平面，也可以是几个相交的平面与柱面的组合。

如图 8-28 所示的法兰盘，中间的大圆孔和均匀分布在四周的阶梯孔都需要表达，可以用相交于法兰盘轴线的侧平面和正垂面（交线垂直于正面）剖切，将位于正垂面上的结构绕轴线旋转到和侧面平行的位置后进行投射，就得到了全剖的视图。

（1）几个相交的剖切面的画法要点

1）先剖切、后旋转、再投射。即先假想按剖切位置剖开机件，再将被剖切面剖开的倾斜结构及其相关部分旋转到与选定的投影面平行，最后再按旋转后的位置进行投射，如图8-28所示。

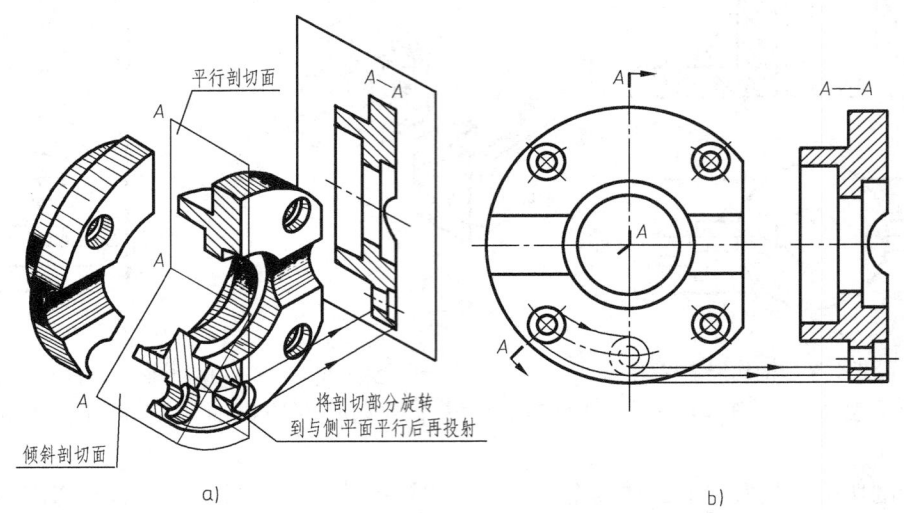

图8-28 两个相交的剖切平面剖切得到的全剖视图（一）

2）处于剖切平面后面的结构要素，一般应按原来的位置画出它的投影，如图8-29中的凸台。

3）凡是被剖到的结构应一同旋转画出，如图8-29中的肋板。

4）为了反映真实结构，应展开绘制，如图8-30所示。

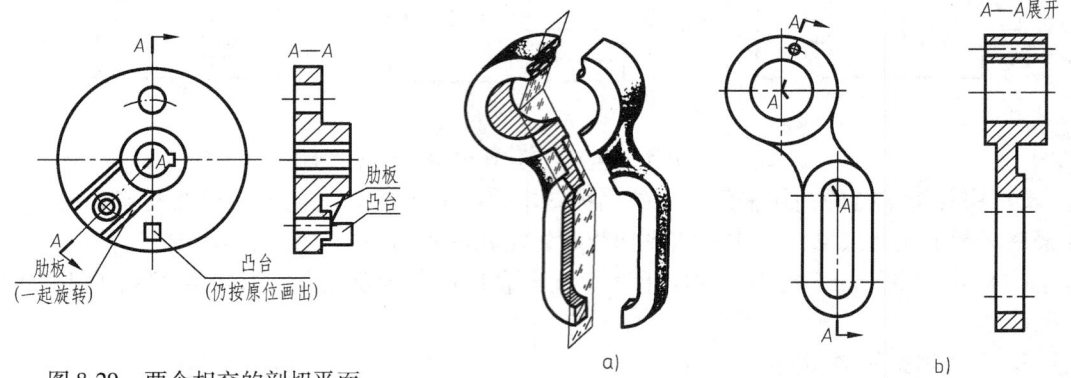

图8-29 两个相交的剖切平面
剖切得到的全剖视图（二）

图8-30 三个相交的剖切平面剖切得到的全剖视图

（2）几个相交的剖切面的标注　在剖视图上方标注出相同字母的剖视图名称"X—X"，在相应视图上用剖切符号表示剖切位置，在剖切平面的起、迄和转折处标注相同字母，剖切符号两端用箭头表示投射方向。当剖视图按投影关系配置、中间又没有其他图形隔开时，可省略箭头。

（3）几个相交的剖切面的应用　主要用于表达机件内部的结构具有公共回转轴线、用单一的剖切面不能完整表达的机件。

图8-30所示的是用三个相交的剖切平面剖切得到的全剖视图。

图8-31所示的是用两个相交的剖切平面剖切得到的半剖视图。

图 8-32 所示的是用相交的平面和柱面剖切得到的全剖视图。

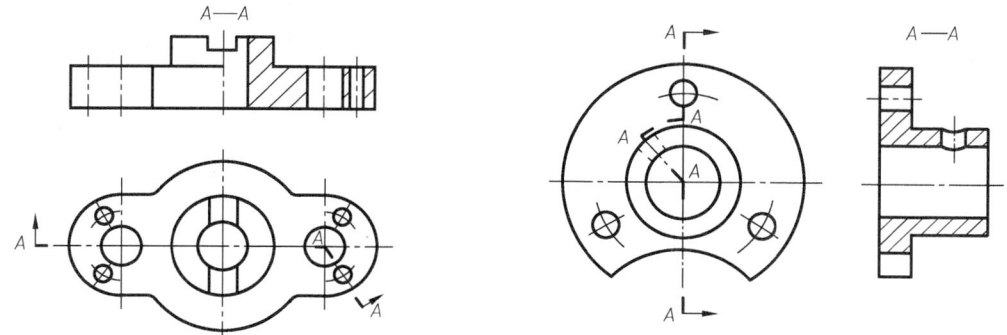

图 8-31　两个相交的剖切平面
剖切得到的半剖视图

图 8-32　平面和柱面相交的剖切面
剖切得到的全剖视图

四、识读剖视图的方法和步骤

前面所介绍的视图识读方法，同样也适用于识读剖视图。

下面通过图 8-33 所示机座的剖视图来说明识读剖视图的方法和步骤。

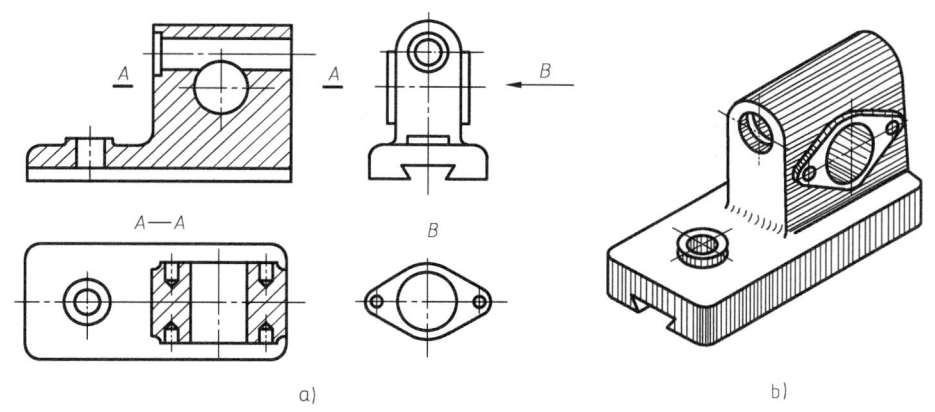

图 8-33　识读机座的剖视图

（1）视图分析　先找出主视图，然后分析共有几个视图及每个视图的名称。对于剖视图，应根据剖视图的标记，找到对应的剖切线的位置，并分析剖切目的，做到对零件的轮廓有一个大致的了解。

图 8-33a 所示机座用了三个基本视图和一个局部视图来表达。主视图采用了全剖视，表达机座的内部形状。因为剖切平面通过机座的前、后对称面剖切，所以省略了一切标注。俯视图作了 A—A 全剖视，从剖切线的位置分析可知，A—A 剖视是为了表达前后方向的横向通孔和前后面上的四个小孔。左视图主要反映外形。局部视图 B 是为了说明机座前（后）面凸台的形状，这样对机座便有了一个大概的了解。

（2）形体分析　在视图分析的基础上，通过对线条、找投影，了解零件由哪些基本形体组成。通过剖视图及剖视图中的剖面线，辨别零件内部结构的虚实，并想象出零件的内部形状。

通过分析可知，机座基本上由两大部分组成。底部为一长方形底板，底板下方中间开有左右方向的燕尾槽，底板左上方有一圆形凸台，中间有一圆孔和燕尾槽相通。底板上方有一个上部为带半圆形的 U 形柱体，在其左右方向和前后方向各钻有一个通孔，从主视图中可看到这两个孔是相通的。在机座的前、后面上各有一椭圆形的凸台，凸台两端各有一个小孔。

（3）综合想象　通过上面的分析就能想象出机座的整体形状和内部结构，图 8-33b 所示是它的轴测图。

课题三　断　面　图

断面图是用来表达机件某一局部断面形状的图形。国家标准 GB/T 17452—1998 和 GB/T 4458.6—2002 对断面图的画法、标注等做了规定。

一、断面图的概念

假想用剖切平面将机件的某处切断，仅画出断面的图形，称为断面图（简称断面）。如图 8-34 所示，该图中的轴，在主视图上表明了键槽的形状和位置，键槽的深度虽然可用视图或剖视图来表达，但通过比较不难发现，用断面图表达，图形更清晰、简洁，同时也便于标注尺寸。

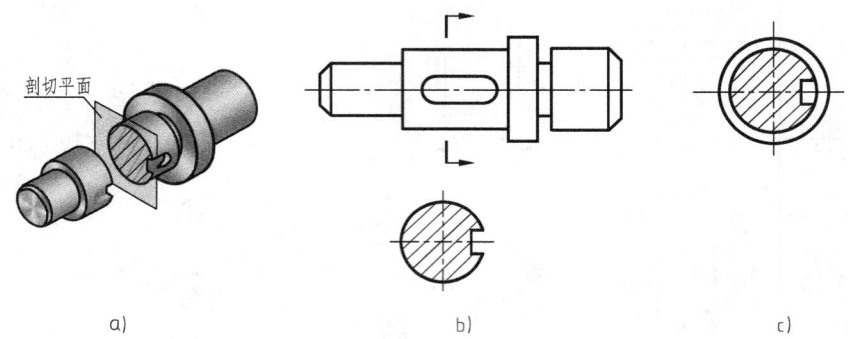

图 8-34　断面图与剖视图的比较
a）轴测图　b）断面图　c）剖视图

二、断面图的分类

根据断面图配置的位置不同，分为移出断面图和重合断面图。

1. 移出断面图

画在视图轮廓之外的断面图，称为移出断面图。图 8-34b 所示即为移出断面图。

（1）移出断面图的画法要点

1）移出断面的轮廓线用粗实线绘制，断面上画出剖面符号。

2）当剖切平面通过由回转面形成的孔或凹坑的轴线时，这些结构按剖视绘制，如图 8-35 所示。

3）当剖切平面通过非回转面，会导致出现完全分离的两个剖面区域时，这样的结构也应按剖视画出，如图 8-36a 所示（即外形轮廓应画完整）。图 8-36b 所示为剖视图。

4）由两个或多个相交的剖切平面剖切得到的移出断面图，中间一般应断开，如图 8-37b 所示。

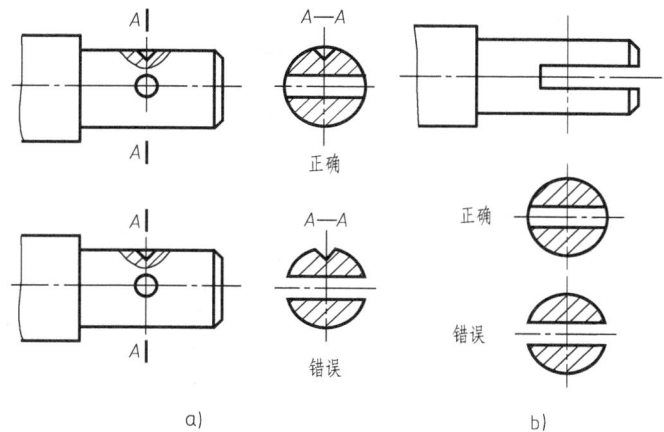

图 8-35　通过圆孔等回转面的轴线时断面图的画法

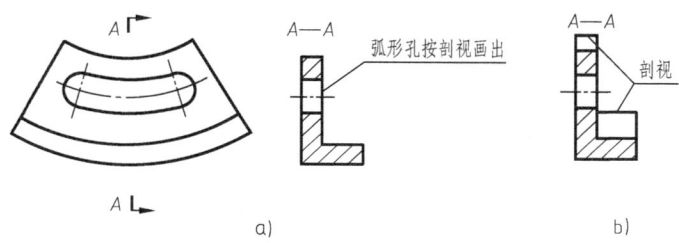

图 8-36　通过非回转面时断面图的特殊画法

（2）移出断面图的位置配置

移出断面图通常按以下原则配置：

1）按投影关系配置，如图 8-35a 所示。

2）配置在剖切符号的延长线上，如图 8-34b 所示，或配置在剖切线的延长线上，如图 8-37b 所示。

3）当断面图形对称时，可配置在视图的中断处，如图 8-37a 所示。

4）也可移位配置，即配置在图纸上其他适当的位置，如图 8-38 中的 $A—A$ 和 $B—B$。

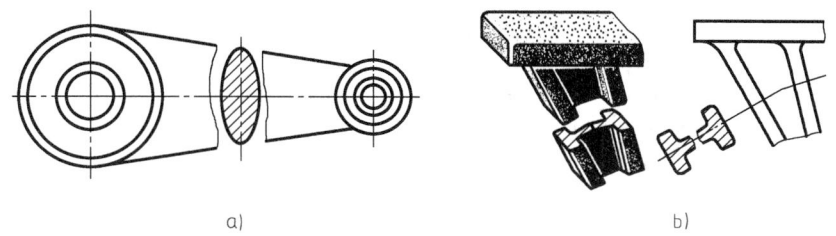

图 8-37　移出断面的配置示例

a）配置在视图的中断处　b）配置在剖切线的延长线上

（3）移出断面图的标注方法　移出断面图的标注形式，应按国标规定进行，因其图形配置部位的不同及图形是否对称，标注形式也不同，具体标注方法见表 8-4。

（4）识读断面图　图 8-38 所示是移出断面图的配置与标注的综合实例。从图中可以看出，该轴上用了四个断面图。最左边的一个断面图因图形对称，且不移位（即配置在剖切线的延长线上），所以不必标注；A—A 和 B—B 两个断面图是移位配置，所以要按规定进行标注，但由于 A—A 断面图的图形对称，所以不必标注箭头，而 B—B 断面图的图形不对称，所以箭头不能省略；C—C 断面图按投影关系配置（即左视图的位置），也不必标注箭头。

表 8-4　移出断面图的配置与标注方法

断面图对称性	配置	断面图的配置与标注的关系		
		配置在剖切线或剖切符号的延长线上	移位配置	按投影关系配置
断面图的对称性与标注的关系	对称			
	说明	配置在剖切线延长线上的对称图形：不必标注剖切符号和字母	移位配置的对称图形：不必标注箭头	按投影关系配置的对称图形：不必标注箭头
	不对称			
	说明	配置在剖切符号延长线上的不对称图形：不必标注字母	移位配置的不对称图形：完整标注剖切符号、箭头和字母	按投影关系配置的不对称图形：不必标注箭头

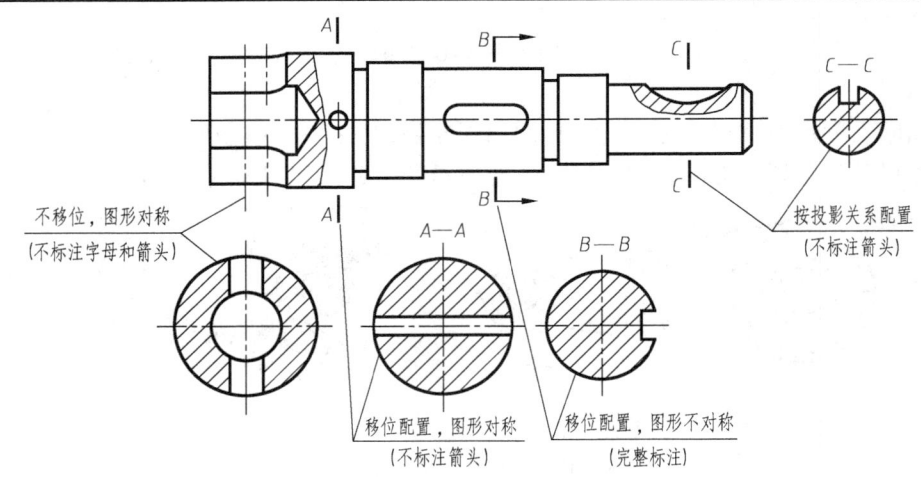

图 8-38　移出断面图的配置与标注

2. 重合断面图

画在视图轮廓之内的断面图称为重合断面图，如图 8-39 所示的断面即为重合断面图。

（1）重合断面图的画法要点

1）重合断面图的轮廓线用细实线画出。

2) 当重合断面图的轮廓线与视图的轮廓线重合时，视图中的轮廓线仍需完整画出，不应间断，如图 8-39b 所示。

（2）重合断面图的配置与标注

重合断面图均配置在视图轮廓之内，当图形不对称时，需标注其剖切位置和投射方向，如图 8-39b 所示；当重合断面图为对称图形时，一般不必标注，如图 8-39a、c 所示。

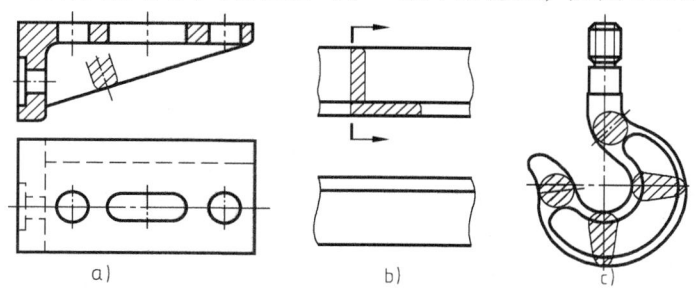

图 8-39　重合断面图的画法（一）

常见的正误画法对比见图 8-40。

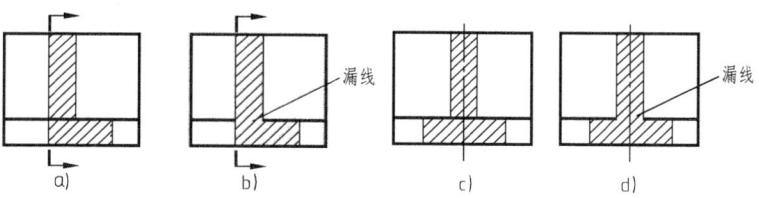

图 8-40　重合断面图的画法（二）
a)、c) 正确　b)、d) 错误

课题四　其他表达方法

机件除了视图、剖视图、断面图等表达方法以外，对机件上的一些特殊结构，还可以采用一些规定画法和简化画法表示。

一、局部放大图（GB/T 4458.1—2002）

将机件的部分结构用大于原图形所采用的比例画出的图形，称为局部放大图，如图 8-41a 所示。当同一机件上有几处需要放大时，可用细实线圈出需被放大的部位，并用罗马数

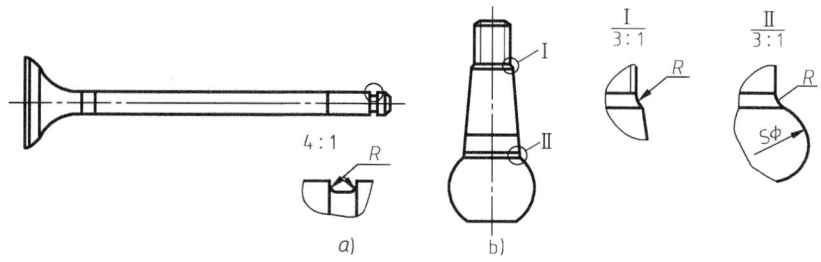

图 8-41　局部放大图
a) 发动机排气门　b) 转向拉杆球头销

字依次编号，以标明不同的放大部位，同时在局部放大图的上方标注出相应的罗马数字和所采用的比例，如图 8-41b 所示。对于同一机件上的不同部位，图形相同或对称时，只需画出一个局部放大图。

局部放大图应尽量配置在被放大部位的附近，其图形可画成视图、剖视图、断面图等，它与被放大部位的原表达方法无关。

二、简化画法（GB/T 16675.1—1996）

1. 肋板、轮辐及薄壁等结构

对于肋板、轮辐及薄壁等结构，如纵向剖切，都不画剖面线，而且用粗实线将它们与其相邻结构分开。但若横向剖切，必须画剖面线，如图 8-42 及图 8-43 所示。

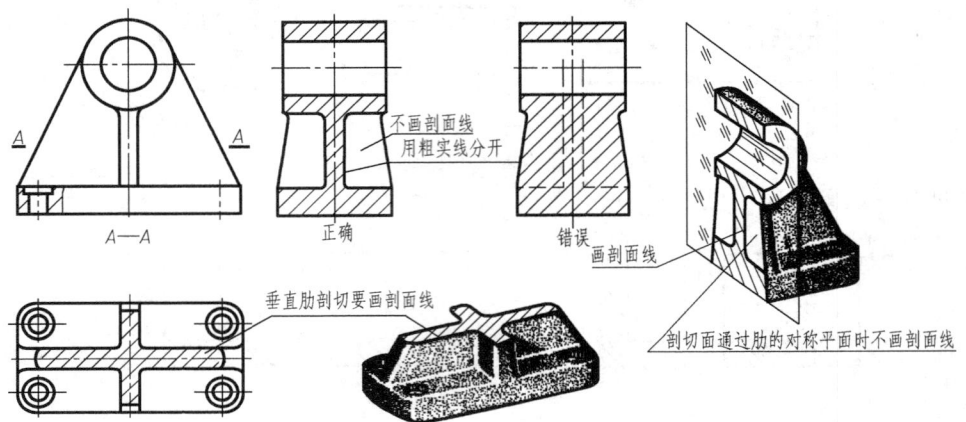

图 8-42 肋板的剖视画法

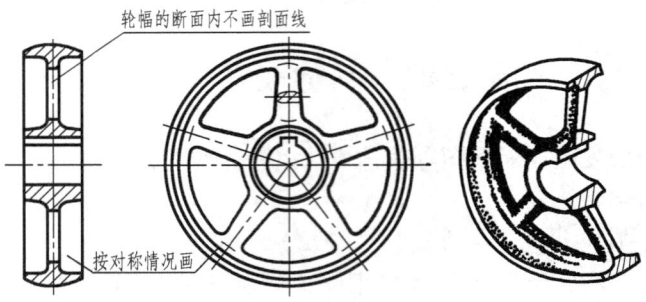

图 8-43 轮辐的剖视画法

2. 回转体上均匀分布的结构

回转体上均匀分布的肋板、孔等结构不处于剖切平面上时，可将这些结构假想旋转到剖切平面上画出，如图 8-44 所示。

圆盘形法兰和类似结构上按圆周均匀分布的孔，可按图 8-45 所示的方式画出。

3. 倾斜的圆和圆弧

对于机件中与投影面倾斜角度不大于 30° 的圆和圆弧，其投影可用圆和圆弧画出，如图 8-46 所示。

4. 平面的表示方法

当图形不能充分表达平面时，可以用平面符号（相交细实线）表示，如图 8-47a 所示，

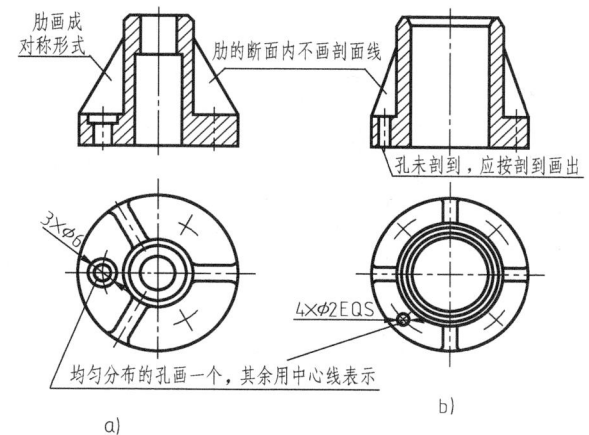

图 8-44 均匀分布的肋板、孔的剖切画法

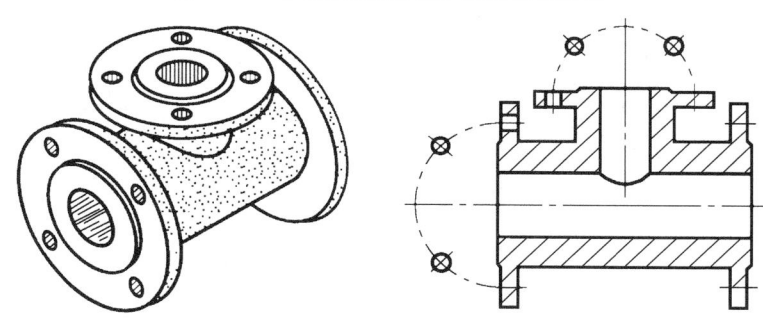

图 8-45 圆盘形法兰均匀分布的孔的画法

这样就可以省去图 8-47b 所示的断面图。

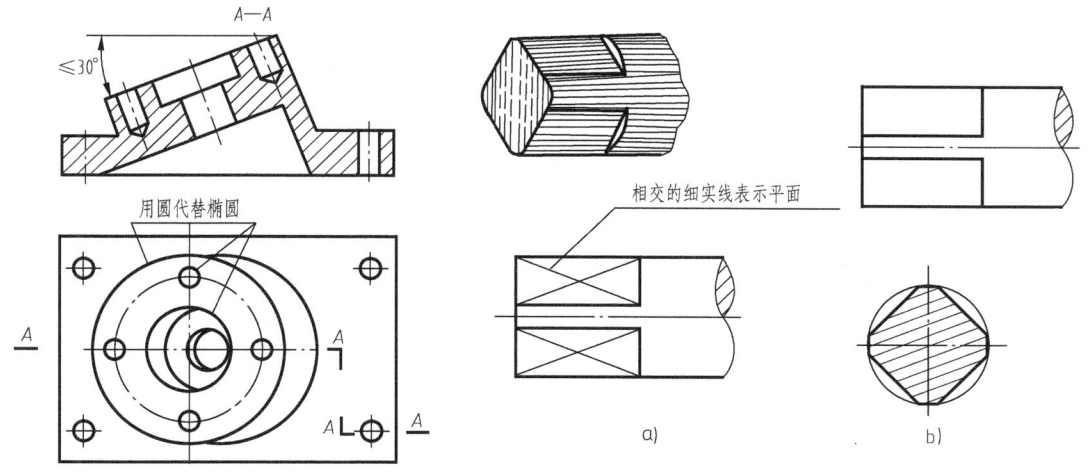

图 8-46 倾斜的圆和圆弧的画法　　　　图 8-47 平面的表示方法

5. 相同结构

当机件上具有若干相同的结构（齿、槽、孔等），并按一定规律分布时，只需画出几个完整结构，其余用细实线相连或标明中心位置，并注明总数，如图 8-48 和图 8-49 所示。

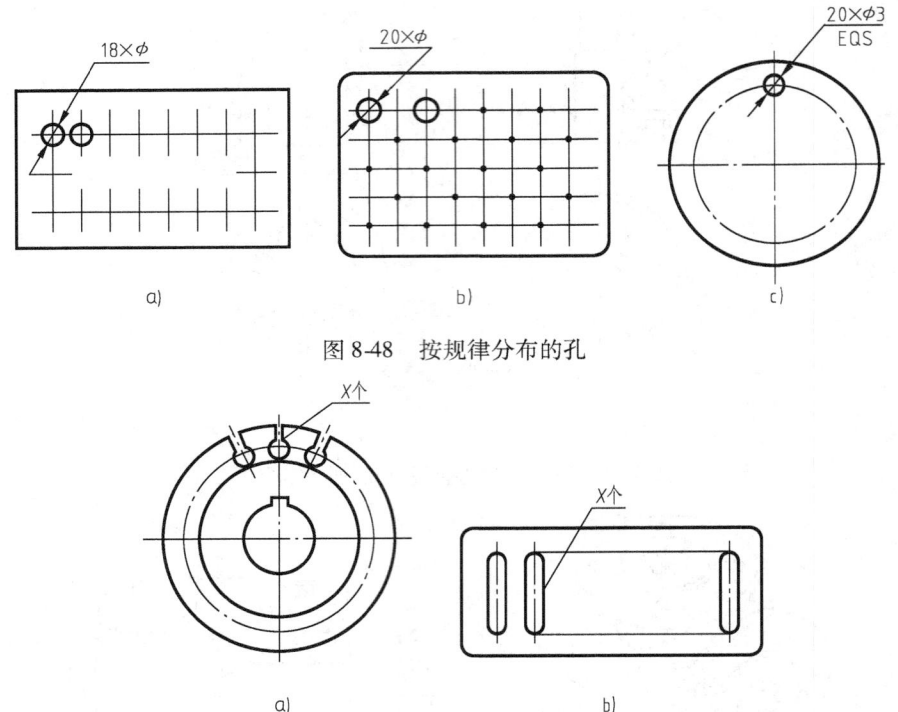

图 8-48 按规律分布的孔

图 8-49 按规律分布的相同结构

6. 较小结构的简化画法

在不致引起误解时，图形中的相贯线允许简化。例如用圆弧或直线代替非圆曲线，如图 8-50 所示。

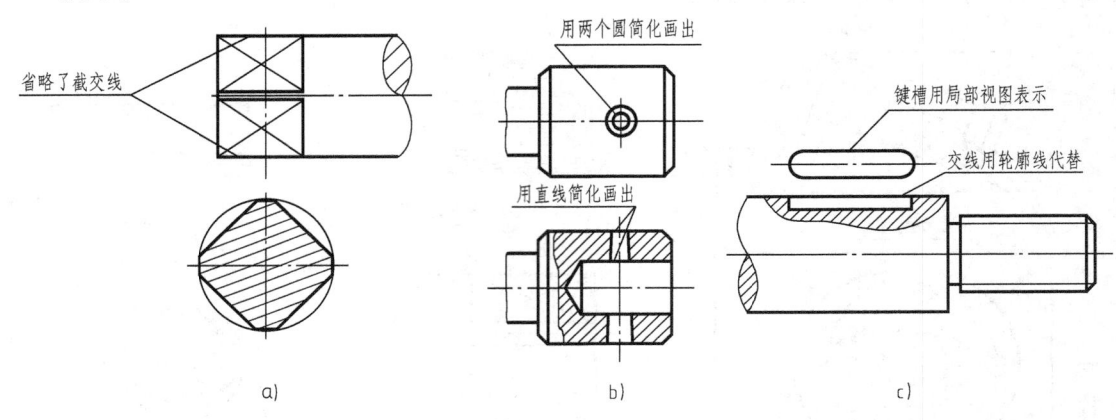

图 8-50 较小结构的简化画法

7. 较长机件的折断画法

较长的机件（轴、杆、型材等），沿长度方向的形状一致或按一定规律变化时，可断开缩短绘制，但必须按原来的实长标注尺寸，如图 8-51 所示。机件断裂边缘常用波浪线、双折线、双点画线表示。

8. 某些结构的示意画法

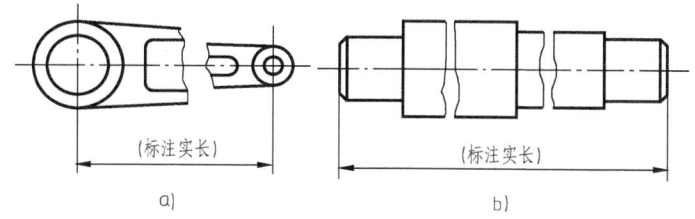

图 8-51 较长机件的折断画法

网状物、编织物或机件上的滚花部分，可在轮廓线附近用粗实线示意画出，并标明其具体要求，如图 8-52 所示。

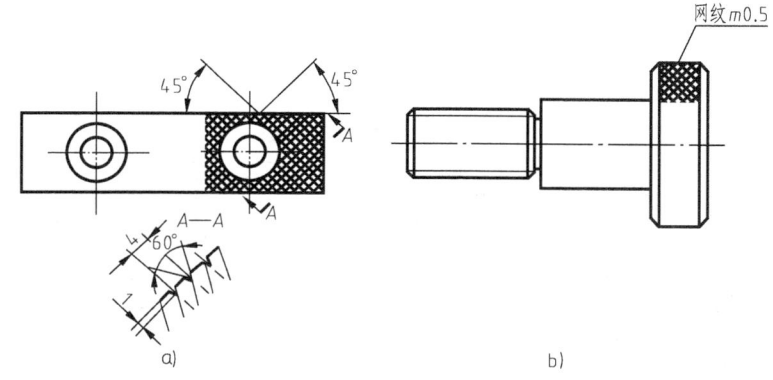

图 8-52 网状物及滚花的示意画法

9. 较小结构的省略画法

较小的圆角、倒角、圆弧等结构，在不致引起误解时，在图形上允许省略，但必须注明尺寸（见图 8-53），或在技术要求中加以说明。

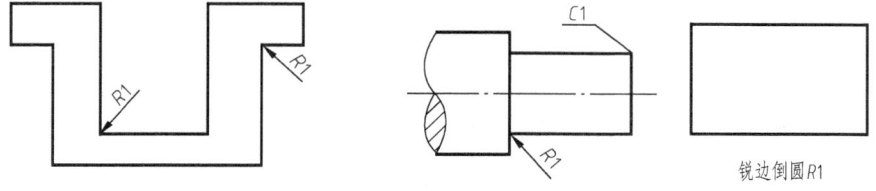

图 8-53 较小结构的省略画法

10. 对称机件的画法

对称机件的视图可以只画一半或 1/4，此时需在对称中心线的两端画两条与其垂直的平行细实线，如图 8-54a、b 所示。如果图形接近对称时，对不对称的部分需进行说明，如图 8-54c 所示。

三、识图举例

表 8-5 给出了常见的不同表达方法表示出的图例，表 8-6 为表 8-5 中各图例的轴测图，请读者在看懂图例的基础上，在表 8-6 中的"图号"中填入表 8-5 所给图形的序号。

看图时，先看图例，分析视图的名称（是基本视图，局部视图，还是斜视图；是主视图，俯视图，还是其他视图；是剖视图，断面图，还是其他表达方法）、投射方向、剖切面的种类以及标注情况等。再看说明，最后在表 8-6 中的"图号"中填入表 8-5 所给的图形的序号。

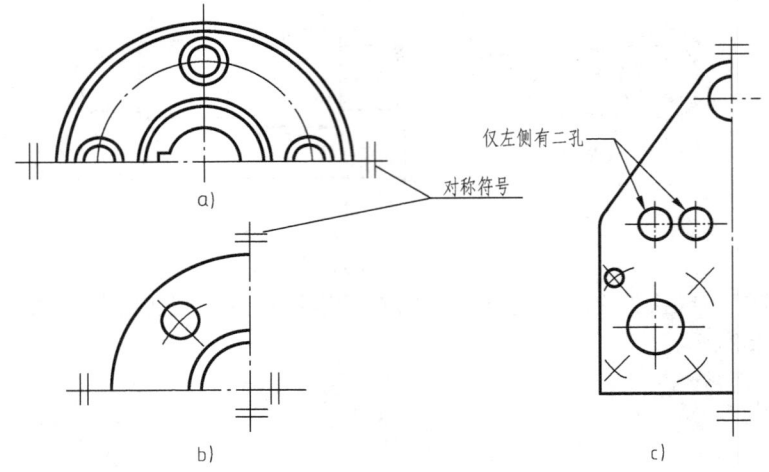

图 8-54 对称机件的画法

表 8-5 常见的不同表达方法表示的图例

图例	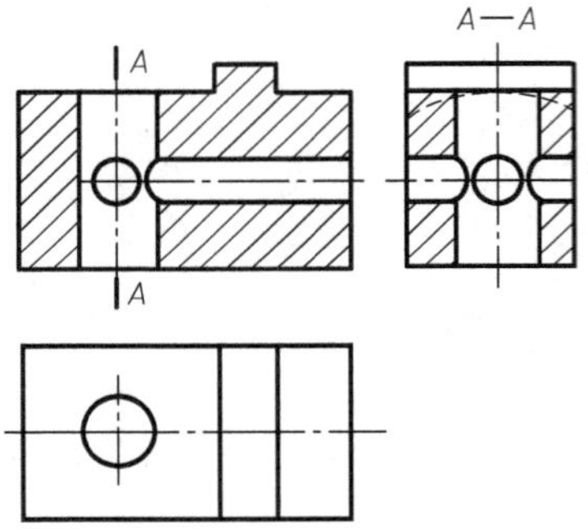	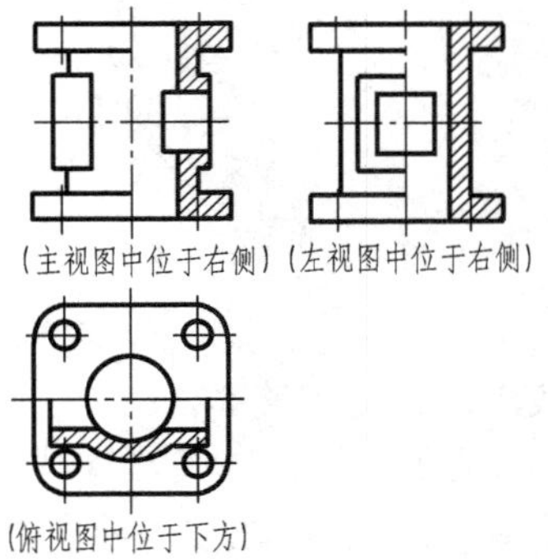
说明	1) 主、左视图为全剖视图。主视图是通过机件的前后对称面剖切的，不必标注；俯视图为外形图，省略了所有细虚线；左视图中的细虚线不可省略，否则，还需画出一个右视图来表示右端圆弧面的形状	2) 该机件前后、左右、上下均对称，主、俯、左三个视图均为半剖视图。它明确了半个剖视图配置的位置，即主视图中位于右侧，俯视图中位于下方，左视图中位于右侧
图例	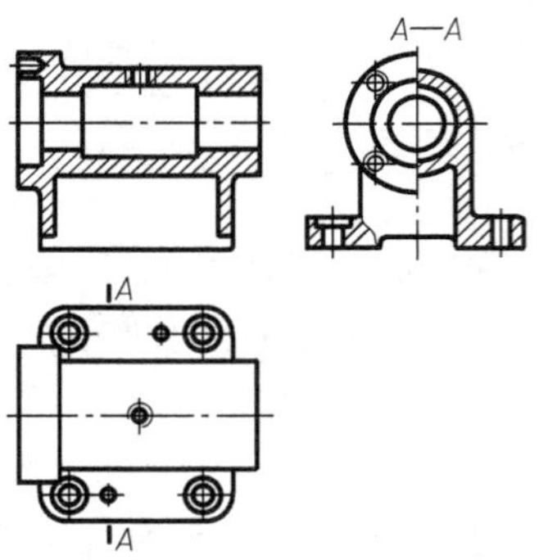	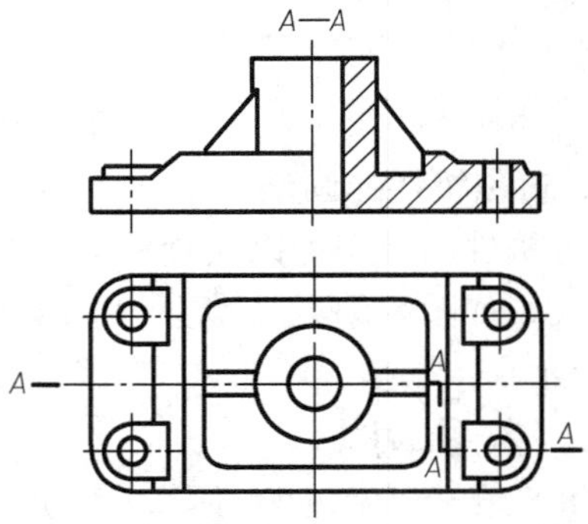
说明	3) 全剖的主视图表示机件的内腔结构；半剖的左视图表示圆筒、连接板和底板间的连接情况及销孔和螺孔的分布，局部剖表示安装孔；俯视图为外形图，表示底板的形状、安装孔及销孔的位置	4) 半剖的主视图，是由两个平行的平面剖切的；机件上的肋，纵向剖切时不画剖面线，用粗实线将它与相邻接的部分分开。在外形视图中，肋将按投影规律画出

(续)

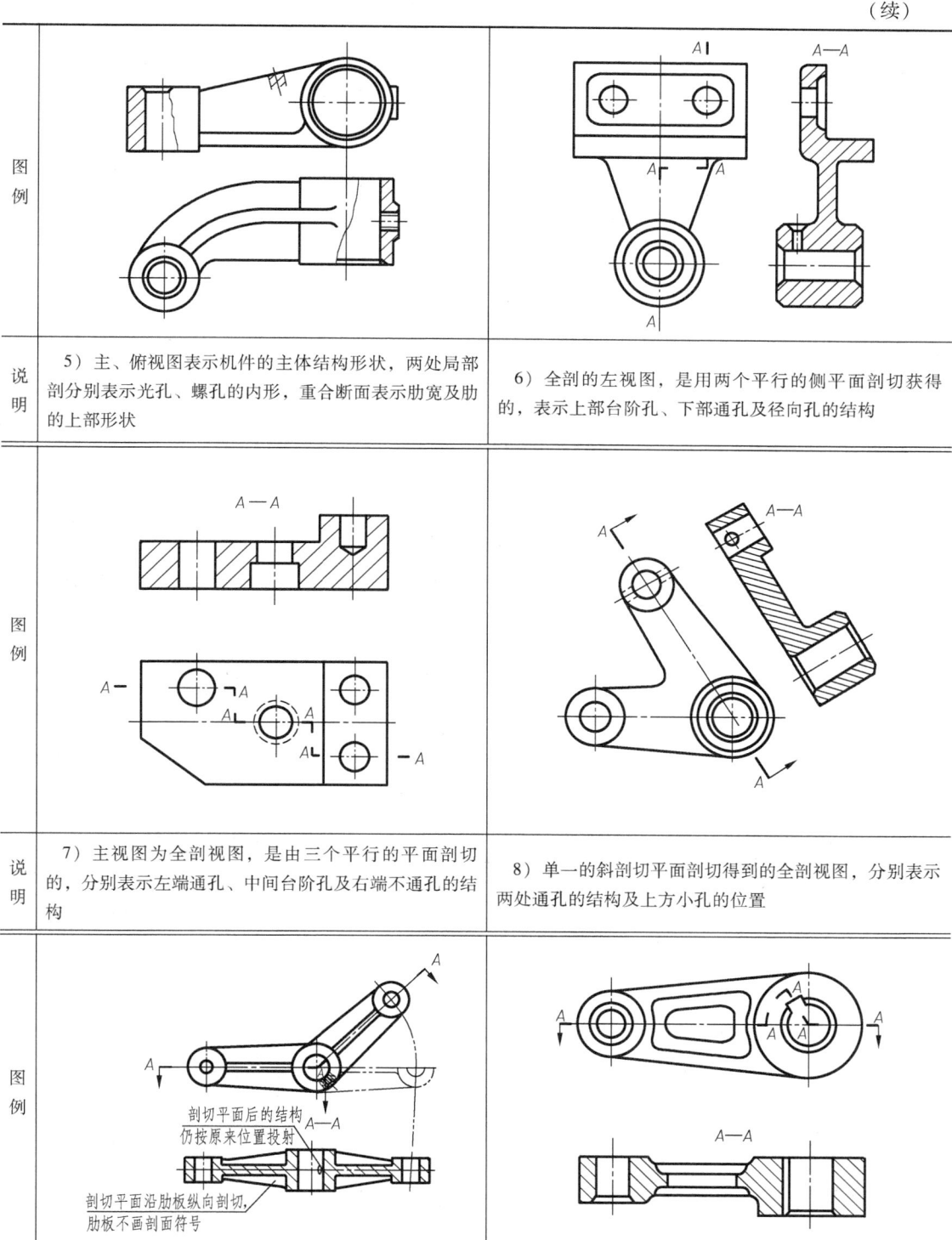

说明	5）主、俯视图表示机件的主体结构形状，两处局部剖分别表示光孔、螺孔的内形，重合断面表示肋宽及肋的上部形状
	6）全剖的左视图，是用两个平行的侧平面剖切获得的，表示上部台阶孔、下部通孔及径向孔的结构
说明	7）主视图为全剖视图，是由三个平行的平面剖切的，分别表示左端通孔、中间台阶孔及右端不通孔的结构
	8）单一的斜剖切平面剖切得到的全剖视图，分别表示两处通孔的结构及上方小孔的位置
说明	9）相交的两个剖切平面分别表示左、中、右三个部分的内孔结构，处于剖切平面后边的结构不能旋转，应按原来位置投射
	10）由剖切平面与柱面组合剖切而获得的全剖的俯视图，分别表示左端通孔、中间通槽及右端通孔和键槽的结构

图例	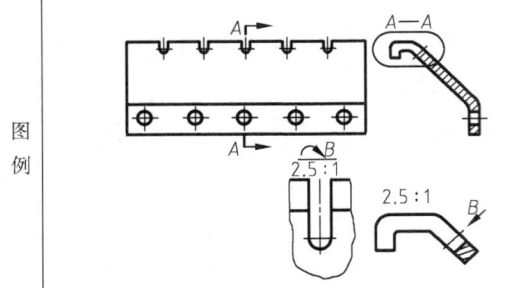	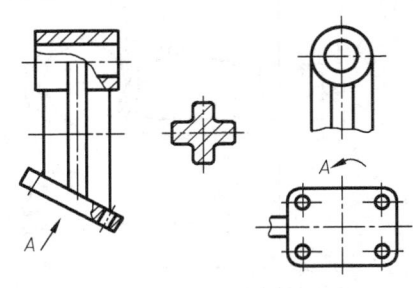
说明	11）主视图为基本视图，表达形状特征及其上的U形槽和小孔的数量及其分布；左视图为全剖视图；另一局部放大图和旋转配置的斜视图，是为了放大该部分的局部结构，表达实形，以便于标注尺寸和技术要求等	12）主视图表达机件外形，其局部剖表示大、小圆孔；局部视图以明确圆筒与肋的连接关系；移出断面表示肋的形状；旋转配置的斜视图反映斜板的实形及四个小孔的分布，带有波浪线部分则表示肋与斜板间的相对位置关系

表 8-6 表 8-5 中图例的轴测图

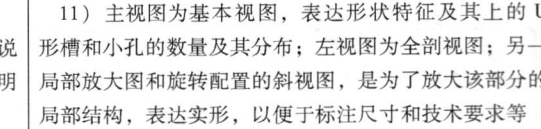

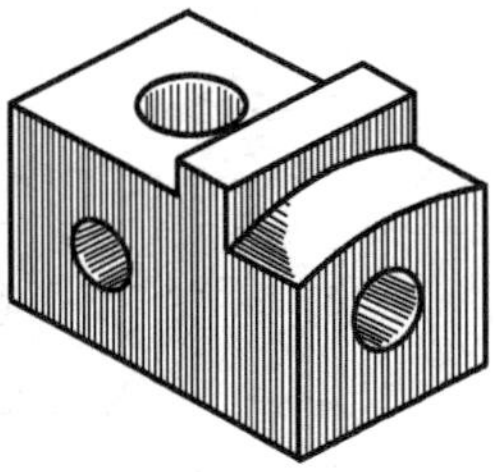

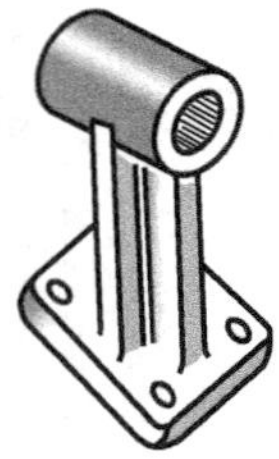

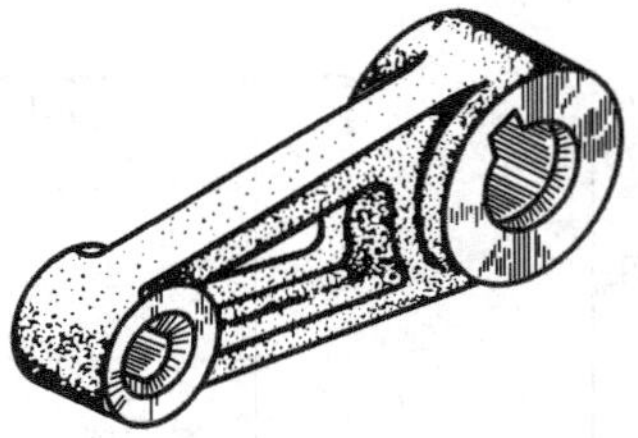

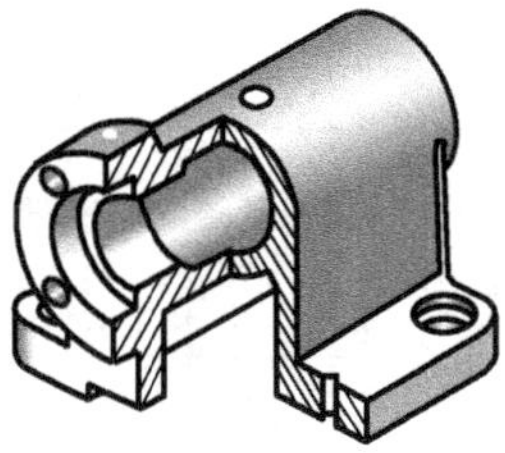

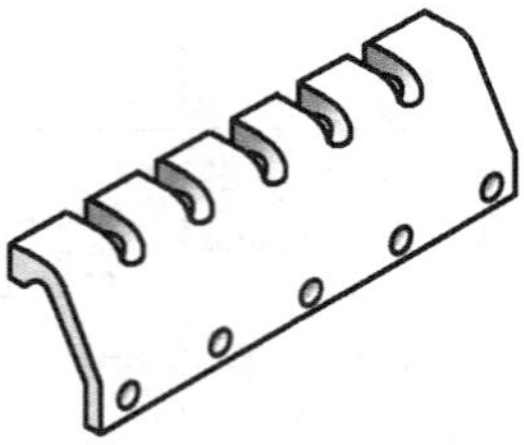

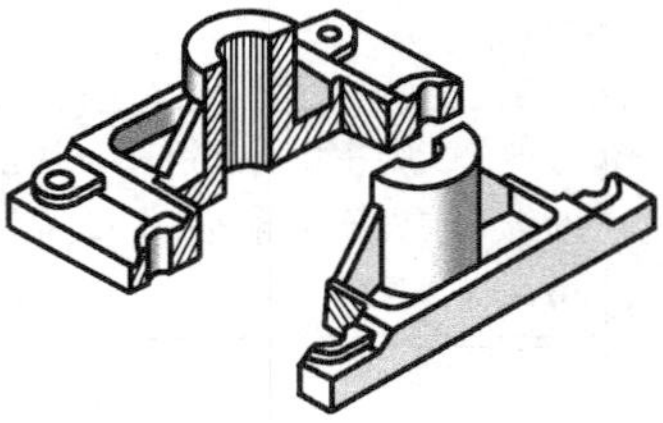

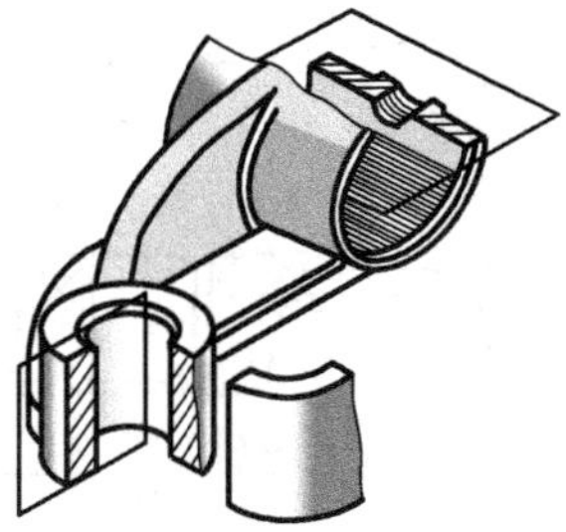

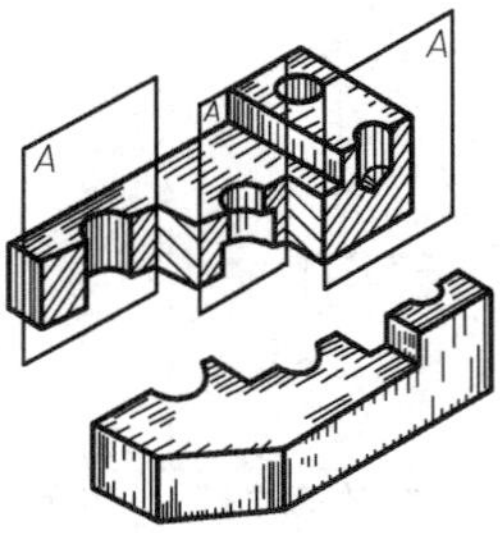

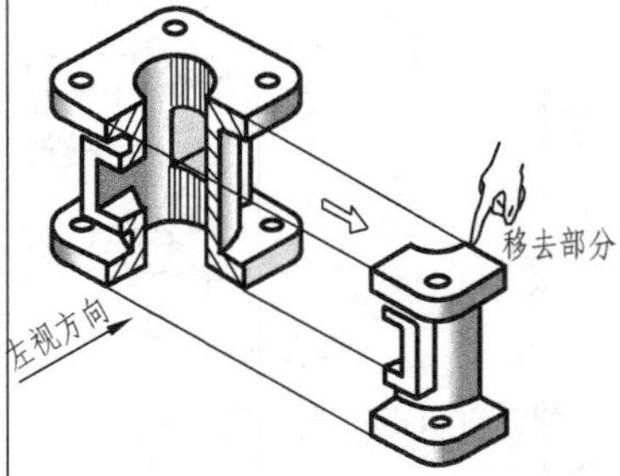

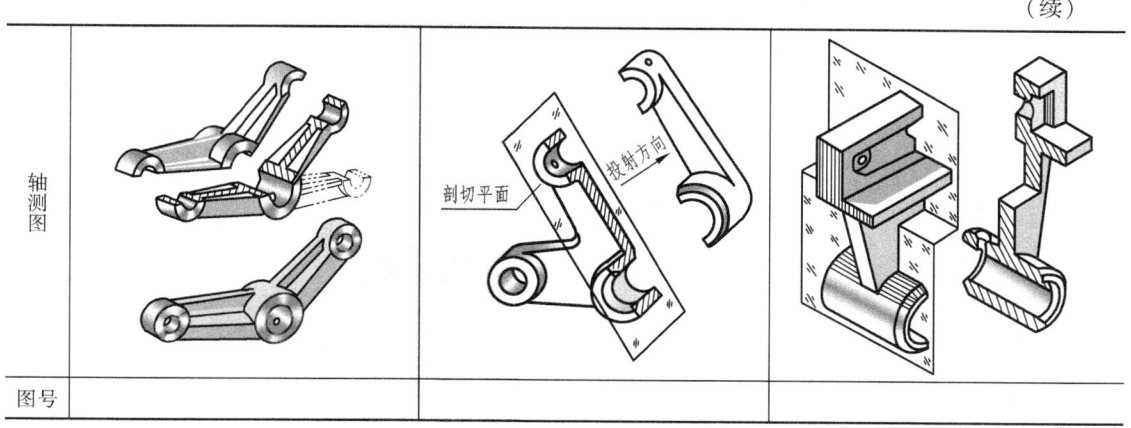

轴测图			
图号			

课题五　第三角画法简介

根据 GB/T 17451—1998 和 GB/T 14692—2008 规定，我国技术图样应采用正投影法绘制，并优先采用第一角画法，必要时才允许使用第三角画法，但国际上有些国家（如英、美等国）的图样是按正投影法并采用第三角画法绘制的。为了进行国际间的技术交流与合作，应对第三角画法有所了解，以适应日益发展的科学技术交流的需要。

如图 8-55 所示，三个相互垂直的平面将空间划分为八个分角，分别称为第一角、第二角、第三角…。

第一角画法是将物体置于第一角内，使其处于观察者与投影面之间（即保持人—物—面的位置关系）而得到正投影的方法，如图 8-56a 所示。

第三角画法是将物体置于第三角内，使投影面处于观察者与物体之间（假设投影面是透明的，并保持人—

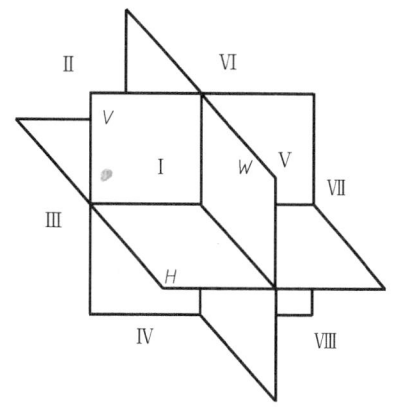

图 8-55　八个分角

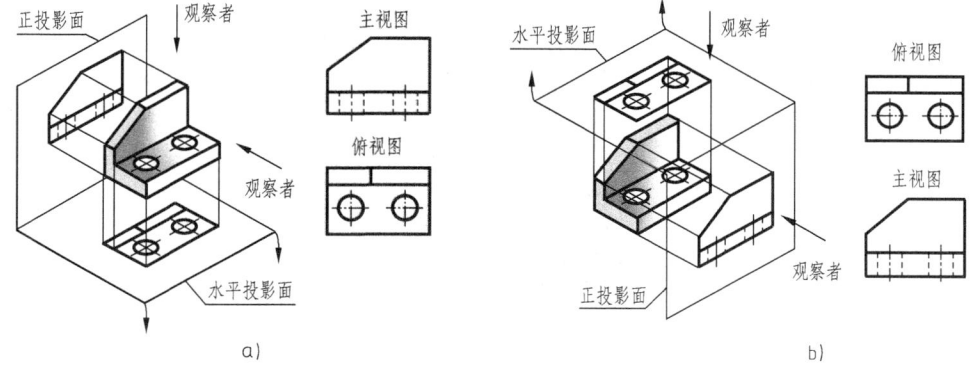

图 8-56　第一角画法和第三角画法中投影面及得到的视图比较
a）第一角画法　b）第三角画法

面—物的位置关系）而得到正投影的方法，如图 8-56b 所示。

第三角画法各视图的观察方向及视图名称如下：

从前面观察物体在正投影面上得到的视图称为主视图。

从上面观察物体在水平投影面上得到的视图称为俯视图。

从右面观察物体在侧投影面上得到的视图称为右视图。

在第三角画法中，同样有六个基本投影面，可以得到六个基本视图，六个投影面的展开方式如图 8-57 所示。六个基本视图的配置如图 8-58 所示。仔细比较可以看出，六个基本视图及其名称都是与第一角画法相同的，相应视图之间仍保持"长对正、高平齐、宽相等"的对应关系。

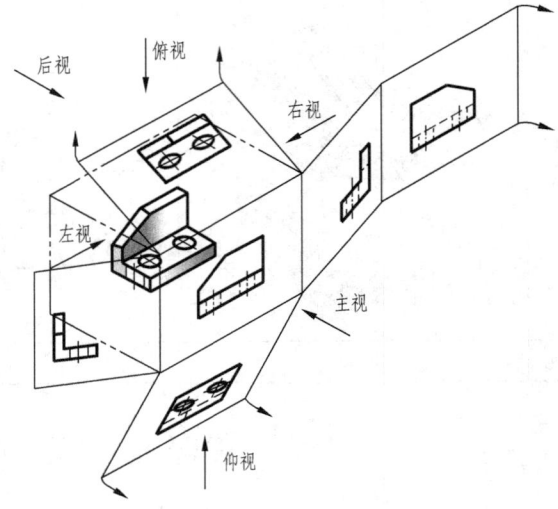

图 8-57　第三角画法中六个投影面的展开方式

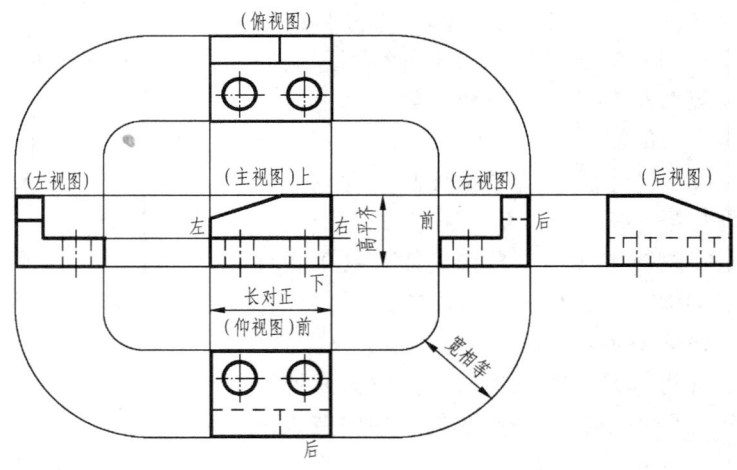

图 8-58　第三角画法中六个基本视图的配置

视图按图 8-58 所示的位置配置时，一律不标注视图名称，但必须在图样中画出第三角画法的识别符号，如图 8-59 所示。

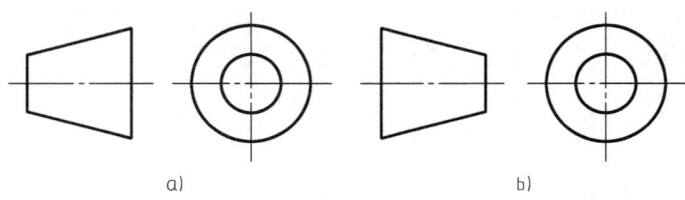

图 8-59　第一角画法和第三角画法的识别符号
a）第一角画法用　b）第三角画法用

图 8-60 所示为用第一角画法和第三角画法表达的零件，看图时应分清机件圆盘上小孔的投影在左边还是右边，才能确定是第一角画法还是第三角画法及小孔在机件上的确切位置（前还是后）。

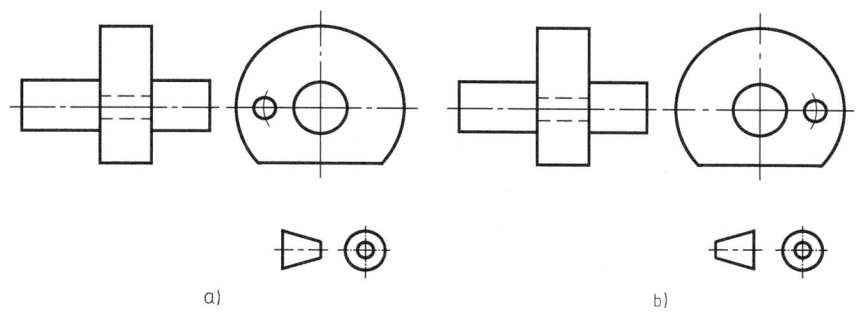

图 8-60　用第一角画法和第三角画法表达的零件
a）第三角画法　b）第一角画法

【项目小结】

第三模块是本课程承上启下的过渡性部分，上承本课程的理论基础（投影作图），下启机械图样（零件图与装配图）的识读与绘制。它一方面担负着在投影作图的基础上，扩大表达机件形状的知识范围的任务，是投影作图的继续、发展和延伸；另一方面要进一步巩固与提高画图和读图能力，为零件图的学习打好基础，为装配图的学习创造条件。

本项目主要学习了表达机件的基本方法，其中表达外形的有基本视图、向视图、局部视图及斜视图；表达内形的有各种剖视图；表达断面形状的有断面图；另外还有局部放大图、简化画法等。这些表达方法是零件图和装配图表达的基础，后续部分的内容将大量引用这些表示法的基本规定。

本项目与投影作图同属于机械制图的基础内容，但二者之间又有着各自不同的特点。投影作图所涉及的形体简单、画法单一、表达方法固定（均用三个视图），而本项目所涉及的形体复杂、表达方法多种多样。要把零件形状表达得正确、完整，图样清晰、简练，便于看图，就必须根据零件的结构形状，灵活地采用各种表达方法。

项目九　常用机件及结构要素的特殊表示法

【任务描述】

在汽车机械中，大量地使用标准件（如螺栓、螺钉、螺母、垫圈、键、销、滚动轴承等）和常用件（如齿轮、弹簧等）。国家标准对这些标准件和常用件及多次重复出现的结构要素（如螺钉上的螺纹和齿轮上的轮齿等）规定了简化的特殊表达方法及必要的标注。本项目主要介绍这些零部件和结构要素的基本知识、特殊表达方法及代号的标注方法等内容。

【学习目标】

1. 理解常用机件及结构要素的概念。
2. 掌握螺纹、螺纹紧固件的规定画法及标注方法。
3. 掌握齿轮、弹簧的规定画法及参数计算方法，学会从相关标准中查阅有关数据。
4. 明确键、销的标记以及键联接、销联接的画法。
5. 了解滚动轴承的作用及其画法。

课题一　螺纹及螺纹紧固件

螺纹是汽车产品中最为常见的一种结构，其主要作用是零件间的联接、传递运动及动力。

一、螺纹的基础知识

1. 螺纹的形成及加工方法

螺纹是在圆柱（或圆锥）表面上，沿着螺旋线所形成的具有相同断面的连续凸起和沟槽。螺纹有外螺纹和内螺纹两种，一般成对使用。在圆柱或圆锥外表面上加工的螺纹称外螺纹，在圆柱或圆锥内表面上加工的螺纹称内螺纹，如图9-1所示。

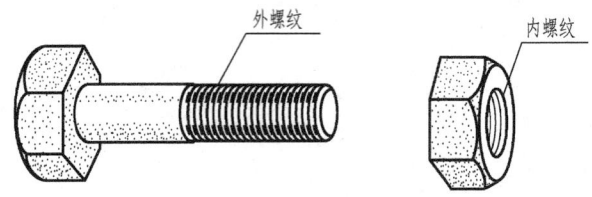

图9-1　外螺纹和内螺纹

螺纹的加工方法很多。图9-2a和9-2b是在车床上加工内、外螺纹的示意图：工件做等速旋转运动，刀具沿工件轴向做等速直线移动，其合成运动使切入工件的刀尖在工件表面上切制出螺纹；图9-2c和9-2d表示在箱体、底座等零件上加工较小的内螺纹（螺孔）的方法。

2. 螺纹结构的基本要素

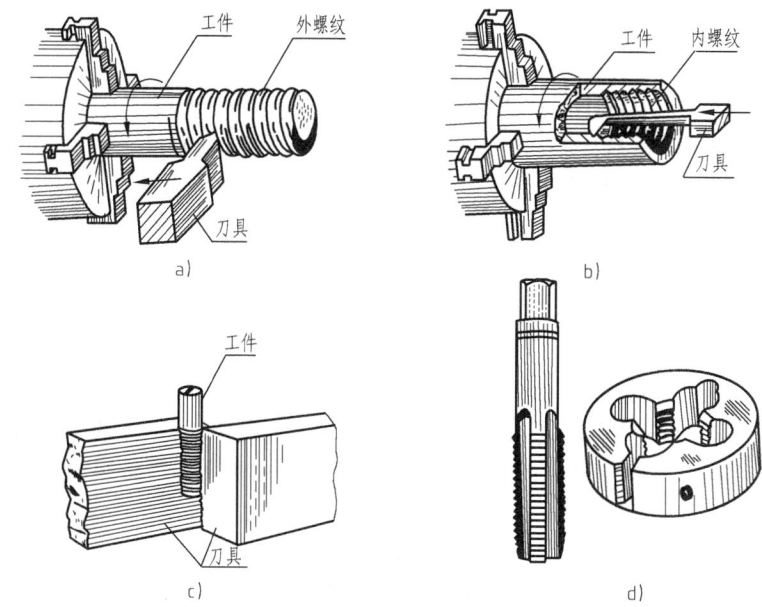

图 9-2 螺纹的加工方法
a) 在车床上加工外螺纹 b) 在车床上加工内螺纹 c) 辗压螺纹 d) 手工加工螺纹用的工具

螺纹结构的基本要素包括：牙型、直径、螺距、导程、线数、旋向等。

(1) 牙型 通过螺纹轴线断面上的螺纹轮廓形状称为牙型。牙型由牙顶、牙底和两牙侧构成，相邻两牙侧面间的夹角称为牙型角。常见的螺纹牙型有三角形（普通螺纹、管螺纹等）、梯形、锯齿形等多种，如图 9-3 所示。

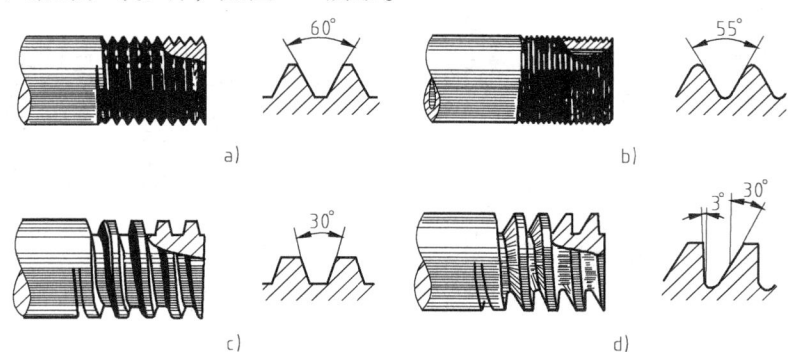

图 9-3 螺纹的牙型
a) 普通螺纹 b) 管螺纹 c) 梯形螺纹 d) 锯齿形螺纹

(2) 直径 螺纹的直径有大径、小径和中径（见图 9-4）。

1) 大径。大径是指与外螺纹的牙顶、内螺纹的牙底相切的假想圆柱或圆锥的直径（即螺纹的最大直径）。外螺纹的大径用 d 表示，内螺纹的大径用 D 表示。

2) 小径。小径是指与外螺纹的牙底、内螺纹的牙顶相切的假想圆柱或圆锥的直径（即螺纹的最小直径）。外螺纹的小径用 d_1 表示，内螺纹的小径用 D_1 表示。

3) 中径。中径在大径与小径之间，其母线通过牙型上沟槽和凸起宽度相等的假想圆柱或圆锥的直径。外螺纹的中径用 d_2 表示，内螺纹的中径用 D_2 表示。

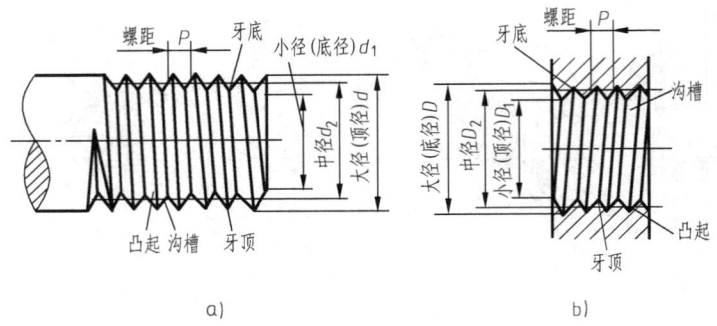

图9-4 螺纹的结构要素
a) 外螺纹　b) 内螺纹

(3) 线数　形成螺纹螺旋线的条数称为线数，用 n 表示。螺纹有单线和多线之分，如图9-5所示。沿一条螺旋线形成的螺纹称为单线螺纹；沿两条或两条以上螺旋线形成的螺纹称为多线螺纹。

(4) 螺距和导程　螺距和导程如图9-5所示。

1) 螺距。相邻两牙在中径线上对应两点间的轴向距离称为螺距，用 P 表示。

2) 导程。同一条螺旋线上，相邻两牙在中径线上对应两点间的轴向距离称为导程，用 P_h 表示。

线数 n、螺距 P、导程 P_h 之间的关系为：导程（P_h）＝螺距（P）×线数（n）

(5) 旋向　螺纹分为右旋和左旋两种。顺时针旋入的螺纹是右旋螺纹，逆时针旋入的螺纹是左旋螺纹。工程上常用的是右旋螺纹。

螺纹的旋向及判断方法如图9-6所示。

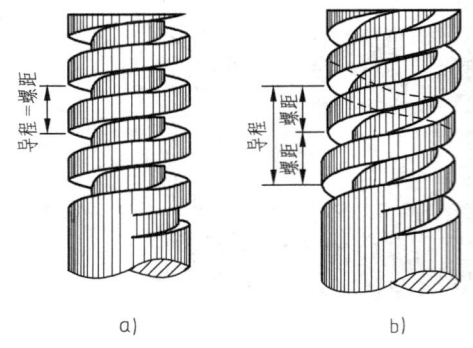

图9-5 螺纹的线数、螺距及导程
a) 单线螺纹　b) 双线螺纹

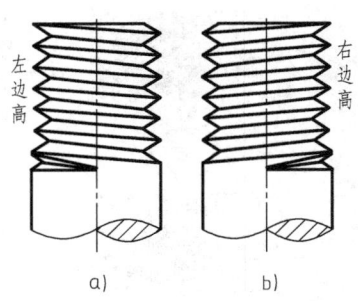

图9-6 螺纹的旋向及判断方法
a) 左旋　b) 右旋

3. 螺纹的分类

螺纹按用途可分为四类：

(1) 紧固用螺纹　简称紧固螺纹，是用来联接零件的螺纹，如应用最广的普通螺纹。

(2) 传动用螺纹　简称传动螺纹，是用来传递动力和运动的螺纹，如梯形螺纹、锯齿形螺纹和矩形螺纹等。

(3) 管用螺纹　简称管螺纹，如55°非密封管螺纹、55°密封管螺纹、60°密封管螺纹等。

（4）专门用途螺纹　简称专用螺纹，如自攻螺钉用螺纹、气瓶专用螺纹等。

二、螺纹的规定画法

螺纹一般不按真实投影作图，而是按国家标准《机械制图》GB/T 4459.1—1995 中规定的螺纹画法绘制。按此画法作图并加以标注，就能清楚地表示螺纹的类型、规格和尺寸。

1. 外螺纹的画法

外螺纹的画法如图 9-7 所示。

1）螺纹大径用粗实线表示，小径用细实线表示，在平行于螺纹轴线的视图中，表示小径的细实线应画入倒角或倒圆内。

2）螺纹终止线用粗实线表示，在剖视图中则按图 9-7b 所示主视图的画法绘制（即终止线只画螺纹牙型高度的一小段），剖面线必须画到表示大径的粗实线处。

3）在垂直于螺纹轴线的视图（投影为圆的视图）中，大径画粗实线圆；小径画细实线圆，只画约 3/4 圈；表示倒角的圆省略不画。

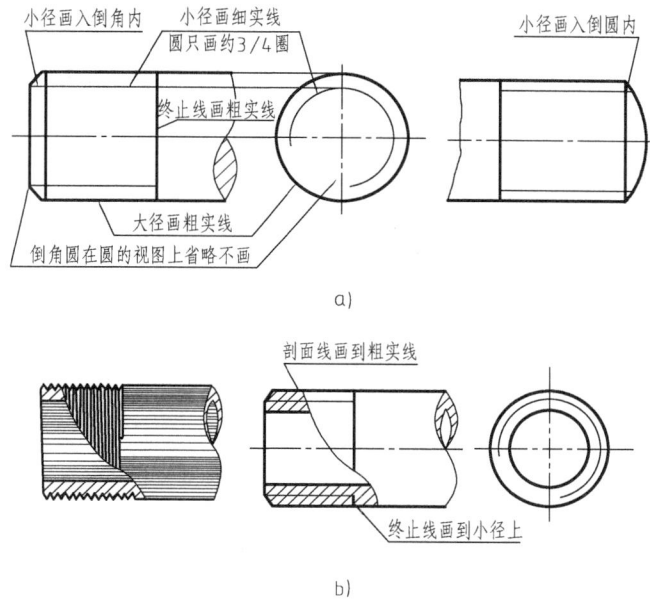

图 9-7　外螺纹的画法
a）视图的画法　b）剖视图的画法

2. 内螺纹的画法

在视图中，内螺纹为不可见，所有图线均用细虚线绘制。

在剖视图中，按如下规定绘制，如图 9-8 所示。

1）螺纹小径用粗实线表示，大径用细实线表示，螺纹终止线用粗实线表示，剖面线应画到表示小径的粗实线处。

2）在垂直于螺纹轴线的视图（投影为圆的视图）中，小径画粗实线圆，大径画细实线圆，只画约 3/4 圈，倒角圆省略不画。

3）绘制不穿通的螺孔时，应分别画出钻孔深度 H 及螺纹深度 L，如图 9-8b 所示，钻孔深度 H 比螺纹深度 L 按深约 0.5 倍的大径绘制，钻孔时在末端形成锥面的锥角按 120° 绘制。

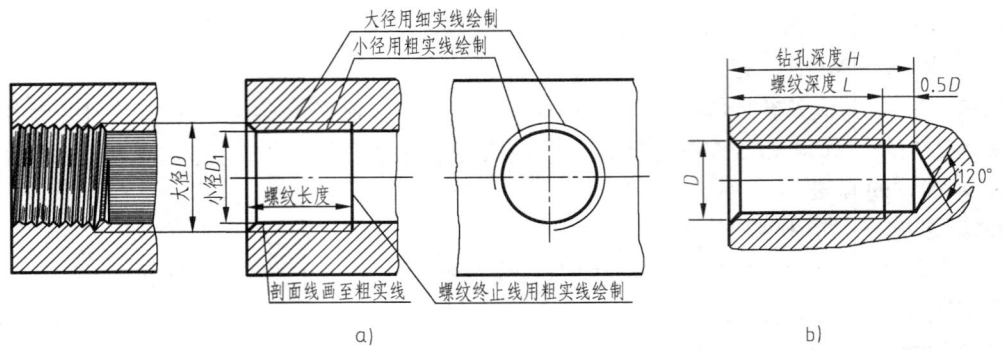

图 9-8 剖视图中内螺纹的画法
a) 通孔　b) 不通孔

3. 内、外螺纹联接的画法

内、外螺纹联接一般情况下画成剖视图，如图 9-9 所示。

1) 内、外螺纹的旋合部分应按外螺纹画法绘制，其余未旋合部分按各自原有的规定画法绘制。画图时必须注意：表示大小径的粗实线和细实线应分别对齐。

2) 按规定，当实心螺杆通过轴线剖切时按不剖绘制。

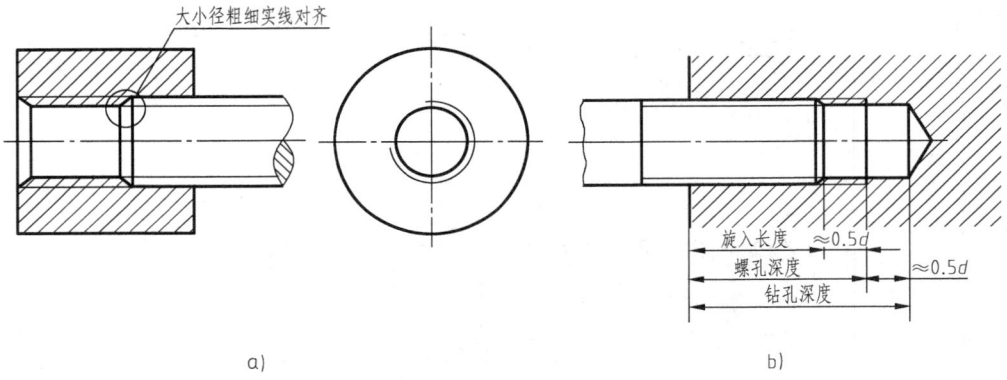

图 9-9 内、外螺纹联接的画法
a) 通孔　b) 不通孔

对单个螺纹的画法可概括如下：

> 表示螺纹两种线，用手摸着来分辨：
> 摸得着画粗实线，摸不着画细实线；
> 细线画入倒角内，细圆画四分之三；
> 剖面符号要画好，必须画到粗实线；
> 粗细图线要对齐，终止线画粗实线。

4. 螺纹牙型的表示法

在图形中一般不表示螺纹牙型，当需要表示螺纹牙型或表示非标准螺纹（如矩形螺纹）时，可按图 9-10 所示的形式绘制。在剖视图中表示几个牙型，如图 9-10a、b 所示；也可用局部放大图表示，如图9-10c所示。

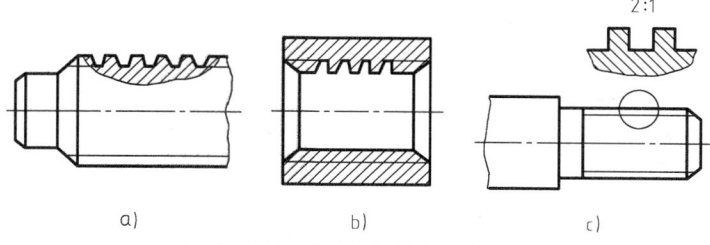

图9-10　螺纹牙型的表示法
a）外螺纹局部剖　b）内螺纹全剖　c）局部放大图

三、螺纹的图样标注

由于各种螺纹的画法都相同，其图形不能表达出螺纹的种类和螺纹的结构要素，因此国家标准规定，标准螺纹用规定的标记标注，以区别不同种类的螺纹。

1. 几种常用螺纹的标注规定

1）普通螺纹的螺纹标记为：

| 特征代号 | 公称直径 |×| 导程P_h 螺距P |-| 公差带代号 |-| 旋合长度代号 |-| 旋向代号 |

例如：

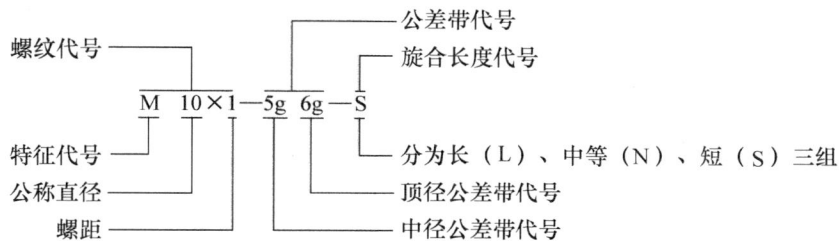

2）梯形螺纹和锯齿形螺纹标记的构成为：

| 特征代号 | 公称直径 |×| 导程（P 螺距） | 旋向 |-| 公差带代号 |-| 旋合长度代号 |

上述螺纹的标注方法是用尺寸的标注形式，注写在内、外螺纹的公称直径上，其公称直径一般指螺纹的大径。常用的普通螺纹、梯形螺纹的有关参数可从附录A中的表A-1、A-2中查得。

3）管螺纹的螺纹代号内容及标记的构成为：

| 螺纹特征代号 | 尺寸代号 | 公差等级代号 | 旋向代号 |

例如：

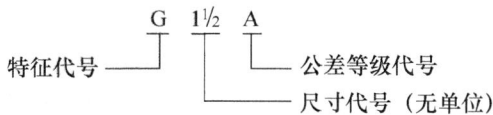

管螺纹的标记必须标注在大径的引出线上，管螺纹的尺寸代号并不是指螺纹大径，也不是管螺纹本身的任何一个直径，而是指加工管螺纹的管子的通孔直径，其大径和小径等参数可从附录A中的表A-3、A-4中查得。

2. 常用螺纹的标注方法和示例

常用螺纹的标注方法和示例见表9-1。

表 9-1 常用螺纹的标注方法和示例

螺纹类别	特征代号	标注示例	标注的含义
普通螺纹（粗牙）	M	M20-5g6g-S	普通螺纹，大径20mm，粗牙，螺距2.5mm，右旋，螺纹中径公差带代号为5g，顶径公差带代号为6g，旋合长度为40mm
普通螺纹（细牙）	M	M36×2-6g	普通螺纹，大径36mm，细牙，螺距2mm，右旋，螺纹中径和顶径公差带代号同为6g，中等旋合长度
梯形螺纹	Tr	Tr40×14(P7)-7H	梯形螺纹，公称直径为40mm，导程14mm，螺距7mm，右旋，中径公差带代号为7H，中等旋合长度
锯齿形螺纹	B	B32-6LH-7e	锯齿形螺纹，大径32mm，单线，螺距6mm，左旋，中径公差带代号为7e，中等旋合长度
非螺纹密封的管螺纹	G	G1A　G1	非螺纹密封的管螺纹，尺寸代号为1，外螺纹公差等级为A级
55°密封管螺纹	R_1 R_2 Rc Rp	Rc3/4　$R_2$3/4	55°密封管螺纹，尺寸代号3/4 Rc 表示圆锥内螺纹 Rp 表示圆柱内螺纹 R_2 表示与圆锥内螺纹相配合的圆锥外螺纹 R_1 表示与圆柱内螺纹相配合的圆锥外螺纹

四、识读螺纹零件图

1. 识读螺纹标注时的注意事项

1）普通螺纹分粗牙和细牙两种。粗牙螺纹不必标注螺距，细牙螺纹必须标注螺距。公称直径、导程和螺距数值的单位为 mm。

2）右旋螺纹不必标注，左旋螺纹应标注字母"LH"。

3）螺纹公差带代号由阿拉伯数字及拉丁字母组成，数字表示公差等级，字母表示公差带位置，其中大写字母表示内螺纹，小写字母表示外螺纹。普通螺纹应标注中径公差带代号和顶径公差带代号，如5g、6g，前者表示中径公差带代号，后者表示顶径公差带代号。如果中径与顶径公差带代号相同，则只标注一个。梯形螺纹和锯齿形螺纹只注中径公差带代号。

4）表示内、外螺纹旋合时，内螺纹公差带代号在前，外螺纹公差带代号在后，中间用"/"分开。

5）普通螺纹的旋合长度分为短（S）、中（N）、长（L）三组，当为中等旋合长度

(N) 时，不必标注。梯形螺纹的旋合长度规定为中 (N)、长 (L) 两组，当为中等旋合长度 (N) 时，不必标注。

6) 最常用的中等公差精度的普通螺纹（公称直径≤1.4 mm 的 5H、6h 和公称直径≥1.6mm 的 6H、6g），可以不标注公差带代号。

7) 55°非密封的内管螺纹和 55°密封管螺纹仅一种公差等级，公差带代号省略不注，如 Rc1。55°非密封的外管螺纹有 A、B 两种公差等级，螺纹公差等级代号标注在尺寸代号之后，如 $G1\frac{1}{2}$A-LH。

2. 识读螺纹零件图举例

【例 9-1】 识读图 9-11 所示差动螺钉的零件图。

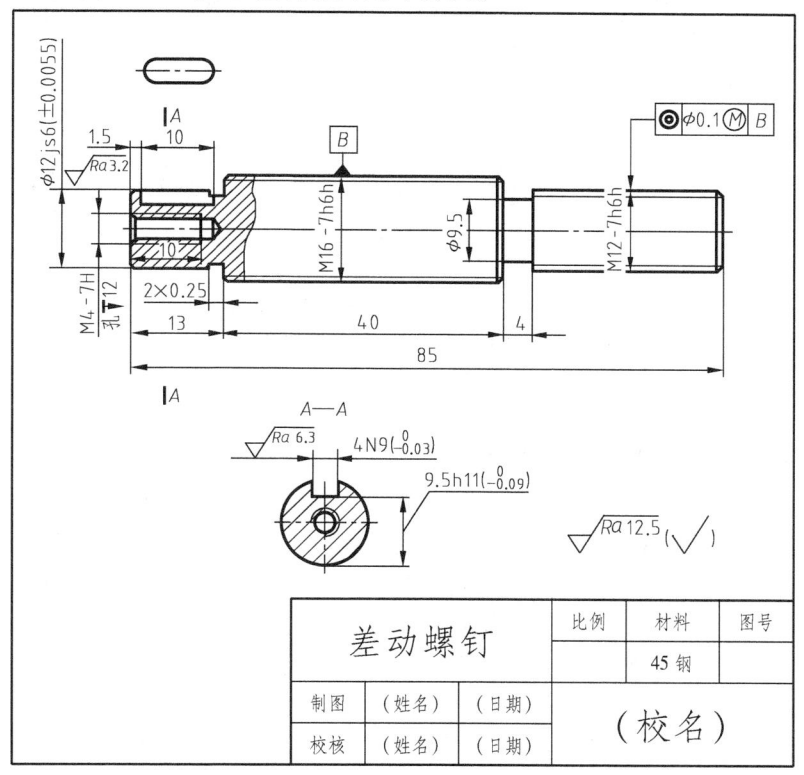

图 9-11 差动螺钉的零件图

从图中可以看出，该零件的名称是差动螺钉，材料是 45 钢。图中共用了三个图形表达该零件：主视图表达其整体结构形状；局部视图表达左端的键槽形状；移出断面图表达左端的键槽的深度，并便于标注键槽的尺寸。

该零件中共有三处螺纹：左端的螺纹孔的代号是"M4-7H"，表示粗牙普通螺纹，大径是 4mm，中径和顶径（小径）的公差带代号是 7H，孔深 12 mm，螺纹深度是 10 mm，查表 A-1 可知，该螺纹的螺距是 0.7mm；中间部分的螺纹代号是"M16-7h6h"，表示粗牙普通螺纹，大径是 16mm，中径的公差带代号是 7h，顶径（大径）的公差带代号是 6h，螺纹部分的长度是 40 mm，查表 A-1 可知，该螺纹的螺距是 2 mm；右端螺纹的代号是"M12-7h6h"，表示粗牙普通螺纹，大径是 12mm，中径的公差带代号是 7h，顶径（大径）的公差带代号是 6h，查表 A-1 可知，该螺纹的螺距是 1.75mm。

由于差动螺钉左右两端螺纹的直径不同，螺距也不同，因此可实现差动螺旋传动。

另外，图中还有制造差动螺钉的位置精度要求及表面粗糙度要求。

五、螺纹紧固件

1. 常用的螺纹紧固件的种类和标记

常用的螺纹紧固件有螺栓、双头螺柱、螺钉、螺母和垫圈等，如图 9-12 所示。它们的结构、尺寸都已分别标准化，使用或绘图时，可从相应的标准中查到所需的结构和尺寸。

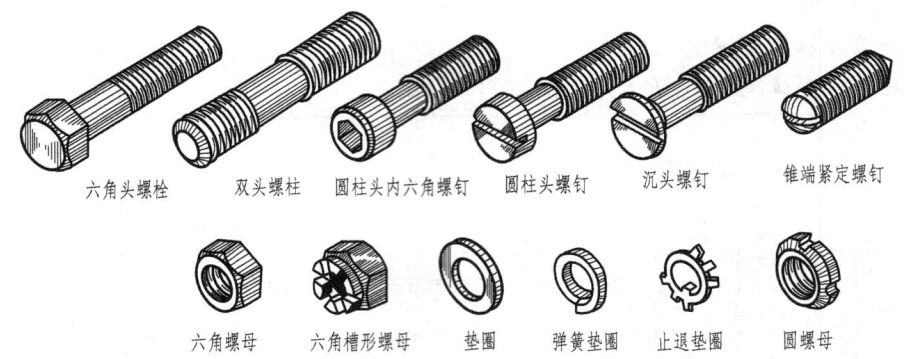

图 9-12 常用的螺纹紧固件

（1）螺栓　螺栓由头部及杆部两部分组成，头部形状以六角形的应用最广。决定螺栓的规格尺寸为螺纹的公称直径 d 及螺栓的长度 L。选定一种螺栓后，其他各部分的尺寸可在附录 B 中的表 B-1 中查得。

（2）双头螺柱　双头螺柱的两头制有螺纹，一端旋入被联接件的预制螺孔中，称为旋入端；另一端与螺母旋合，紧固另一个被联接件，称为紧固端。双头螺柱的规格尺寸为螺柱的直径 d 及紧固端的长度 L，其他各部分的尺寸可在附录 B 中的表 B-2 中查得。

（3）螺母　螺母通常与螺栓或螺柱配合使用，起紧固作用，以六角螺母应用最广。螺母的规格尺寸为螺纹的公称直径 D。选定一种螺母后，其他各部分尺寸可在附录 B 中的表 B-3 中查得。

（4）垫圈　垫圈通常垫在螺母和被联接件之间，目的是增加螺母与被联接零件之间的接触面，保护被联接件的表面不致因拧螺母而被刮伤。垫圈分为平垫圈和弹簧垫圈。弹簧垫圈还可以防止因振动而引起的螺母松动。选择垫圈的规格尺寸为螺栓的直径 d。垫圈选定后，其他各部分的尺寸可在附录 B 中的表 B-4、B-5 中查得。

（5）螺钉　螺钉按使用性质可分为联接螺钉和紧定螺钉两种。联接螺钉的一端为螺纹，另一端为头部。紧定螺钉主要用于防止两相配零件之间发生相对运动的场合。螺钉的规格尺寸为螺钉的直径 d 及长度 L，其他各部分的尺寸可在附录 B 中的表 B-6、B-7 中查得。

常用螺纹紧固件的标记示例见表 9-2。

表 9-2 常用螺纹紧固件的标记示例

名称及标准号	图例及规格尺寸	标记示例
六角头螺栓　A 级和 B 级　GB/T 5782		螺栓　GB/T 5782　M8×40 螺纹规格 d = M8、公称长度 L = 40mm、性能等级为 8.8 级、表面氧化、A 级的六角头螺栓

(续)

名称及标准号	图例及规格尺寸	标记示例
双头螺柱 A级和B级 GB/T 897 GB/T 898 GB/T 899 GB/T 900		螺柱 GB/T 898 M8×50 两端均为粗牙普通螺纹、d = M8、L = 50mm、性能等级为4.8级、不经表面处理、B型、b_m = 1.25d 的双头螺柱
1型六角螺母 A级和B级 GB/T 6170		螺母 GB/T 6170 M8 螺纹规格 D = M8、性能等级为10级、不经表面处理、A级的1型六角螺母
平垫圈 A级 GB/T 97.1		垫圈 GB/T 97.1 8 标准系列、公称尺寸 d = 8mm、硬度等级为200HV级、不经表面处理的平垫圈
标准弹簧垫圈 GB/T 93		垫圈 GB/T 93 8 规格8、材料65Mn、表面氧化的标准型弹簧垫圈
开槽沉头螺钉 GB/T 68		螺钉 GB/T 68 M8×30 螺纹规格 d = M8、公称尺寸 L = 30mm、性能等级为4.8级、不经表面处理的开槽沉头螺钉

2. 常用螺纹紧固件的联接画法

螺纹紧固件的联接是零件与零件或部件与零件间的一种可拆卸的联接,最常用的联接形式有螺栓联接、螺柱联接、螺钉联接,如图9-13所示。

(1) 螺栓联接 螺栓主要用于联接两个不太厚并能钻成通孔的零件,其联接的紧固件有螺栓、螺母、垫圈。联接前,先在两个被联接的零件上制出光孔(孔径比螺栓大径略大,一般可按1.1d画出),如图9-14a所示。

紧固件的画法一般采用比例画法绘制,即以螺栓上螺纹的公称直径(大径d)为基准,其余各部分的结构尺寸均按与公称直径成一定

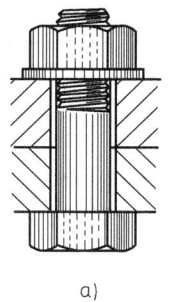 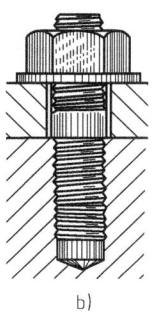 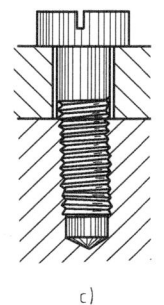

a)　　　　　b)　　　　　c)

图9-13 常用的螺纹联接
a) 螺栓联接　b) 螺柱联接　c) 螺钉联接

比例的关系绘制。螺栓的公称长度先按下式估算：$L \geq \delta_1 + \delta_2$（$\delta_1$、$\delta_2$ 为被联接零件的厚度）+ h（垫圈厚度）+ m（螺母厚度）+ a（螺栓伸出螺母的长度，取 $0.2d \sim 0.3d$），再根据估算出的值查表，取与估算值相接近的标准长度。根据螺纹公称直径 d 按下列比例作图：$b = 2d$　$h = 0.15d$　$m = 0.8d$　$a = 0.3d$　$k = 0.7d$　$e = 2d$　$d_2 = 2.2d$

螺栓联接图的比例画法如图 9-14b 所示，简化画法如图 9-14c 所示。

识读螺栓联接图时应注意：螺栓上的螺纹终止线是画在垫圈之下的，以显示螺母有拧紧的余地。

联接画法属于简单的装配图，其画法规定如图 9-14b 所示。

1）两零件的接触面只画一条线，不接触面必须画两条线（不论间隙大小）。

2）在剖视图中，当剖切平面通过螺纹紧固件的轴线时，这些件都按不剖绘制，即只画外形，不画剖面线，必要时，可采用局部剖视。

3）相邻两被联接件的剖面线方向应相反，必要时可以相同，但间隔必须相互错开或间隔大小不一致。在同一张图样上，同一零件的剖面线在各个视图上，其方向和间隔必须一致。

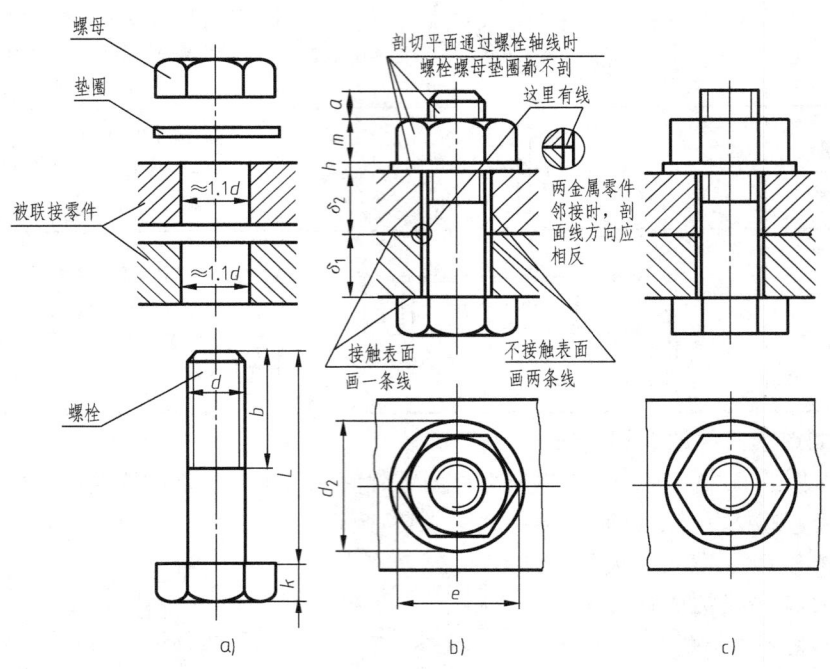

图 9-14　螺栓联接图的画法
a）联接前　b）联接后的比例画法　c）联接后的简化画法

（2）双头螺柱联接　双头螺柱主要用于联接两个被联接件中有一个较厚，不允许或不可能钻成通孔的零件。联接的紧固件有双头螺柱、螺母和垫圈，如图 9-15a 所示。双头螺柱两端均加工有螺纹。联接前，先在较厚的零件上加工出螺孔，在另一零件上加工出通孔，如图 9-15b 所示。将螺柱的一端（称旋入端）全部旋入螺孔内，在另一端（称紧固端）装上加工出通孔的零件，再套上弹簧垫圈或平垫圈，拧紧螺母，即完成了螺柱联接。联接的简化画法如图 9-15b 所示，图 9-15c 为比例画法。

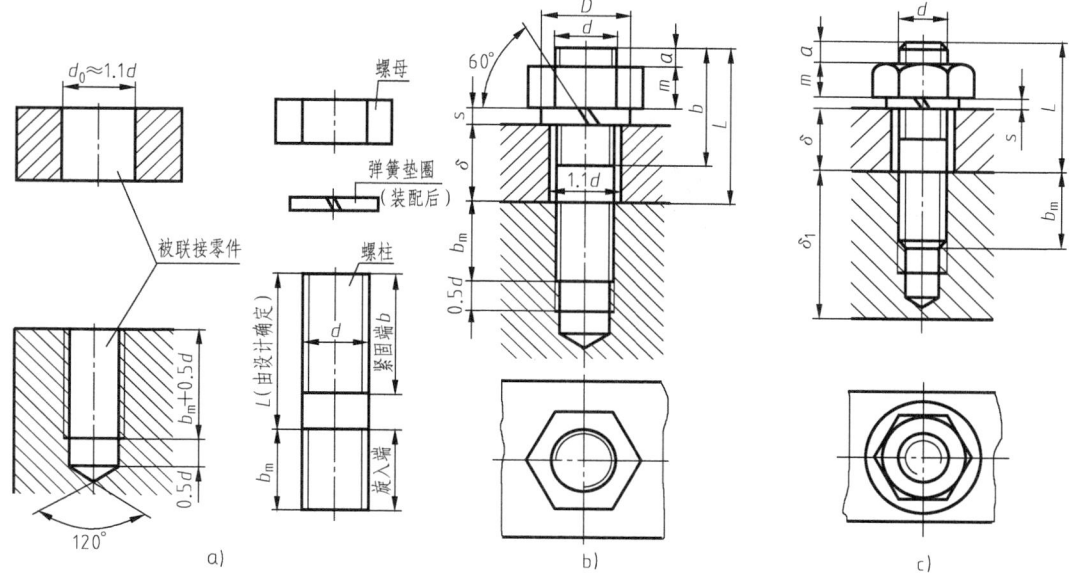

图 9-15 双头螺柱联接图
a) 联接前 b) 联接后的简化画法 c) 联接后的比例画法

为保证联接强度，螺柱旋入端的长度 b_m 随被旋入零件（机体）材料的不同而有四种规格：

1) 对于钢或青铜：$b_m = d$ （GB/T 897—1988）。
2) 对于铸铁或铜：$b_m = 1.25d$ （GB/T 898—1988）或 $b_m = 1.5d$ （GB/T 899—1988）。
3) 对于铝或其他软材料：$b_m = 2d$ （GB/T 900—1988）。

螺柱的公称长度先按下式估算：$L = \delta + s$（垫圈厚度）$+ m$（螺母厚度）$+ a$（螺柱伸出螺母的长度，取 $0.2d \sim 0.3d$），再根据估算出的值查表，取与估算值相接近的标准长度作为 L 值。

弹簧垫圈的作用是为了防松，其开槽的方向为阻止螺母松动的方向，画成与轴线成 60°、左上斜的两条平行粗实线。按比例作图时，取 $s = 0.2d$，$D = 1.5d$。

旋入端的螺孔深度取 $b_m + 0.5d$，钻孔深度取螺孔深度（$b_m + 0.5d$）$+ 0.5d$，如图 9-15b 所示。

识读双头螺柱联接图时应注意：螺柱的螺纹终止线是与螺纹孔口的端面平齐的，表示旋入端已拧紧。

（3）螺钉联接 螺钉联接不用螺母，而是将螺钉直接拧入零件的螺孔中，依靠螺钉头部压紧零件。

螺钉联接主要用于联接一个较薄、一个较厚的两个零件，且受力不大并经常拆卸的场合。如图 9-16 所示，装配时将螺钉直接穿过被联接零件上的通孔，再拧入另一个被联接零件的螺孔中，从而达到联接的目的。

螺钉联接的装配图画法可采用图 9-16a、b 所示的比例画法（注意不同头部的画法区别）。用比例画法绘制的螺钉联接图，其旋入端与螺柱联接的画法相同，被联接薄板的孔部画法与螺栓联接的画法相同，被联接薄板的孔径取 $1.1d$。螺钉的有效长度 $L = \delta + b_m$，按计算值 L 查表确定标准长度。

螺钉联接的简化画法如图 9-16c 所示。

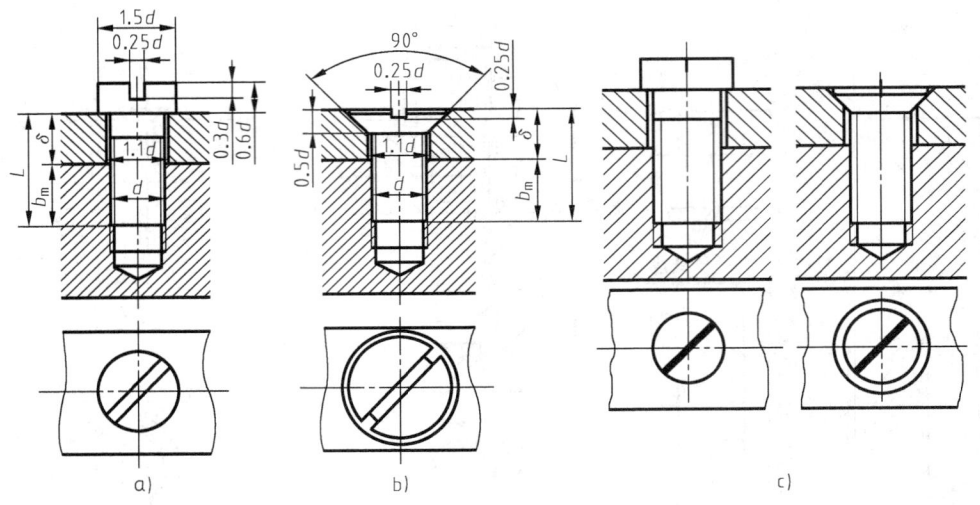

图 9-16 螺钉联接的画法
a）开槽圆柱头螺钉联接　b）开槽沉头螺钉联接　c）螺钉联接的简化画法

识读螺钉联接图时应注意以下两点：

1）螺钉的螺纹终止线不能与被联接件的结合面平齐，而是画在螺纹的孔口之上，表示螺钉有拧紧的余地。

2）具有直槽的螺钉头部，在主视图中应被放正，在俯视图中规定画成与水平方向成45°的倾斜方向。

（4）紧定螺钉联接　紧定螺钉用来固定两个零件的相对位置，防止两个相配合的零件产生相对运动。如图 9-17 中的轴和齿轮（图中齿轮仅画出轮毂部分），用一个开槽锥端紧定螺钉旋入轮毂的螺孔，使螺钉端部的 90°锥顶与轴上的 90°锥坑压紧，从而固定了轴和齿轮的相对位置。

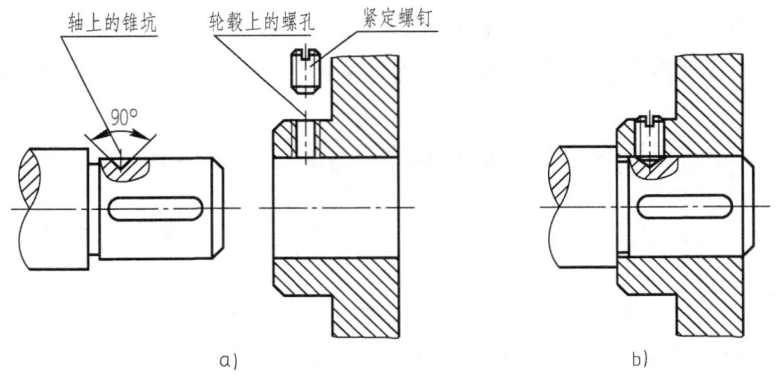

图 9-17 紧定螺钉的联接画法

课题二　键 和 销

键和销都是标准件，其结构、形式和尺寸国家标准都有规定，设计或使用时可根据有关标准和手册查阅选用。

一、键联接

键联接是一种可拆卸的联接，键包括单键和花键。键联接主要用于轴和轴上的零件（如带轮、齿轮等）之间的周向联接，使轴和传动件不产生相对运动，保证其同步旋转，以传递转矩和旋转运动，如图9-18所示。

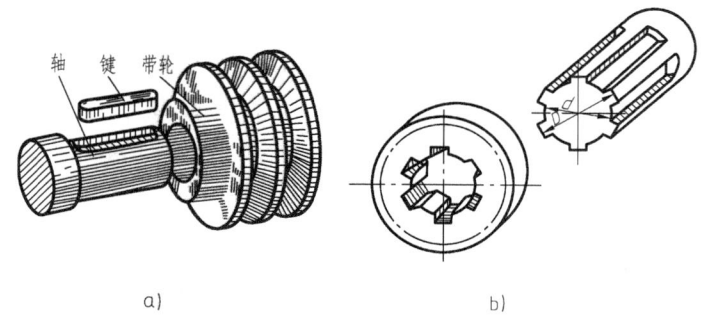

图9-18 键联接
a) 单键 b) 花键

1. 常用单键的种类、画法和标记

单键的种类很多，常用的有普通平键、半圆键和钩头楔键三种，如图9-19所示。常用单键的种类、画法和标记见表9-3，其尺寸与公差可在附录C中的表C-1中查得。

表9-3 常用单键的种类、画法和标记

名称	标准号	图 例	标记示例
普通平键	GB/T 1096—2003		$b=18$mm、$h=11$mm、$L=100$mm的普通B型平键的标记为： GB/T 1096—2003 键 B18×11×100 （左图的普通A型平键可不标出A）
普通型半圆键	GB/T 1099.1—2003		$b=6$mm、$h=10$mm、$D=25$mm的普通型半圆键的标记为： GB/T 1099.1—2003 键 6×10×25
钩头楔键	GB/T 1565—2003		$b=18$mm、$h=11$mm、$L=100$mm的钩头楔键的标记为： GB/T 1565—2003 键 18×100

2. 键槽的画法和尺寸标注

因为键是标准件，所以一般不必画出零件图，但要画出零件上与键相配合的键槽。键槽

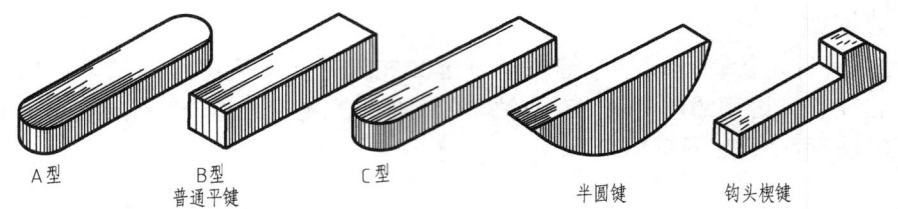

图 9-19 常用的单键

的加工方法如图 9-20 所示,键槽的画法和尺寸标注如图 9-21 所示。键槽的宽度 b、轴上的槽深 t_1 和轮毂上的槽深 t_2 可从附录 C 中的表 C-2 中查得,键的长度 L 应小于或等于轮毂的长度。

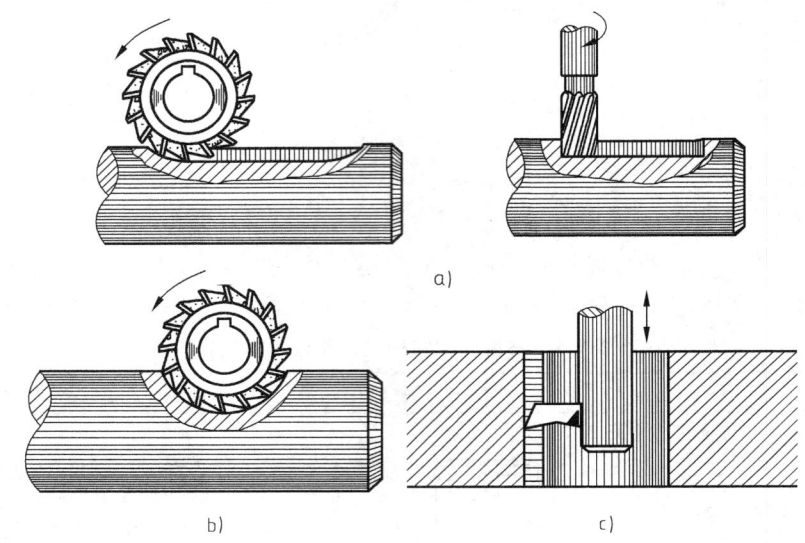

图 9-20 键槽的加工方法
a) 铣削轴上的平键键槽 b) 铣削轴上的半圆键键槽 c) 插制轮孔中的键槽

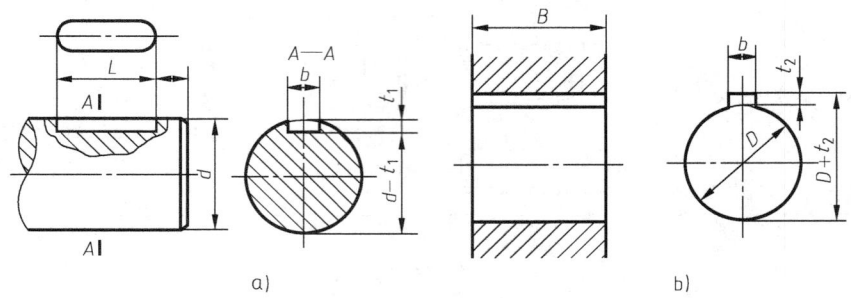

图 9-21 键槽的画法和尺寸标注
a) 轴上的键槽 b) 轮毂上的键槽

3. 键联接的画法

键联接的画法见表 9-4。从表中看出,键联接的主视图都是通过轴线和键的纵向对称平面剖切后画出的,键和轴均按不剖绘制。为了表示键在轴上的装配情况,都采用了局部剖。其中左视图均为全剖视,键为横向剖切,所以要画剖面线,且与相邻件的剖面线方向相反或方向相同而间隔错开。

表 9-4 键联接的画法与识读

名称	键联接画法	说 明
普通平键		1）键的两侧面为工作面 2）键与轴上键槽的底面及两侧面为接触面，均应画成一条线 3）键与轮毂上键槽的顶面有间隙，必须画两条线
半圆键		1）键的两侧面为工作面 2）键与轴上键槽的底面及两侧面为接触面，均应画成一条线 3）键与轮毂上键槽的顶面有间隙，必须画两条线
钩头楔键		1）键的顶面、底面为工作面 2）键与轴上键槽的底面和孔上键槽的顶面为接触面，只画一条线 3）键的两侧面为非工作面，与键槽的两侧面留有间隙，必须画两条线

4. 花键的规定画法与标注

花键是一种常用的标准结构，其结构和尺寸均已标准化。

花键的齿形有矩形、三角形、渐开线形等。最常用的是矩形花键，其基本参数有三个，即大径 D、小径 d 和键宽 b。花键的标记一般标注大径、小径、键宽和长度。

外花键的规定画法及尺寸标注如图 9-22 所示。外花键的大径用粗实线绘制，小径用细实线绘制，并在断面图中画出一小部分或全部齿形。

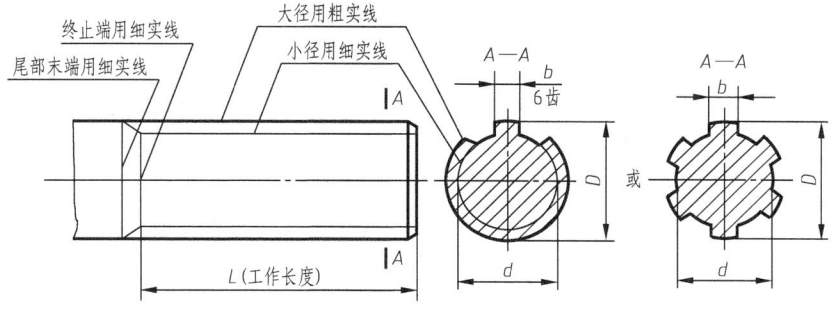

图 9-22 外花键的规定画法及尺寸标注

内花键的规定画法及尺寸标注如图 9-23 所示。内花键一般用全剖视图表达，大径和小径均用粗实线绘制,并在断面图中画出一小部分或全部齿形。

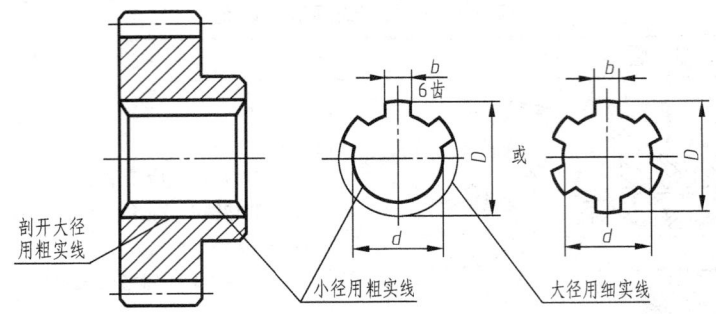

图 9-23 内花键的规定画法及尺寸标注

内、外花键的联接画法及配合代号标注如图 9-24 所示。花键联接用剖视图或断面图表示时,其联接部分按外花键绘制。

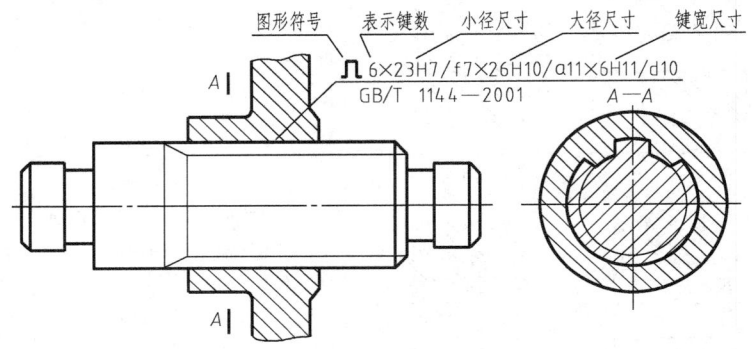

图 9-24 内、外花键联接的联接画法及配合代号标注

二、销联接

销联接（GB/T 119.1—2000、GB/T 117—2000）也是一种可拆卸的联接。常用的销有圆柱销、圆锥销和开口销。圆柱销和圆锥销通常用于零件间的联接或定位；开口销常用于在螺纹联接的装置中,以防螺母的松动。常用销的形式、标记和联接画法见表 9-5,有关参数可从附录 D 中的表 D-1、D-2 中查得。

表 9-5 常用销的形式、标记及联接画法

名称	形 式	标记示例	联接画法
圆柱销		销 GB/T 119.1 6m6×50 表示公称直径（外径）$d=6$mm、公称长度 $l=50$mm、材料为钢、不经淬火、不经表面处理的圆柱销	
圆锥销		销 GB/T 117 10×80 表示公称直径（小端）$d=10$mm、公称长度 $l=80$mm、材料为 35 钢、热处理硬度 28～38HRC、表面氧化处理的 A 型圆锥销	

（续）

名称	形　式	标记示例	联接画法
开口销	（图示：开口销，标注 l 和 d）	销 GB/T 91 3×20 表示公称规格为 3mm（销孔直径 d = 3mm）、长度 l = 20mm、材料为低碳钢、不经表面处理的开口销	（图示：联接画法）

课题三　齿　轮

齿轮是汽车机械传动中广泛应用的传动零件，一般成对啮合使用。它不仅可以用来传递运动和动力，还可以改变转速及转动方向。齿轮的种类很多，按其传动情况可分为三种，如图 9-25 所示。

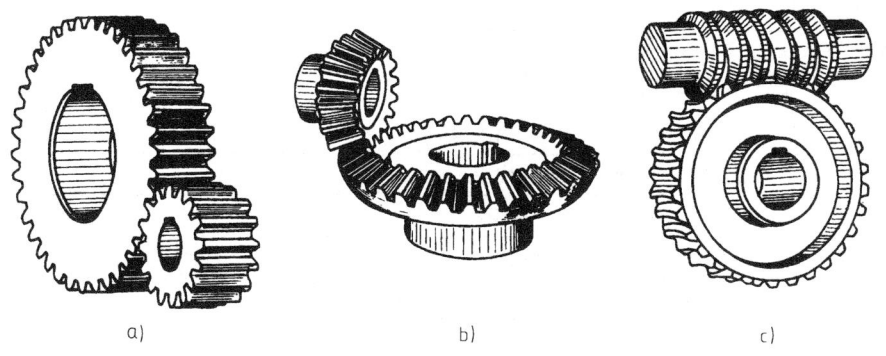

图 9-25　齿轮的种类
a）圆柱齿轮　b）锥齿轮　c）蜗杆蜗轮

圆柱齿轮传动：用于两平行轴间的传动，如图 9-25a 所示。

锥齿轮传动：用于两相交轴间的传动，如图 9-25b 所示。

蜗杆蜗轮传动：用于两交错轴间的传动，如图 9-25c 所示。

一、圆柱齿轮

常用的圆柱齿轮按轮齿的方向不同，可分为直齿圆柱齿轮、斜齿圆柱齿轮和人字齿圆柱齿轮，如图 9-28 所示。

1. 直齿圆柱齿轮的结构

直齿圆柱齿轮的结构如图 9-26 所示。

2. 直齿圆柱齿轮各部分的名称及代号

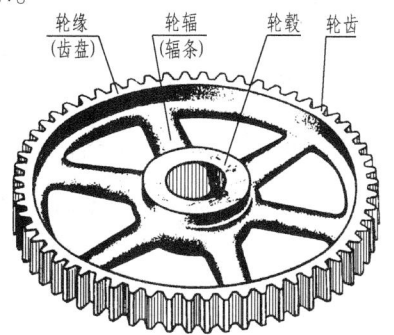

图 9-26　直齿圆柱齿轮的结构

直齿圆柱齿轮各部分的名称及代号如图9-27所示。

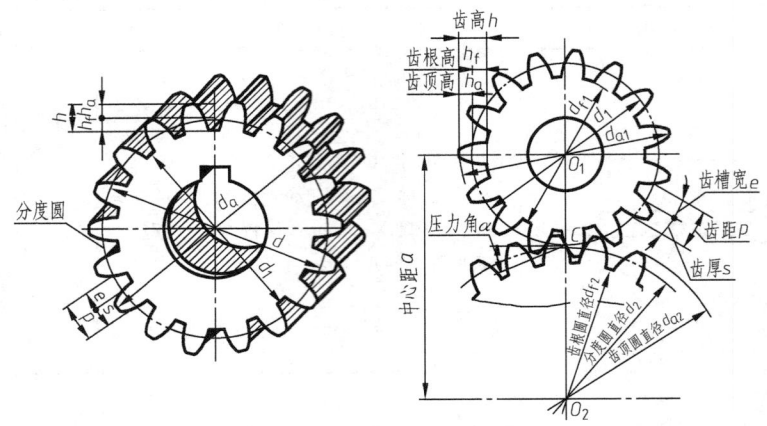

图 9-27 直齿圆柱齿轮各部分的名称及代号

3. 直齿圆柱齿轮各部分的名称、代号及含义

直齿圆柱齿轮各部分的名称、代号及含义见表9-6。

表 9-6 直齿圆柱齿轮各部分的名称、代号及含义

名 称	代号	含 义
齿顶圆直径	d_a	通过轮齿顶端的圆的直径
齿根圆直径	d_f	通过轮齿根部的圆的直径
分度圆直径	d	在齿顶圆与齿根圆之间的一个假想圆。对于标准齿轮,此圆上齿厚s与槽宽e相等
齿高	h	齿顶圆与齿根圆之间的径向距离
齿顶高	h_a	齿顶圆与分度圆之间的径向距离
齿根高	h_f	齿根圆与分度圆之间的径向距离
齿距	p	在分度圆上,相邻两齿对应齿廓之间的弧长
齿厚	s	在分度圆上,一个齿的两侧齿廓之间的弧长
齿槽宽	e	在分度圆上,一个齿槽的两侧齿廓之间的弧长
中心距	a	两啮合齿轮轴线之间的距离

4. 直齿圆柱齿轮的基本参数

直齿圆柱齿轮的基本参数是齿数及模数。

(1) 齿数 z 齿数是齿轮上轮齿的个数。

(2) 模数 m 齿轮上有多少个齿,分度圆上就有多少个齿距。由于分度圆的周长 $\pi d = zp$,所以 $d = \dfrac{p}{\pi}z$,令 $m = \dfrac{p}{\pi}$,m 就称为齿轮的模数,则 $d = mz$。

模数以 mm 为单位,是齿轮设计与制造的重要参数。为便于齿轮的设计与制造,减少齿轮成形刀具的规格及数量,国家标准对模数规定了标准值,见表9-7。

表 9-7 标准渐开线圆柱齿轮的模数(GB/T 1357—2008) (单位:mm)

第一系列	1,1.25,1.5,2,2.5,3,4,5,6,8,10,12,16,20,25,32,40,50
第二系列	1.75,2,2.5,2.75,(3.25),3.5,(3.75),4.5,5,(6.5),7,9,(11),14,18,22,28,36,45

5. 直齿圆柱齿轮各部分尺寸的计算关系

直齿圆柱齿轮的基本参数确定以后，齿轮各部分的尺寸可按表9-8中的公式计算。

表9-8 标准直齿圆柱齿轮各基本尺寸的计算公式

名称	代号	计算公式
齿顶高	h_a	$h_a = m$
齿根高	h_f	$h_f = 1.25m$
齿高	h	$h = 2.25m$
分度圆直径	d	$d = mz$
齿顶圆直径	d_a	$d_a = m(z+2)$
齿根圆直径	d_f	$d_f = m(z-2.5)$
齿距	p	$p = \pi m$
中心距	a	$a = m(z_1 + z_2)/2$

6. 圆柱齿轮的规定画法

（1）单个齿轮的画法 齿轮上的轮齿是多次重复的结构，GB/T 4459.2—2003 对齿轮的画法做了如下的规定：

1）齿顶圆和齿顶线用粗实线表示；分度圆和分度线用细点画线表示；齿根圆和齿根线用细实线表示（也可以省略不画），如图9-28a所示。

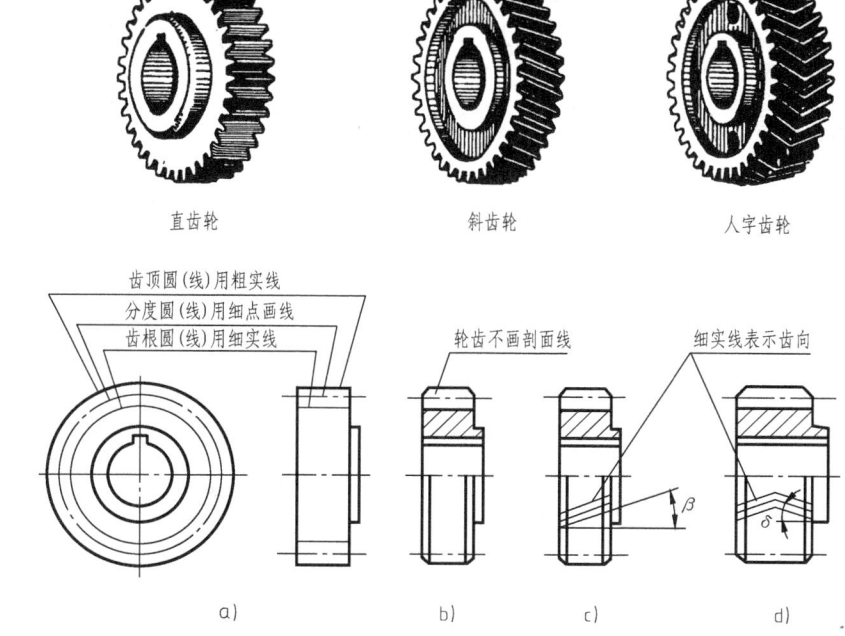

图9-28 圆柱齿轮的类型和单个圆柱齿轮的画法

2）在剖视图中，齿根线用粗实线绘制，且不能省略。轮齿一律按不剖绘制，如图9-28b所示。

3）当需要表示斜齿或人字齿的齿线方向时，用三条与齿线方向一致的细实线表示，如图9-28c、9-28d所示。

4）齿轮的其他结构，应按投影关系画出。

对单个齿轮的画法可概括如下：

> 表示齿轮三种线：齿顶圆线粗实线，
> 分度圆线点画线，齿根不剖细实线，
> 齿根剖开粗实线，齿向三条细实线。

（2）齿轮啮合的画法　圆柱齿轮啮合区的啮合情况及画法如图 9-29 所示。

两标准齿轮互相啮合时，两齿轮的分度圆处于相切的位置，此时分度圆又称为节圆。两齿轮的啮合画法，关键是啮合区的画法，其他部分仍按单个齿轮的画法规定绘制。

1）在投影为圆的视图中，两齿轮的节圆相切。啮合区内的齿顶圆均画成粗实线，如图 9-29a 所示，也可以省略不画，如图 9-29b 所示。

2）在非圆投影的剖视图中，两齿轮节线重合，画成点画线，齿根线画粗实线。齿顶线的画法是将一个齿轮的轮齿作为可见画成粗实线，另一个齿轮的轮齿被遮住部分画成细虚线，如图 9-29a 所示，该细虚线也可省略不画。

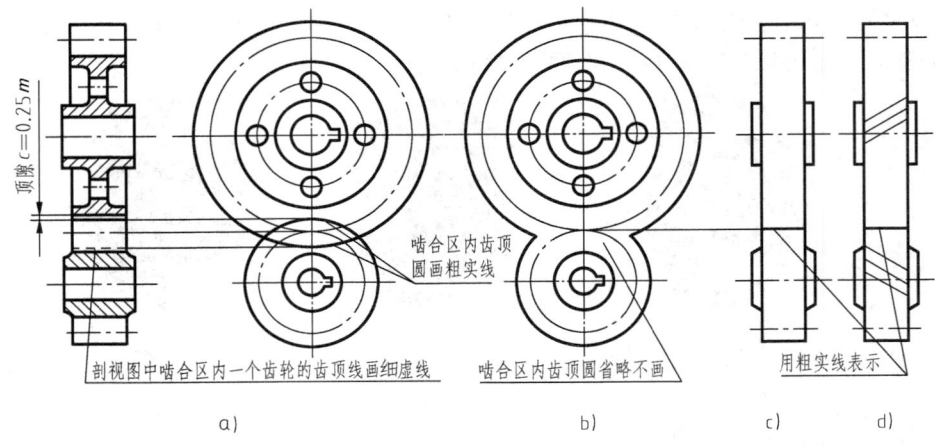

图 9-29　圆柱齿轮啮合的画法

3）在非圆投影的外形视图中，啮合区的齿顶线和齿根线不必画出，节线画成粗实线，如图 9-29c、9-29d 所示。

在齿轮啮合的剖视图中，由于齿根高和齿顶高相差 $0.25m$，所以，一个齿轮的齿顶线与另一个齿轮的齿根线之间应有 $0.25m$ 的间隙，如图 9-30 所示。

对啮合区的画法可概括如下（剖视图中的画法）：

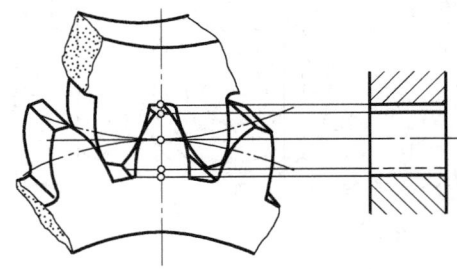

图 9-30　轮齿啮合区的间隙

> 啮合区内五条线：齿根两条粗实线，
> 主动齿顶粗实线，被动齿顶细虚线，
> 分度相切为节圆，只画一条点画线。

7. 识读圆柱齿轮的零件图

图 9-31 所示是直齿圆柱齿轮的零件图。

（1）齿轮的图形表达　该齿轮共有两个视图。主视图采用了全剖视，轮齿不剖，齿顶线和齿根线为粗实线，分度线为细点画线，辐板上均匀分布的孔是采用简化画法，将其旋转到剖切平面上画出的；左视图为齿轮的端面视图，齿顶圆为粗实线，分度圆为细点画线，齿根圆省略不画。齿轮的其他结构都是按投影关系绘制的。

（2）齿轮的参数表　齿轮的参数表位于图 9-31 的右上角，主要参数有模数 m、齿数 z、齿形角 α 及齿轮的精度等级。

（3）键槽的尺寸及极限偏差　键槽宽度和深度应根据轮毂轴孔的公称直径查附录 C 中的表 C-2 而得。

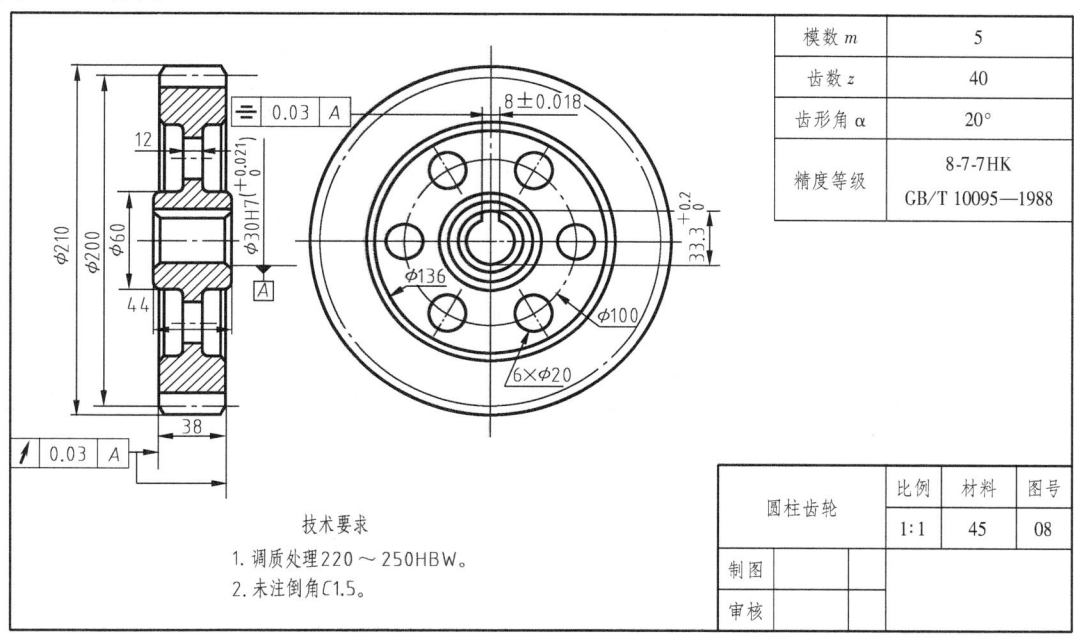

图 9-31　直齿圆柱齿轮的零件图

二、锥齿轮简介

1. 直齿锥齿轮各部分的名称

锥齿轮通常用于垂直相交两轴之间的传动。由于轮齿位于圆锥面上，所以锥齿轮的轮齿一端大，另一端小，齿厚是逐渐变化的，直径和模数也随着齿厚的变化而变化。为了设计和制造方便，标准规定以大端的模数为标准，用其决定轮齿的有关尺寸，一对锥齿轮啮合也必须有相同的模数。锥齿轮各部分几何要素的名称和规定画法如图 9-32 所示。

锥齿轮各部分几何要素的尺寸，也都与模数 m、齿数 z 及分度圆锥角 δ 有关，其计算公式为：齿顶高 $h_a = m$，齿根高 $h_f = 1.2m$，齿高 $h = 2.2m$，分度圆直径 $d = mz$，齿顶圆直径 $d_a = m(z + 2\cos\delta)$，齿根圆直径 $d_f = m(z - 2.4\cos\delta)$。

2. 单个锥齿轮的画法

单个锥齿轮的画法如图 9-33 所示。锥齿轮的规定画法与圆柱齿轮基本相同，一般主、左两个视图表示，主视图画成剖视图，在投影为圆的左视图中，用粗实线表示齿轮大端和小

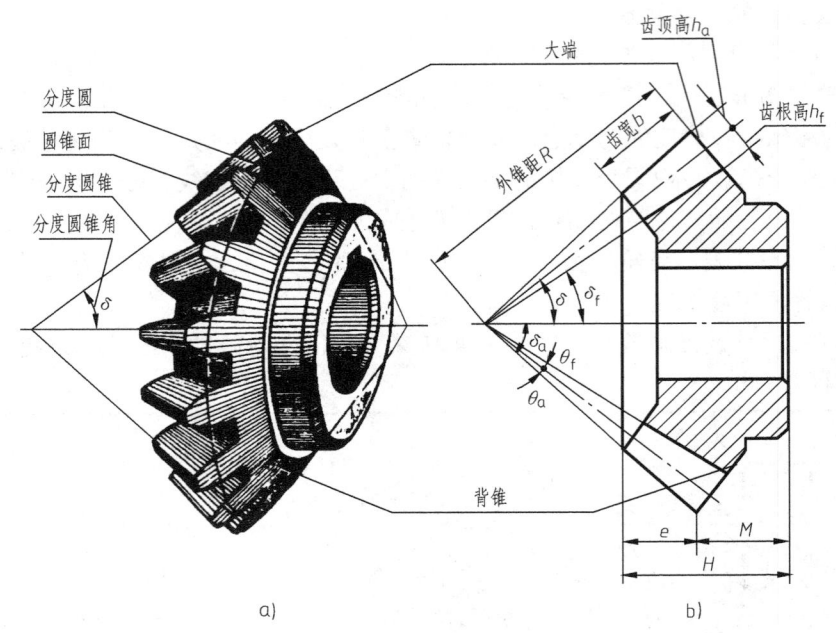

图 9-32 锥齿轮各部分的名称和规定画法

端的齿顶圆，用细点画线表示大端的分度圆，不画齿根圆。

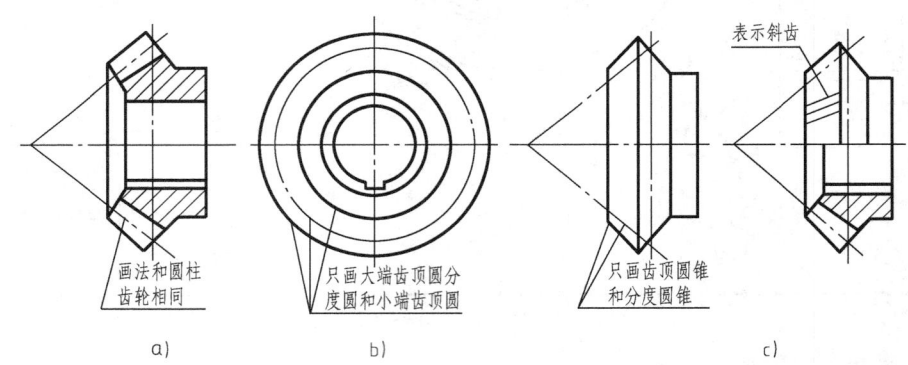

图 9-33 单个锥齿轮的画法

3. 锥齿轮啮合的画法

锥齿轮啮合的画法如图 9-34 所示。主视图画成了剖视图。对于标准齿轮来说，由于两齿轮的分度圆锥面相切，因此，其分度线重合，画成细点画线。在啮合区内，应将其中一个齿轮的齿顶线画成粗实线，而将另一个齿轮的齿顶线画成细虚线或省略不画。左视图画成外形视图。

三、蜗轮、蜗杆简介

蜗轮蜗杆一般用于垂直交错两轴之间的传动，蜗杆是主动件，蜗轮是从动件。蜗轮蜗杆的传动比大，结构紧凑，但效率低，蜗杆的齿数（即头数）z_1，相当于螺杆上螺纹的线数。蜗杆常用单线，在传动时，蜗杆旋转一圈，蜗轮只转过一个齿，因此可得到很大的传动比。蜗杆和蜗轮的轮齿是螺旋形的，蜗轮的齿顶面和齿根面常制成圆环面。

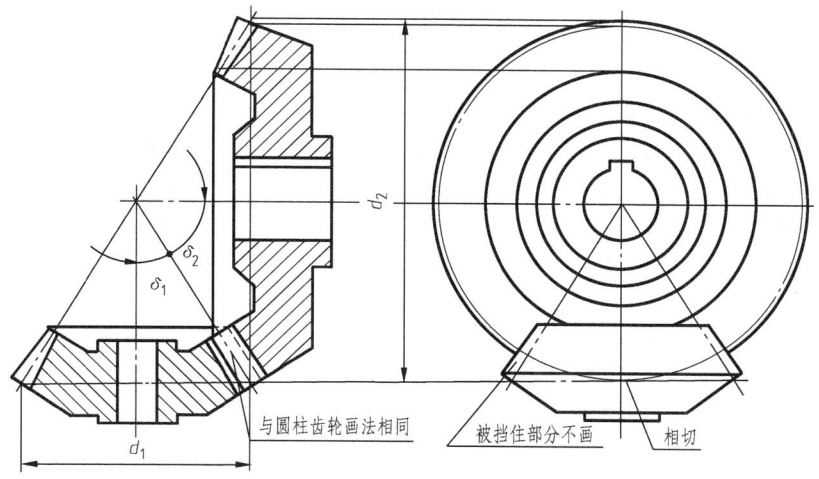

图 9-34 锥齿轮啮合的画法

1. 蜗轮各部分几何要素的代号和规定画法

蜗轮各部分几何要素的代号和规定画法如图 9-35a 所示。蜗轮的画法与圆柱齿轮基本相同,但是在蜗轮投影为圆的视图中,只画出分度圆 d_2 和最外圆 d_{e2},不画齿顶圆与齿根圆。

2. 蜗杆各部分几何要素的代号和规定画法

蜗杆各部分几何要素的代号和规定画法如图 9-35b 所示。蜗杆的画法与圆柱齿轮相同,在外形视图中,蜗杆的齿根圆和齿根线用细实线绘制或省略不画;在主视图上,用局部放大图表示齿形。

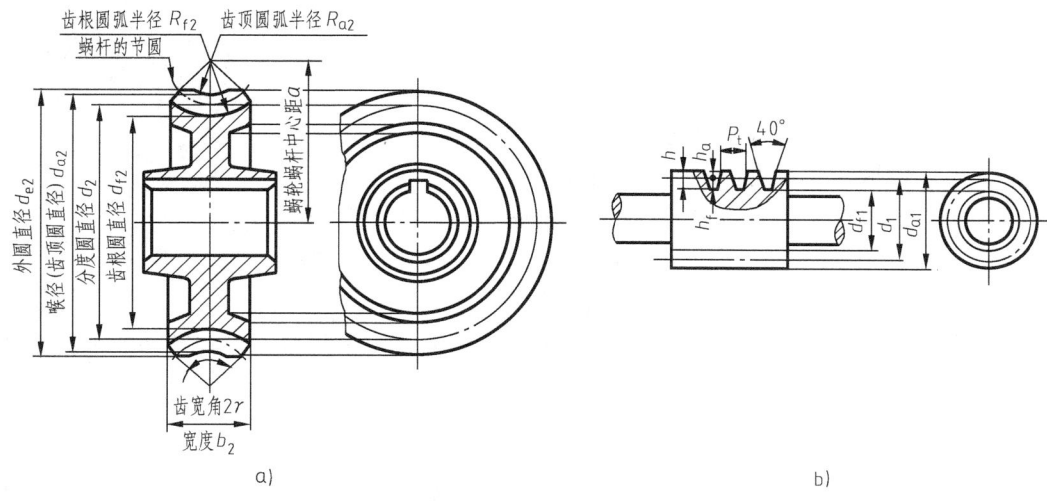

图 9-35 蜗轮和蜗杆各部分几何要素的代号和规定画法
a) 蜗轮 b) 蜗杆

3. 蜗杆蜗轮啮合的画法

蜗杆蜗轮啮合的剖切画法如图 9-36a 所示;不剖切画法如图 9-36b 所示。

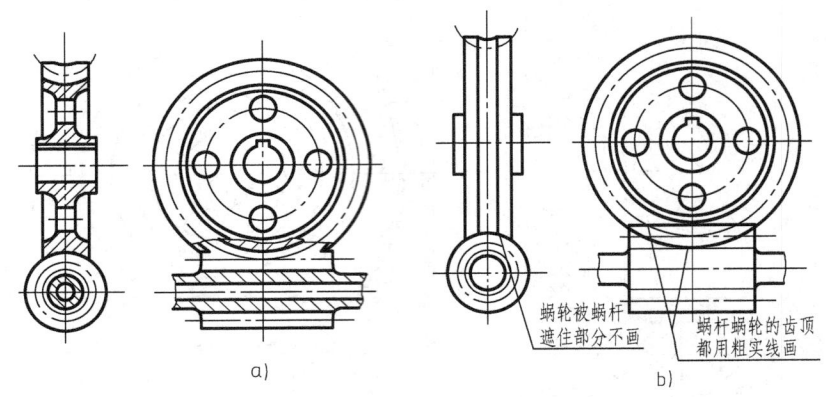

图 9-36 蜗轮和蜗杆啮合的画法

课题四 滚动轴承

滚动轴承是支承旋转轴的标准组合件，由于它具有摩擦力小、结构紧凑等优点，所以被现代工业广泛使用。滚动轴承的种类很多，其结构大体相同，一般由外圈、内圈、滚动体和保持架四部分组成，如图 9-37 所示。

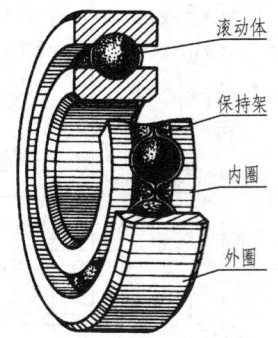

在使用时，滚动轴承的内圈装在轴上，随轴一起转动；外圈装在机体或轴承座内，一般固定不动；滚动体安装在内、外圈之间的滚道中，其形状有球形、圆柱形和圆锥形等，当内圈转动时，它们在滚道内滚动；保持架用来隔离滚动体。

一、滚动轴承的分类

滚动轴承按其受力方向可分为三类：

（1）向心轴承　主要承受径向力，如深沟球轴承。

（2）推力轴承　只承受轴向力，如推力球轴承。

（3）向心推力轴承　同时承受径向力和轴向力，如圆锥滚子轴承。

图 9-37 滚动轴承的结构

二、滚动轴承的代号

滚动轴承的代号由基本代号、前置代号和后置代号三部分组成，排列顺序如下：

|前置代号| |基本代号| |后置代号|

1. 基本代号

基本代号表示滚动轴承的基本类型、结构及尺寸，是滚动轴承代号的基础。基本代号由轴承类型代号、尺寸系列代号和内径代号构成（滚针轴承除外），其排列顺序如下：

|类型代号| |尺寸系列代号| |内径代号|

（1）类型代号　轴承类型代号用阿拉伯数字或大写拉丁字母表示，其含义见表 9-9。

（2）尺寸系列代号　尺寸系列代号由滚动轴承的宽（高）度系列代号和直径系列代号

组合而成,用两位数字表示,主要用来区别内径相同而宽(高)度和外径不同的轴承。

(3) 内径代号 内径代号表示轴承的公称内径,其内径尺寸可以直接从基本代号(右起第一、第二位数)中判定出来。

代号 00, 01, 02, 03 分别表示内径 $d = 10, 12, 15, 17$(单位: mm);代号数字 $\geqslant 04$~96(22, 28, 32 除外)时,代号数字乘以 5 即为轴承内径。

表 9-9 滚动轴承的类型代号(摘自 GB/T 272—1993)

代号	轴 承 类 型	代号	轴 承 类 型
0	双列角接触球轴承	6	深沟球轴承
1	调心球轴承	7	角接触球轴承
2	调心滚子轴承和推力调心滚子轴承	8	推力圆柱滚子轴承
3	圆锥滚子轴承	N	圆柱滚子轴承(双列或多列用字母 NN 表示)
4	双列深沟球轴承	U	外球面球轴承
5	推力球轴承	QJ	四点接触球轴承

2. 前置代号和后置代号

前置代号和后置代号是轴承在结构形状、尺寸、公差、技术要求等有改变时,在其基本代号左、右添加的补充代号。

轴承代号标记示例:

6208: 第一位数"6"表示类型代号,为深沟球轴承。

第二位数"2"表示尺寸系列代号,宽度系列代号"0"省略,直径系列代号为"2"。

后两位数"08"表示内径代号,$d = 8 \times 5 = 40 \text{mm}$。

N2110: 第一个字母"N"表示类型代号,为圆柱滚子轴承。

第二、三两位数"21"表示尺寸系列代号,宽度系列代号为"2",直径系列代号为"1"。

后两位数"10"表示内径代号,内径 $d = 10 \times 5 = 50 \text{mm}$。

三、滚动轴承的表示法

因滚动轴承是标准组合件,不需要画零件图。在装配图中,需较详细地表达滚动轴承的主要结构时,可采用规定画法;只需简单地表达滚动轴承的特征性能时,可采用特征画法;在传动系统中,可采用图示符号表示。滚动轴承的画法见表 9-10。常用滚动轴承的有关参数可从附录 E 中查得。

表 9-10 滚动轴承的画法(摘自 GB/T 4459.7—1998)

名称和标准号	画 法			
	规定画法	特征画法	图示符号	装配画法
深沟球轴承 GB/T 276—1994	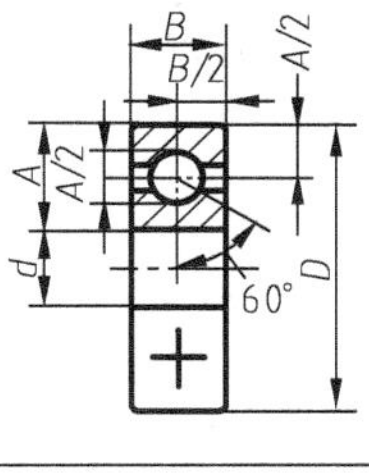	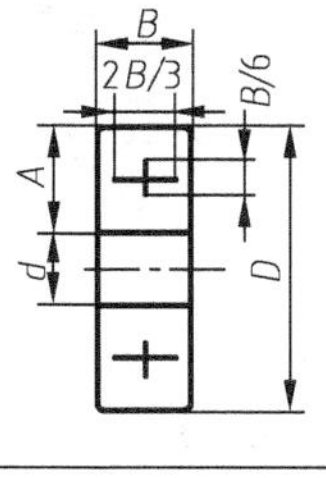	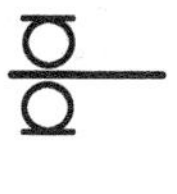	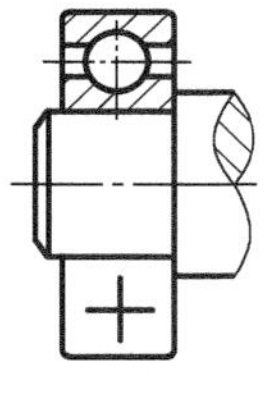

名称和标准号	画　　法			
	规定画法	特征画法	图示符号	装配画法
圆锥滚子轴承 GB/T 297—1994				
推力球轴承 GB/T 301—1995				

课题五　弹　簧

弹簧属于常用件，在汽车机械中应用非常广泛，可用来减振、夹紧、复位、调节等。弹簧是利用材料的弹性变形和结构特点，通过变形和储存能量来工作的，当外力去除后能立即恢复原状。

弹簧的种类很多，如图9-38所示，其中使用较多的是圆柱螺旋弹簧，本课题主要介绍

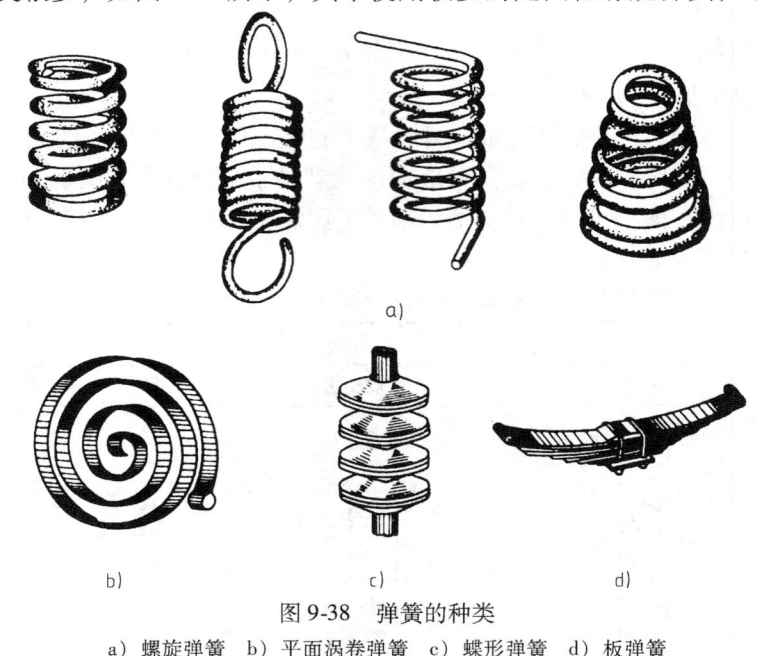

图 9-38　弹簧的种类
a) 螺旋弹簧　b) 平面涡卷弹簧　c) 蝶形弹簧　d) 板弹簧

圆柱螺旋压缩弹簧的尺寸计算和规定画法。

一、圆柱螺旋压缩弹簧各部分的名称及尺寸计算

圆柱螺旋压缩弹簧各部分的名称如图 9-39 所示。

（1）簧丝直径 d　制造弹簧所用金属丝的直径。

（2）弹簧外径 D　弹簧的最大直径。

（3）弹簧内径 D_1　弹簧的内孔直径，即弹簧的最小直径。$D_1 = D - 2d$。

（4）弹簧中径 D_2　弹簧的平均直径，$D_2 = (D + D_1)/2 = D_1 + d = D - d$。

（5）有效圈数 n　保持相等节距且参与工作的圈数。

（6）支承圈数 n_2　为了使弹簧工作平衡，端面受力均匀，制造时将弹簧两端压紧靠实，并磨出支承平面，由于这些圈主要起支承作用，所以称为支承圈。支承圈数 n_2 表示两端支承圈数的总和，常取 1.5~2.5 圈，最多 2.5 圈。

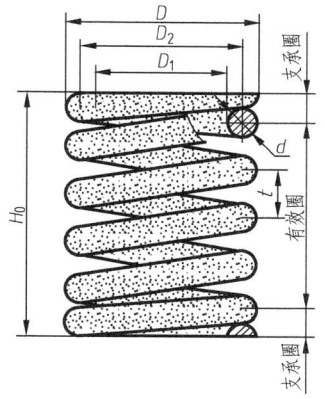

图 9-39　圆柱螺旋压缩弹簧各部分的名称

（7）总圈数 n_1　有效圈数和支承圈数的总和，即 $n_1 = n + n_2$。

（8）节距 t　除支承圈以外，相邻两有效圈上对应点间的轴向距离。

（9）自由高度 H_0　未受载荷作用时的弹簧高度（或长度），$H_0 = nt + (n_2 - 0.5)d$。

（10）弹簧的展开长度 L　制造弹簧时所需的金属丝长度，$L \approx n_1 \sqrt{(\pi D_2)^2 + t^2}$。

二、圆柱螺旋压缩弹簧的画法

GB/T 4459.4—2003 对弹簧的画法做了如下规定：

1）在平行于螺旋弹簧轴线的投影面的视图中，其各圈的轮廓应画成直线。

2）有效圈数在四圈以上时，可以每端只画出 1~2 圈（支承圈除外），其余省略不画。

3）螺旋弹簧均可画成右旋，左旋弹簧不论画成左旋还是右旋，均需注写旋向"左"字。

4）螺旋压缩弹簧如要求两端并紧且磨平时，不论支承圈多少均按支承圈 2.5 圈绘制。

圆柱螺旋压缩弹簧的表示方法可以用剖视图、视图和示意画法，如图 9-40 所示。

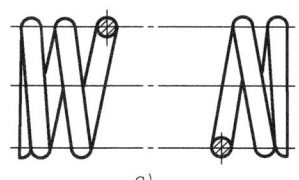 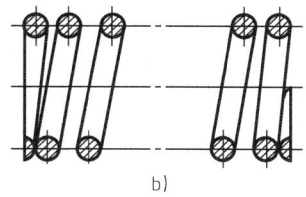 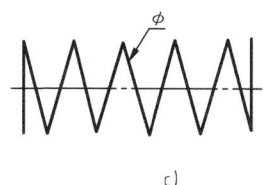

a)　　　　　　　　　b)　　　　　　　　　c)

图 9-40　圆柱螺旋压缩弹簧的表示法
a）视图　b）剖视图　c）示意画法

三、装配图中弹簧的简化画法

在装配图中，被弹簧挡住的机件按不可见处理，可见轮廓线只画到弹簧钢丝的剖面轮廓或中心线上，如图 9-41a 所示。螺旋弹簧被剖切时，簧丝直径小于 2mm 的断面可以涂黑表示，如图 9-41b 所示。簧丝直径小于 1mm 时，采用示意画法，如图 9-41c 所示。

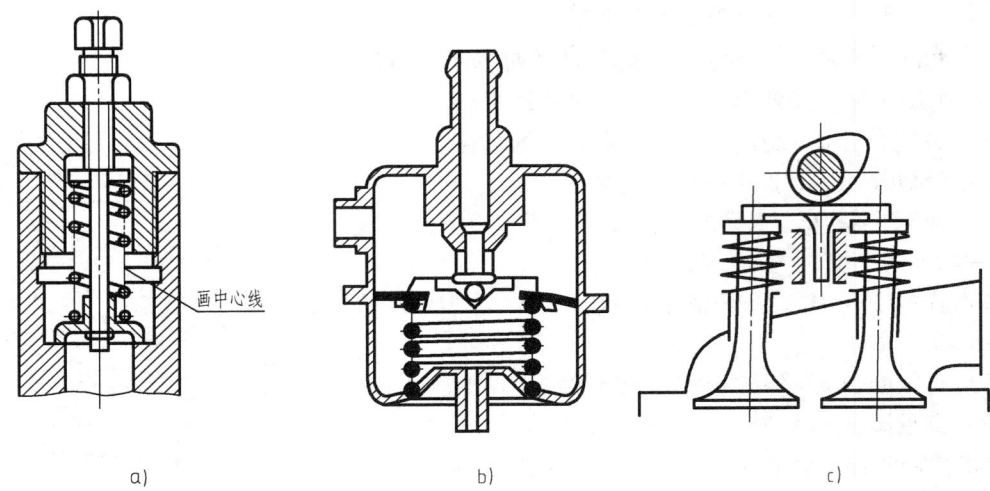

图 9-41 装配图中弹簧的画法
a）可见部分从中心线画起 b）断面涂黑 c）示意图

【项目小结】

本项目所介绍的螺纹及联接件、键、销、滚动轴承等标准件和常用件，在汽车产品及各种机械中，有着广泛的应用，它们起着联接固定、传递运动、控制调节及能量转换等重要作用。

由于这些零部件的结构形状都比较复杂，所以由专门厂家进行大批量生产。为了减少设计和绘图的工作量，国家标准对上述的标准件和常用件及多次重复出现的结构要素（如螺钉上的螺纹和齿轮上的轮齿等）规定了简化的特殊表达方法，即不再画出它们的真实投影，也不需要标注全部尺寸，而是采用规定画法和简化画法及有关标记与代号，来说明它们的整体结构与尺寸。这部分内容既是零件图的补充，又是装配图的一个组成部分。

因为常用件及多次重复出现的结构要素采用规定画法，所以对具体的规定应牢固记忆，特别是对表示螺纹的"两种线"及表示齿轮的"三种线"应分清图形的表达方式（视图名称及剖开与否）正确地图示出来。对于不同种类的螺纹及齿轮，因画法规定相同，必须从代号的标注及标记上加以区分。对于螺纹的联接及齿轮的啮合画法，应重点掌握"联接处"及"啮合区"的画法规定：螺纹联接处按外螺纹的规定画法画出，齿轮啮合区必须画出五条线（剖开画法）。对于键、销、滚动轴承等，应重点掌握在装配图中的画法规定。

第四模块　图样的识读与绘制

本模块为本课程的应用阶段，是本教材的重点部分。零件图与装配图是汽车机械中最常用的图样，本模块将介绍零件图与装配图的有关知识。

项目十　零　件　图

【任务描述】
　　零件图是表达零件的结构形状、尺寸及技术要求的图样，是制造和检验零件的依据，是反映零件结构、大小及技术要求的载体。本项目主要介绍零件图的内容、零件的结构分析、零件表达方案的选择、零件图中尺寸的合理标注和技术要求等有关内容及识读与绘制零件图的方法。

【学习目标】
1. 能绘制与识读中等复杂程度的零件图。
2. 理解零件尺寸标注的合理性和有关零件的技术要求等。
3. 在零件测绘中培养学生分析问题和解决问题的能力，能测绘一般复杂程度的零件。
4. 为装配图及后续课程的学习奠定基础。

课题一　零件图的基础知识

一、零件图的作用

　　如图 10-1 所示为汽车驱动桥差速器的轴测分解图。差速器是汽车传动系统中主减速器里的一个部件，它是由差速器壳、半轴齿轮、行星齿轮轴等几十种形状、大小各不相同的零件装配而成的。如图 10-2 所示是其中锥齿轮轴的零件图。锥齿轮轴的结构形状和尺寸大小，是由其在驱动桥差速器中的功能及与其他零件的装配连接关系确定的。设计时，一般先画出装配图，再按照装配图绘制零件图。制造驱动桥差速器部件时，首先必须按零件图制造出所有的零件，再按一定的装配关系装配成驱动桥差速器。因此，零件与部件及零件图与装配图之间的关系十分密切。

二、零件图的内容

　　零件图是生产中用于指导制造和检验该零件的主要图样，所以必须包含制造和检验零件的全部技术资料。一张完整的零件图所包括的内容如下（见图 10-2）。

1. 一组图形
　　用于正确、完整、清晰和简便地表达出零件内外形状的图形，包括机件的各种表达

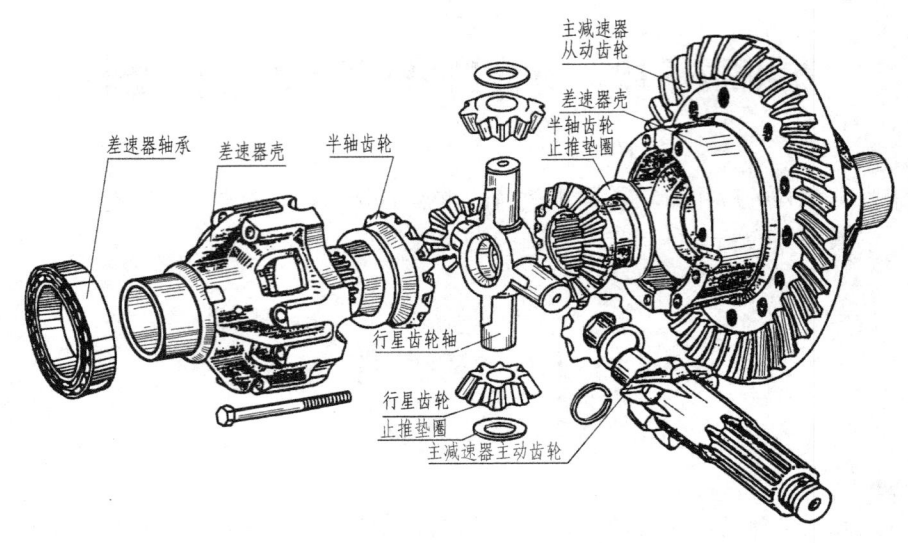

图 10-1　汽车驱动桥差速器的轴测分解图

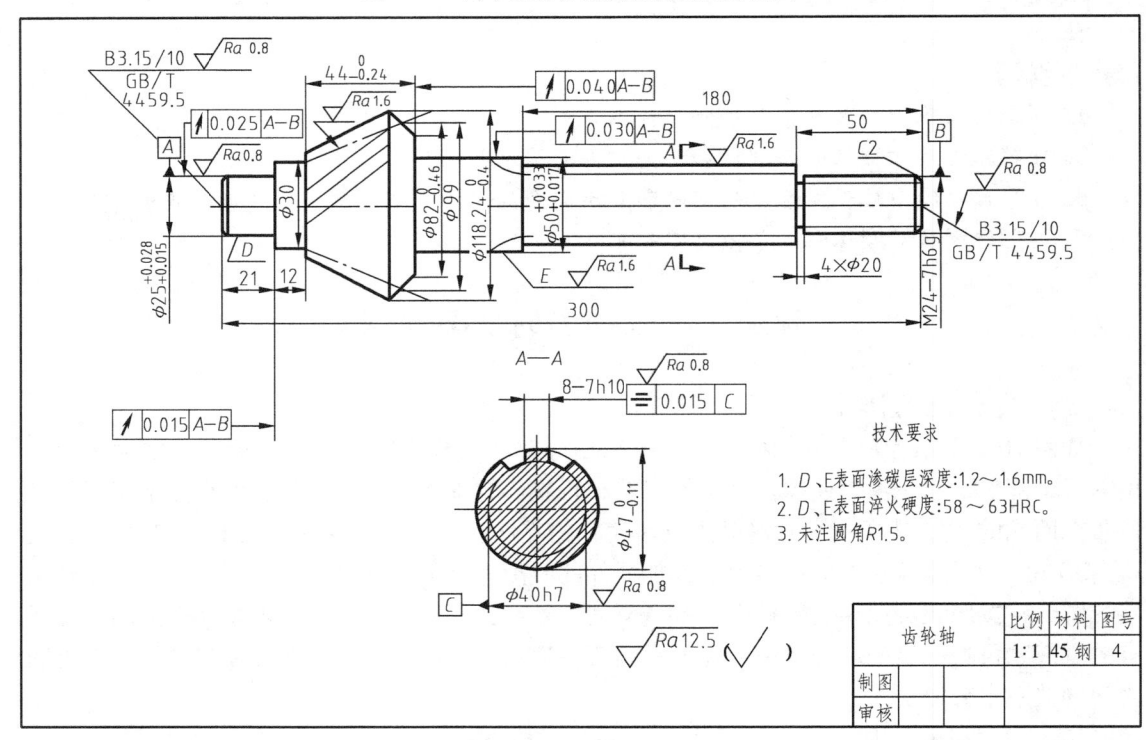

图 10-2　锥齿轮轴的零件图

方法，如视图、剖视图、断面图、局部放大图和简化画法等。

2. 完整的尺寸

正确、完整、清晰、合理地标注出制造零件所需的全部尺寸。

3. 技术要求

用规定的代号、数字、字母和文字注解说明制造和检验零件时在技术指标上应达到的要求，如表面粗糙度、尺寸公差、形位公差、材料的热处理方法等。

4. 标题栏

填写零件的名称、材料、比例、图号以及设计、审核人员的责任签字等。

课题二　零件表达方案的选择

一、主视图的选择

主视图是表达零件形状特征最多的一个视图，所以应选择反映零件形状特征最突出且各形体结构之间相互位置关系最明显的方向作为主视图的投射方向。零件主视图的选择应满足"合理位置"和"形状特征"两个基本原则。

1. 合理位置原则

所谓合理位置，是指零件的安放状态应符合零件的加工位置和工作位置。

（1）加工位置　加工位置是指零件在机床上加工时所处的位置。按加工位置画主视图，在加工零件时可以直接进行图物对照，便于看图和测量尺寸。如轴、套、轮、圆盘等回转体零件，大部分工序是在车床或磨床上加工的，因此通常要按零件在机床上加工时的位置（即轴线水平放置）画其主视图，如图 10-3 所示。

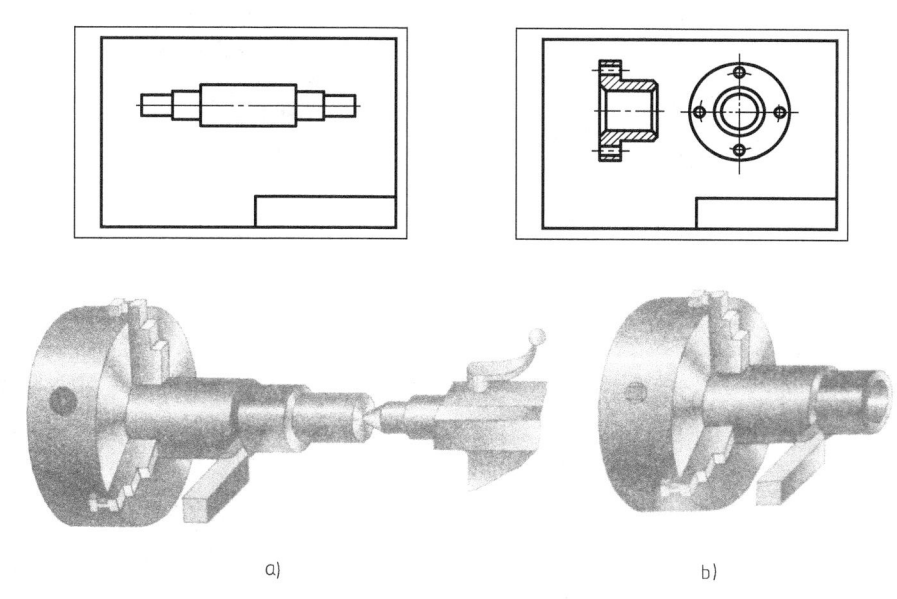

图 10-3　轴套类零件的加工位置

（2）工作位置　工作位置是指零件在汽车或装配体中所处的位置。根据装配关系来考虑零件的形状及有关尺寸，便于把零件和汽车及装配体联系起来。如箱体、叉架等零件的形状比较复杂，加工状态各不相同，宜选择工作位置来作为主视图。如图 10-4 所示汽车的前拖钩与图 10-5 所示的吊钩，尽管形状和结构类似，但由于它们的工作位置或安装位置不同，主视图的选择也不同。再如图 10-6 所示的汽车备胎架支架的主视图，就是按工作位置绘制的。

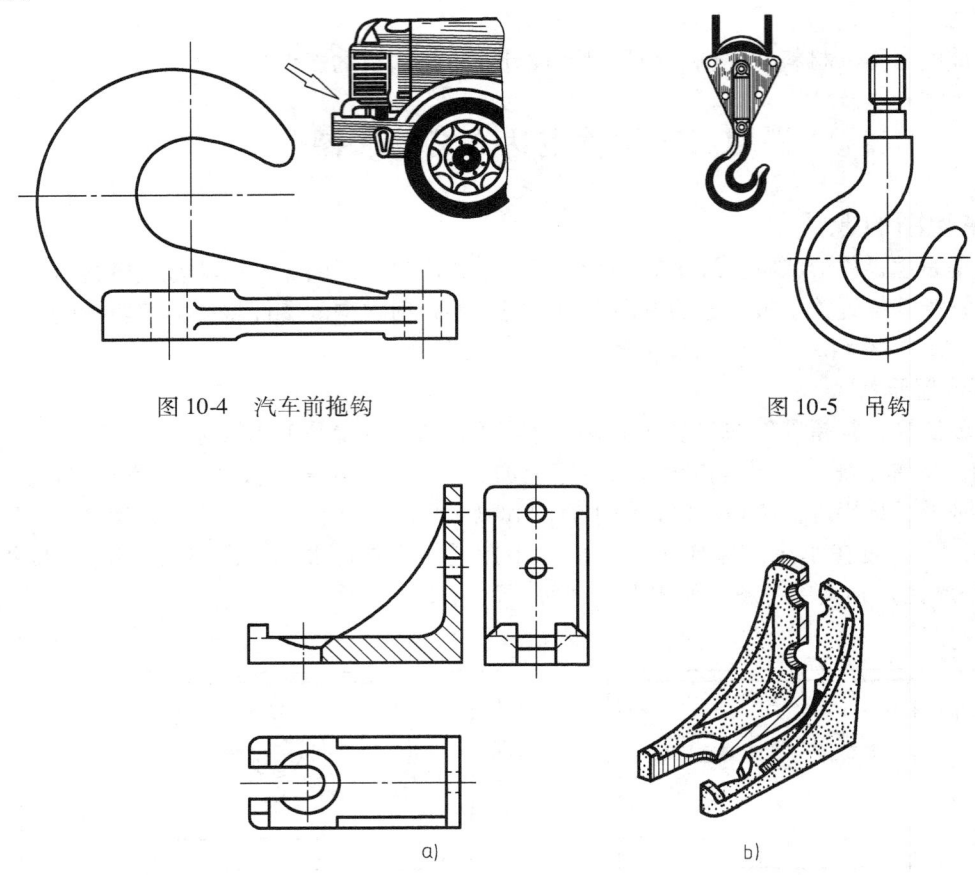

图 10-4　汽车前拖钩　　　　　　　　　图 10-5　吊钩

图 10-6　汽车备胎架支架

2. 形状特征原则

确定了零件的安放位置后，还要确定主视图的投射方向。形状特征原则就是将最能反映零件形状特征的方向作为主视图的投射方向。图 10-7 所示为汽车上空气压缩机的气缸体，当主视图按工作位置放置以后，可从 A、B 两个方向进行投射，选择 A 向作为主视图的投射

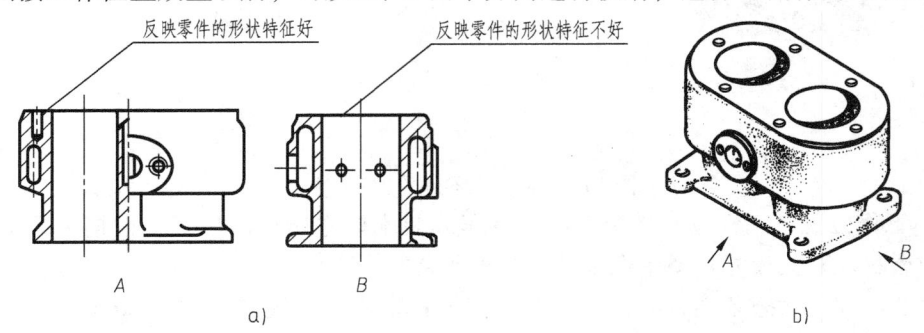

图 10-7　汽车空气压缩机的气缸体

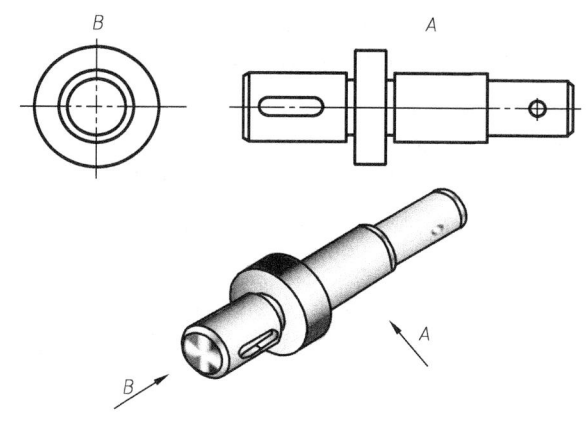

图 10-8　阶梯轴

方向，显然要比选择 B 向作为主视图的投射方向更能清楚地表达其形状特征。再如图 10-8 所示的阶梯轴，以 A 向作为主视图的投射方向，不仅能表达阶梯轴各段的形状和大小，而且能显示轴上的键槽和圆孔的位置。若以 B 向作为主视图的投射方向，画出的主视图只是不同直径的同心圆，不如 A 向清楚。

二、选择其他视图

一般情况下，仅用一个主视图是不能完整地反映零件的结构形状的。所以，主视图确定了以后，还应根据零件的复杂程度，选择其他视图，包括第三模块介绍的剖视图、断面图、局部放大图、简化画法等各种表达方法，以弥补主视图表达的不足。

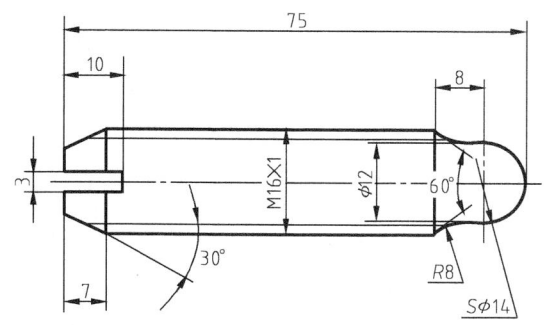

图 10-9　汽车气门间隙调整螺钉

选择其他视图时，首先要考虑看图方便，在完整、清晰地表达零件结构形状的前提下，应尽量减少视图数量，力求图形简单、看图方便。例如图 10-9 所示的气门间隙调整螺钉，仅用一个主视图，加上尺寸标注，就可表达清楚。再如图 10-2 所示的锥齿轮轴，采用了一个基本视图（主视图），就能表达出齿轮轴的主体结构和形状，再用一个移出断面图，表达其上的花键部分。

图 10-10 所示的端盖，将主视图画成全剖视图，如果加上尺寸标注，其内外结构形状已基本表达清楚。将四个沿圆周均匀分布的圆孔采用简化画法表示后，左视图可省略不画。

图 10-6 所示的汽车备胎架支架，结构比较复杂，当主视图按工作位置画成全剖视图以后，又用了俯视图和左视图表达其他部分的结构和形状。

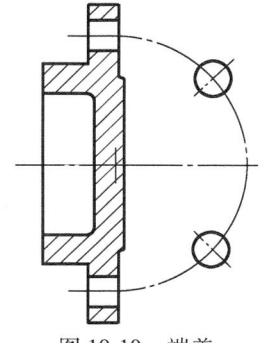

图 10-10　端盖

三、典型零件的表达方案选择

零件的表达方案是指能完整、清晰地表达某零件结构形状的若干种表达方法的组合。按照零件的主体结构不同，可将零件分为回转体和非回转体两大类。

1. 回转体类零件

当零件的主体结构为同轴回转体时，零件的形状特征比较明显，表达方案容易确定。如轴、套、轮、圆盘等，这类零件的表达特点是：在主视图上将主体轴线水平放置（加工位置），对于轴上的键槽、销孔等局部结构，可采用断面图、局部剖视图和局部放大图等来表达。

如图10-11所示的轴，只用一个基本视图（主视图）就能表示其主要形状。对于轴上的键槽，采用了移出断面图表达；对轴上的销孔采用了局部剖视图表达；对轴上的退刀槽采用了局部放大图表达。因基本视图只有一个，因而显得图形简单、表达清楚，同时画图、看图也方便。

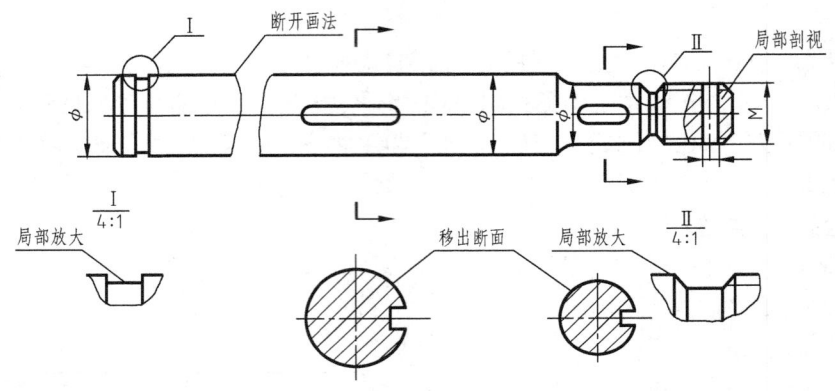

图10-11 回转体类零件（轴）的视图表达

2. 非回转体类零件

当零件的主体结构为非回转体时，零件的形状一般都比较复杂，需用的图形也多。同一个零件的表达方法可能有几种。这就需要分析零件的结构特点，选择恰当的表达方法，以便于看图为出发点来分析不同表达方案的优缺点，确定合适的表达方案。

如图10-12所示为汽车调温器座的两种表达方案：

图a用了三个图形：全剖的主视图A—A、全剖的右视图B—B及局部剖的俯视图。从数量上来说比较少，但主视图A—A上的细虚线较多；右视图B—B上方孔处的线条太密，层次不清，剖切位置选择不当，使顶面的大圆柱孔和主空腔形状不完整，不反映直径；俯视图中的局部剖视图过于破碎，细虚线也太多。这些都会给看图者造成困难，不便于想象出零件的完整形状，且尺寸标注也不方便。

图b在图a的基础上虽然多了两个局部视图C和D，但图形表达比较清楚。因五个视图是从不同的方向上反映出了形状特征，使读者很容易想象出汽车调温器座的空间形状。

经分析比较后，很显然方案b要优于方案a。

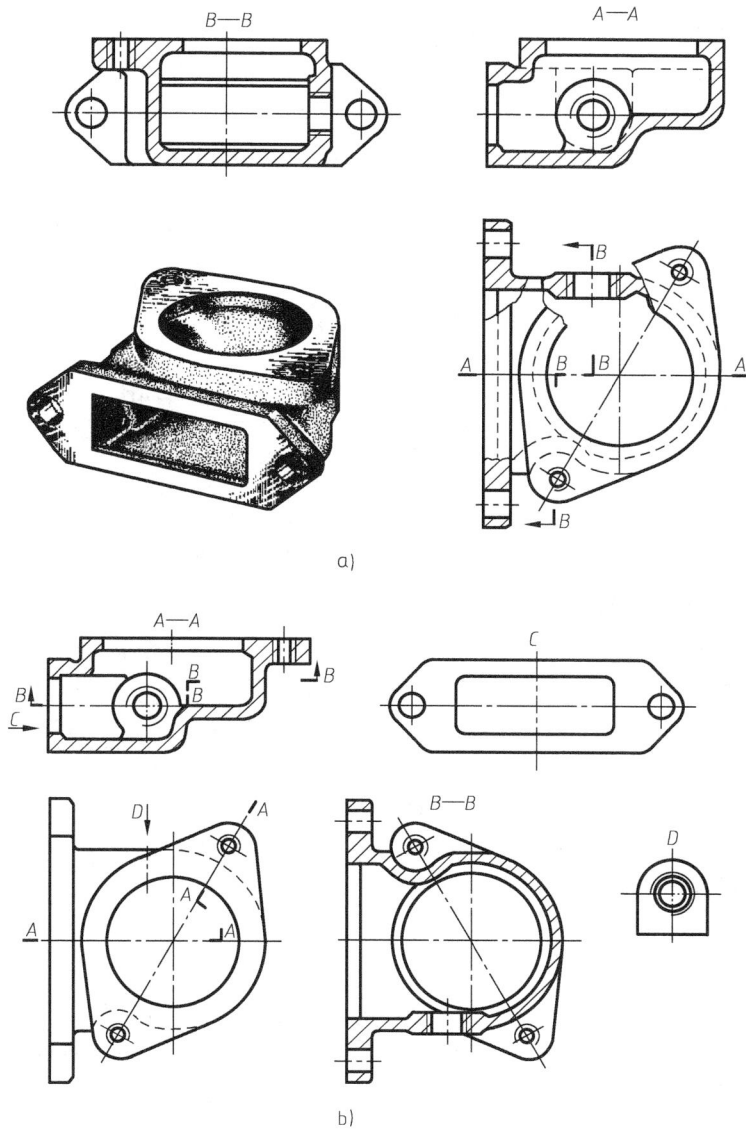

图 10-12 非回转体类零件（汽车调温器座）的视图表达

课题三　零件图上的尺寸标注

零件图中的尺寸，是制造和检验零件的主要依据。因此在零件图中标注尺寸时，不但要满足前面所述的正确、齐全和清晰的要求，还要考虑标注尺寸的合理性。

尺寸标注的合理性主要是指所标注的尺寸既要满足设计使用要求，又要符合制造工艺要求，便于零件的加工、测量和检验。为了合理地标注尺寸，必须了解零件的作用、该零件在汽车中的装配位置及采用的加工方法等，从而选择恰当的尺寸基准，合理地标注尺寸。

一、尺寸基准的选择

每个零件都有长、宽、高三个方向的尺寸，如前所述，每个方向最少要选择一个基准。一般选择零件上的安装面、端面、装配时的结合面、零件的对称面、回转体的轴线、对称中心线等作为基准。当零件的结构比较复杂时，同一方向的基准可能不止一个。其中决定主要尺寸的基准称为主要基准，为加工和测量方便而附加的基准称为辅助基准。主要基准与辅助基准之间必须有直接的联系尺寸。

另外，根据基准的作用不同，又可将其分为设计基准和工艺基准。

1. 设计基准

根据设计要求，用以确定零件结构的位置所选定的基准，称为设计基准。

如图 10-13 所示的轴承座，其功用是支承轴。从设计角度来考虑，通常一根轴需要用两个轴承来支承，两个轴承孔的轴线应处于同一直线上，且一般应与基准面平行，即要保证两个轴承孔的轴线距底面等高。因此，在标注轴承孔高度方向的定位尺寸 32mm 时，应以轴承座的底面为基准。为了保证底板上两个螺栓安装孔之间的中心距及其与轴承孔的对称关系，实现两轴承座安装后同轴，在标注两孔长度方向的定位尺寸 80mm 时，应以轴承座的左右对称平面为基准。因轴承前后对称，所以前后的对称平面是轴承座宽度方向的基准。综上所述，轴承座的底面、左右对称平面及前后对称平面就是该轴承座三个方向的设计基准。

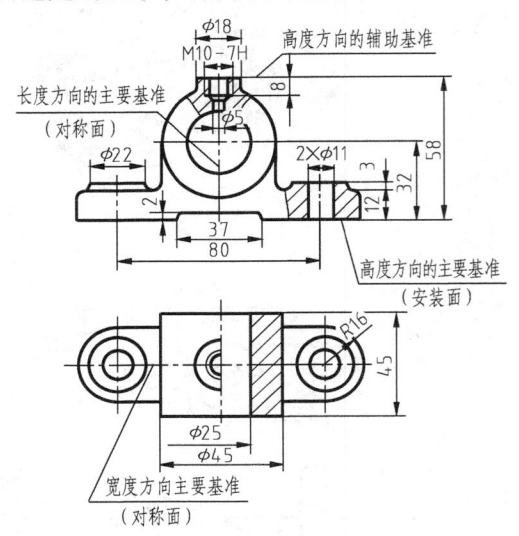

图 10-13 轴承座的基准及选择

2. 工艺基准

从加工工艺的角度考虑，为便于零件的加工、测量和装配而选定的一些基准，称为工艺基准。在标注尺寸时，最好使设计基准与工艺基准重合，以减少误差的积累，即既满足设计要求，又保证工艺要求。当两个基准不能重合时，所注尺寸应在保证设计要求的前提下满足工艺要求。

如图 10-13 所示的轴承座，对于主体结构，底面是设计基准，也是工艺基准；而对于顶面的局部结构，凸台顶面既是螺孔深度的设计基准，又是其加工测量的工艺基准。以底面为起点标注的尺寸有：轴承支承孔高度方向的定位尺寸 32mm，该尺寸是保证轴承座工作性能的重要尺寸；三个一般尺寸 12mm、2mm、58mm。而以凸台顶面为起点标注的尺寸只有一个螺孔的深度尺寸 8mm。因此，底面是高度方向的主要基准，顶面是辅助基准，辅助基准与主要基准之间的联系尺寸是 58mm。

图 10-14 所示在车床上车削套筒的情况，左端的大圆柱

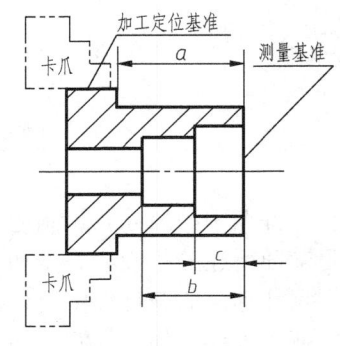

图 10-14 套筒的设计基准与工艺基准

面是装夹的定位基准，而测量轴向尺寸 a、b、c 时，则以右端面为起点，所以右端面就是工艺基准。

二、合理标注尺寸的基本原则

1. 重要尺寸直接注出

重要尺寸是指直接影响零件在汽车或机器中的工作性能和位置关系的尺寸，如零件之间的配合尺寸、重要的安装定位尺寸等。

如图 10-15a 所示的轴承座，轴承孔的中心高 h_1，应从设计基准（底面）为起点直接注出，不能像图 10-15b 那样，以 h_2、h_3 两个尺寸之和来间接得到尺寸 h_1。同样的道理，为了保证底板上两个安装孔与机座上的两个螺孔对中，必须直接注出其中心距的尺寸 l_1，而不能像图 10-15b 那样，标注两个尺寸 l_3 而间接保证中心距的尺寸 l_1。

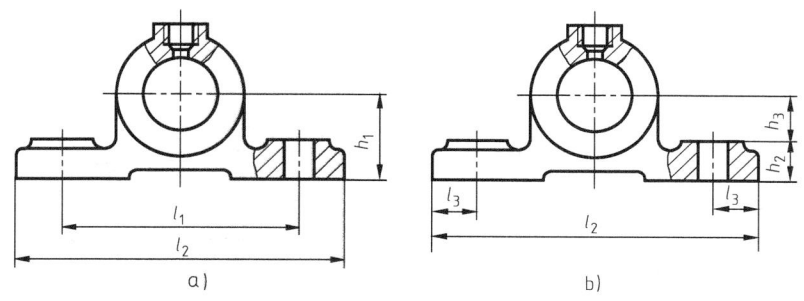

图 10-15　轴承座的尺寸标注
a）合理标注　b）不合理标注

2. 避免出现封闭的尺寸链

组成尺寸链的每一个尺寸称为尺寸链的环。如果尺寸链中所有各环都注上尺寸，形成一整圈的一组尺寸，这样的尺寸链称为封闭尺寸链。

如图 10-16b 所示的阶梯轴，长度方向不仅注出了各段的长度尺寸 l_1、l_2、l_3，也标注了总长尺寸 l_4，使各尺寸首尾相接，构成了封闭的尺寸链。这种情况应该避免，因为尺寸 l_4 是尺寸 l_1、l_2、l_3 之和，而且尺寸 l_4 有一定的精度要求，但在加工时，尺寸 l_1、l_2、l_3 都可能产生误差，这些误差会积累到 l_4 上，从而影响 l_4 的尺寸精度。所以在几个尺寸构成的尺寸链中，应选一个不重要的尺寸空出不注（如 l_1，称为开口环），以便使所有的尺寸误差都累积到这一段（l_1）上，以保证重要尺寸的精度要求，提高加工的经济性，如图 10-16a 所示。

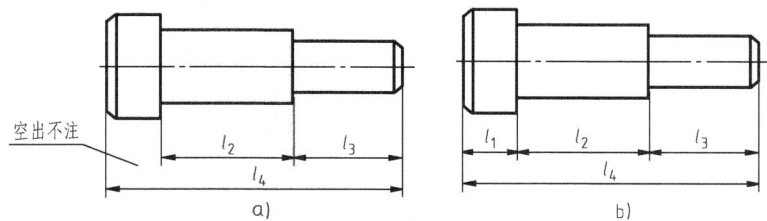

图 10-16　阶梯轴的尺寸标注
a）正确　b）不正确

3. 符合加工顺序

如图 10-17a 所示的台阶轴，其加工的四个工序如图 10-17b、c、d、e 所示，加工部位及保证的轴向尺寸如下：

图 b 为车两端面，保证轴向尺寸 128mm；

图 c 为车左端的外圆及台阶，保证轴向尺寸 23mm；

图 d 为车右端的外圆及大台阶，保证轴向尺寸 74mm；

图 e 为车右端的外圆及小台阶，保证轴向尺寸 51mm。

从工序图可以看出，图 10-17 标注的尺寸符合加工顺序，从下料到每一加工工序，均可从图中直接看出所需的尺寸。

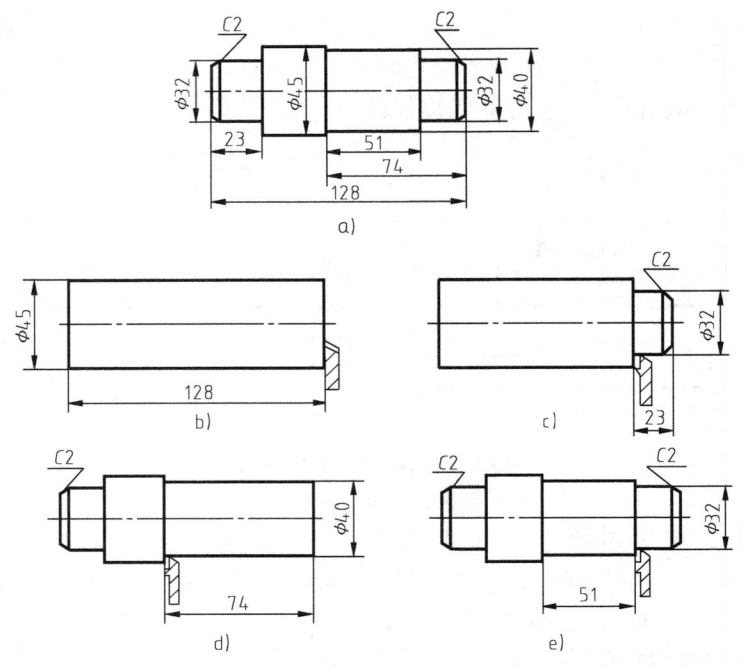

图 10-17 台阶轴的尺寸标注

a）零件图　b）车两端面　c）车左端外圆及台阶
d）车右端外圆及大台阶　e）车右端外圆及小台阶

4. 考虑测量方便

如图 10-18 所示的套筒，在轴向尺寸的注法中，很显然图 b 中所注的尺寸 B 测量就比较困难，特别是当孔很小时，根本就无法直接测量，而图 a 中标注的尺寸 A 和 C 测量都很方便。

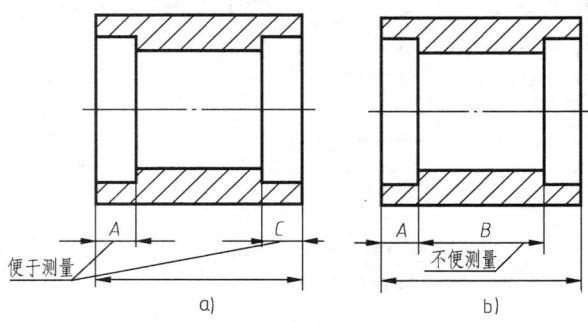

图 10-18 套筒的尺寸标注
a）合理　b）不合理

再如图 10-19 所示，轴上及内孔键槽的断面图，图 a 中所标注的尺寸均以轴线为基准，无法测量，而图 b 中所标注的尺寸是以轮廓素线为基准，便于测量。

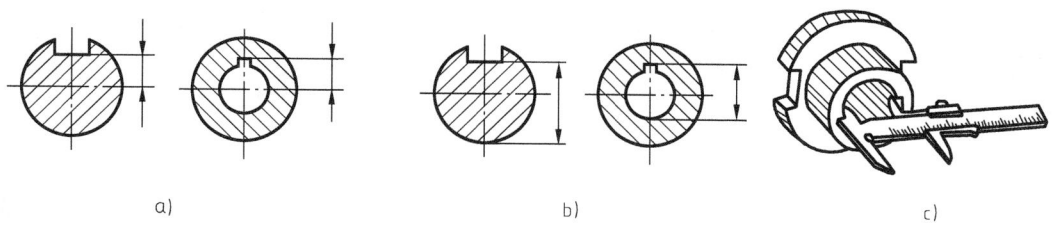

图 10-19　内孔键槽的尺寸标注

5. 按不同的加工方法尽量集中标注尺寸

一个零件在制造过程中，其加工方法一般不止一种，而是需要几种加工方法才能制成。为了使不同工种的加工者加工时看图方便，在标注尺寸时，最好将几种不同加工方法的有关尺寸集中标注。如图 10-20 所示的轴，其上的各段圆柱体是在车床上加工的，而键槽是在铣床上加工的。因此，车削的尺寸集中在图形的下方标注，而铣键槽的尺寸集中在图形的上方标注。

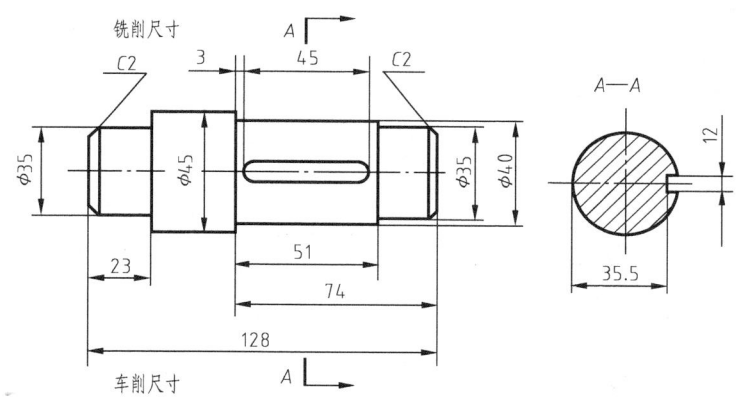

图 10-20　轴的尺寸标注

6. 加工面与非加工面

非加工面是指毛坯的毛面，即始终不进行加工的表面。标注尺寸时，在同一方向上，加工面与非加工面应分为两个尺寸系统，即毛面与毛面之间为一个尺寸系统，加工面与加工面之间为另一个尺寸系统。将两个尺寸系统尽量地标注在图形的两边，且两个系统之间必须有、也只能有一个尺寸联系。如图 10-21 所示，左边为毛坯尺寸，右边为加工面的尺寸，该零件只有一个尺寸 A 为毛坯面与加工面之间的联系尺寸。

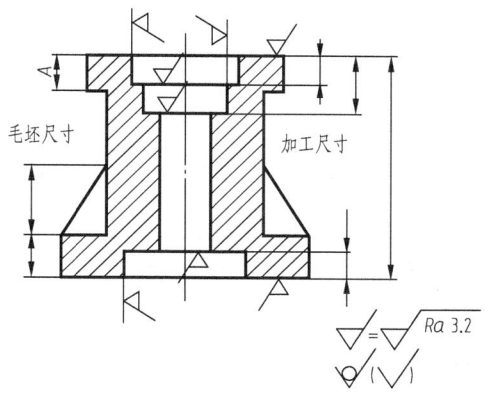

图 10-21　加工面与非加工面的尺寸标注

三、零件上常见孔的尺寸注法

零件上的光孔、沉孔、螺纹孔等各种孔的尺寸注法见表 10-1。

表 10-1 常见孔的尺寸注法

零件结构类型		简化注法	一般注法	说　明
光孔	一般孔	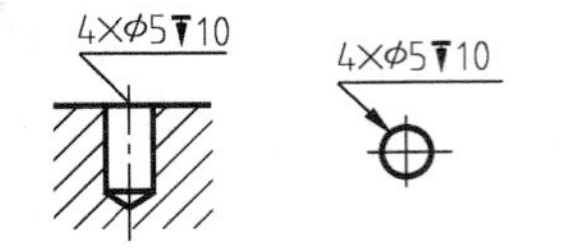 4×φ5▼10	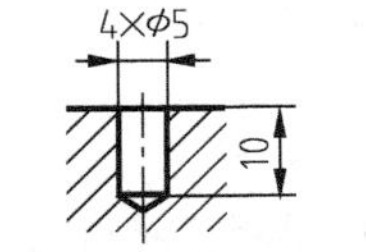 4×φ5	▼深度符号 4×φ5mm 表示直径为 5mm 均布的四个光孔，孔深可与孔径连注，也可分注
	精加工孔	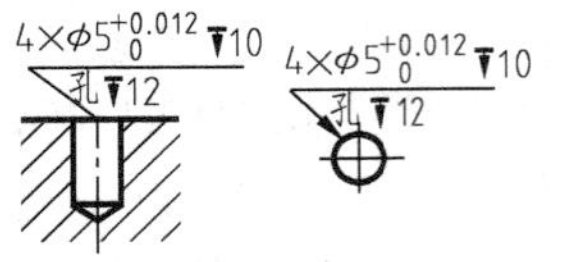 4×φ5$^{+0.012}_{0}$▼10 孔▼12	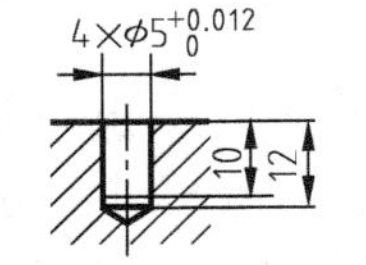 4×φ5$^{+0.012}_{0}$	光孔深为 12mm，钻孔后需精加工至 φ5$^{+0.012}_{0}$ mm，深度为 10mm
	锥孔	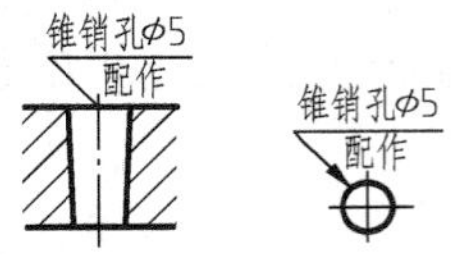 锥销孔φ5 配作	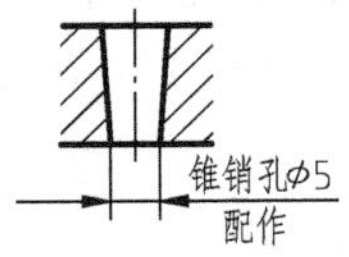 锥销孔φ5 配作	φ5mm 为与锥销孔相配的圆锥销小头直径（公称直径）。锥销孔通常是两零件装在一起后加工的
沉孔	锥形沉孔	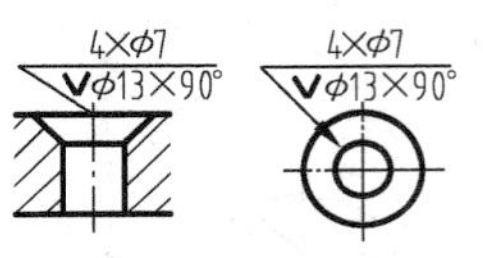 4×φ7 ∨φ13×90°	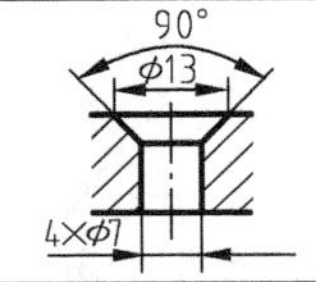 90° φ13 4×φ7	∨埋头孔符号 4×φ7mm 表示直径为 7mm 均匀分布的四个孔。锥形沉孔可以旁注，也可直接注出
	柱形沉孔	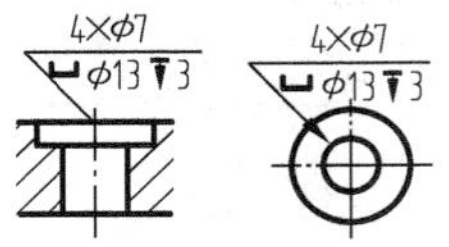 4×φ7 ⊔φ13▼3	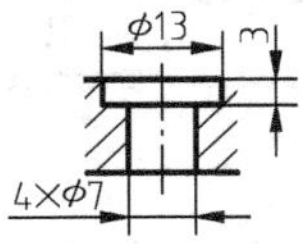 φ13 4×φ7	⊔沉孔及锪平孔符号 柱形沉孔的直径为 φ13mm，深度为 3mm，均需标注
	锪平沉孔	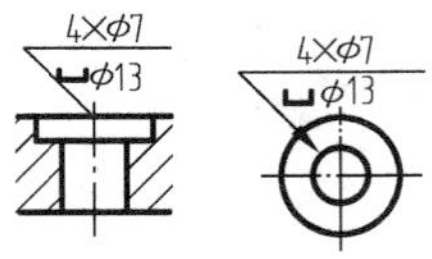 4×φ7 ⊔φ13	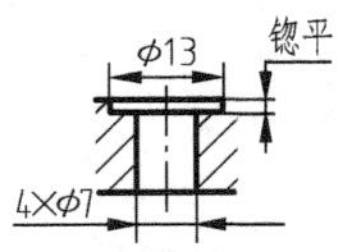 φ13 锪平 4×φ7	锪平面 φ13mm 的深度不必标注，一般锪平到不出现毛面为止
螺孔	通孔	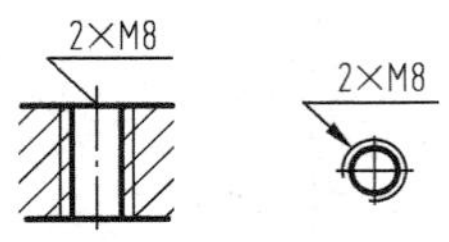 2×M8	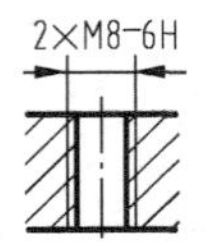 2×M8-6H	2×M8 表示公称直径为 8mm 的两螺孔（中径和顶径的公差带代号 6H 不注），可以旁注，也可直接注出
	不通孔	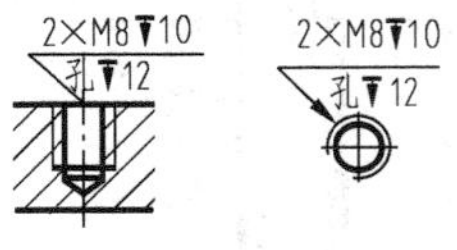 2×M8▼10 孔▼12	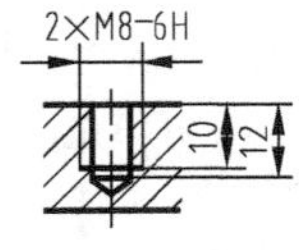 2×M8-6H	一般应分别注出螺纹和钻孔的深度尺寸（中径和顶径的公差带代号 6H 不注）

四、典型零件的尺寸识读

识读零件的尺寸时，要对零件进行结构分析，了解零件的工作性能和加工测量方法。下面分析典型的回转体和非回转体零件的尺寸标注特点。

【例 10-1】　识读如图 10-22 所示的减速器输出轴的尺寸。

减速器输出轴为典型的回转体类零件。

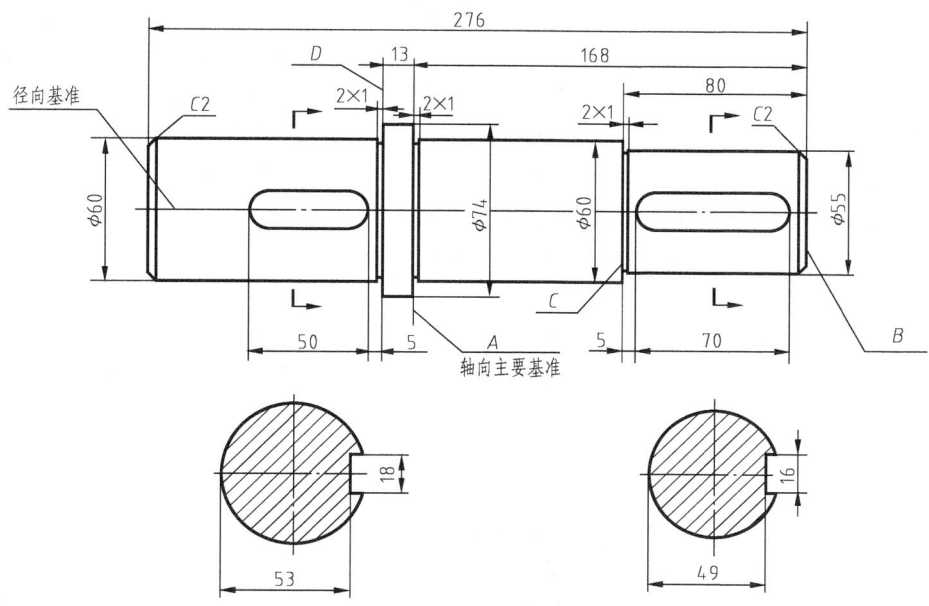

图 10-22 回转体类零件（减速器输出轴）的尺寸标注

1. 分析尺寸基准

（1）长度方向的尺寸基准　根据轴的加工特点和工作情况可以看出，台阶面 A 为长度方向（轴向）的主要尺寸基准；轴的台阶面 C、D 及右端面 B 为长度方向的辅助尺寸基准。

（2）高度和宽度方向的尺寸基准　轴线是高度和宽度方向（即径向）的尺寸基准。

2. 分析主要尺寸

（1）分析定位尺寸

1）辅助基准面的定位尺寸。辅助基准面 B 的定位尺寸是 168mm，是由轴向主要的尺寸基准台阶面 A 直接注出的；辅助基准面 D 的定位尺寸 13mm，也是由轴向主要的尺寸基准台阶面 A 直接注出的；辅助基准面 C 的定位尺寸 80mm，是由辅助基准面 B 注出的。

2）键槽的定位尺寸。两个键槽的定位尺寸 5mm 分别是由轴向辅助基准 C、D 注出的。

（2）分析直径尺寸　各段的直径尺寸为 $\phi60$mm、$\phi74$mm、$\phi60$mm、$\phi55$mm，是由径向尺寸基准直接注出的。

（3）分析总体尺寸　总长尺寸 276mm，总高和总宽尺寸为 $\phi74$mm。

其他尺寸请读者自行分析。

【例 10-2】　识读如图 10-23 所示的脚踏座的尺寸。

脚踏座属于非回转体类零件。

1. 分析尺寸基准

（1）长度方向的尺寸基准　长度方向的主要尺寸基准是脚踏座安装板的左端面。

（2）高度方向的尺寸基准　高度方向的主要尺寸基准是安装板的水平对称面。

（3）宽度方向的尺寸基准　宽度方向的主要尺寸基准是脚踏座前后方向的对称面。

2. 分析主要尺寸

（1）分析主要定位尺寸

1）上部轴承孔的定位尺寸。上部轴承孔 φ20mm 轴线长度方向的定位尺寸 74mm 是由长度方向的尺寸基准安装板的左端面直接标注的；高度方向的定位尺寸 95mm 是由高度方向的尺寸基准安装板的水平对称面直接注出的，从而确定了上部轴承孔的轴线位置。

2）安装板上安装孔的定位尺寸。安装板上两个安装孔的定位尺寸为 60mm，是由宽度方向的尺寸基准脚踏座的前后对称面直接注出的；其上 R5mm 圆弧的定位尺寸 20mm 是由高度方向的尺寸基准安装板的水平对称面直接注出的。

（2）分析总体尺寸　总宽尺寸为 90mm，因为右上角是圆筒的缘故，未标注总长尺寸和总高尺寸。

（3）分析主要定形尺寸　右上角圆筒的定形尺寸是 φ38mm、60mm，内孔是 φ20mm，其上还有凸台，尺寸是 φ16mm、φ8mm。安装板的定形尺寸是 90mm、80mm（40mm + 40mm）、15mm。

其他尺寸请读者自行分析。

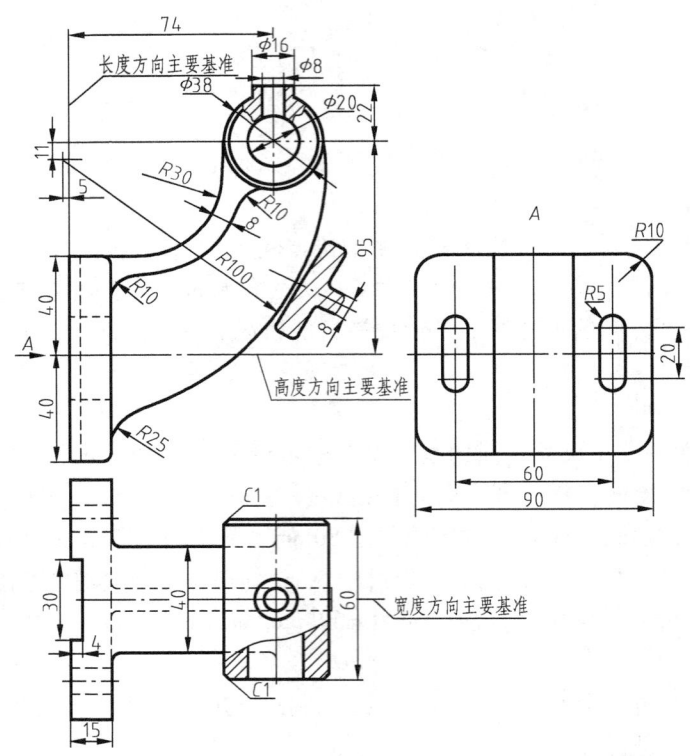

图 10-23　非回转体类零件（脚踏座）的尺寸标注

课题四　零件上常见的工艺结构

零件的结构和形状，除了应满足使用上的要求外，还应满足制造工艺的要求，即应具有合理的工艺结构。

一、铸造零件的工艺结构

砂型铸造的过程是：木模工按图样做出木模，然后由造型工制成砂型箱（简称砂箱）。砂箱分为上、下两部分，上砂箱还需做出浇注系统（金属液体进口）和冒口（空气和金属液体溢出口）。砂箱做好以后，将木模从砂箱中取出，合箱，将熔化的金属液体浇入具有与零件结构形状相对应的空腔内，直至金属液体从冒口溢出为止。待铸件冷却后取出，清除砂粒，切除铸件上冒口和浇口处的金属块，就得到了铸件的毛坯。毛坯经检验合格后，便可送去进行机械加工。为了便于铸造加工并保证铸件的质量，铸造工艺对铸件结构一般有如下的要求：

1. 起模斜度

如图10-24a所示，在铸造零件的毛坯时，为便于将模型从砂箱中取出，一般沿木模的起模方向做出一定的斜度，称为起模斜度。

起模斜度一般为1∶20～1∶10，约相当于图中的3°～6°。在铸件的内、外壁沿起模方向也应有相应的斜度，起模斜度在制作模样时应予以考虑，视图上一般不需注出，必要时，可以在技术要求中用文字说明。

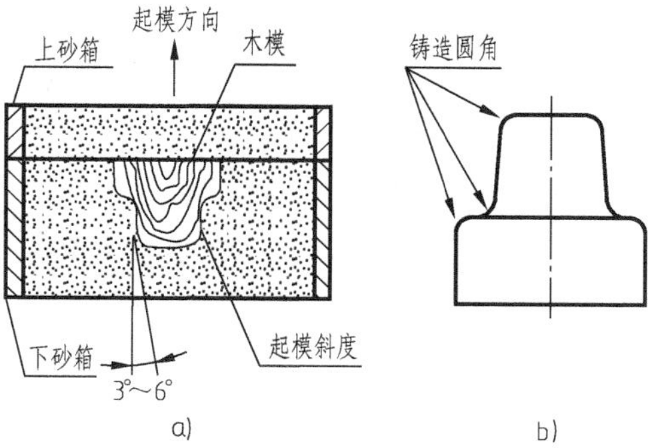

2. 铸造圆角

如图10-24b所示，为防止浇注时砂型在尖

图10-24 起模斜度与铸造圆角

角处脱落和避免铸件冷却收缩时在尖角处产生裂纹，铸件各表面的相交处应做成圆角。这种因铸造要求而做成的圆角称为铸造圆角。铸造圆角的大小一般取 $R3\sim R5$ mm，可在技术要求中统一注明。

3. 铸件壁厚

铸件上各部分壁厚应尽量均匀。若铸件壁厚不均匀，铸件在浇铸后，因各处金属冷却速度不同，薄壁处先凝固，厚壁处冷却慢，易产生缩孔，或在壁厚突变处产生裂缝。为了避免浇铸后由于铸件壁厚不均匀而产生如图10-25a所示的缩孔、裂缝等缺陷，应尽可能使铸件壁厚均匀或逐渐过渡，如图10-25b、c所示。铸件的壁厚尺寸一般直接注出。

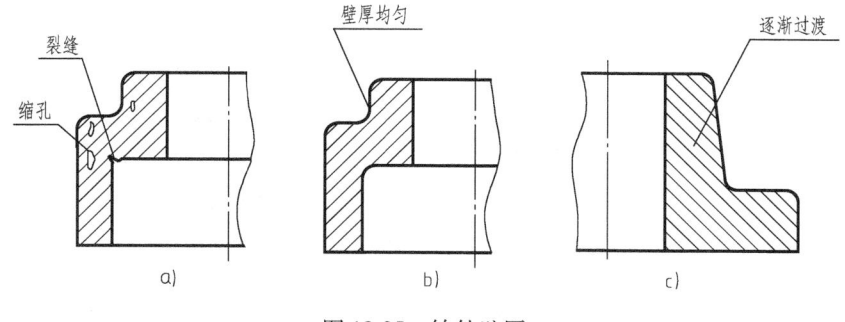

图10-25 铸件壁厚

4. 过渡线

在铸造或锻造的零件上，由于铸造或锻造圆角的存在，就使零件上的表面交线显得不十分明显。为了便于读图及区分不同形体的表面，在零件图上仍需画出两表面的交线，这些不太明显的表面交线称为过渡线。

可见过渡线用细实线表示，不可见过渡线仍用细虚线表示。过渡线的画法与没有圆角时表面交线的画法基本相同，只是过渡线的两端与其他轮廓线之间应留有空隙。下面以图10-

26 为例分不同的情况加以说明。

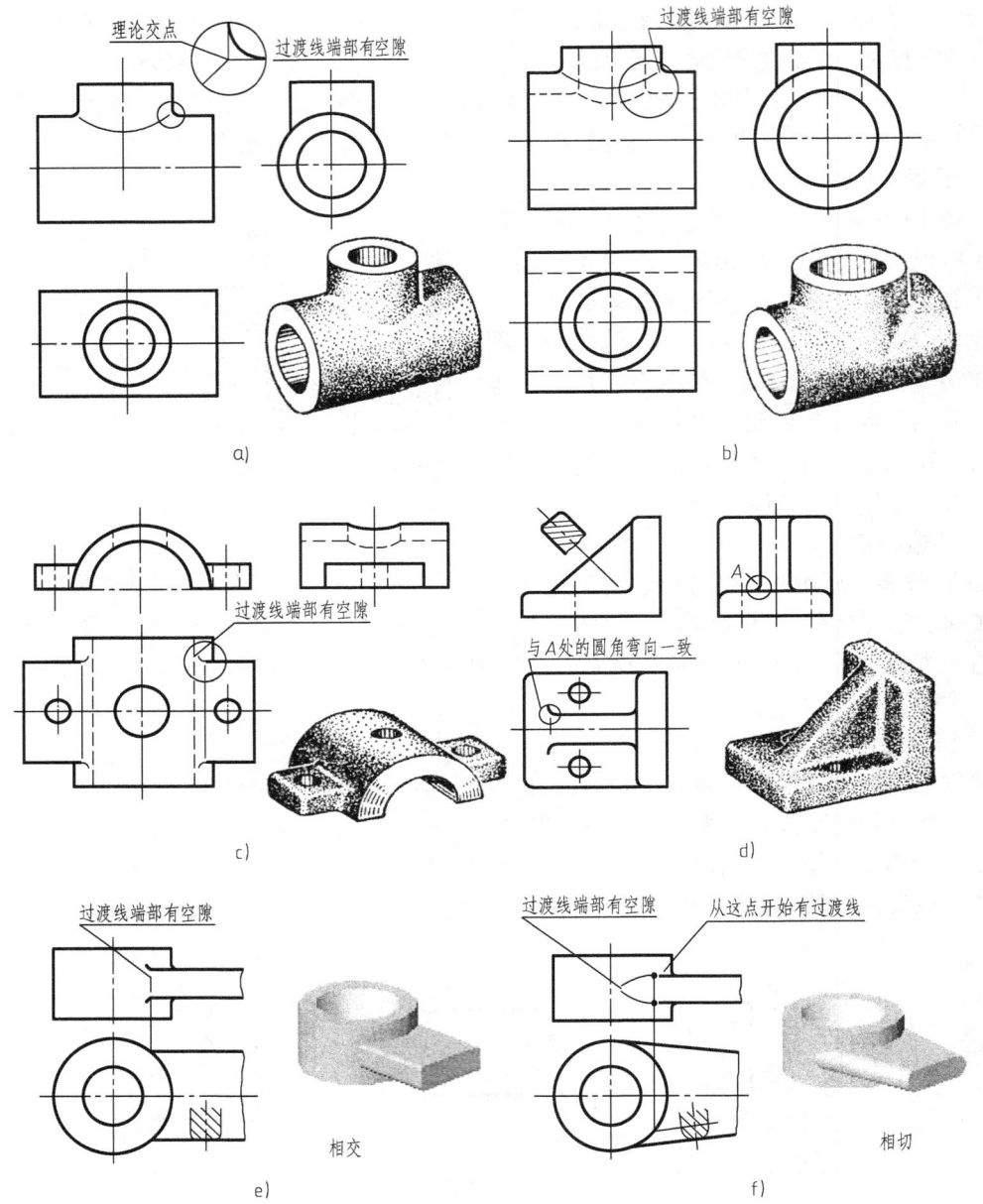

图 10-26 过渡线的画法
a) 外圆柱面相交 b) 内、外圆柱面相交 c) 平面与圆柱面相交
d) 平面与平面相交 e) 平面与圆柱面相交 f) 曲面与圆柱面相切

图 a、b 为两圆柱面相交，过渡线不应与圆角的轮廓线相接触，在过渡线的端部应留有空隙。

图 c 为平面与圆柱面相交，应画过渡直线，且过渡线应在转角处断开，其弯向应与铸造圆角的弯向一致。

图 d 为平面与平面相交，应画过渡直线，过渡线也应在转角处断开，其弯向应与铸造圆角的弯向一致。

图 e 为平面与圆柱面相交，应画过渡直线，过渡线应在转角处断开，其弯向应与铸造圆角的弯向一致。

图 f 为两曲面相切，过渡线应从切点处开始画出，并在过渡线的端部留有空隙。

二、机械加工工艺结构

1. 倒角和倒圆

如图 10-27 所示，为了便于装配和安全操作，轴或孔的端部应加工成倒角；为了避免应力集中而产生裂纹，常把轴肩处加工成圆角的过渡形式，称为倒圆。45°倒角和倒圆的标注形式如图 10-27a 所示（图中符号 C 表示 45°倒角），非 45°倒角的标注见图 10-27b 所示，应标出角度值。

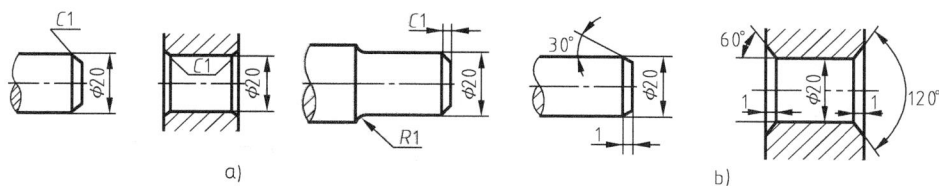

图 10-27 倒角和倒圆

2. 退刀槽或越程槽

加工时为了便于退出刀具或砂轮，常在被加工面的终端预先加工出沟槽，称为退刀槽或越程槽。退刀槽或越程槽的结构形式和尺寸，根据轴、孔直径的大小，从相应的标准中查得，其尺寸注法如图 10-28、图 10-29 所示。常见的标注形式为：按"槽宽×槽深"或"槽宽×直径"的形式集中标注。

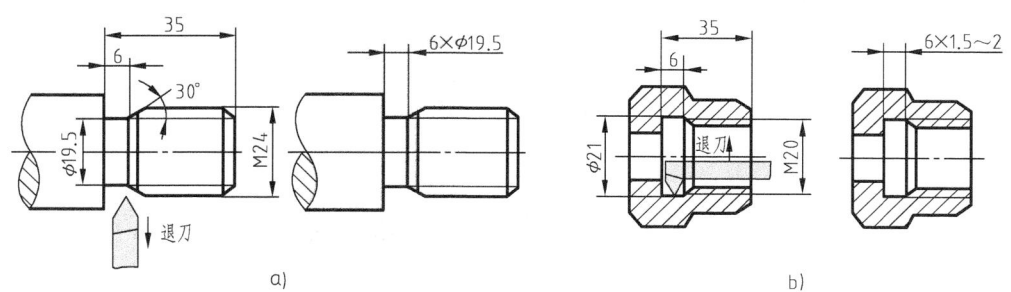

图 10-28 退刀槽
a) 车外螺纹及其尺寸标注　b) 车内螺纹及其尺寸标注

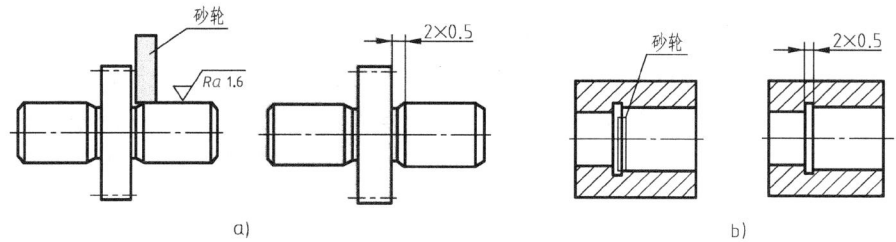

图 10-29 砂轮越程槽
a) 磨外圆及其尺寸标注　b) 磨内圆及其尺寸标注

3. 减少加工面

零件与零件接触的表面一般都要加工。为了降低加工费用，减少加工面，并保证两零件的表面接触良好，常将两零件的接触面做成凸台或凹坑、凹槽、凹腔等结构，如图10-30、图10-31所示。

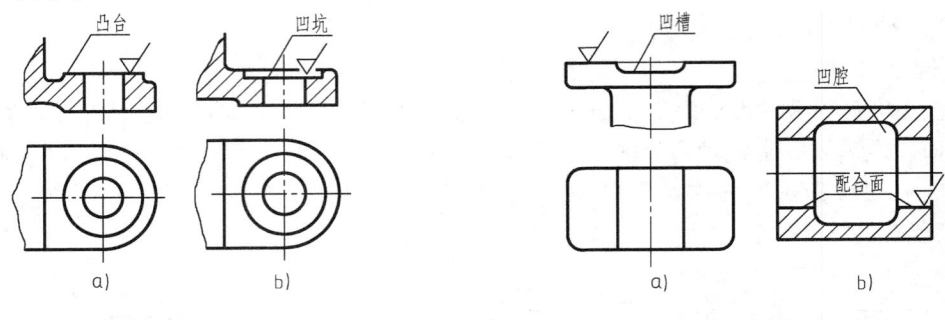

图 10-30 凸台或凹坑　　图 10-31 凹槽和凹腔

4. 钻孔端面的结构

如图10-32所示，需钻孔的零件，应保证钻头的轴线垂直于被钻孔零件的表面，并且应避免钻头单边受力，否则钻头会因受力不均而产生偏斜甚至被折断。

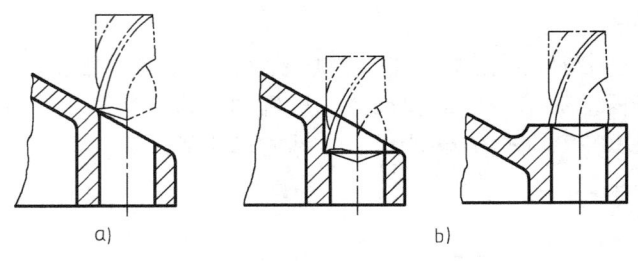

图 10-32 钻孔端面的结构
a) 不合理　b) 合理

课题五　零件图的技术要求

一、极限与配合

1. 零件的互换性

所谓互换性，就是指在同一规格的一批零件中任取其一，装配时不经加工与修配，就能顺利地装配到汽车或机器上，并能够满足汽车或机器的使用要求。

零件具有互换性，不但给装配、修理汽车带来方便，还可用专用的设备生产，提高汽车产品的数量和质量，同时降低产品的成本。为了使零件具有互换性，就必须限制零件尺寸的误差范围，即把尺寸的加工误差控制在一定的范围内，才能使零件达到互换的目的。

2. 尺寸公差

制造零件时，为了使其具有互换性，允许零件的实际尺寸在一个合理的范围内变动。这个允许的尺寸变动量就是尺寸公差，简称公差。

（1）基本术语和定义　有关公差的术语和定义见表10-2。

表10-2　公差的术语和定义

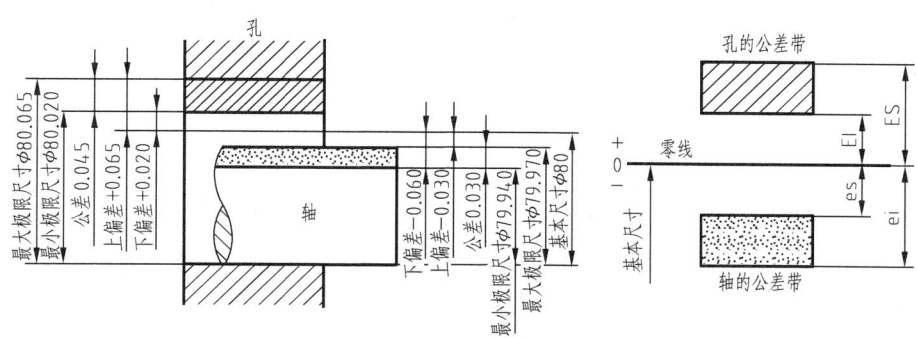

a）名称及术语图解　　　　　　b）公差带图

（单位：mm）

术语名称	解　释	计算示例及说明（孔）	计算示例及说明（轴）
基本尺寸	设计给定的尺寸	$D = \phi 80$	$d = \phi 80$
实际尺寸	通过测量所得的尺寸		
极限尺寸	允许尺寸变化的两个极限值		
最大极限尺寸	两个极限尺寸中较大的一个尺寸	$D_{max} = 80.065$	$d_{max} = 79.970$
最小极限尺寸	两个极限尺寸中较小的一个尺寸	$D_{min} = 80.020$	$d_{min} = 79.940$
尺寸偏差 （简称偏差）	某一尺寸减其相应的基本尺寸所得的代数差		
上偏差	最大极限尺寸减基本尺寸所得的代数差	$ES = 80.065 - 80 = +0.065$	$es = 79.970 - 80 = -0.030$
下偏差	最小极限尺寸减基本尺寸所得的代数差	$EI = 80.020 - 80 = +0.020$	$ei = 79.940 - 80 = -0.060$
尺寸公差 （简称公差）	允许实际尺寸的变动量 尺寸公差 = 最大极限尺寸 - 最小极限尺寸 = 上偏差 - 下偏差	$T_h = 80.065 - 80.020 = 0.045$ $T_h = 0.065 - 0.020$ $= 0.045$	$T_s = 79.970 - 79.940 = 0.030$ $T_s = (-0.030) - (-0.060)$ $= 0.030$
零线	在公差带图解中，确定正、负偏差的一条基准直线		
尺寸公差带 （简称公差带）	在公差带图解中，由代表上、下偏差的两条直线所限定的一个区域		

(2) 公差带的确定 公差带由标准公差与基本偏差两个因素确定。标准公差确定公差带的大小，基本偏差确定公差带的位置，如图 10-33 所示。

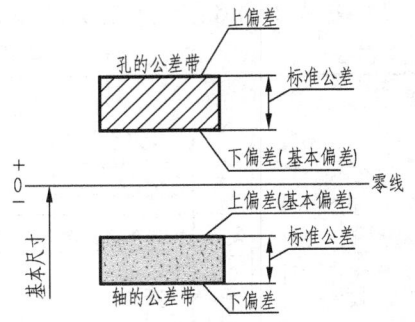

图 10-33 公差带与基本偏差

1) 标准公差。国家标准所列的，用以确定公差带大小的任一公差。

标准公差分为 20 个等级，其数值的大小由基本尺寸和公差等级来决定。公差等级确定尺寸的精确程度，分为 20 级，即：IT01、IT0、IT1、IT2……IT18。其中"IT"表示标准公差，阿拉伯数字表示公差等级代号，其尺寸精确程度从 IT01 到 IT18 依次降低。对于一定的基本尺寸，公差等级越高（等级数字越小），标准公差值越小，尺寸的精确程度越高；反之，尺寸的精确程度越低。基本尺寸和公差等级相同的孔与轴，其标准公差值相等。标准公差的具体数值见附录 F 中的表 F-1。

2) 基本偏差。基本偏差是指在标准的极限与配合中，确定公差带相对零线位置的上偏差或下偏差，一般指靠近零线的那个偏差。当公差带在零线的上方时，基本偏差为下偏差（EI、ei）；反之，则为上偏差（ES、es）。基本偏差对于孔和轴各有 28 个，如图 10-34 所示。

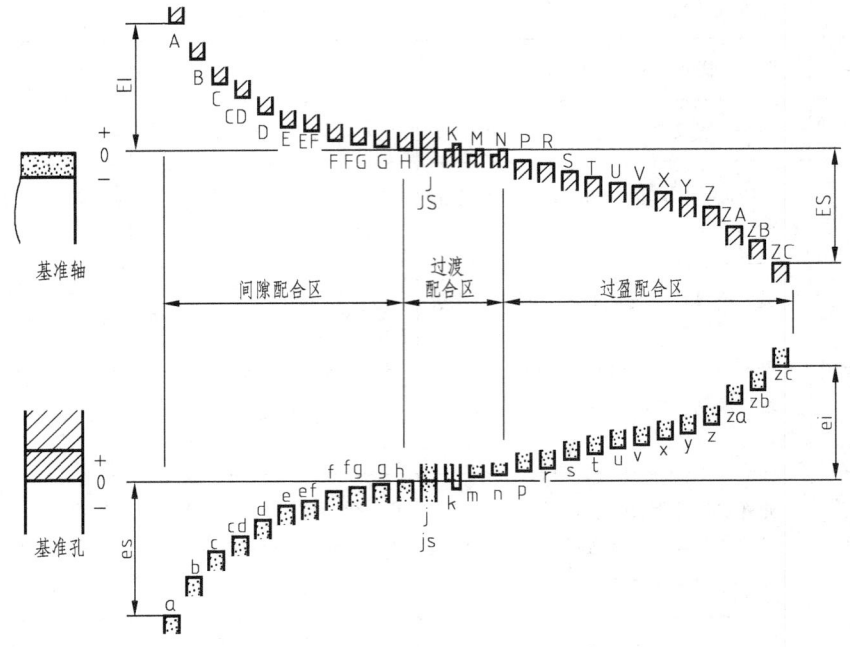

图 10-34 基本偏差系列

从图中可以看出：基本偏差用拉丁字母（一个或两个）表示，大写字母代表孔，小写字母代表轴。

轴的基本偏差从 a～h 为上偏差 es，从 j～zc 为下偏差 ei。js 的上下偏差分别为 $+\dfrac{\text{IT}}{2}$

和 $-\dfrac{IT}{2}$。

孔的基本偏差从 A~H 为下偏差 EI，从 J~ZC 为上偏差 ES。JS 的上下偏差分别为 $+\dfrac{IT}{2}$ 和 $-\dfrac{IT}{2}$。

轴和孔另一偏差的确定：轴的另一偏差（上偏差或下偏差）es = ei + IT 或 ei = es − IT；孔的另一偏差（上偏差或下偏差）ES = EI + IT 或 EI = ES − IT。

如果基本偏差和标准公差确定了，孔和轴的公差带大小和位置也就确定了。

3. 配合

（1）配合的概念　基本尺寸相同的、相互结合的孔和轴公差带之间的关系称为配合。由于孔和轴的实际尺寸不同，装配以后可能产生间隙或过盈。其中孔的尺寸减去相配合的轴的尺寸为正时产生间隙（孔大于轴），为负时产生过盈（孔小于轴），如图 10-35 所示。

（2）配合的种类　根据使用的要求不同，孔和轴之间的配合有松有紧，国家标准规定配合分为三种，即间隙配合、过盈配合和过渡配合。

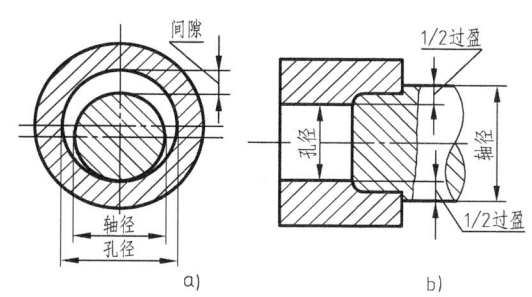

图 10-35　间隙和过盈
a）间隙　b）过盈

1）间隙配合。具有间隙（包括最小间隙为零）的配合。此配合轴在孔中可以产生相对运动，拆卸方便。这时，孔的公差带在轴的公差带之上，任取其中一对孔和轴相配都具有间隙，如图 10-36 所示。

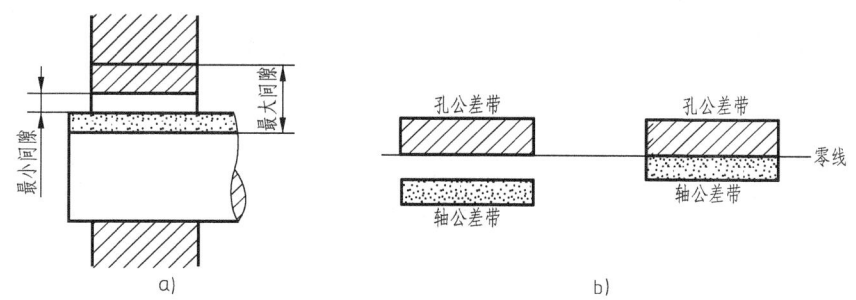

图 10-36　间隙配合

2）过盈配合。具有过盈（包括最小过盈为零）的配合。此配合轴与孔不能产生相对运动，以保证连接可靠。这时，孔的公差带在轴的公差带之下，如图 10-37 所示。

3）过渡配合。可能具有间隙或过盈的配合，即介于间隙配合与过盈配合之间的配合。此配合孔与轴的对中性好。这时，孔的公差带与轴的公差带将出现相互重叠的部分，如图 10-38 所示。

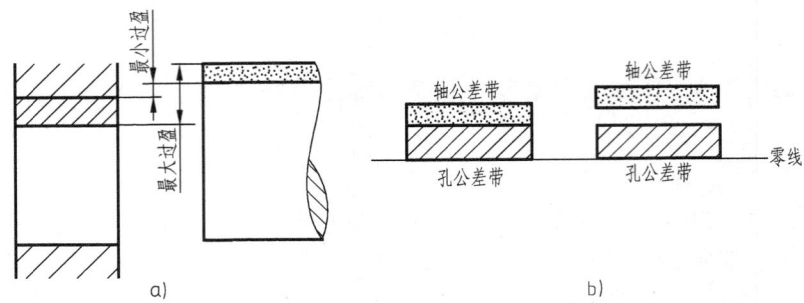

图 10-37 过盈配合

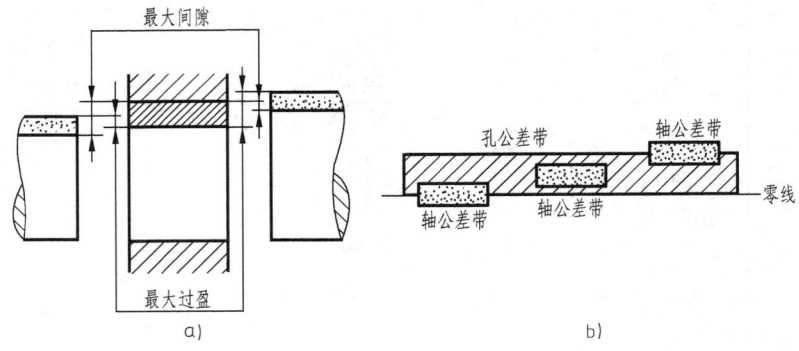

图 10-38 过渡配合

（3）配合制度　根据设计要求，孔与轴之间可有各种不同的配合，如果孔和轴两者都可以任意变动，则情况变化极多，不便于零件的设计与制造。为此，国家标准规定了两种配合制度，即基孔制和基轴制。

1）基孔制。基本偏差为一定的孔的公差带与不同基本偏差的轴的公差带形成各种配合的一种制度称为基孔制，如图 10-39 所示。基孔制的孔称为基准孔，基准孔的下偏差为零，用代号 H 表示。

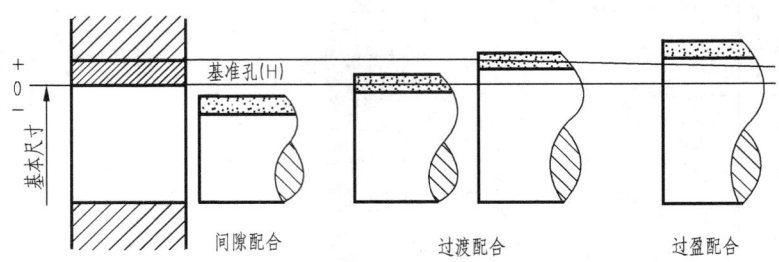

图 10-39 基孔制配合

2）基轴制。基本偏差为一定的轴的公差带与不同基本偏差的孔的公差带形成各种配合的一种制度称为基轴制，如图 10-40 所示。基轴制的轴称为基准轴，基准轴的上偏差为零，用代号 h 表示。

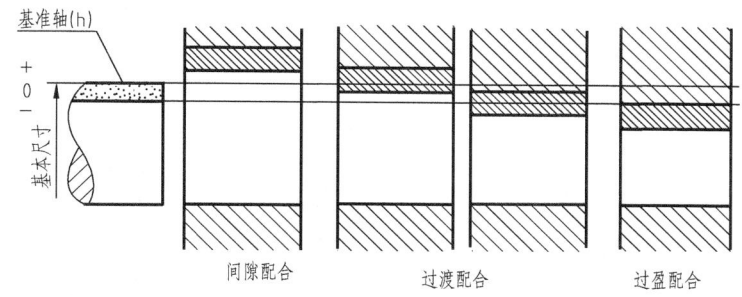

图 10-40 基轴制配合

(4) 配合制度的选择

1) 优先选择基孔制。采用基孔制可以减少刀、量具的规格数目,有利于刀、量具的标准化、系列化,经济合理、使用方便。

2) 有明显经济效益时选择基轴制。如用冷拉钢做轴时,由于其精度(可达IT8)已满足设计要求,故不再加工;又如滚动轴承的外圆与轴承孔相配合,往往采用基轴制。

3) 一轴多孔配合选用基轴制。如图 10-41 所示,在活塞连杆机构中,活塞销与活塞内孔的配合要求紧些 ($\frac{N6}{h5}$),而活塞销与连杆套筒内孔的配合要求松些 ($\frac{H6}{h5}$)。若采用基孔制,则活塞内孔与连杆套筒内孔的公差带相同,而活塞销只能按两种公差带来加工制成阶梯形。这种活塞销不但加工不方便,且装配时易刮伤连杆孔。反之,若采用基轴制,则活塞销按一种公差带加工,而活塞内孔和连杆套筒内孔按不同的公差带加工,来获得两种不同的配合,加工方便,并能保证顺利装配。

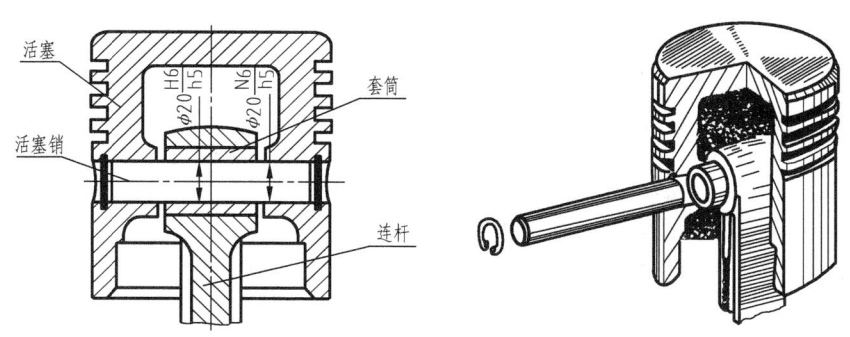

图 10-41 基轴制配合示例

(5) 常用配合与优先配合

国标规定了轴、孔公差带中组合成基孔制的常用配合 59 种,优先配合 13 种;基轴制常用配合 47 种,优先配合 13 种。表 10-3 为基孔制常用、优先配合系列,表 10-4 为基轴制常用、优先配合系列。在实际使用中,应根据配合特性和使用功能,尽量选用优先和常用配合。

为了便于查阅,附录 F 中的表 F-2、表 F-3 分别摘录了轴、孔优先配合中的极限偏差数值。

表 10-3 基孔制优先、常用配合（摘自 GB/T 1801—2009）

基准孔	轴																			
	a	b	c	d	e	f	g	h	js	k	m	n	p	r	s	t	u	v	x	y	z
	间隙配合								过渡配合			过盈配合									
H6						$\frac{H6}{f5}$	$\frac{H6}{g5}$	$\frac{H6}{h5}$	$\frac{H6}{js5}$	$\frac{H6}{k5}$	$\frac{H6}{m5}$	$\frac{H6}{n5}$	$\frac{H6}{p5}$	$\frac{H6}{r5}$	$\frac{H6}{s5}$	$\frac{H6}{t5}$					
H7						$\frac{H7}{f6}$▲	$\frac{H7}{g6}$▲	$\frac{H7}{h6}$▲	$\frac{H7}{js6}$	$\frac{H7}{k6}$▲	$\frac{H7}{m6}$	$\frac{H7}{n6}$▲	$\frac{H7}{p6}$▲	$\frac{H7}{r6}$	$\frac{H7}{s6}$▲	$\frac{H7}{t6}$	$\frac{H7}{u6}$▲	$\frac{H7}{v6}$	$\frac{H7}{x6}$	$\frac{H7}{y6}$	$\frac{H7}{z6}$
H8					$\frac{H8}{e7}$	$\frac{H8}{f7}$▲	$\frac{H8}{g7}$	$\frac{H8}{h7}$▲	$\frac{H8}{js7}$	$\frac{H8}{k7}$	$\frac{H8}{m7}$	$\frac{H8}{n7}$	$\frac{H8}{p7}$	$\frac{H8}{r7}$	$\frac{H8}{s7}$	$\frac{H8}{t7}$	$\frac{H8}{u7}$				
				$\frac{H8}{d8}$	$\frac{H8}{e8}$	$\frac{H8}{f8}$		$\frac{H8}{h8}$													
H9			$\frac{H9}{c9}$	$\frac{H9}{d9}$▲	$\frac{H9}{e9}$	$\frac{H9}{f9}$		$\frac{H9}{h9}$▲													
H10			$\frac{H10}{c10}$	$\frac{H10}{d10}$				$\frac{H10}{h10}$													
H11	$\frac{H11}{a11}$	$\frac{H11}{b11}$	$\frac{H11}{c11}$▲	$\frac{H11}{d11}$				$\frac{H11}{h11}$▲													
H12		$\frac{H12}{b12}$						$\frac{H12}{h12}$													

1. 常用配合59种，其中优先配合13种。注 ▲符号为优先配合
2. H6/n5、H7/p6 在基本尺寸小于或等于3mm 和 H8/r7 在小于或等于100mm 时为过渡配合

表 10-4 基轴制优先、常用配合（摘自 GB/T 1801—2009）

基准轴	孔																			
	A	B	C	D	E	F	G	H	JS	K	M	N	P	R	S	T	U	V	X	Y	Z
	间隙配合								过渡配合			过盈配合									
h5						$\frac{F6}{h5}$	$\frac{G6}{h5}$	$\frac{H6}{h5}$	$\frac{JS6}{h5}$	$\frac{K6}{h5}$	$\frac{M6}{h5}$	$\frac{N6}{h5}$	$\frac{P6}{h5}$	$\frac{R6}{h5}$	$\frac{S6}{h5}$	$\frac{T6}{h5}$					
h6						$\frac{F7}{h6}$▲	$\frac{G7}{h6}$	$\frac{H7}{h6}$▲	$\frac{JS7}{h6}$	$\frac{K7}{h6}$▲	$\frac{M7}{h6}$	$\frac{N7}{h6}$▲	$\frac{P7}{h6}$	$\frac{R7}{h6}$	$\frac{S7}{h6}$▲	$\frac{T7}{h6}$	$\frac{U7}{h6}$▲				
h7					$\frac{E8}{h7}$	$\frac{F8}{h7}$▲		$\frac{H8}{h7}$▲	$\frac{JS8}{h7}$	$\frac{K8}{h7}$	$\frac{M8}{h7}$	$\frac{N8}{h7}$									
h8				$\frac{D8}{h8}$	$\frac{E8}{h8}$	$\frac{F8}{h8}$		$\frac{H8}{h8}$													
h9				$\frac{D9}{h9}$▲	$\frac{E9}{h9}$	$\frac{F9}{h9}$		$\frac{H9}{h9}$▲													
h10				$\frac{D10}{h10}$				$\frac{H10}{h10}$													
h11	$\frac{A11}{h11}$	$\frac{B11}{h11}$	$\frac{C11}{h11}$▲	$\frac{D11}{h11}$				$\frac{H11}{h11}$													
h12		$\frac{B12}{h12}$						$\frac{H12}{h12}$													

常用配合共47种，其中优先配合13种。注 ▲符号为优先配合

4. 极限与配合的标注

孔、轴的尺寸公差可用公差带代号表示。公差带代号由基本偏差代号（字母）和标准公差等级代号（数字）组成。

例如：

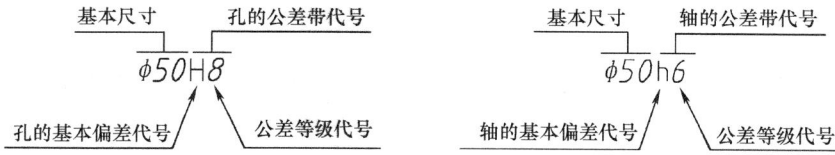

（1）在装配图中的标注方法　在装配图上标注线性尺寸的配合代号时，必须在基本尺寸之后，用分式的形式注出。分子为孔的公差带代号，分母为轴的公差带代号，如图 10-42a、b 所示。图 10-42c 所示为非标准零件与标准件的配合标注方法，仅标注非标准零件的公差带代号。

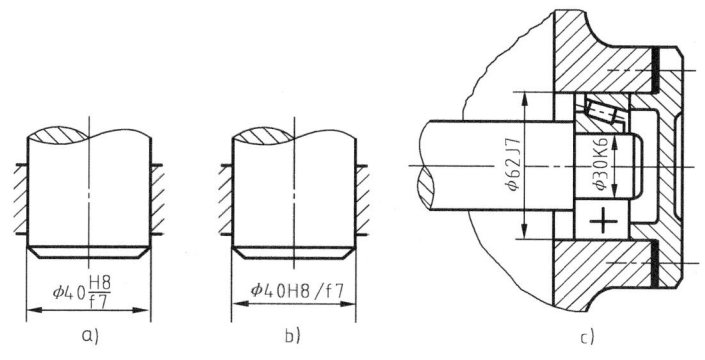

图 10-42　极限与配合在装配图中的标注方法

（2）在零件图中的标注方法　用于大批量生产的零件图，可只标注公差带代号，公差带代号的注写形式如图 10-43a 所示。用于中小批量生产的零件图，一般可只标注极限偏差，如图 10-43b 所示。如要求同时标注公差带代号及相应的极限偏差时，其极限偏差应加上圆括号，如图 10-43c 所示。

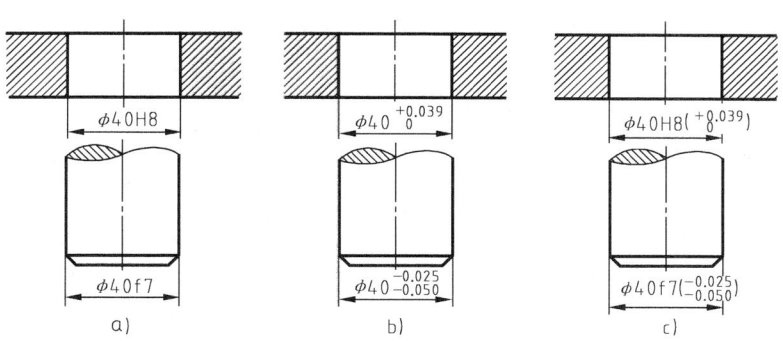

图 10-43　极限与配合在零件图中的标注方法

标注时应注意，上下偏差绝对值不同时，偏差数字用比基本尺寸数字小一号的字体书写，下偏差应与基本尺寸注在同一底线上。若某一偏差为零时，数字"0"不能省略，必须标出，并与另一偏差的整数个位对齐，如图10-43b所示。若上下偏差绝对值相同符号相反时，则偏差数字只写一个，并与基本尺寸数字字号相同，如 $\phi25\text{mm} \pm 0.01\text{mm}$（小数点后的最后一位数如果为零，可省略不写）。

二、形状与位置公差

零件在加工后形成的各种误差是客观存在的，除了前面在极限与配合中讨论过的尺寸误差外，还存在着形状误差和位置误差。

1. 形位公差概述

零件上的实际几何要素的形状与理想几何要素的形状之间的误差称为形状误差；零件上各几何要素之间的实际相对位置与理想的相对位置之间的误差称为位置误差。形状误差与位置误差简称形位误差。形位误差的允许变动量称为形位公差。

图10-44a 所示为一理想形状的销轴，而加工后的实际形状则是轴线变弯了，如图10-44b 所示，因而就产生了直线度误差。

图10-45 所示为在齿轮箱中加工了两个互相垂直的用于安装一对锥齿轮的轴孔，如果两孔的轴线歪斜过大，就产生垂直度误差，影响一对锥齿轮的啮合传动。

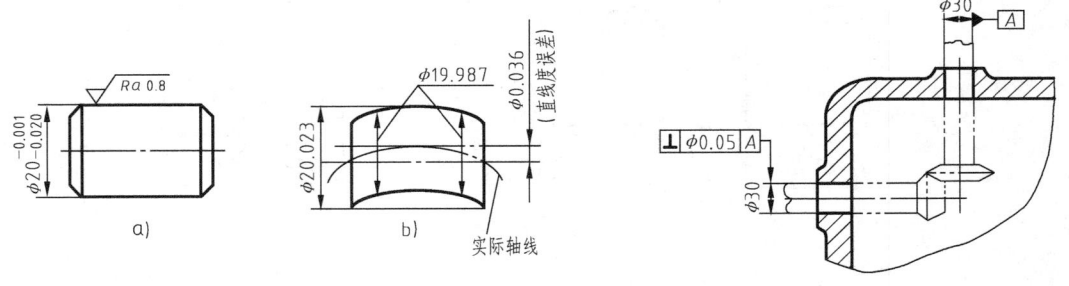

图 10-44　形状误差示例　　　　　　图 10-45　位置误差示例

因此，加工精度要求较高的零件时，还应给出形状公差和位置公差。

2. 形位公差的代号

形位公差的代号包括：形位公差特征项目符号、形位公差框格及指引线、基准符号、形位公差数值和其他有关符号等。

（1）形位公差特征项目符号　国家标准中规定了14项形位公差，其项目与符号见表10-5。

表 10-5　形位公差特征项目及符号

项目	直线度	平面度	圆度	圆柱度	线轮廓度	面轮廓度	平行度
符号	—	▱	○	⌭	⌒	⌓	∥
项目	垂直度	倾斜度	同轴(同心)度	对称度	位置度	圆跳动	全跳动
符号	⊥	∠	◎	≡	⌖	↗	↗↗

(2) 形位公差框格及指引线　形位公差框格及指引线如图 10-46a 所示。

(3) 基准符号　基准符号如图 10-46b 所示。图中的 h 为字体高度，d 为图中粗实线的宽度。

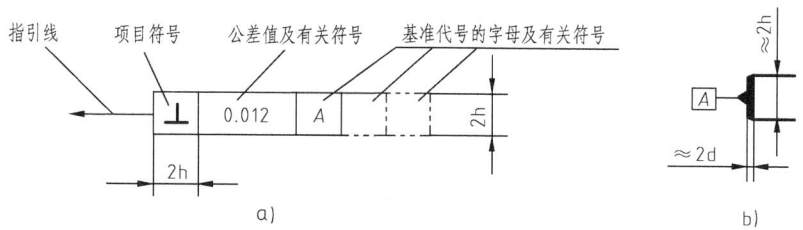

图 10-46　形位公差框格及指引线和基准符号
a）形位公差框格及指引线　b）基准符号

3. 形位公差的标注与识读

【例 10-3】　识读图 10-47 所示的汽车发动机气门挺杆上标注的形位公差。

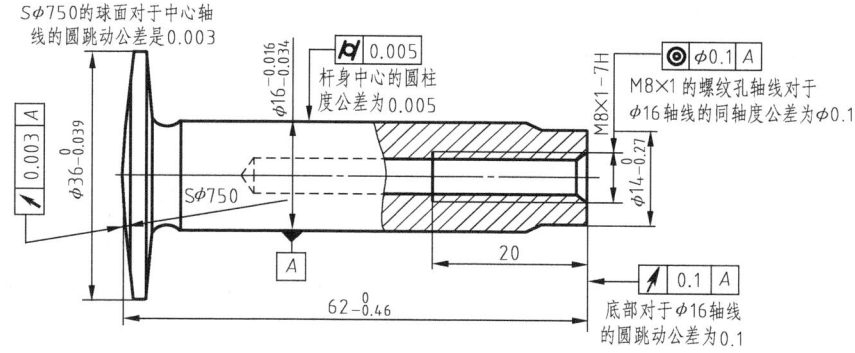

图 10-47　发动机气门挺杆的形位公差标注示例

图 10-47 所示为气门挺杆的形位公差标注示例，其各形位公差的含义见图中的文字说明。

从图中可以看到，当被测要素为实际的表面或交线（轮廓要素）时，从框格引出的指引线箭头，应指在该要素的轮廓线或其延长线上，如左端的圆跳动公差及中间的圆度公差的注法；当被测要素是轴线或对称中心线（中心要素）时，应将箭头与该要素的尺寸线对齐，如 M8×1 轴线的同轴度注法；当基准要素是轴线时，应将基准三角形放置在该要素的尺寸线的延长线上，如图 10-47 中的基准 A。

表 10-6 列举了常见的形位公差标注示例及其识读说明。

三、表面结构的图样表示法

在汽车机械图样中，除了对零件各部分结构的尺寸、形状、位置给出公差以外，为保证零件装配后的使用性能，还要根据其功能对表面质量给出要求，即零件的表面结构要求。表面结构是表面粗糙度、表面波纹度、表面缺陷、表面纹理和表面形状的总称。其各项要求在图样上的表达方法在 GB/T 131—2006 中均有具体的规定。本课题主要介绍常用的表面粗糙度的表达方法。

表 10-6 常见的形位公差的标注示例及其识读说明

分类	特征项目及符号	标注示例	识读说明
形状公差或位置公差	直线度 —	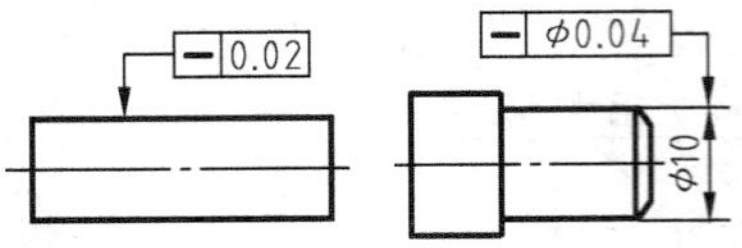	① 圆柱表面上任一素线的直线度公差为 0.02mm（左图） ② $\phi 10$mm 轴线的直线度公差为 $\phi 0.04$mm（右图）
	平面度 ▱	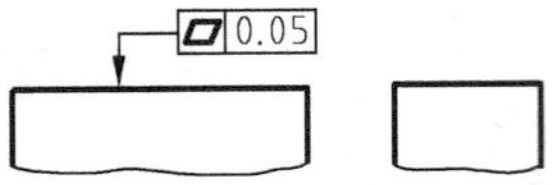	实际平面的形状所允许的变动全量（0.05mm）
	圆度 ○	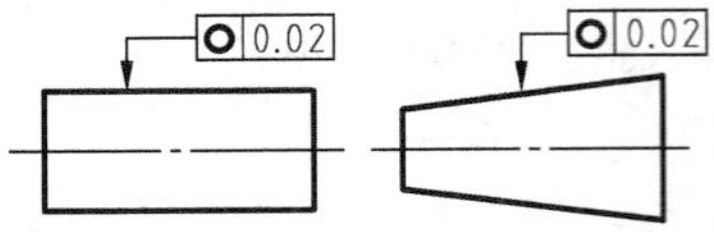	在垂直于轴线的任一正截面上实际圆的形状所允许的变动全量（0.02mm）
	圆柱度 ⌭	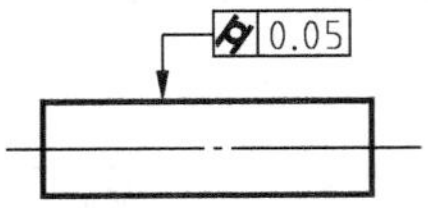	实际圆柱面的形状所允许的变动全量（0.05mm）
	线轮廓度 ⌒	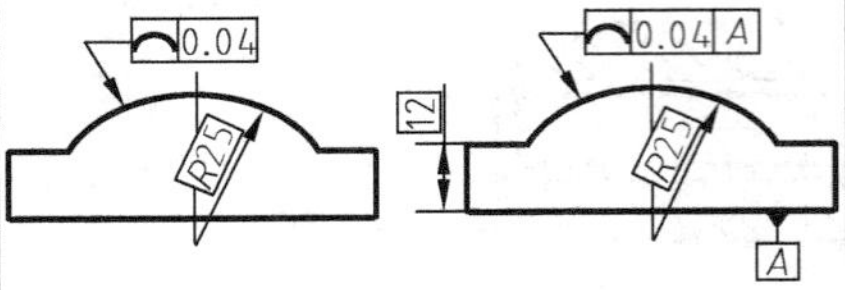	在零件宽度方向，任一横截面上实际线的轮廓形状（或对基准 A）所允许的变动全量（0.04mm） （尺寸线上有方框之尺寸为理论正确尺寸）
	面轮廓度 ⌒	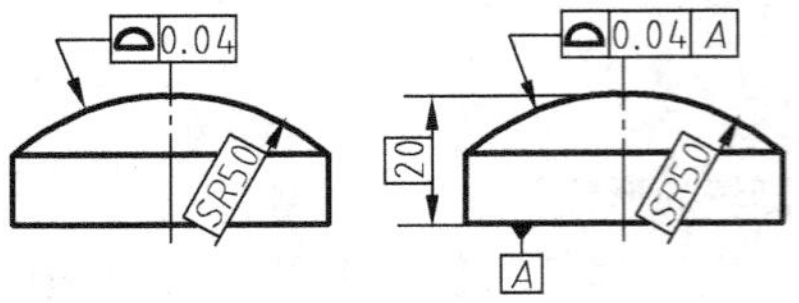	实际表面的轮廓形状（或对基准 A）所允许的变动全量（0.04mm）
方向公差	平行度 ∥ 垂直度 ⊥ 倾斜度 ∠	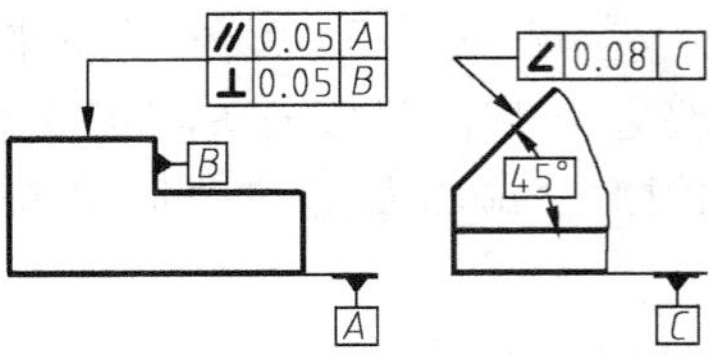	实际要素对基准在方向上所允许的变动全量（∥ 为 0.05mm，⊥ 为 0.05mm，∠ 为 0.08mm）
位置公差	同轴度 ◎ 对称度 ⫽ 位置度 ⊕	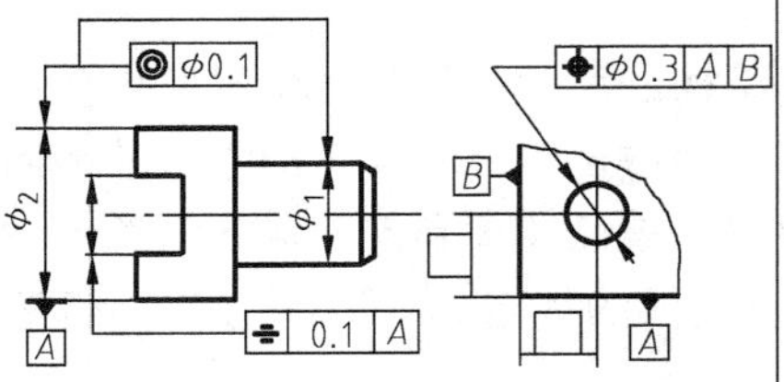	实际要素对基准在位置上所允许的变动全量（◎ 为 0.1mm，⫽ 为 0.1mm，⊕ 为 0.3mm） （尺寸线上有方框之尺寸为理论正确尺寸）

分类	特征项目及符号	标注示例	识读说明
跳动公差	圆跳动 ↗ 全跳动 ↗↗	![标注示例]	① 实际要素绕基准轴线回转一周时所允许的最大跳动量（圆跳动） ② 实际要素绕基准轴线连续回转时所允许的最大跳动量（全跳动） （图中从上至下所注，分别为径向圆跳动、轴向圆跳动及径向全跳动）

1. 表面粗糙度的概念

零件在加工过程中，受刀具的形状和刀具与工件之间的摩擦、机床的振动及零件金属表面的塑性变形等因素的影响，表面不可能绝对光滑。在放大镜或显微镜下观察，可以看到零件表面存在许多微小的凸峰和凹谷，如图 10-48 所示。零件表面上这种具有较小间距和峰谷所组成的微观几何形状的特性称为表面粗糙度。不同的表面粗糙度是由不同的加工方法形成的。

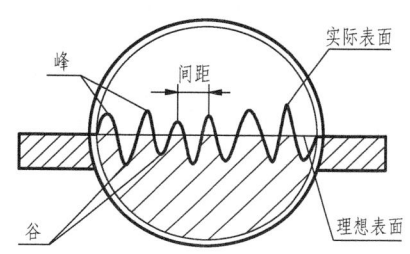

图 10-48　表面粗糙度示意图

表面粗糙度是评定零件表面质量的一项重要的技术指标，对于零件的配合性质、耐磨性、抗腐蚀性、密封性及零件的外观都有显著的影响，选用时既要满足零件表面的使用功能要求，又要考虑经济性的要求。在满足使用要求的前提下，应尽量选用较大的粗糙度参数值，以降低成本。

在工件表面所形成的间距比粗糙度大得多的表面不平度称为波纹度。如果波纹度再加大，便形成宏观的几何形状误差。

表面粗糙度、表面波纹度以及表面几何形状误差总是同时生成并存在于同一表面，如图 10-49 所示。

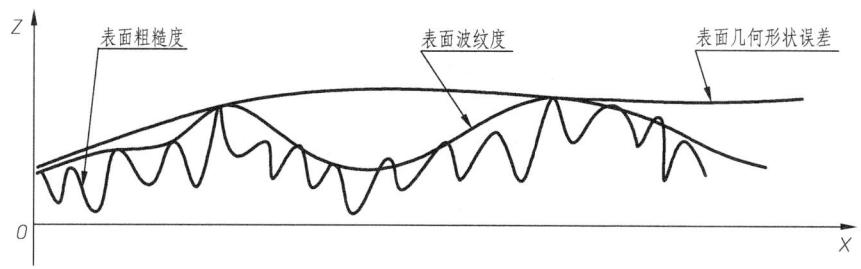

图 10-49　表面轮廓的构成

2. 评定表面结构常用的轮廓参数

零件表面结构的状况，由三个参数组加以评定，即轮廓参数、图形参数、支承率曲线参数，其中轮廓参数是目前我国机械图样中最常用的评定参数。下面仅介绍轮廓参数中评定粗糙度轮廓（R 轮廓）的两个高度参数 Ra 和 Rz，如图 10-50 所示。

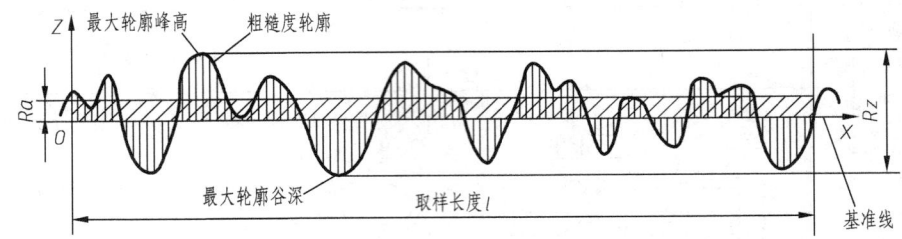

图 10-50　算术平均偏差 Ra 和轮廓的最大高度 Rz

（1）算术平均偏差 Ra　指在一个取样长度内，纵坐标 Z 绝对值的算术平均值。

（2）轮廓的最大高度 Rz　指在同一取样长度内，最大轮廓峰高与最大轮廓谷深之和的高度。

3. 标注表面结构的图形符号

标注表面结构要求时的图形符号见表 10-7。

表 10-7　表面结构符号

符号名称	符号	含义
基本图形符号	$d' = 0.35$mm (d'——符号线宽) $H_1 = 3.5$mm $H_2 = 7$mm	未指定工艺方法的表面，当通过一个注释解释时可单独使用
扩展图形符号		用去除材料方法获得的表面，仅当其含义是"被加工表面"时可单独使用
		不去除材料的表面，也可用于保持上道工序形成的表面，不管这种状况是通过去除或不去除材料形成的
完整图形符号		在以上各种符号的长边上加一横线，以便注写对表面结构的各种要求

注：表中 d'、H_1 和 H_2 的大小是当图样中尺寸数字高度 $h = 3.5$mm 时按 GB/T 131—2006 的相应规定给定的。表中 H_2 是最小值，必要时允许加大。

当图样中某个视图上构成封闭轮廓的各表面有相同表面结构要求时，在完整图形符号上加一圆圈，标注在封闭轮廓线上，如图 10-51 所示。

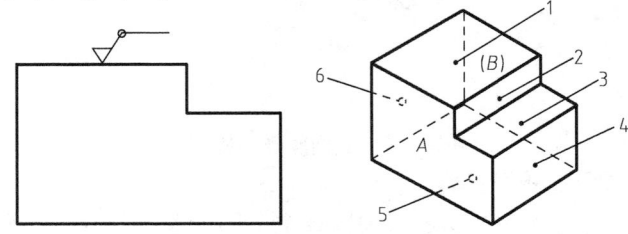

图 10-51　周边各面有相同的表面结构要求的注法

注意：图 10-51 所示的表面结构符号是指对图形中封闭轮廓六个面的共同要求（不包括前面 A 和后面 B）。

4. 表面结构要求在图形符号中的注写位置

为了明确表面结构要求，除了标注表面结构参数及数值外，必要时应标注补充要求，包括取样长度、加工工艺、表面纹理及方向、加工余量等。这些要求在图形符号中的注写位置如图 10-52 所示。

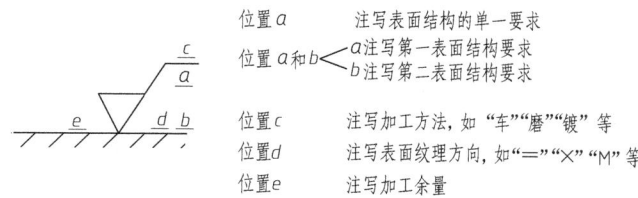

位置 a　　注写表面结构的单一要求
位置 a 和 b　a 注写第一表面结构要求
　　　　　　b 注写第二表面结构要求
位置 c　　注写加工方法，如"车""磨""镀"等
位置 d　　注写表面纹理方向，如"="" X ""M"等
位置 e　　注写加工余量

图 10-52　表面结构要求的注写位置

5. 表面结构代号

表面结构符号中注写了具体参数代号及数值等要求以后，即称为表面结构代号。表面结构代号的示例及含义见表 10-8。

表 10-8　表面结构代号的示例及含义

序号	代号	含义（本含义为不完全解释）
1	▽ Ra 6.3	表示用去除材料方法获得的表面，Ra 的上限值为 6.3μm
2	▽ Rz 1.6	表示用去除材料方法获得的表面，Rz 的上限值为 1.6μm
3	▽ Ramax 3.2	表示用不去除材料方法获得的表面，Ra 的最大值为 3.2μm

6. 表面结构要求在图样中的注法

表面结构要求对每一表面一般只注一次，并尽可能注写在相应的尺寸及其公差的同一视图上。除非另有说明，所标注的表面结构要求是对完工零件表面的要求。

表面结构要求在图样中的注法见表 10-9。

表 10-9　表面结构要求在图样中的注法

说　明	图　例
表面结构注写和读取方向	表面结构的注写和读取方向与图中尺寸的注写和读取方向一致。表面结构要求可标注在轮廓线上，其符号应从材料外指向并接触轮廓表面，如图 a 所示 必要时，表面结构也可用带箭头或黑点的指引线引出标注，如图 b 所示	a) 　　　　b)

（续）

说 明		图 例
表面结构要求的特殊注法	在不致引起误解时，表面结构要求可以标注在给定的尺寸线上，如图 a 所示 表面结构要求也可标注在形位公差框格的上方，如图 b 所示	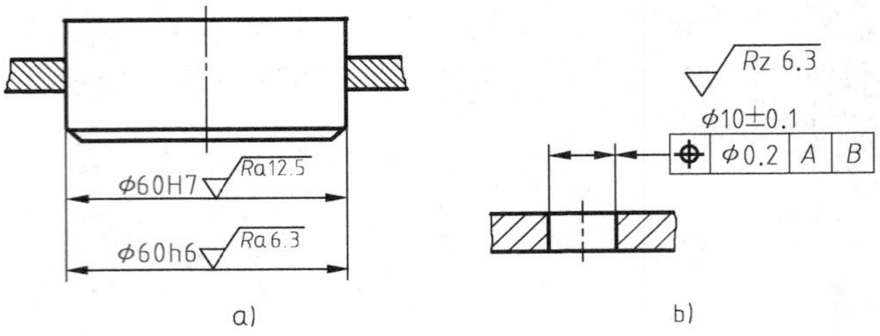
圆柱和棱柱的表面结构注法	圆柱和棱柱的表面结构要求只标注一次，如图 a 所示；如果每个表面有不同的表面结构要求时，则应分别单独标注，如图 b 所示	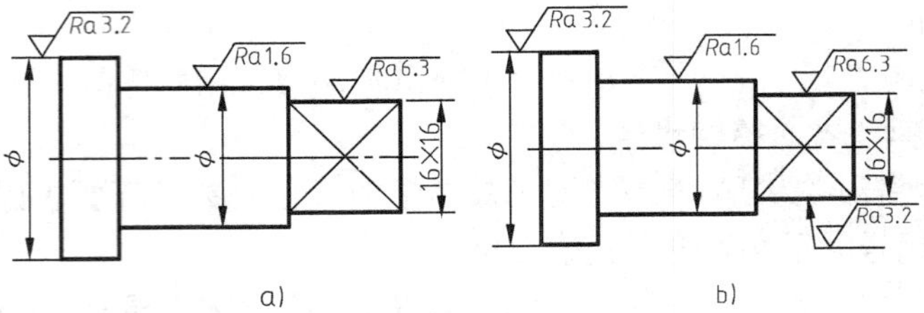
有相同表面结构要求时的简化注法	工件的多数（包括全部）表面有相同的表面结构要求时，可统一标注在图样的标题栏附近（不同的表面结构要求应直接标注在图形中）。此时，表面结构要求的符号后面应有： 1）在圆括号内给出无任何其他标注的基本符号，如图 a 所示 2）在圆括号内给出不同的表面结构要求，如图 b 所示	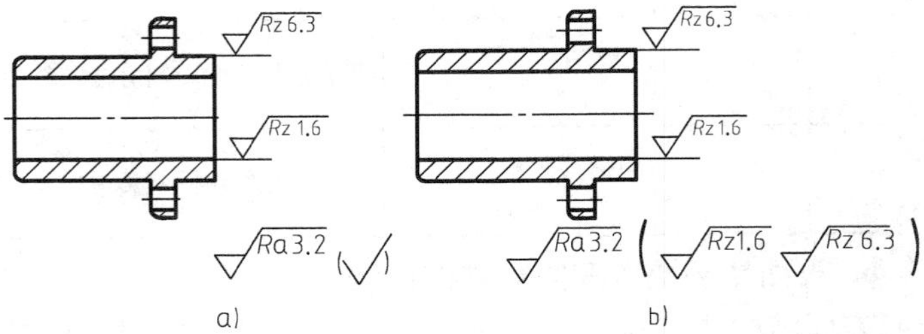
多个表面有共同要求时的注法	1）带字母的完整符号的简化注法，如图 a 所示。用带字母的完整符号以等式的形式，在图形或标题栏附近对有相同表面结构要求的表面进行简化标注 2）只用表面结构符号的简化注法，如图 b 所示。用表面结构符号以等式的形式给出多个表面共同的表面结构要求	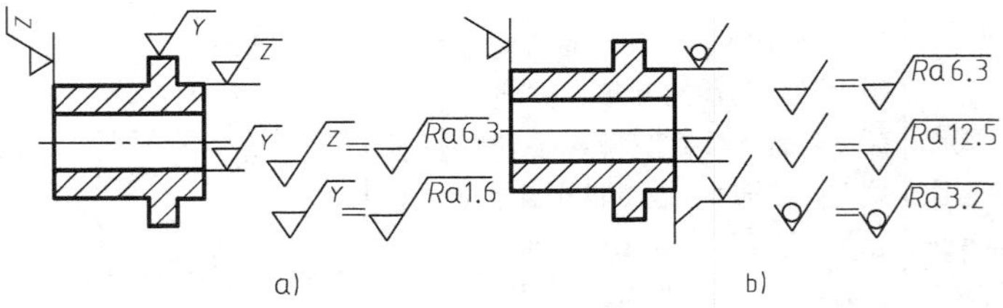

课题六 读 零 件 图

读零件图的目的和要求是：了解零件的名称、所用材料和它在汽车或部件中的作用，并通过分析视图、尺寸和技术要求，想象出零件各组成部分的结构形状及相对位置，从而在头脑中建立起一个完整的、具体的零件形象，理解其设计意图，分析其加工要求等。

一、读图的方法和步骤

1. 看标题栏

通过看标题栏，可以了解零件的名称、材料、绘图比例等，根据零件的名称想象零件的大致功用，为了解零件在汽车或部件中的作用、制造要求、结构特点提供线索和依据。常用的材料见附录 G 中的表 G-1、G-2。

2. 分析视图表达

浏览并详细分析全部图形。首先找出主视图，应用形体分析的方法，抓住各部分的特征视图，确定其他各视图的名称。再找出各剖视图、断面图的剖切位置，以及各视图之间的投影关系。

3. 分析形体结构

根据视图特征，把零件分解为几个部分，找出相应视图上该部分的图形，再把这些图形联系起来，进行投影和结构分析，弄清各部分的空间形状和它们之间的相对位置，再综合起来想象出零件的整体结构形状。读图时先看主要部分，后看次要部分；先看容易确定、能够看懂的部分，后看难以确定、不容易看懂的部分；先看整体轮廓，后看细节形状；先看外形部分，后看内部结构。

4. 分析尺寸标注

首先分析尺寸基准，再按图样上标注的各个尺寸，搞清哪些是主要尺寸，之后确定各部分的定形尺寸、定位尺寸和零件的总体尺寸。

5. 了解技术要求

结合零件的结构形状和尺寸，仔细分析图样上的各项技术要求，如表面粗糙度、尺寸公差、形位公差及热处理方法等。常用的热处理方法见附录 G 中的表 G-3。

以上各项应结合起来综合考虑，而不是片面地孤立地进行分析，这样才有利于读图。

二、典型零件图识读

按零件的结构形状特点及用途不同，把零件分为四大类，即轴套类、轮盘类、叉架类和箱壳类。

1. 轴套类零件

轴套类零件一般指直径尺寸较小，而轴向尺寸较大的回转体类零件。这些零件的主要功用是支承传动零件和传递动力。轴套类零件一般装在轴上或孔中，用来定位、支承、保护传动零件。

汽车上的变速器输入轴、输出轴、钢板销、凸轮轴、发动机曲轴、空气压缩机曲轴，柱塞泵柱塞、柱塞套等均属于轴套类零件。

【例 10-4】 识读如图 10-53 所示的零件图。

图 10-53 所示为汽车上前悬架钢板弹簧上弹簧销的零件图，现分析如下：

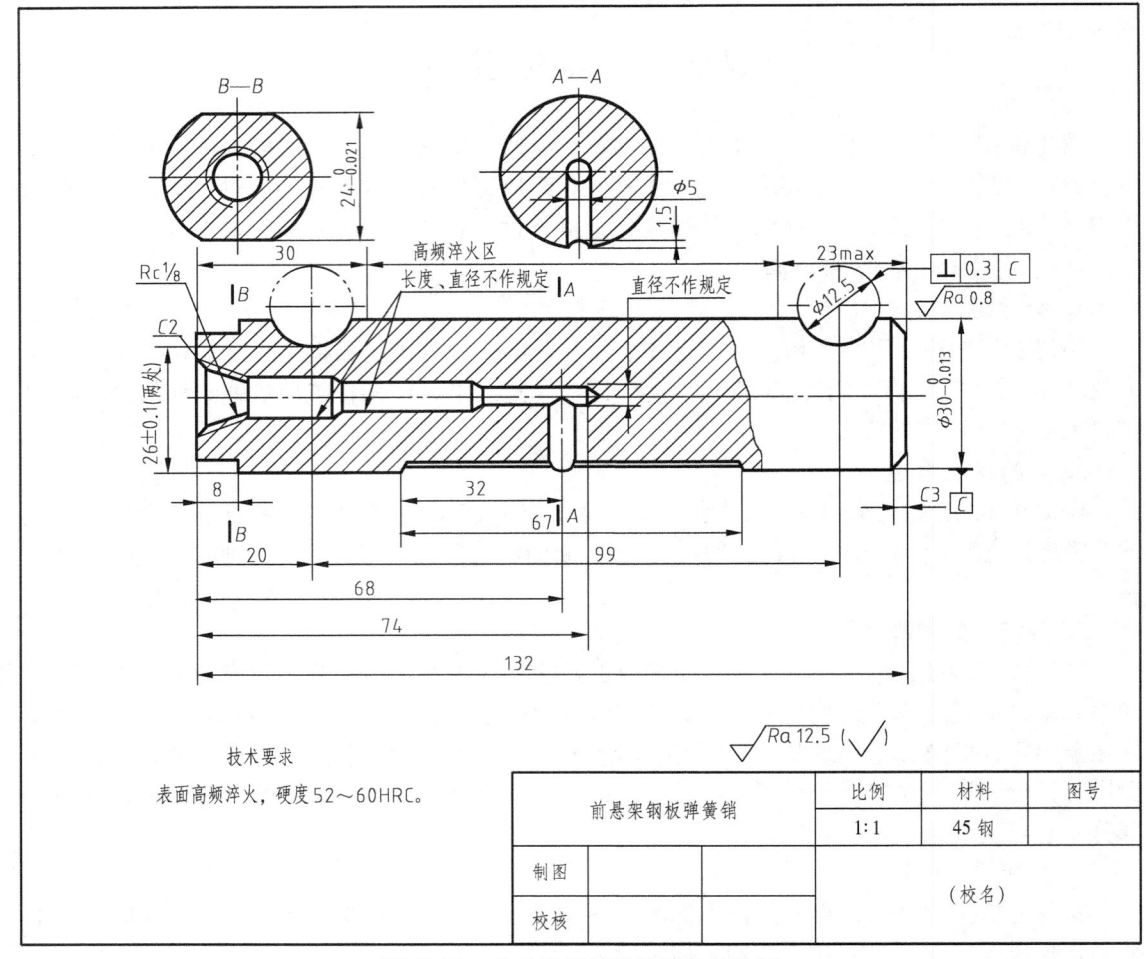

图 10-53 前悬架钢板弹簧销的零件图

（1）看标题栏　从标题栏可以看出，该零件的名称为前悬架钢板弹簧销，材料"45钢"，表示优质碳素结构钢，绘图的比例为 1∶1，说明零件图中的线性尺寸与实物相同。

（2）分析视图表达　该零件选用了三个图形来表达。主视图为局部剖视图，表达了弹簧销的内外结构形状；A—A 移出断面图表达中间部分直径为 $\phi 5$mm 的径向孔及弹簧销下部圆弧槽的形状和位置；B—B 移出断面图表达左端部分的形状。

（3）分析形体结构

1）该弹簧销外形由直径为 $\phi 30_{-0.013}^{0}$mm 的圆柱面构成。

2）左端的圆柱面上上下对称地切去两个弓形块而形成了平面。

3）中心处有一个左端带螺纹孔的轴向台阶孔，孔的末端还有一个垂直方向的径向孔。

4）中间的下部有一个圆弧形的轴向槽。

5）偏左右的两边各有一个直径 $\phi 12.5$mm 的圆弧槽。

6）此外，该零件上还有倒角结构。

（4）分析尺寸标注

1）尺寸基准分析。弹簧销的径向基准为圆柱体的轴线；轴向的主要基准为左端面，辅

助基准为右端面及 φ5mm 小孔的轴线。

2) 主要尺寸分析。弹簧销的总体尺寸为总长 132mm、总高（宽）30mm；2 个 φ12.5mm 圆弧槽的定位尺寸为 20mm 和 99mm；φ5mm 小孔的定位尺寸为 68mm；左端上下两个平面之间的尺寸为 $24_{-0.021}^{0}$ mm。

其他尺寸读者可以自行分析。

(5) 技术要求分析

1) 表面粗糙度要求。弹簧销加工完成后，$φ30_{-0.013}^{0}$ mm 圆柱面的表面粗糙度要求最高，为 $Ra0.8\mu m$，其余均为 $Ra\ 12.5\mu m$。

2) 形位公差要求。弹簧销的零件图上有一项形位公差要求，其含义是：左右两边直径为 φ12.5mm 的圆弧槽的轴线相对于 $φ30_{-0.013}^{0}$ mm 圆柱体轴线的垂直度公差为 0.3mm。

3) 尺寸精度要求。图中标有偏差的尺寸有 $φ30_{-0.013}^{0}$ mm，其最大极限尺寸是 φ30mm，最小极限尺寸是 φ29.987mm，尺寸公差是 0.013mm；另外还有 26mm±0.1mm 和 $24_{-0.021}^{0}$ mm。其中尺寸 $φ30_{-0.013}^{0}$ mm 的精度要求最高，而尺寸 26mm±0.1mm 的精度要求较低。请读者分析出后两个尺寸的极限尺寸及尺寸公差。

2. 轮盘类零件

轮盘类零件一般指直径尺寸较大，而轴向尺寸较小的回转体（或非回转体）类零件。一般通过键、销与轴联接来传递转矩。轮盘类零件主要起支承、定位和密封等作用。

汽车上的离合器压盘、法兰盘、气泵带轮、气泵盖、轴承盖等均属于轮盘类零件。

【例 10-5】 识读如图 10-54 所示汽车变速箱中间轴球轴承密封盖的零件图。

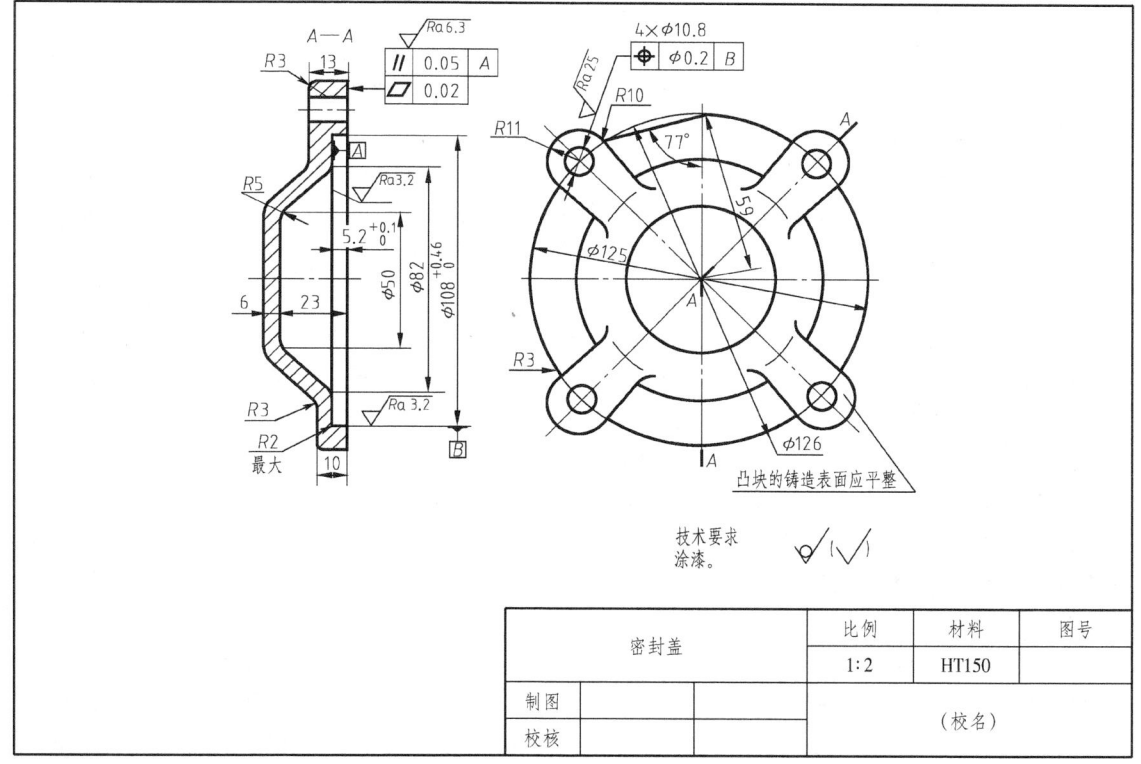

图 10-54 密封盖的零件图

(1) 看标题栏 该零件的名称为密封盖,材料为"HT150",其中"HT"表示灰铸铁,"150"为抗拉强度(MPa);比例为1:2,说明零件图中的线性尺寸是实物的一半。

(2) 分析视图表达 该零件用两个图形表达,主视图为采用两个相交的剖切平面剖得的全剖视图 $A—A$,反映密封盖内部结构形状及连接孔的深度(通孔);左视图表达左端面外形及连接孔的分布情况。

(3) 分析形体结构

1) 该零件右端面光滑、平整,为密封平面,其内部有一直径为 $\phi 108^{+0.46}_{\ 0}$ mm、深为 $5.2^{+0.1}_{\ 0}$ mm 的凹部,与球轴承外圆配合。

2) 在密封盖上均布四个凸台,并在其上加工成四个连接孔。

3) 在密封盖的后上方离中心 59mm 处削平一块,以避免与其他零件发生干涉。

4) 转角处还有不同直径的圆角。

(4) 分析尺寸标注

1) 尺寸基准分析。该密封盖以 $\phi 108^{+0.46}_{\ 0}$ mm 孔的轴线为径向基准,长度方向以右端面为基准。

2) 主要尺寸分析。尺寸 59mm 和 77°为密封盖在后上方削平部分的定位尺寸和定位角度;$\phi 126$ mm 为四个连接孔的定位尺寸。其余尺寸为定形尺寸,$R2$ mm、$R3$ mm、$R5$ mm 表示铸件上有不同的铸造圆角要求。

(5) 分析技术要求

1) 表面粗糙度要求。表面粗糙度精度要求最高的是 $\phi 108^{+0.46}_{\ 0}$ mm 内孔及台阶面,其值为 $Ra\ 3.2\mu$m,还有 6.3μm,最大值为 25μm,其余表面为不加工表面。

2) 形位公差要求。标有形位公差的有两处三项:分别是右端面的平面度公差,其值为 0.02mm;右端面对 $\phi 108^{+0.46}_{\ 0}$ mm 孔底平面的平行度公差,其值为 0.05mm;$4 \times \phi 10.8$ mm 的中心位置度的公差为 $\phi 0.2$ mm。

3) 尺寸精度要求。标有尺寸公差的尺寸有 $\phi 108^{+0.46}_{\ 0}$ mm 和 $5.2^{+0.1}_{\ 0}$ mm,其中 $\phi 108^{+0.46}_{\ 0}$ mm 的最大极限尺寸是 $\phi 108.046$ mm,最小极限尺寸是 $\phi 108$ mm,尺寸公差是 0.046mm。关于尺寸 $5.2^{+0.1}_{\ 0}$ mm,请读者自行分析其极限尺寸和尺寸公差。

3. 叉架类零件

叉架类零件包括各种叉杆和支架,多为铸件或锻件。此类零件的形状不规则,外形比较复杂,常有弯曲或倾斜的部分,并带有肋板、轴孔、耳板、底板、螺孔等结构。叉杆类零件多为运动零件,通常起传动、连接、调节或制动作用。支架零件通常起支承、连接等作用。

汽车上的拨叉、连杆、支架、支座等均属于此类零件。

【例 10-6】 识读如图 10-55 所示汽车上刹车支架的零件图。

(1) 看标题栏 由标题栏可知,零件的名称为刹车支架,属支架类零件;材料为"HT200",其中"HT"表示灰铸铁,"200"为抗拉强度(MPa);比例为1:1,说明零件图中的线性尺寸与实物相同。

(2) 分析视图表达 该支架的零件图共由六个图形组成,有主视图、俯视图、左视图、一个局部视图 B、一个斜视图 A 和一个移出断面图。主视图上有两处采用了局部剖视,还有一个重合断面图,局部剖视分别表达了中部 $\phi 20$ mm 圆筒、M6-7H 螺孔的结构以及刹车支架左侧踏板的结构,重合断面图表达了连接板的结构形状;俯视图上也用了两处局部剖视,表

达 ϕ32mm 圆筒的结构和 M6-7H 螺孔的位置；左视图只画外形图，用以补充表达刹车支架左侧踏板的结构形状；斜视图 A 用于表达刹车支架右侧 ϕ32mm 圆筒上凸台的结构形状；局部视图 B 用于表达中部 ϕ20mm 圆筒上凸台的结构形状；移出断面用于表达肋板的断面形状。

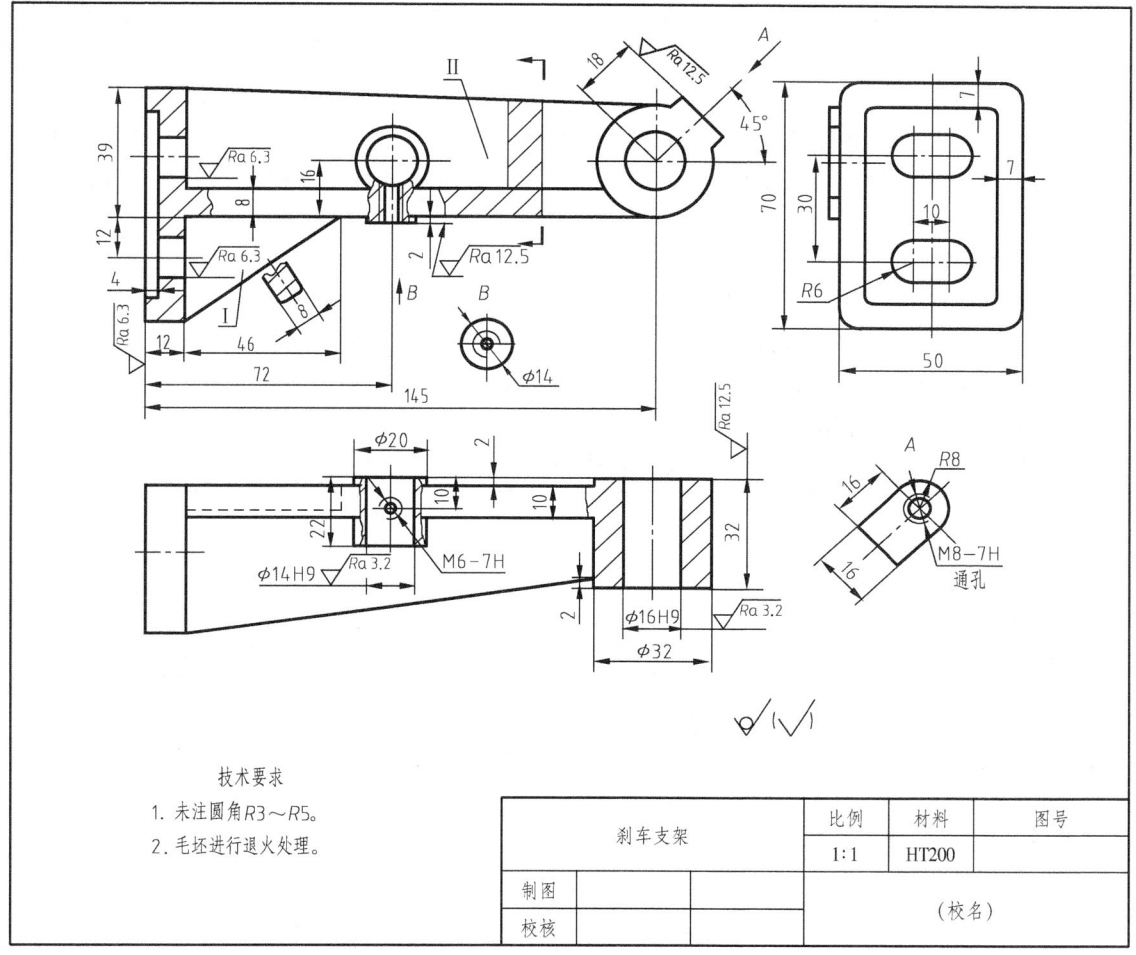

图 10-55 刹车支架的零件图

(3) 分析形体结构 刹车支架由五部分组成。

1) 左端为矩形的踏板，其上有两个腰圆形的孔。
2) 右端为直径是 ϕ32mm 圆筒，其上还有凸台。
3) 中间为 ϕ20mm 的圆筒，其上也有凸台。
4) 在踏板与右端圆筒之间用"L"形的直角板相连。
5) 在踏板的左下方，有一肋板，起加强作用。

(4) 分析尺寸标注

1) 尺寸基准分析。长度方向的基准是左端面；宽度方向的基准是已经加工的右端圆筒和中间圆筒的后端面；高度方向的基准是右端圆筒与左端底板相连的水平板的底面。

2) 主要尺寸分析。刹车支架的踏板高是 70mm，宽是 50mm，因右端倾斜，所以未注总体尺寸。主要定位尺寸有 72mm，用以确定 ϕ20mm 圆筒的左右位置；145mm 用以确定

ϕ32mm 圆筒的左右位置；另外还有 30mm、10mm、16mm 等，其他尺寸请读者自行分析。

(5) 分析技术要求

1) 表面粗糙度要求。表面粗糙度要求较高的是两个孔 ϕ14H9 和 ϕ16H9，Ra 值为 3.2μm；其次是左端面和两个腰圆形的孔，Ra 值为 6.3μm；另外还有 Ra 值为 12.5μm。未标注的为不加工表面。

2) 尺寸精度要求。图中标有极限与配合要求的有两处，分别为 ϕ14H9 和 ϕ16H9，其代号均表示基准孔的代号。请读者在附录 F 中的表 F-3 中查出它们的上、下偏差值，并确定出公差值。

3) 其他技术要求。用文字说明的技术要求有两条，都是对毛坯制造（铸造）的要求，具体内容如图中所示。

4. 箱壳类零件

箱壳类零件一般为汽车部件的主体，体积较大，形状也较为复杂，毛坯大多为铸件，也有的用焊接件。其主要作用是容纳、支承传动件，也起定位、密封和保护等作用。

汽车上的转向器壳体、变速器壳体、气缸体、液压泵的泵体、后桥壳等均属于箱壳类零件。

【例 10-7】 识读转向器壳体的零件图。

识读如图 10-56 所示 BJ130 载货汽车的转向器壳体的零件图。

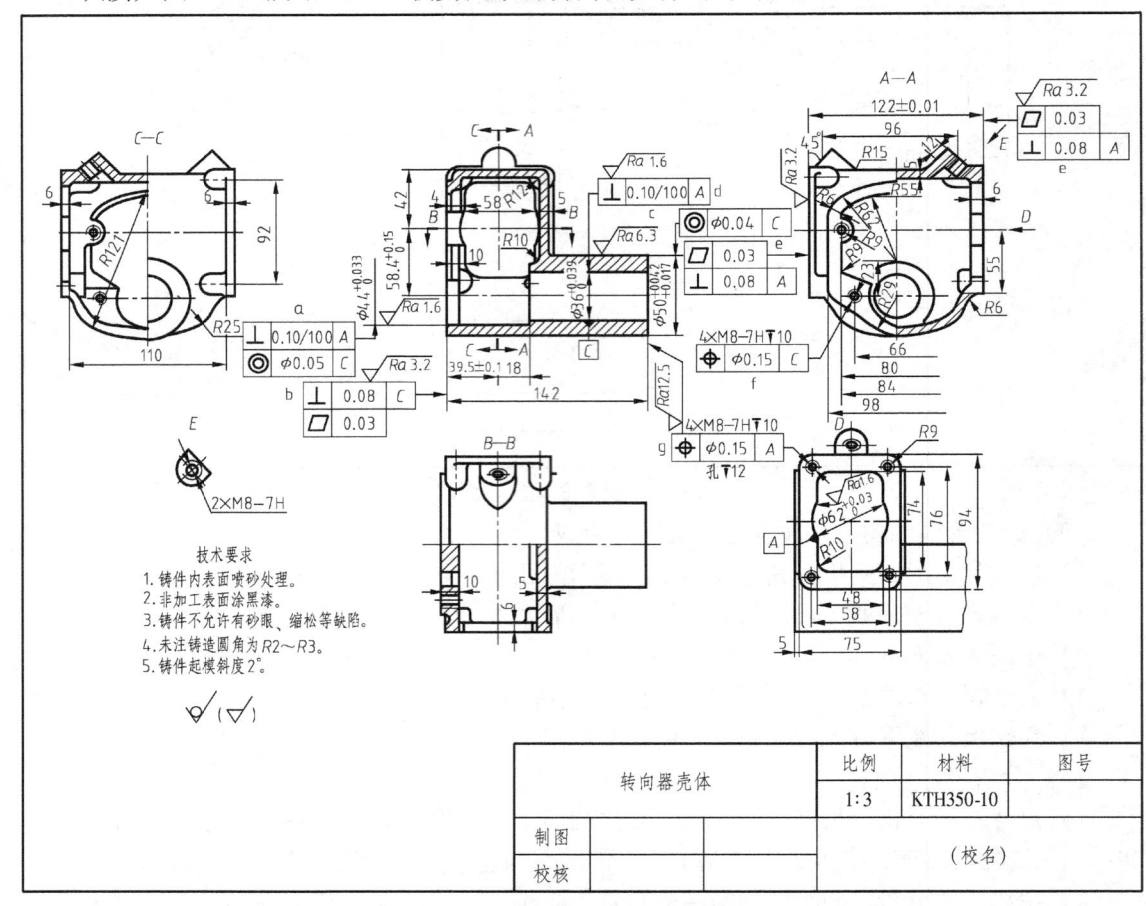

图 10-56 汽车转向器壳体的零件图

图 10-57 所示为汽车转向器的工作状态图。在转向器壳体的上部装有螺杆，它与汽车的

方向盘连接在一起。螺杆上面套有螺母，在螺杆与螺母旋转的螺旋槽中嵌有滚珠；在壳体下部装有扇形齿轮，与螺母下端的齿条啮合。当司机转动方向盘时，螺杆转动使螺母移动，带动扇形齿轮摆动，通过扇形齿轮的轴再带动其他零件使汽车前轮转向。

由于箱体类零件的结构形状复杂，识读比较困难，可借助转向器工作状态图（见图10-57）和转向器壳体的形体分解图（见图10-58）进行综合分析。

（1）形体分析　按形体分析的方法，可以把转向器壳体零件分解成七个组成部分，如图10-58所示。

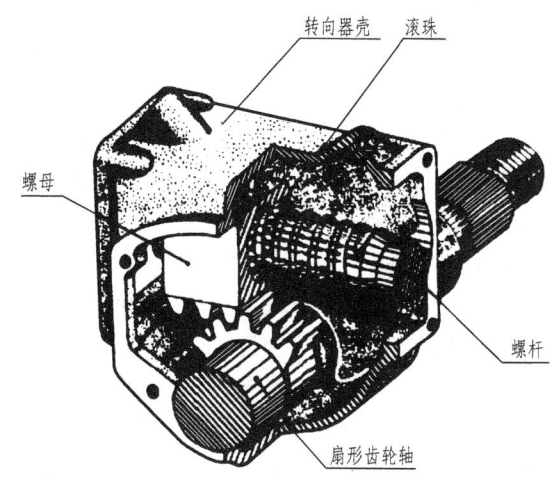

图 10-57　汽车转向器的工作状态图

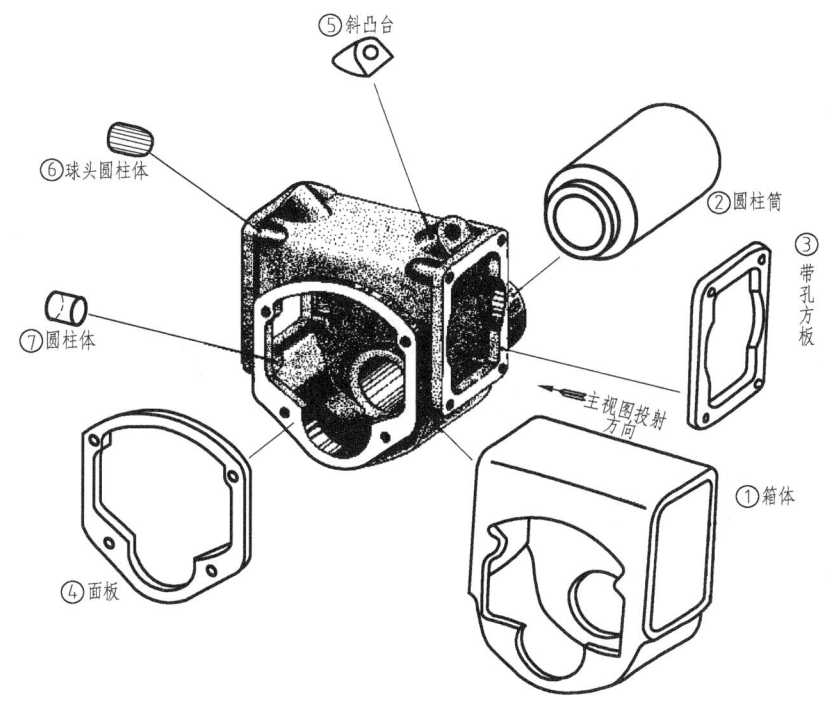

图 10-58　汽车转向器壳体的形体分解图

1) 箱体。它的中间部分是比较大的空腔，其主要作用是用来容纳螺母和扇形齿轮。它的主要形状为上半部是长方形柱体，下半部是轮廓为直线和圆弧组成的柱体。

2) 圆柱筒。为空心的圆柱体，其作用是用来安装扇形齿轮轴。

3) 带孔方板。位于箱体的两侧，其作用是用来支承螺杆轴，并安装其他零件，其上有四个安装螺纹孔。

4) 面板。其轮廓由圆弧和直线组成，突出在箱体的前面，以便安装其他零件，其上也有四个安装螺纹孔。

5）斜凸台。它的形状由半个圆柱和方柱组合而成，在箱体上方，其上有螺纹孔，用于加注润滑油。

6）球头圆柱体。为工艺结构，主要是为了使钻螺孔处有足够的壁厚。

7）圆柱体。也为工艺结构，主要是为了使钻螺孔处有足够的壁厚。

（2）零件图分析

1）看标题栏。标题栏中零件的名称为转向器壳体；材料为"KTH350—10"，其中"KTH"表示黑心可锻铸铁，"350"为抗拉强度（MPa），"10"表示伸长率为10%；比例为1:3，说明零件图中的线性尺寸是实物的三分之一。

2）分析视图表达。箱体类零件的形状比较复杂，图形数量也比较多，本例的转向器壳体共用了六个图形表达。

以图10-58箭头所指的方向为主视图，按工作位置安放，充分显示出转向器壳体的形状特征，并取全剖视，主要表达了壳体上半部的断面形状（长方形）和下半部的圆柱筒，以及它们的相对位置关系，且反映出各处的壁厚。

左视图为半剖视图，以显示面板的形状、箱体左面的外形、斜凸台的位置和倾斜角度、安装螺母和扇形齿轮等零件的空腔形状等。

俯视图为 $B-B$ 半剖视图，以表达面板、球头圆柱体突起、斜凸台等部分的相互位置关系和圆柱体突起在内部的位置等。

右视图为 $C-C$ 半剖视图，主要表达壳体右面的外形和面板里面的形状。

D 向局部视图，补充表达主视图的外形。

E 向斜视图，表示斜凸台端面的形状。

3）分析尺寸标注

① 尺寸基准分析。该壳体长度方向的尺寸基准是面板的左端面；宽度方向的基准为对称中心面；高度方向的主要基准是圆柱筒的轴线，辅助基准是带孔方板上 $\phi 62^{+0.03}_{\ 0}$ mm 孔的轴线，两者之间的联系尺寸是 $58.4^{+0.015}_{\ 0}$ mm。

② 主要尺寸分析。总体尺寸是：总长尺寸 142mm，总宽尺寸 122mm±0.01mm，因上部凸台是倾斜的，且下部为圆弧面，所以总高尺寸不必标注。

主要定位尺寸有 $58.4^{+0.015}_{\ 0}$ mm，该尺寸为圆柱筒的轴线与带孔方板上 $\phi 62^{+0.03}_{\ 0}$ mm 孔轴线之间的距离尺寸；尺寸 58mm 和 76mm 是带孔方板上 4×M8 螺纹孔的定位尺寸；其他尺寸请读者自行分析。

4）分析技术要求

① 表面粗糙度要求。该零件需要加工的表面较多，对各表面精度要求也较高。加工表面的粗糙度 Ra 值最小的是 1.6μm，最大的是 12.5μm，其余为不加工表面。

② 形位公差要求。形位公差有 8 处（图中分别用字母 a~g 表示），共 12 项：

a. 面板下部 $\phi 44^{+0.033}_{\ 0}$ mm 半圆孔的轴线对 $\phi 62^{+0.03}_{\ 0}$ mm 孔轴线的垂直度公差为 0.10/100mm，半圆孔的轴线对 $\phi 36^{+0.039}_{\ 0}$ mm 孔轴线的同轴度公差为 $\phi 0.05$ mm。

b. 面板左端面的平面度公差为 0.03mm，面板左端面对 $\phi 36^{+0.039}_{\ 0}$ mm 孔轴线的垂直度公差为 0.08mm。

c. $\phi36^{+0.039}_{0}$mm 孔轴线对 $\phi62^{+0.03}_{0}$mm 孔轴线的垂直度公差为 0.10/100mm。

d. $\phi50^{+0.042}_{+0.017}$mm 圆柱面的轴线对 $\phi36^{+0.039}_{0}$mm 孔轴线的同轴度公差为 $\phi0.04$mm。

e. （两处）带孔方板的前后两个端面的平面度公差为 0.03mm，该两端面对 $\phi62^{+0.03}_{0}$mm 孔轴线的垂直度公差为 0.08mm。

f. 面板上 4×M8 螺纹孔的轴线对 $\phi36^{+0.039}_{0}$mm 孔轴线的位置度公差为 $\phi0.15$mm。

g. 带孔方板上 4×M8 螺纹孔的轴线对 $\phi62^{+0.03}_{0}$mm 孔轴线的位置度公差为 $\phi0.15$mm。

③ 尺寸精度要求。标注尺寸公差的尺寸有：圆柱筒内外圆的直径 $\phi36^{+0.039}_{0}$mm 和 $\phi50^{+0.042}_{+0.017}$mm、主要基准与辅助基准之间的联系尺寸 $58.4^{+0.015}_{0}$mm、带孔方板上的圆孔尺寸 $\phi62^{+0.03}_{0}$mm、圆孔轴线的定位尺寸 39.5mm±0.1mm、面板下部半圆孔直径 $\phi44^{+0.033}_{0}$mm、箱体宽度方向的总体尺寸 122mm±0.1mm。

课题七 零件测绘

零件测绘就是根据已有的实际零件进行分析，以目测估计图形与实物的比例，徒手画出它的草图，测量并标注尺寸和技术要求，通过整理画成零件图的过程。在仿造机器、汽车修理和技术改造等过程中，常常需要进行零件测绘。

测绘一般在现场进行，绘图条件受到限制。它是通过目测比例徒手绘图，测量所有尺寸，将技术要求等一一标注清楚，绘制出零件草图，再进行整理，绘制成正式的零件图。零件草图是绘制正式零件图的原始文件，因此，零件工作图所应有的内容，零件草图也必须具备。画图时应努力做到：内容完整，表达正确，图线清晰，比例匀称，字迹工整，技术要求等相关内容表达明确。

下面以图 10-59 所示的端盖为例，说明零件测绘的方法和步骤。

【例 10-8】 测绘图 10-59 所示的端盖。

一、了解和分析测绘对象

首先应了解零件的名称、用途、材料以及它在汽车（或部件）中的位置和作用及与其他相邻零件的装配连接关系，再对零件的内、外结构形状进行分析，酝酿零件的表达方案。

从图 10-59 可以看出，端盖的主体结构形状是带轴孔的同轴回转体，其外凸缘与装配体上座体的内孔配合。圆盘的周边有六个均布的沉孔，用螺钉将端盖与座体联接起来，以起密封作用。端盖的轴孔内有 V 型的密封槽，槽内放入毛毡，用于防漏防尘。

二、确定表达方案

首先根据零件的形状特征，判断其属于哪一类典型零件（轴套类、盘盖类、叉架类、箱体类等）；再根据零件的结构形状特征，按零件的加工位置或工作位置确定主视图；再按零件的内、外结构特点，选用必要的其他视图、剖视图、断面图等表达方法。确定出来的表达方案应将零件的结构形状正确、清晰、简练地表达出来。

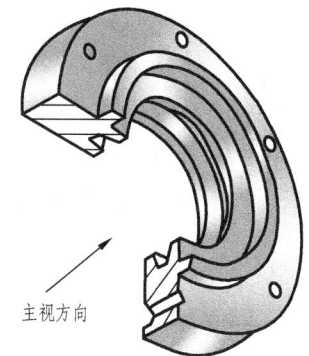

图 10-59 端盖的轴测图

图 10-59 所示的端盖属盘盖类零件，主视图按工作位置安放。考虑形状特征，选择过回

转轴线的剖视图作为主视图，其投射方向如图10-59所示，这样可以使主视图反映的内形和各部分的相对位置关系比较明确。再采用左视图表达圆盘周边六个均布沉孔的分布情况。为了清楚地表达V型密封槽的结构和便于标注尺寸，可选用局部放大图。

三、绘制零件草图

1）根据零件的总体尺寸和大致比例确定图幅，在图纸上定出各视图的位置。画主要轴线、中心线等作图基准线，如图10-60a所示。布置各视图的位置时，要考虑到各视图之间应留有标注尺寸的地方，右下角留有标题栏的位置。

2）详细地画出零件外部和内部的结构形状，如图10-60b所示。根据实际需要，以目测比例徒手画出各视图、剖视图、断面图等。

3）选择尺寸基准，画出全部尺寸的尺寸线、尺寸界线及箭头。经过仔细校核后，加深轮廓线，如图10-60c所示。

4）逐个测量尺寸，填写尺寸数值，画剖面线，标注表面粗糙度、形位公差等必要的技术要求，填写标题栏中的相关内容，完成零件草图的全部工作，如图10-60d所示。

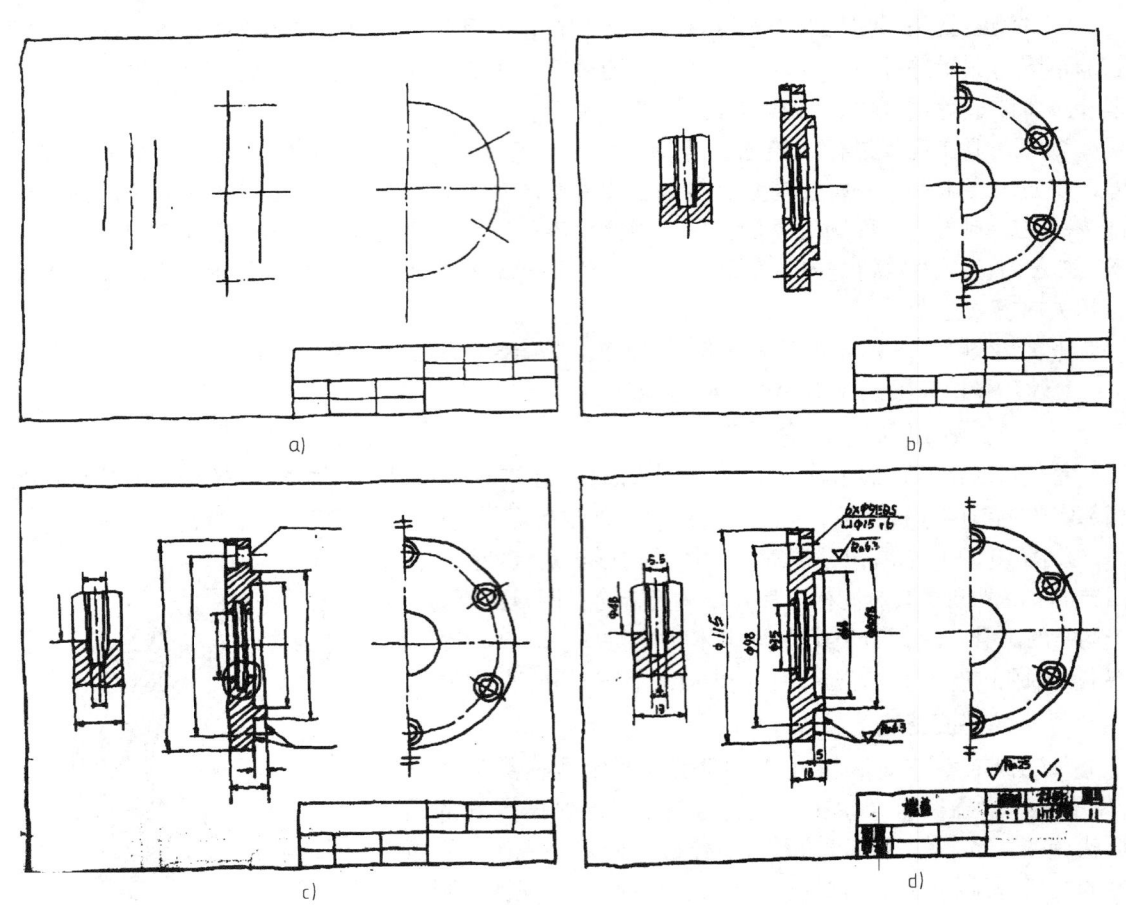

图10-60 绘制端盖零件草图的步骤

a）画基准 b）画视图 c）画尺寸界线，尺寸线和箭头 d）测量并填写尺寸，注写技术要求和标题栏

四、根据零件草图绘制零件图

零件草图是在现场测绘的,所考虑的问题不一定是最完善的。因此,在画零件工作图时,需要对草图再进行审核。有些要设计、计算和选用,如表面粗糙度、尺寸公差、形位公差、材料及表面处理等;有些问题也需要重新加以考虑,如表达方案的选择、尺寸的标注等,经过复查、补充、修改后方可画零件图。

完成的端盖零件图如图 10-61 所示。

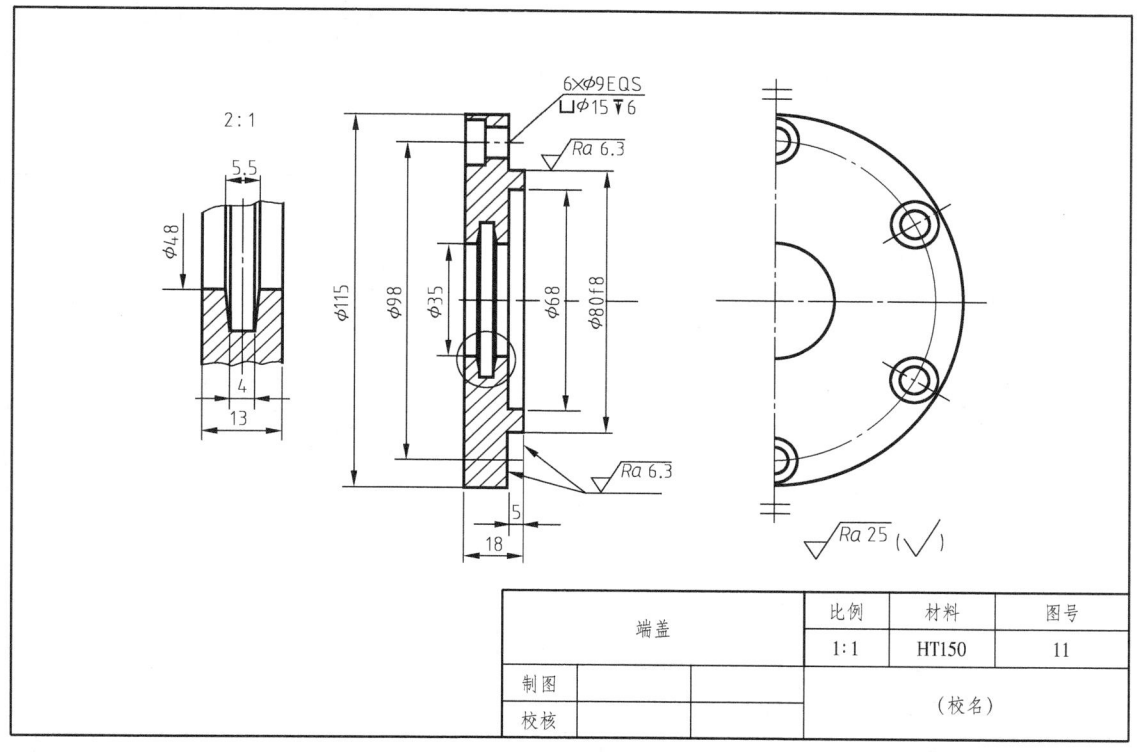

图 10-61 端盖零件图

五、常见尺寸的测量方法

测量尺寸是零件测绘过程中的重要步骤,并应集中进行,这样既可提高功效,又可避免出错或遗漏。常用的基本测量工具有钢直尺、内外卡钳、游标卡尺、螺纹规等。测量尺寸时,应根据对尺寸精度的要求,选用不同的测量工具。常用的测量工具及测量方法见表 10-10。

表 10-10 常用的测量工具及测量方法

测量线性尺寸	测量直径和深度
线性尺寸可用钢直尺、90°角尺测量。	直径、深度尺寸可用游标卡尺测量。

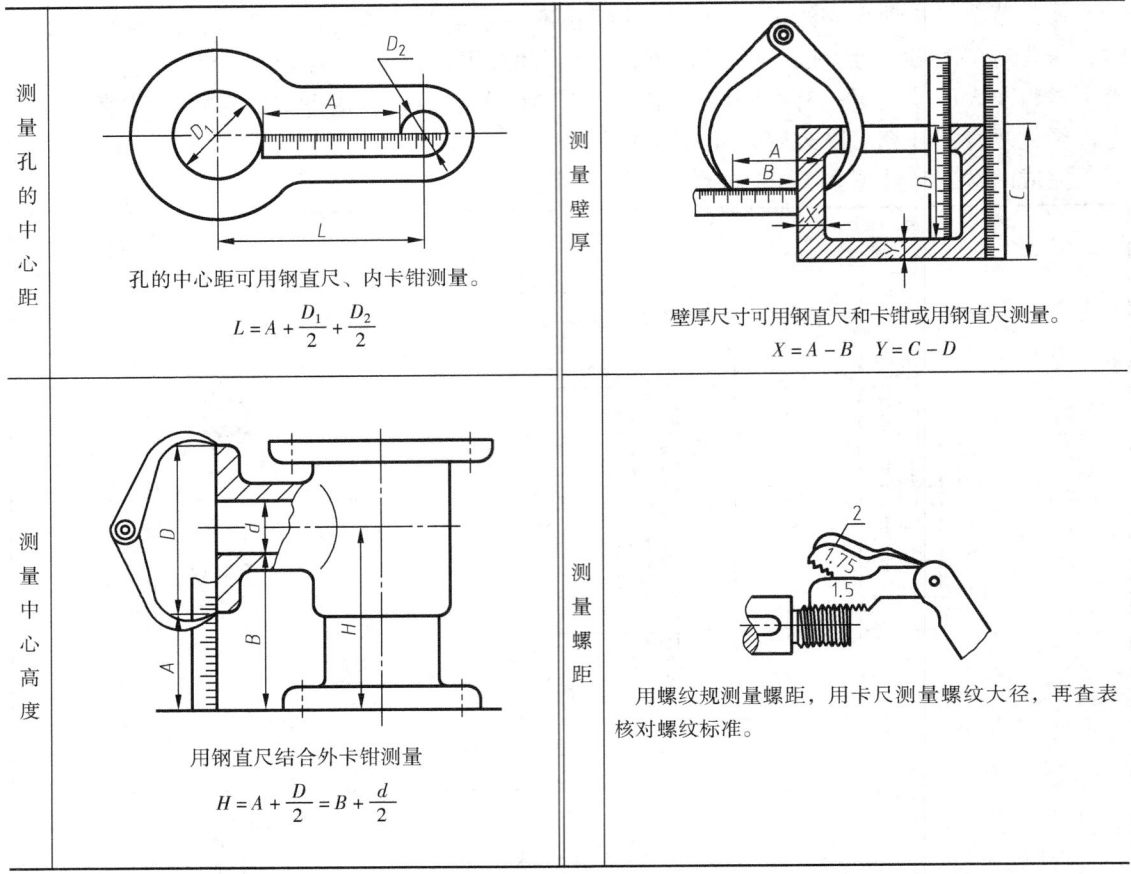

六、零件测绘时的注意事项

1) 被测绘零件制造中所存在的缺陷,如砂眼、气孔、刀痕、创伤以及长期使用所造成的磨损、破损等,都不应画出。

2) 不应忽略零件上制造、装配时必要的工艺结构。如铸造圆角、倒角、退刀槽、凸台、凹坑、工艺孔等,都必须补画出来。

3) 有配合关系的尺寸,一般只要测出它的基本尺寸就可以了,其配合关系和相应的公差值,应在分析后,再查阅有关资料确定。

4) 没有配合关系的尺寸或不重要的尺寸,允许将测量所得尺寸做适当调整。

5) 对螺纹、键槽、齿轮等标准结构的尺寸,应把测量结果与标准值对照,一般均采用标准结构尺寸,以利制造。

6) 与相邻零件的相关尺寸必须一致。

【项目小结】

本项目主要学习了零件图的表达方法、在零件图上标注尺寸的合理性、零件的工艺结构、极限与配合、形位公差、表面结构的图样表示法、零件图的绘制与识读、零件测绘等内容。

零件图的表达方法主要运用"机械图样的基本表示法",对其上的螺纹、键槽等结构则采用"特殊表达方法"。视图的数量及表达方法的选择根据零件的结构特点和复杂程度有很大的灵活性。零件图的尺寸标注应完整（即定形尺寸、定位尺寸、总体尺寸应全部注出），基准选择应正确（包括主要基准和辅助基准），工艺结构及技术要求应根据零件的类型及作用确定。

读零件图时，应分清零件的种类（按四类典型的零件分），再按每类零件的视图表达特点、尺寸标注方法、常见的工艺结构、技术要求注写方法等，按读图的基本要求仔细阅读。

项目十一　装　配　图

【任务描述】

装配图是表达装配体的图样,是表达设计思想、指导零部件装配、进行技术交流的重要技术文件。本项目主要介绍装配图的内容、装配图的表达方法、装配图的尺寸标注及装配图的识读等有关内容。

【学习目标】

1. 了解装配图的作用和内容。
2. 掌握正确识读装配图的方法。
3. 能根据装配图拆画零件图。

课题一　装配图的基础知识

表示产品或部件的工作原理、结构形状和装配关系的图样称为装配图。一般把表达整个产品的图样称为总装配图,而把表达其组成部分的部件图样称为部件的装配图。

一、装配图的作用

一辆汽车或汽车上的一个部件,都是由若干零件按一定的装配关系和技术要求装配而成的。在产品和部件的生产过程中,一般先按设计要求绘制出装配图,再根据装配图完成零件设计并绘制出零件图,进而生产出合格的零件,最后根据装配图把零件装配成部件或产品。此外,在产品的安装、调试、检验、维修及使用时,也要通过装配图了解装配体的结构、性能及使用方法。

由此可见,装配图是了解产品结构、分析工作原理、明确使用功能、掌握使用方法的技术资料,也是制定工艺规程,进行产品装配、检验、安装和维修的主要依据。

二、装配图的内容

如图 11-1 所示为转子泵的装配图。液压泵是汽车上润滑系的主要部件,转子泵是其中的一种。与齿轮泵相比较,它具有结构紧凑、传动平稳、体积小、噪音小等优点。转子泵的功用是将一定压力和一定流量的润滑油输送到各润滑表面,并保证润滑油在润滑系统内正常循环流动。从图中可以看出,转子泵是由9种零件组成的。在装配图中必须清晰、准确地表达出转子泵的工作原理、传动路线、各组成零件之间的相对位置、装配和连接关系、主要零件的结构形状以及有关的尺寸、技术要求等。因此,装配图的内容一般包括以下四个方面:

1. 一组图形

用视图、剖视图、断面图及特殊表达方法等所组成的一组图形,正确、完整、清晰地表达装配体(汽车、机器或部件)的工作原理、传动路线、各零件的装配关系、零件间的相对位置、连接方式、主要零件的结构形状。

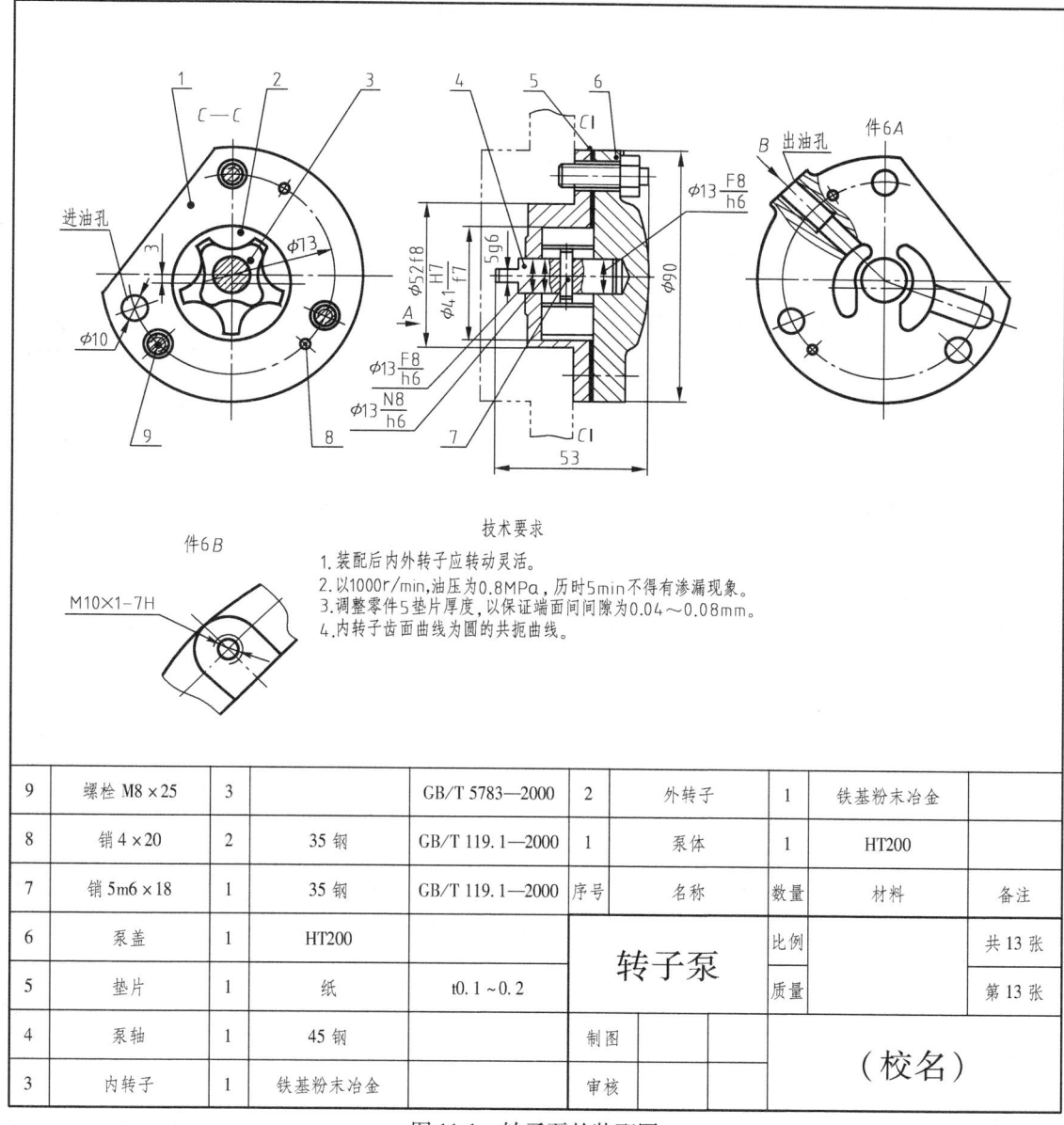

图 11-1 转子泵的装配图

2. 必要的尺寸

标注出反映装配体的规格、性能、零件（或部件）间的相对位置、装配、安装时所必需的一些尺寸。

3. 技术要求

用符号、文字等说明装配体的工作性能、质量规范、装配、调试、安装时应达到的技术指标，以及试验和使用等方面的有关条件要求和注意事项等。

4. 标题栏

说明产品的名称、比例、设计单位、绘图及责任者的签字等内容。

5. 零（部）件序号、明细栏

在装配图中，对各种不同的零（部）件编写序号，并在标题栏上方按序号编制成零（部）件的明细栏，在明细栏中依次填写各组成零件的编号、名称、数量和材料等内容。

应当指出，由于装配图的复杂程度和使用要求不同，以上各项内容并不是在所有的装配图中都要表达出来，而是要根据实际情况来确定。

课题二　装配图的表达方法

装配图和零件图一样，也是按正投影的原理、方法和《机械制图》国家标准的有关规定绘制的。在零件图中所采用的各种表达方法，如视图、剖视图、断面图、局部放大图等也同样适用于装配图的表达。但零件图所表达的仅是一个零件，而装配图所表达的则是由许多零件组成的装配体，两种图样的要求不同，所表达的侧重点也不同。装配图需要表达出装配体的工作原理和装配关系，是将制造加工出的零件装配成部件或产品的主要依据，并不需要将每个零件的形状和大小表达完整。针对装配图的表达特点，为使表达清晰而简便，国家标准《机械制图》对装配图制定了相应的规定画法和特殊表达方法。

一、规定画法

在装配图中，为了便于区分不同的零件，正确地表达出各零件之间的关系，在画法上有如下规定：

1. 接触面和配合面的画法

相邻两零件的接触表面和基本尺寸相同的两配合表面只画一条共有的轮廓线，如图 11-2 中的①所示；相邻两零件的不接触表面和基本尺寸不同的非配合表面应分别画出两条各自的轮廓线，即使间隙很小，也必须用夸大画法画出间隙，如图 11-2 中的②所示。

2. 剖面线的画法

在装配图中，同一个零件在所有的剖视图、断面图中，其剖面线应保持同一方向，且间隔一致；相邻两个（或两个以上）零件的剖面线则必须不同。即：使其方向相反或方向相同但间隔不等，如图 11-2 中的③所示。

当零件的断面厚度在图中等于或小于 2mm 时，允许将剖面涂黑以代替剖面线，如图 11-2 中的⑧所指的垫片。

3. 实心件和某些标准件的画法

在装配图的剖视图中，当剖切平面通过实心零件（如轴、杆等）和标准件（如螺栓、螺母、销、键等）的对称平面或基本轴线时，这些零件按不剖绘制，如图 11-2 中的⑤所示。但当剖切平面垂直于其轴线剖切时，则必须画出剖面线，如图 11-1C－C 图中的三个螺栓的画法。

二、简化画法

1）在装配图中，对若干相同的零件组如螺栓、螺钉联接等，可以仅详细地画出一处或几处，其余只需用细点画线表示其位置，如图 11-2 中的⑨所示。

2）在装配图中，对于零件上的一些工艺结构，如小圆角、倒角、退刀槽和砂轮越程槽等，可以省略不画，如图 11-2 中⑥、⑦所示。

3）当剖切平面通过某些标准产品的组合件，或该组合件已在其他视图中表达清楚时，

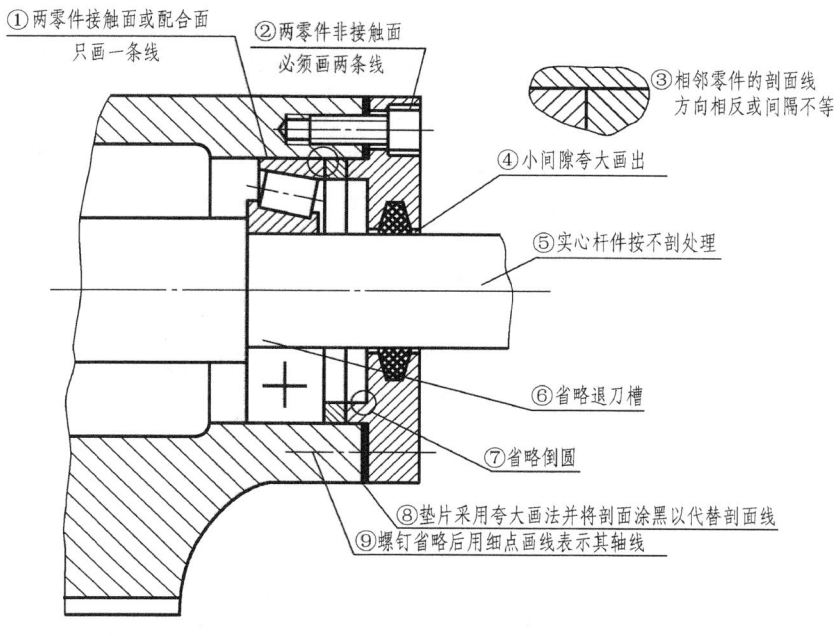

图 11-2 装配图的规定画法和简化画法

允许只画出外形轮廓，如图 11-3 所示主视图上的油杯。

三、特殊表达方法

1. 拆卸画法

在装配图的某个视图上，如果某些零件在其他视图上已经表达清楚，而又遮住了需要表达的零件时，可将其拆卸掉不画，而画剩下部分的视图，这种画法称为拆卸画法。为了避免读图时产生误解，可对拆卸画法加以说明，在图上加注"拆去零件XX"等，如图 11-3 的俯视图即拆去了轴承盖等零件。

2. 沿零件的结合面剖切

在装配图中，为了表示内部结构，可假想沿着某些零件的结合面剖开，画出剩下部分的视图。如图 11-1 中的 $C-C$ 图，即沿着泵体 1 与泵盖 6 的结合面剖开的。此时，零件的结合面上不画剖面线，但被剖切到的三个螺栓 9 及泵轴 4 必须画出剖面线。

3. 假想画法

1) 对于运动零件，当需要表明其运动范围或极限位置时，可以在一个位置上用粗实线画出该零件，而在其他的极限位置用双点画线来表示。如图 11-4 所示的挂轮架，图中手柄工作的两个极限位置Ⅱ、Ⅲ均采用双点画线画出。当手柄在位置Ⅰ时，齿轮 2、3 均不与齿轮 4 啮合；当它处于位置Ⅱ时，齿轮 2 与 4 啮合，传动路线为齿轮 1—2—4；当它处于位置Ⅲ时，齿轮 3 与 4 啮合，传动路线为齿轮 1—2—3—4。由此可见，手柄所处的位置不同，齿轮 4 的转向和转速也不相同。

2) 为了表明本部件与其他相邻部件或零件的装配关系，对不属于本装配体的零件或部

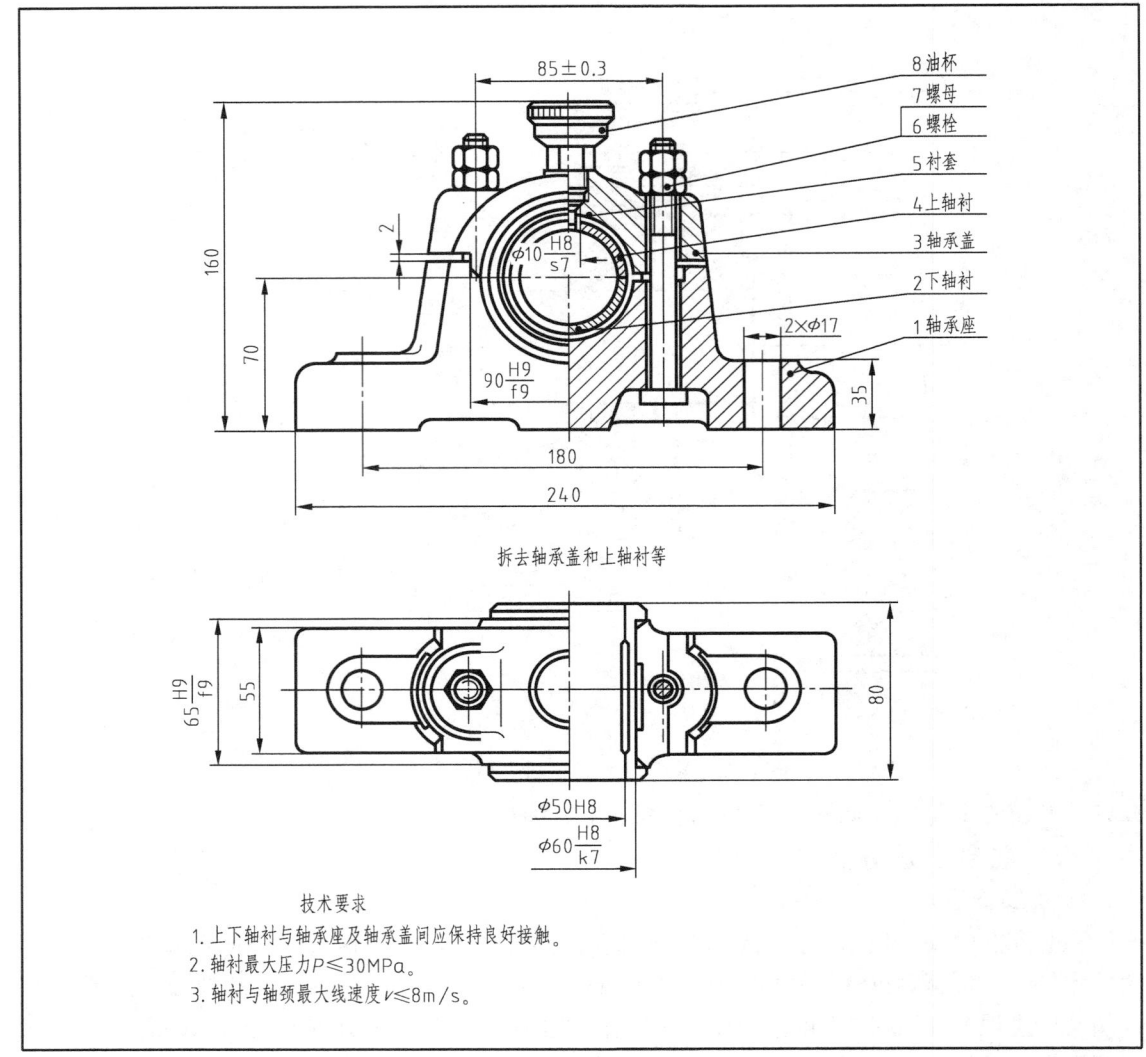

图 11-3　滑动轴承的装配图中的拆卸画法

件，可用双点画线画出该零件的轮廓线。如图 11-4 的左视图用双点画线来表示挂轮架的相邻零件——主轴箱；又如图 11-1 所示的主视图，用双点画线表示与转子泵相邻的基体的轮廓线。

4. 展开画法

为了展示传动机构的传动路线和装配关系，可假想用剖切平面按传动顺序沿轴线剖切，然后依次展开，将剖切平面均旋转到与选定的投影面平行的位置，再画出其剖视图，这种画法称为展开画法，如图 11-4 所示挂轮架传动机构的 A—A 展开图。

5. 单独表示某个零件

在装配图中，当某个零件的形状未表达清楚或对理解装配关系有影响时，可另外单独画出该零件的某一视图，并在零件视图的上方注出该零件的名称或编号，其标注方法与局部视图类似，如图 11-1 所示的件 6A、件 6B 图。

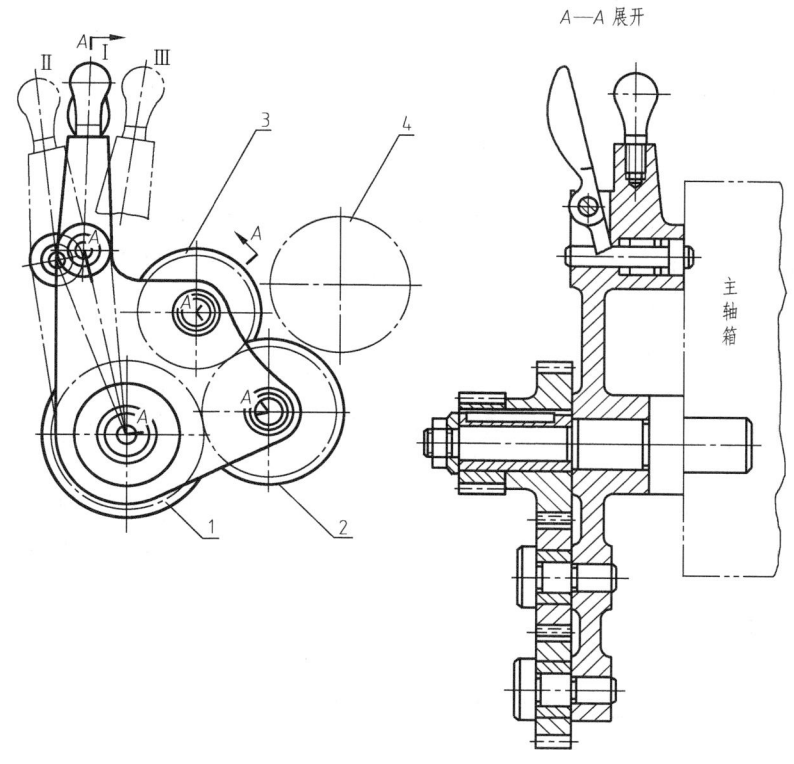

图 11-4 装配图的特殊表达方法（挂轮架）

课题三　装配图中的其他内容

一、装配图中的尺寸标注

由于装配图的作用与零件图不同，因此，在图上标注尺寸的要求也不同。在装配图上应按照对装配体的设计、制造的要求来标注某些必要的尺寸，以说明装配体性能、规格、装配体各组成部分的装配关系、装配体整体大小等。因此，装配图中一般需标注以下几类尺寸：

1. 规格（性能）尺寸

规格（性能）尺寸是表示装配体的规格大小或工作性能的尺寸，这些尺寸是设计时确定的，也是了解和选用该装配体的依据。如图 11-1 $C-C$ 剖视图中的尺寸 $\phi10mm$，为转子泵进（出）油孔的大小尺寸，该尺寸直接决定了转子泵的排量大小，为规格和性能尺寸。

2. 装配尺寸

装配尺寸是表示装配体中各零件之间的相互配合关系和相对位置的尺寸，这种尺寸是保证装配体装配性能和质量的尺寸，包括配合尺寸和相对位置尺寸。

（1）配合尺寸　表示零件间配合性质的尺寸。图 11-1 所示的配合尺寸有 $\phi13F8/h6$、$\phi13N8/h6$、$\phi41H7/f7$ 等。

(2) 相对位置尺寸　表示装配时需要保证的零件间相互位置的尺寸。图 11-1 中的尺寸 3mm 为内外转子之间的偏心距，即内外转子之间的相对位置尺寸。

3. 安装尺寸

将装配体安装到产品上或地基上所需的尺寸，如图 11-1 $C-C$ 剖视图中所示的安装螺栓孔的孔距 $\phi 73 \mathrm{mm}$。

4. 外形尺寸

表示装配体外形大小的总体尺寸，即装配体的总长、总宽和总高。它反映了装配体的大小，提供了装配体在包装、运输和安装过程中所占空间的大小。如图 11-1 所示转子泵的总长为 53mm，总高（总宽）为 $\phi 90 \mathrm{mm}$。

5. 其他重要尺寸

其他重要尺寸是指在设计中确定的而又未包括在上述几类尺寸之中的尺寸。其他重要尺寸视需要而定，如主体零件的重要尺寸、齿轮的中心距、运动件的极限位置尺寸、安装零件要有足够操作空间的尺寸等，如图 11-1 中的 $\phi 52 \mathrm{f8}$、$5 \mathrm{g6}$ 等尺寸。

上述五类尺寸之间并不是互相孤立无关的，实际上有的尺寸往往同时具有多种作用。此外，在一张装配图中，也并不一定需要全部注出上述五类尺寸，而是要根据具体情况和要求来确定。

二、装配图中的技术要求

除图形中已用代号表达的技术要求以外，装配图中的技术要求主要是为了说明机器或部件在装配、检验、使用时应达到的技术性能和质量要求等，主要有如下几个方面：

1. 装配要求

装配时的注意事项和装配后应达到的指标，如装配方法、装配精度等。

2. 检验要求

检验、实验的方法和条件及应达到的指标。

3. 使用要求

对装配体在使用、保养、维修时提出的要求，例如限速、限温、绝缘要求及操作注意事项等。

技术要求通常写在明细栏左侧、上方或其他空白处，内容太多时可以另编技术文件。

三、零件序号及其编写方法

为了便于看图和进行图样管理，必须对装配图中的每个零件或组件进行编号，这种编号称为零件序号，同时要编制相应的明细栏。

1. 序号的编写方法

序号应写在视图及尺寸的范围之外，指引线应从零件的可见轮廓内（若剖开时，尽量由剖面区域内）引出，用细实线绘制，并在轮廓内的一端画一小黑点，在外面的一端画一细实线的短水平线或圆。序号的字高比该装配图中所注尺寸数字高度大一号或两号，也可以不画水平线或圆，但序号的字高比该装配图中所注尺寸数字高度大两号，如图 11-5a 所示。同一装配图中编注序号的形式应一致。对于涂黑的剖面，可用箭头指向其轮廓线，如图 11-5b 所示。

2. 零件序号编写的基本规定

1) 装配图中相同的各组成部分（零件或组件）只应有一个序号，标准化的部件或组合

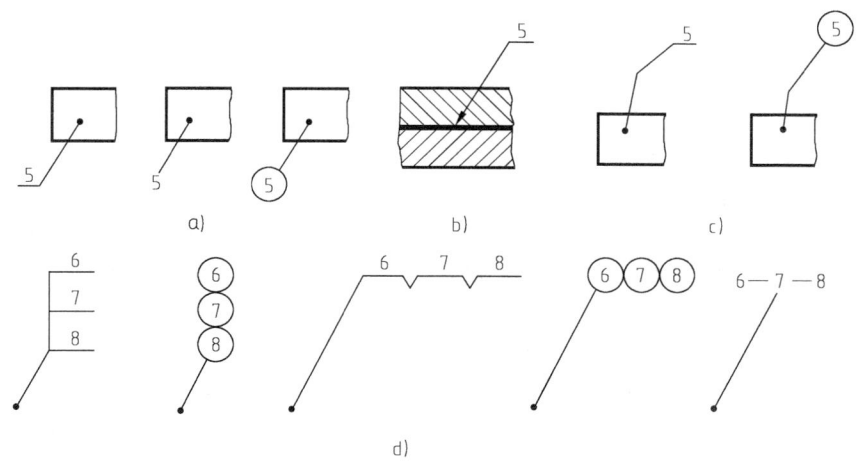

图 11-5 装配图中的序号形式及画法
a) 一般标注形式　b) 特殊标注形式　c) 指引线允许弯折一次　d) 采用公用指引线的标注形式

件（如油杯、滚动轴承、电动机等）在装配图上只注写一个序号。

2) 指引线相互不能相交，也不要过长。当通过有剖面线的区域时，指引线不应与剖面线平行。必要时指引线允许画成折线，但只允许弯折一次，如图 11-5c 所示。

3) 对于一组紧固件以及装配关系清楚的零件组，可以采用公共指引线，如图 11-5d 所示。公共指引线常用于螺栓、螺母和垫圈所组成的零件组。

4) 装配图中的序号应按水平或垂直方向排列整齐。序号应按顺时针或逆时针方向顺序排列。在整个图上无法连续时，可只在每个水平或垂直方向顺序排列。

四、标题栏和明细栏

装配图中的标题栏与零件图中的标题栏基本一致，只是填写的内容上稍有区别。作业中可使用如图 11-6 所示的标题栏。

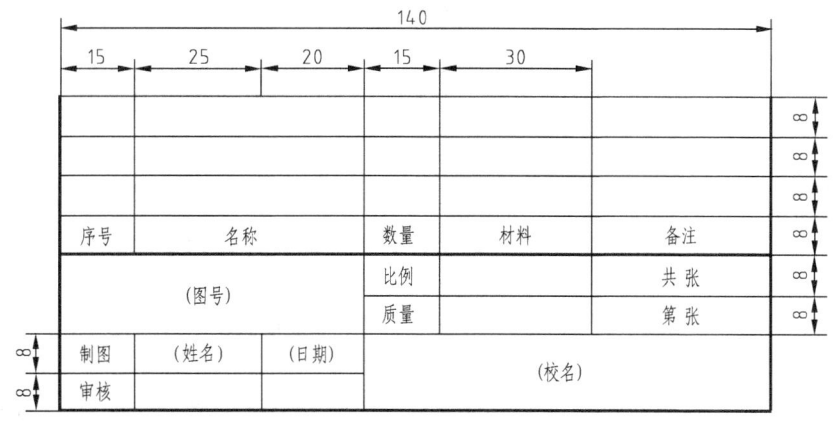

图 11-6 装配图中的标题栏与明细栏

明细栏是装配体或部件中全部零件的详细目录，其内容和格式详见国家标准技术制图《明细栏》（GB/T 10609.2—2009）。明细栏画在装配图右下角标题栏的上方，栏内分格线为细实线，外框线为粗实线，最上面的边框线规定使用细实线，栏中的编号与装配图中的零部件序号必须一致。明细栏的填写内容应遵守以下规定：

1）零件序号应自下而上填写，以便增加零件时，可以继续向上画格。如位置不够时，可将明细栏按顺序画在标题栏的左方。

2）"名称"栏内，注写每种零件的名称，若为标准件应注出规定标记中除标准号以外的其余内容，如螺栓 M8×25。对齿轮、弹簧等具有重要参数的零件，还应注出其参数。

3）"数量"栏内，填写该零件在装配体中的数量。

4）"材料"栏内，填写制造该零件所用的材料标记，如 HT150。

5）"备注"栏内，可填写必要的附加说明或其他有关的重要内容，例如齿轮的齿数、模数等。对标准件，还应注出其标准代号，如 GB/T 6170—2000。

课题四　常见的装配结构

零件除了应根据设计要求确定其结构外，还应考虑加工和装配结构的合理性，以保证汽车和部件的使用性能，使连接可靠、装拆方便。

一、接触面与配合面结构的合理性

1. 两零件接触面的数量

两零件在同一方向上只能有一组表面接触，应尽量避免两组表面同时接触，这样既可保证两表面接触良好，又可降低加工要求。图 11-7a 表示出了在水平方向上两平面接触的情况，图 11-7b 表示出了在垂直方向及直径方向上的接触情况。

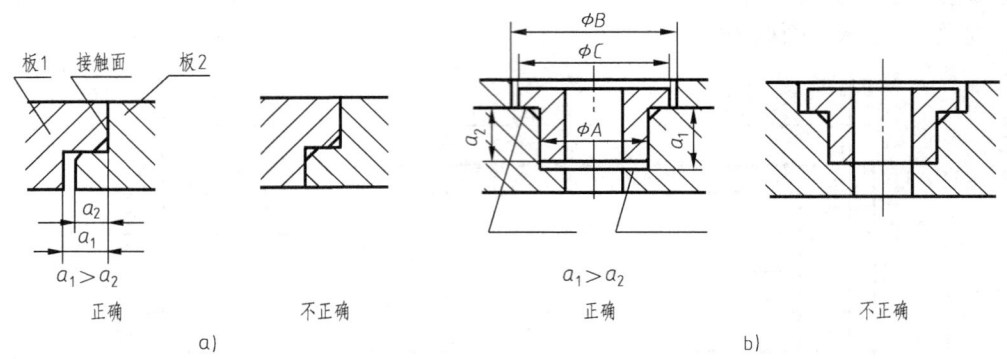

图 11-7　同一方向上只能有一组表面接触

2. 接触面转角处的结构

两配合零件在转角处不应设计成相同的圆角，否则既影响接触面之间的良好接触，又不易加工。轴肩面和孔端面相接触时，应在孔边倒角或在轴的根部切槽，以保证轴肩与孔的端面接触良好，如图 11-8 所示。

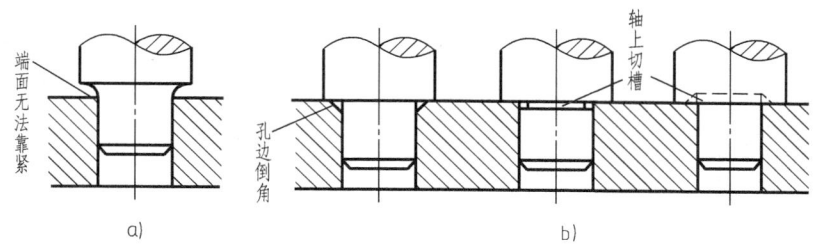

图 11-8　接触面转角处的结构
a) 不合理　b) 合理

3. 减少加工面积

为了使螺栓、螺钉、垫圈等紧固件与被联接表面有良好的接触面，同时减少加工面积，应把被联接表面加工成凸台或沉孔，如图 11-9 所示。

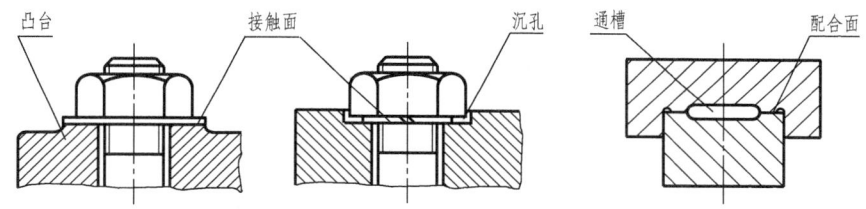

图 11-9　减少加工面积

二、考虑装拆方便

1. 滚动轴承的拆卸

为了便于拆卸滚动轴承，对轴肩及孔径的尺寸均有合理的要求，如图 11-10 所示。

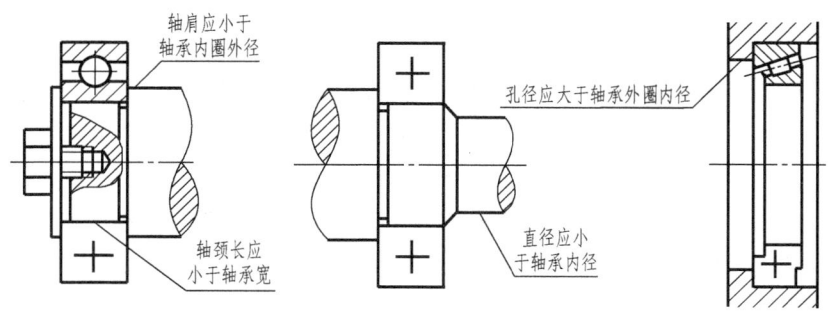

图 11-10　滚动轴承应便于拆卸

2. 螺纹紧固件的拆卸

在确定螺栓等紧固件的位置时，应考虑扳手的空间活动范围，如图 11-11 所示，图 a 中所留空间太小，扳手无法使用，图 b 是正确的结构形式；还应考虑螺钉放入时所需要的空间，图 c 中所留空间太小，螺钉无法放入，图 d 是正确的结构形式。

三、密封装置

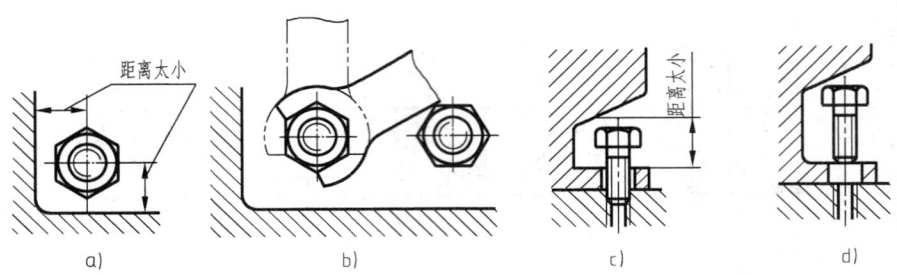

图 11-11 考虑螺纹紧固件的拆卸方便
a)、c) 不合理　b)、d) 合理

在汽车和机器上的一些部件中，常需要有密封装置，以防止液体或气体向外渗漏以及灰尘、杂质等的侵入。图 11-12 为典型的密封装置。

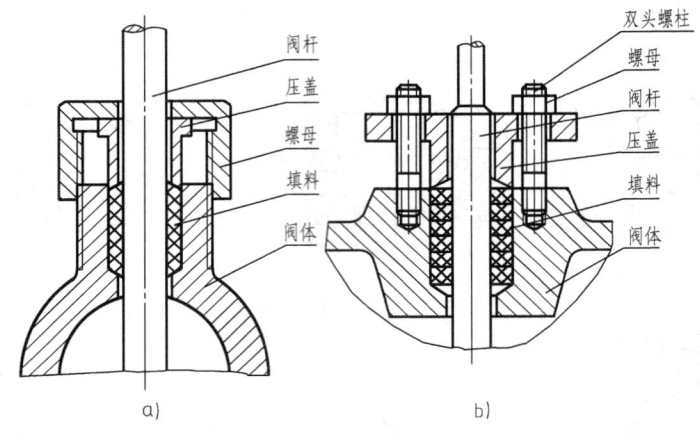

图 11-12　密封装置

四、防松装置

汽车、机器或部件在工作时，由于受到冲击或振动，一些紧固件可能产生松动现象。因此，在某些装置中需采用防松装置，图 11-13 为几种常用的防松装置。

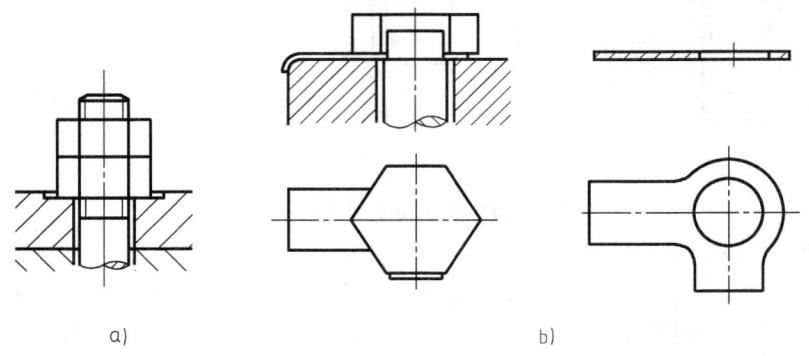

图 11-13　常见的防松装置
a) 用双螺母锁紧　b) 用双耳止动垫片锁紧

课题五　读装配图

读装配图就是通过对装配体的图形、尺寸、符号和文字的分析，了解装配体的名称、用途、工作原理、结构特点、装配关系及技术要求和操作方法等的过程。不同工作岗位上的从业人员，读装配图的目的和要求有所不同。

一、读装配图的基本要求

1）了解装配体的功用、结构、工作原理和使用性能。
2）明确各零件间的装配关系和联接方式。
3）弄清各主要零件的结构形状及作用。
4）了解装配图中的尺寸标注和技术要求的各项内容。

二、读装配图的方法与步骤

1. 概括了解

从标题栏中可以了解装配体的名称、绘图比例等信息，从中就能初步判断装配体的大致用途和制造方法等。从零件的编号及明细栏中可以了解装配体各零（部）件的名称、数量和材料以及在装配图中的位置等，以判断装配体的复杂程度。

2. 分析表达方案

分析各视图的表达方法及各视图之间的关系。首先找出主视图，再确定其他视图的投射方向，弄清各视图的表达重点，要注意找出剖视图的剖切位置以及向视图、斜视图和局部视图的投射方向和表达部位，理解每个图形的表达意图。

3. 分析工作原理

这一阶段是读图进一步深入的阶段，需要把零件间的装配关系搞清楚。通过仔细分析各视图，弄清各零件之间的装配关系、固定、定位方式以及各零件之间的配合情况、运动传递情况等，从而可以分析出装配体的工作原理及装拆顺序。

4. 分析零件形状

分析零件的目的是弄清楚零件的结构形状和各零件间的装配关系。一般的装配体上都有标准件、常用件和专用零件。标准件和常用件一般容易看懂，但专用零件有简有繁，它们的作用和地位又各不相同，所以应先从主要零件开始分析，由各零件剖面线的不同方向和间隔，分清不同零件轮廓的范围、结构、形状和功用。

5. 分析尺寸及技术要求

除以上分析外，还要对技术要求、标注的尺寸进行分析，进一步了解装配体的设计意图和装配工艺性。

6. 归纳总结

经过上述分析，最后归纳总结，想象出装配体的结构。

在实际读图时，上述六个步骤是不能截然分开的，常常是边了解、边分析、边综合地进行。随着各部分的分析完成，装配体也就阅读清楚了。

三、读图举例

【例 11-1】　识读图 11-14 所示千斤顶的装配图。

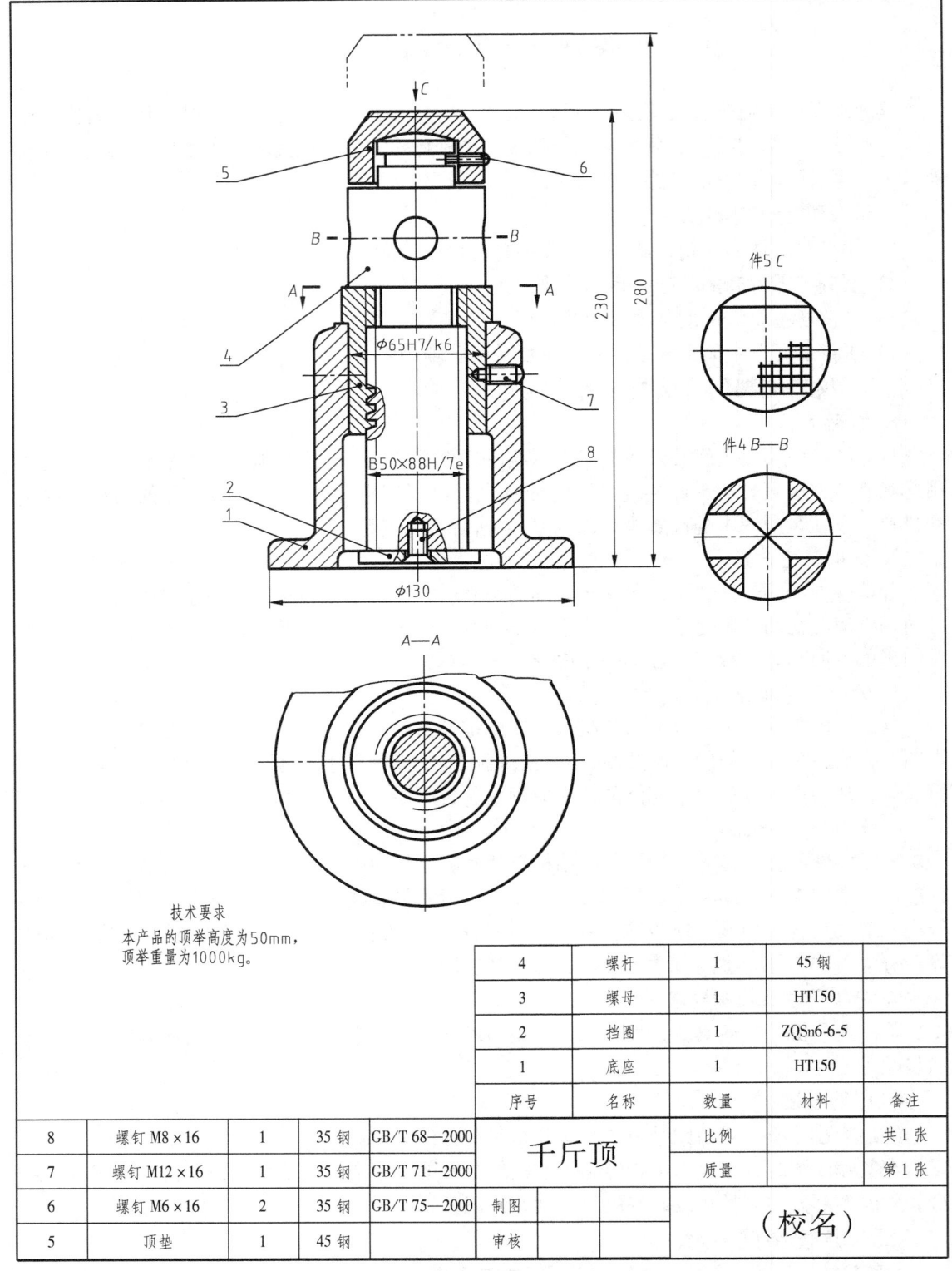

图 11-14 千斤顶的装配图

1. 概括了解

图 11-14 为千斤顶的装配图。千斤顶是汽车修理或机械安装时用来顶起重物的工具。

由明细栏可知千斤顶是由八种零件组成的，各零件的名称、数量、材料及备注等内容可从明细栏中查出。

2. 分析视图表达

表达千斤顶共采用了四个图形，其中有两个基本视图，分别是主视图和俯视图，还用了两个表达单个零件的辅助视图，各视图分析如下：

（1）主视图 主视图按工作位置放置，既有利于反映千斤顶的工作状态，也可以较好地反映其整体形状特征。通过在主视图上作全剖视，可清楚地表达各主要零件的结构形状、装配关系以及工作原理。

（2）俯视图 俯视图采用沿螺母与螺杆的结合面剖切的特殊表达方法，表示螺母和底座的外形。

（3）件 5C 图 件 5C 图为表达单个零件的辅助视图，反映主要零件顶垫的顶面结构。

（4）件 4B—B 图 件 4B—B 图也是表达单个零件的辅助视图，反映主要零件螺杆上部用于穿铰杠的互相垂直径向孔的局部结构。

3. 分析装配关系和工作原理

（1）装配关系

1）配合关系。螺母外表面与底座内孔的配合尺寸是 $\phi 65$ H7/k6，表示两个零件的结合面是选用基孔制过渡配合。

2）联接关系。螺母 3 镶在底座 1 的内孔中，并用螺钉 7 紧定；在螺杆 4 与螺母 3 之间是用螺纹联接的；在螺杆 4 的球面形顶部套一个顶垫 5，顶垫的内凹面是与螺杆顶面半径相同的球面，为了防止顶垫随螺杆一起转动时脱落，在螺杆顶部加工有环形槽，将紧定螺钉 6 的圆柱形端部伸进环形槽锁定；为了防止操作失误，在螺杆 4 的下端用螺钉 8 固定有挡圈 2。

（2）工作原理 千斤顶是利用螺旋传动的原理来顶举重物的。工作时，铰杠（图中未画出）穿入螺杆 4 上部的通孔中，拨动铰杠，使螺杆 4 转动，通过螺杆 4 与螺母 3 之间的螺纹作用使螺杆 4 上升而顶起重物。

4. 分析主要零件

千斤顶的主要零件有底座 1、螺母 3、螺杆 4、顶垫 5 等。

（1）底座 底座 1 的主体结构为回转体，底部为比较大的圆盘，在工作时用于安装定位。其上部有比较大的内孔，与螺母 3 的圆柱面配合，还有一个径向的螺纹孔，用于装螺钉 7。

底座的主要作用是安装其他零件。

（2）螺母 螺母 3 的内孔制有螺纹，与螺杆 4 联接，外圆柱面与底座 1 的内孔配合，还有一个径向孔，用于装螺钉 7，防止其与底座 1 产生相对运动。

螺母的主要作用是将底座与螺杆联接在一起。

（3）螺杆 螺杆 4 的主体结构分为四部分：上部是球面形的顶部，用于装顶垫 5；球面形顶部的下端，有一环形槽，用于装螺钉 6，防止顶垫 5 随螺杆一起转动时脱落；偏上的部分有互相垂直的径向孔，用于工作时穿入铰杠；下部为螺纹，与螺母 3 联接，端面上还有螺纹孔，用于装螺钉 8。

螺杆是主要的运动零件，通过其轴向移动而顶起重物。

(4) 顶垫 顶垫5的顶面带有网纹,以增大与重物之间的摩擦力。其内表面为球面形,与螺杆4的顶部相接触,还有一个径向的螺纹孔,用于装螺钉6。

5. 尺寸及技术要求分析

(1) 尺寸分析 尺寸230～280mm是千斤顶的使用性能尺寸,即顶举的最大高度是280mm,230mm也是千斤顶的总高尺寸;φ65 H7/k6是配合尺寸;φ130mm是总体尺寸(总长和总宽);B50×88H/7e是螺杆4与螺母3上的螺纹尺寸,表示锯齿形螺纹,大径为50mm,螺距为8mm,内、外螺纹的中径公差带代号分别是8H和7e。

(2) 技术要求分析 技术要求指出了顶举的高度和重量。

6. 综合归纳,想象整体

通过上面的仔细分析,再进行综合归纳,便可以想象出千斤顶的整体形状。图11-15所示为千斤顶的装配轴测图。

【例11-2】 识读图11-16所示活塞连杆总成的装配图。

1. 概括了解

由标题栏可知该部件的名称为活塞连杆总成,是汽车上的一个部件。其作用是维持曲轴的旋转。由明细栏可知,组成活塞连杆总成的各种零件共有14种,其中标准件有两种,其余均为专用件。各零件的名称、数量、材料及备注等内容可从明细栏中查出。

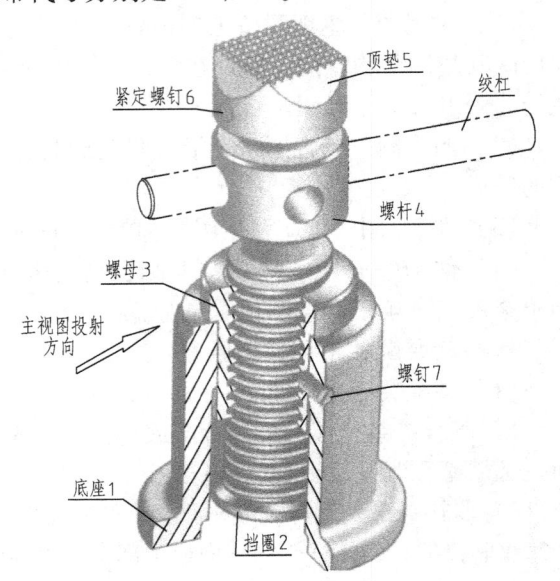

图11-15 千斤顶的装配轴测图

2. 分析视图表达

活塞连杆总成共采用了三个图形表达,其中有两个基本视图(主视图和左视图),此外还采用了A—A移出断面图。各视图分析如下:

(1) 主视图 主视图采用了局部剖视,主要表达活塞内部的结构形状以及活塞1、活塞环2和3、锁环5、活塞销6、连杆衬套7和连杆8等零件的相对位置和装配关系。

(2) 左视图 左视图主要表达了活塞连杆总成的部分外形。

(3) A—A移出断面图 A—A移出断面图为单独表达零件的视图,表达了主要零件连杆8杆身的"工"字形断面。

3. 分析装配关系和工作原理

(1) 装配关系

1) 配合关系。由图11-16中的尺寸φ28H6/h5可知,活塞销6的外圆与连杆8小头的衬套7内孔之间的配合为基轴制间隙配合,其配合要求较高(最小间隙为零),拆卸时应注意保护孔的表面;φ28N6/h5表示活塞销6的外圆与活塞1内孔之间的配合为基轴制过盈配合。

2) 联接关系。连杆8和连杆盖11之间是用连杆螺栓9联接的,并用开口销13防止螺栓9松动;活塞销6是用锁环5固定轴向位置的。

(2) 工作原理 活塞连杆组装入气缸内,连杆8的大头与曲轴的轴颈相连接,活塞销6

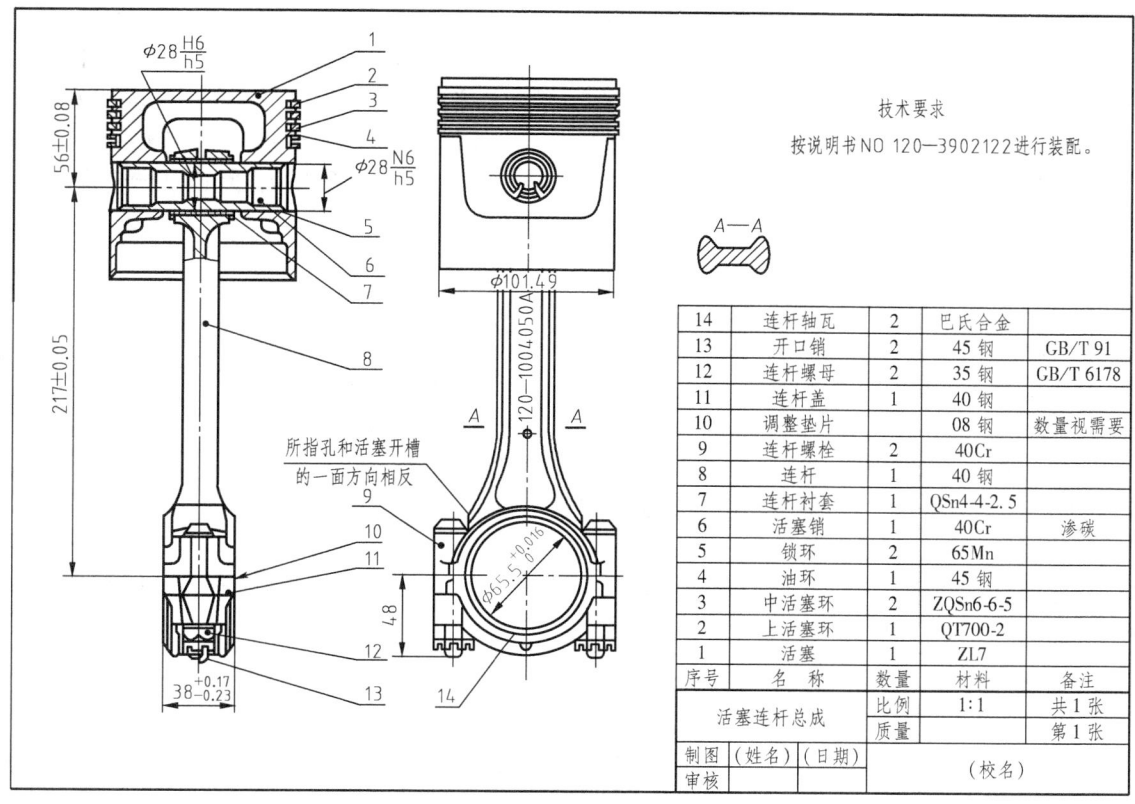

图 11-16 活塞连杆总成的装配图

在连杆 8 小头衬套 7 的孔内做自由转动。当活塞在气缸内做往复直线运动时，通过连杆的平面运动带动曲轴做旋转运动。

4. 分析主要零件

活塞连杆组的主要零件有活塞 1，活塞环 2、3、4，活塞销 6 和连杆 8 等。

（1）活塞　活塞 1 的结构为有上顶的杯形零件，顶部与气缸盖、气缸壁共同组成燃烧室，活塞顶面到最下面一道活塞环槽之间的部分为活塞头部，其作用是承受气体压力、防止漏气。活塞头部切有若干环槽，用来安装活塞环，上面的 1~3 道环槽用来安装气环，下面的一道环槽用来安装油环。活塞环槽以下的所有部分称为活塞裙部，其作用是引导活塞在气缸中做往复运动，并承受侧压力。

活塞的主要作用是承受气缸中的燃烧压力，并将此力通过活塞销和连杆传给曲轴。

（2）活塞环　活塞环分为气环和油环两种。气环的作用是密封和传热，即保证活塞与气缸壁之间的密封，防止气缸内的可燃混合气体和高温燃气漏入曲轴箱，并将活塞顶部接受的热传给气缸壁，避免活塞过热。油环的主要作用是刮除飞溅到气缸壁上多余的机油，并在气缸壁上涂布一层均匀的油膜，既能防止机油窜入燃烧室被烧掉，又能实现对活塞、活塞环及气缸壁的润滑。

（3）活塞销　活塞销 6 的结构为厚壁空心圆柱体，其作用是连接活塞和连杆小头，将活塞所承受的气体压力传给连杆。

（4）连杆　连杆 8 的结构较为复杂，其主要部分分为连杆小头、杆身和连杆大头三部分。连杆小头用来安装活塞销以连接活塞，连杆小头内装有青铜衬套 7；连杆杆身采用了

"工"字形断面（见图11-16的 A–A 移出断面图），抗弯强度高；连杆大头与曲轴的轴颈相连接，为便于安装，将连杆大头沿着与杆身轴线垂直的方向切开，做成剖分式，上半部分与杆身为一体，下半部分即连杆盖，二者通过螺栓9连接；连杆轴瓦14装在连杆大头孔内，用以保护连杆大头孔和曲轴轴颈；为了配合要求，在连杆和连杆剖分面装有调整垫片10。

连杆的作用是将活塞承受的力传给曲轴，带动曲轴转动，将活塞的往复运动转变为曲轴的旋转运动。

5. 尺寸及技术要求分析

（1）尺寸分析　尺寸 $\phi 65.5^{+0.016}_{\ 0}$ mm 表示活塞连杆的使用性能要求，即只能装入直径为 $\phi 65.5$ mm 的曲轴，为规格性能尺寸；尺寸 56mm±0.08mm、217mm±0.05mm 为相对位置尺寸；尺寸 $38^{+0.17}_{-0.23}$ mm、48mm 为重要尺寸；凡有配合代号的尺寸为配合尺寸（如上分析）；总高为321mm（56mm+217mm+48mm），总宽及总长为 $\phi 101.49$ mm。

（2）技术要求分析　技术要求提出"按说明书 NO.120—3902122 进行装配"，因此在装配前必须查阅说明书，并按说明书的技术要求进行装配。

6. 综合归纳，想象整体

通过上面的仔细分析，再进行综合归纳，便可以想象出活塞连杆总成的整体形状。图11-17所示为活塞连杆总成的轴测分解图。

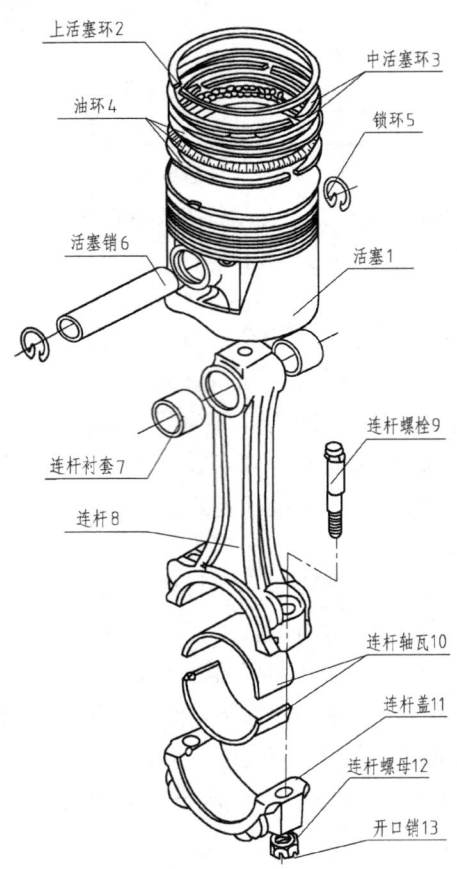

图11-17　活塞连杆总成的轴测分解图

课题六 由装配图拆画零件图

由装配图拆画零件图是设计维修工作中的一个重要环节。在汽车维修时，如果其中的某个零件损坏，应将该零件拆卸以后画出零件图。在教学过程中，由装配图拆画零件图是检验是否读懂装配图的主要途径，因此，拆画零件图是在读懂装配图的基础上进行的。

一、由装配图拆画零件图的步骤

1. 读懂装配图

2. 分离零件，确定零件的结构形状

1）分析所拆零件的作用和结构，把需要拆卸的零件从装配图的各视图中分离出来，确定该零件的投影轮廓。

2）补齐装配图中被其他零件遮挡的轮廓线，想象零件的结构形状。

3）对于装配图中简化了的工艺结构如倒角、退刀槽等要补画出来。

3. 选择零件的表达方案

对零件视图的选择应按零件本身的结构形状特点来确定，不能完全照搬装配图中的表达方法。一般对于比较大的主要零件（如箱体类零件）的主视图多与装配图中的位置和投射方向的选择一致，而轴套类零件的主视图一般应按加工位置放置（即轴线水平放置）。

4. 确定并标注零件的尺寸

根据装配体的工作性能和使用要求，分析零件各部分尺寸的作用及其对装配体的影响。首先确定主要尺寸和选择尺寸基准，而具体的尺寸大小可根据不同情况分别处理。对装配图中已注明的尺寸，按所标注的尺寸和公差带代号（或查出偏差值）直接注在零件图上。与标准件或标准结构有关的尺寸（如螺纹、销孔、键槽等），可从明细栏及相应标准中查到，有些尺寸需要计算确定（如齿轮的分度圆直径、齿顶圆直径等）。

在装配图中没有标注的其他结构尺寸，可从装配图中直接按比例量取，一般取整数。

5. 确定零件的技术要求

零件的技术要求除在装配图上已标出的（如极限与配合），可直接应用到零件图上外，其他的技术要求，如表面粗糙度、形位公差等，要根据零件的作用通过查表或参照同类产品确定。

6. 填写标题栏

标题栏中所填写的零件名称、材料等要与装配图明细栏中的内容一致。

二、拆画零件图举例

【例 11-3】 拆画图 11-18 所示的齿轮泵泵体的零件图。

1. 读懂装配图

（1）概括了解 齿轮泵是汽车或机器中用来输送润滑油的一个部件，由泵体、左右端盖、传动齿轮轴和齿轮轴等 15 种零件装配而成，其中有 6 种为标准件。

（2）分析视图 齿轮泵的装配图用两个视图表达。主视图采用了全剖视图，主要表达了齿轮泵的结构特点及各组成零件间的装配和连接关系；左视图采用了沿左端盖处的垫片与泵体结合面剖切的特殊表达方法，并用局部剖视图画出油孔，表达了齿轮泵的进、出油口的结构和齿轮泵的工作原理及其外部形状。

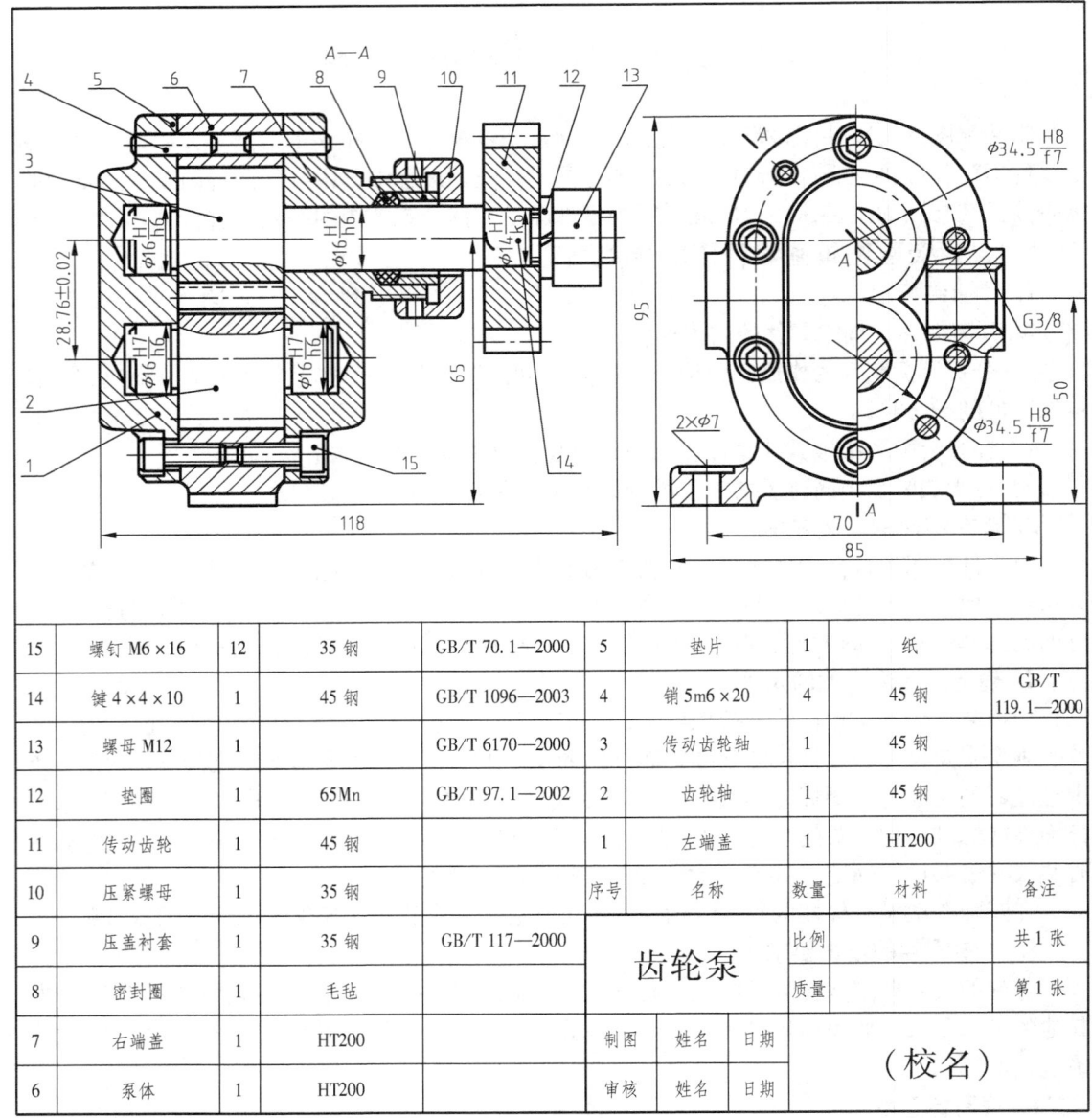

图 11-18 齿轮泵的装配图

（3）分析装配关系和工作原理　图 11-19 所示为齿轮泵的工作原理示意图。结合装配图 11-18 可以看出，动力由传动齿轮 11 输入，齿轮泵的泵体 6 内装有齿轮轴 2 和传动齿轮轴 3，齿轮的两个端面由端盖 1 和 7 封闭。泵体、端盖和齿轮的各个齿槽组成工作腔。当齿轮按图示方向旋转时，进油腔的容积由于轮齿逐渐脱离啮合而增大，使进油腔内产生一定的真空度，在真空吸力的作用下，油池内的润滑油经进油口被吸入进油腔；随着齿轮的转动，齿槽中的油不断地沿箭头方向被带到出油腔；出油腔的容积由于轮齿逐渐进入啮合而减小，使油压升高，润滑油经出油腔被不断地压入到出油口，经过滤清之后被输送到发动机或机器各需要润滑的部位。

经分析后，便可以想象出齿轮泵的形状，其轴测分解图如图 11-20 所示。

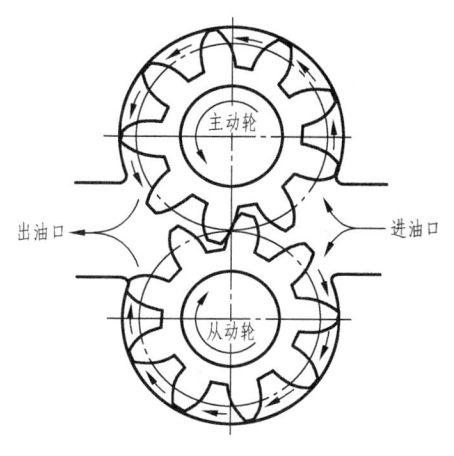

图 11-19 齿轮泵的工作原理示意图

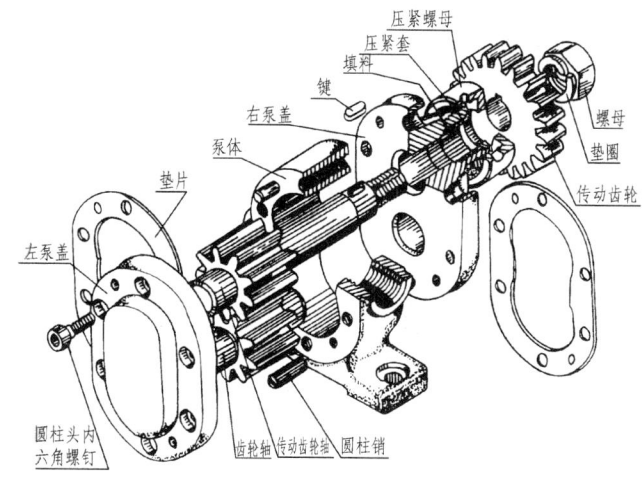

图 11-20 齿轮泵的轴测分解图

2. 分析零件，拆画零件图

分析零件的关键是将需要拆画的零件从装配图中分离出来，再通过投影分析想象形体，弄清该零件的结构形状。

本例需要重点分析的零件是泵体 6 及与其相邻的左端盖 1、右端盖 7、齿轮轴 2 和传动齿轮轴 3。

泵体 6 的左右两个端面分别与相邻的左端盖 1 和右端盖 7 的端面是结合面，所以在装配图上只画有一条线。三个零件之间是用螺钉 15 联接、用销 4 定位的，因此在泵体 6 上应该有螺纹孔及销孔。另外，泵体 6 的空腔内壁表面与齿轮轴 2 和传动齿轮轴 3 上齿轮的齿顶圆为配合面，在装配图上也只画有一条线，其配合尺寸是 $\phi 34.5 H8/f7$，此配合为基孔制间隙配合。

（1）分离零件，确定零件的结构形状　根据装配图的规定画法，按剖面线的方向及间隔将泵体从装配图中分离出来，如图 11-21 所示。由于

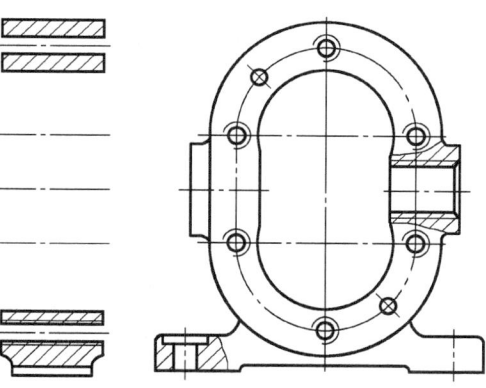

图 11-21 分离出的泵体轮廓

在装配图中泵体的可见轮廓线可能被其他零件（如螺钉、销等）遮挡，所以分离出来的图形往往是不完整的，必须补全外形轮廓。另外，对于装配图中简化了的工艺结构如倒角、退刀槽等都要补画出来，如图 11-22 所示。将主、左视图对照分析，想象出泵体的整体形状，如图 11-23 所示。

（2）确定零件的表达方案　零件的视图表达应根据零件的结构形状确定，而不是从装配图中照抄。在装配图中，泵体的左视图反映了容纳一对齿轮的长圆形空腔以及与空腔相通的进、出油孔，同时也反映了销钉与螺钉孔的分布以及底座上沉孔的形状。因此，画零件图时将这一方向作为泵体主视图的投射方向比较合理。装配图中省略未画出的工艺结构如倒角等，在拆画零件图时应按标准结构要素补全。

（3）确定并标注零件图的尺寸　装配图中已经注出的重要尺寸直接抄注在零件图上，如尺寸 $\phi 34.5 H8/f7$，是一对啮合齿轮的齿顶圆与泵体空腔内壁的配合尺寸，分离出泵体上

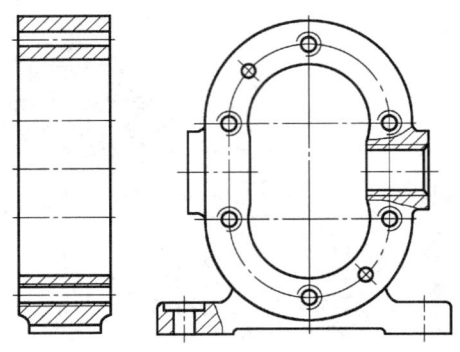
图 11-22 补全泵体的轮廓

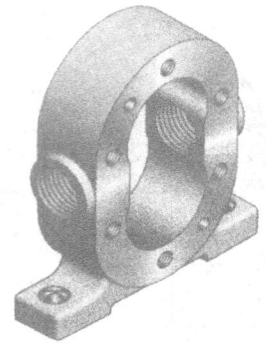
图 11-23 想象出泵体的形状

的尺寸应该是 $\phi 34.5\text{H}8$；尺寸 28.76mm ± 0.02mm 是一对啮合齿轮的中心距，G3/8 是进、出油口的管螺纹尺寸。另外，还有油孔中心高尺寸 50mm、底板上安装孔的定位尺寸 70mm 等。其中配合尺寸应标注公差带代号，或查表注出上、下偏差数值。例如本例中的配合尺寸 $\phi 34.5\text{H}8/\text{f}7$，在附录 F 中的表 F-3 中查出尺寸极限偏差为 $\binom{+0.039}{0}$ mm。

对装配图中未注的尺寸，可按比例从装配图中量取，并加以圆整。

（4）确定零件图的技术要求　泵体的两个端面有密封要求，其表面粗糙度 Ra 值要小，尺寸公差和形位公差等也应有一定的要求。另外，锥销孔及泵体的内腔，其表面粗糙度 Ra 值也要小，其他表面可根据经济性的原则确定。零件的其他技术要求可用文字注写在标题栏附近。图 11-24 所示为根据齿轮泵的装配图拆画出的泵体的零件图。

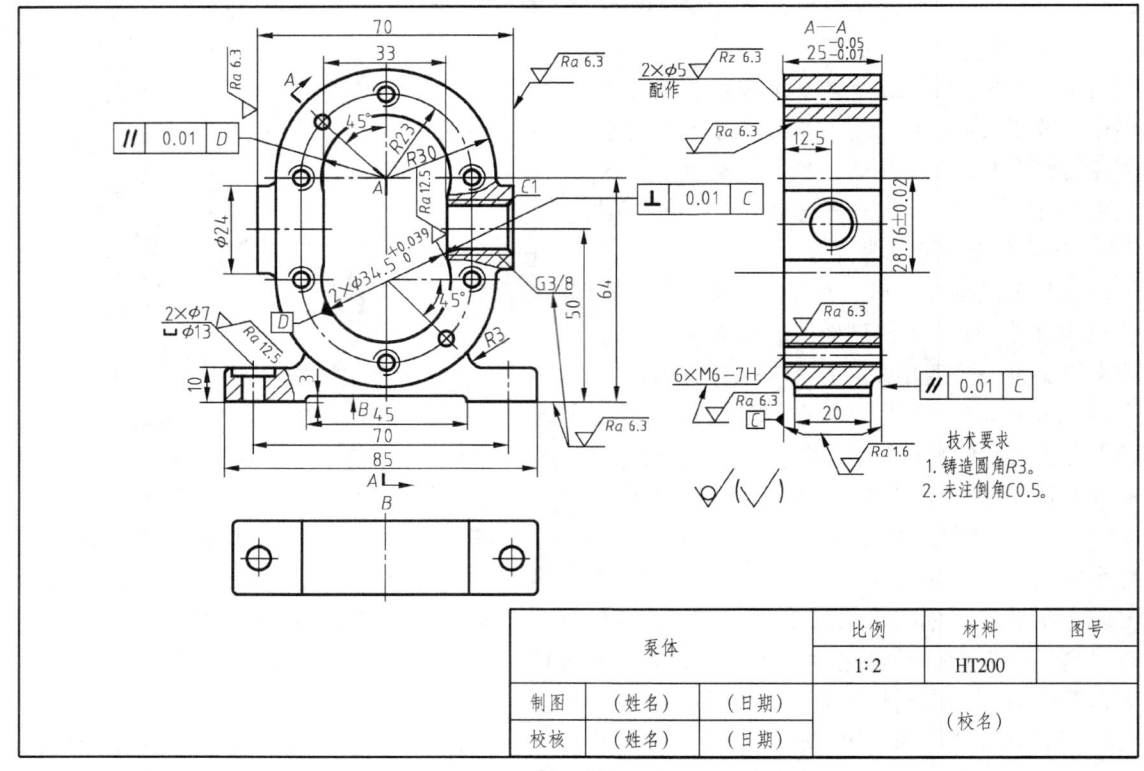
图 11-24 泵体的零件图

（5）填写标题栏　标题栏中所填写的零件名称、材料等要与装配图明细栏中的内容一致。

【项目小结】

装配图是表示产品或部件的工作原理、结构形状和装配关系的图样，主要用于部件和产品的装配、使用和维修。

本单元与零件图一样，也是教材的重点内容及本课程的应用阶段。由于装配图与零件图的使用场合不同，其图样内容中的具体要求也不相同。零件图中要求对于零件上所有的结构形状、尺寸及技术要求必须完整、清晰地表达出来，而装配图上只需要表达出装配体的装配联接关系、工作原理、主要零件的结构形状、必要的尺寸及装配时应达到的一些要求。零件图中所用的各种表达方法都适合于装配图，但装配图还有其特殊的表达方法及简化画法。

装配图的特殊表达方法有：拆卸画法、沿零件结合面剖切的画法、假想画法、展开画法及单独表示某个零件的方法。对零件上的细小结构（倒角、斜度、锥度、间隙等），可采用省略或夸大的画法表示。装配图上的尺寸只需要标注出规格（性能）尺寸、装配尺寸、总体尺寸、安装尺寸及一些重要的尺寸。

读装配图时，应从零件的剖面线方向分清零件的轮廓，主要读懂装配体的工作原理、各零件间的装配联接关系及主要零件的结构形状。拆画零件图时，应注意从装配图中分离出零件后还要进一步根据零件的功能及与相邻零件的装配联接关系，判断和构思出零件的完整结构，并补全省画的工艺结构，再根据零件的典型分类确定表达方案并画出零件图。

第五模块　其他图样简介

在工业生产中，经常会遇到一些用金属薄板制成的机件，如图 12-1 所示。这些机件在制造时需先在金属薄板上作出适用于它们轮廓的全部或部分展开图，然后下料弯制成形，再通过焊接、冲压或铆接等方法加工成机件。因此，焊接图和展开图也是汽车工业生产中常用的技术图样。本模块主要介绍焊接图和展开图的有关知识。

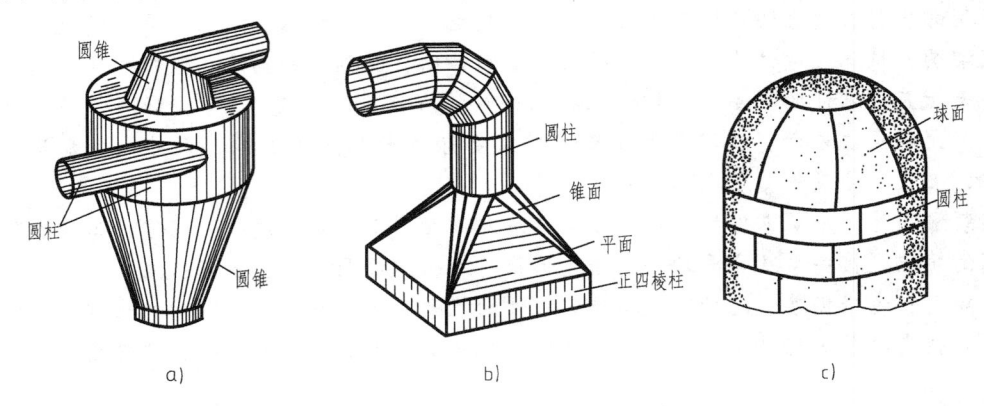

图 12-1　金属薄板制件
a）分离器　b）吸尘罩　c）热风炉

项目十二　展　开　图

【任务描述】

展开图是汽车工业生产中常用的技术图样。本模块的教学内容与汽车机械图样既有联系、又有自身的特点，即内容专一、专业性强。对于学生来说，仅仅是一种启蒙，其教学目的是扩大学生的知识面，教师可根据不同专业特点及需要，选择教学内容。

本项目简要介绍用图解法展开几种常用构件的方法。

【学习目标】

学会展开图的画法。

将机件各表面按其实际大小和形状依次连续地展开在一个平面上，称为机件的表面展开。展开后所得到的图形称为该机件的表面展开图，简称展开图。如图 12-2 所示是方圆接头管的展开图。从图中可以看出，画展开图实质上就是根据机件的投影图，用图解或计算的方法画出机件表面的实形（在实际生产中还要考虑板厚、余量等因素）。

机件表面按其几何性质的不同分为可展表面和不可展表面两类。平面立体的表面都是

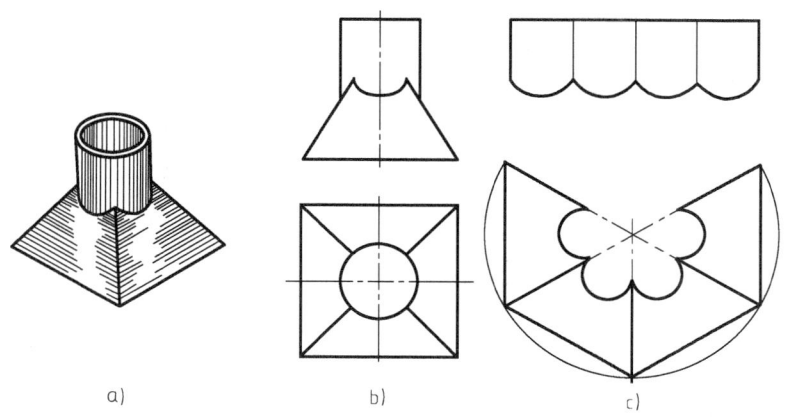

图 12-2 方圆接头管的展开图
a）轴测图 b）视图 c）展开图

平面，都是可展表面。曲面立体的表面则由于曲面立体的性质不同分为可展曲面和不可展曲面。对于不可展曲面只能采用近似展开的方法来展开。

常用的展开方法有平行线展开法、放射线展开法、三角形展开法。

课题一　平行线展开法

棱柱体表面的棱线或圆柱体表面的素线均为平行线，借助于立体表面的这些平行线来展开立体表面的方法，称为平行线展开法。

一、平行线展开法的原理

若形体表面是由无数条彼此平行的直线所构成的，那么其相邻的两条线及其上下端口曲线所围的微小面积，就可近似地看成是长方形。当分成的面积较多，各小平面面积按照原来的分割顺序和上下位置不遗漏、不重叠地铺开时，形体表面就被展开了。由于各线在铺平前是相互平行的，所以铺平后仍相互平行。作图时可充分利用这一特性，只要找出这些直线之间的距离，以及它们各自的实长，即可得到展开图。

二、平行线展开法的应用

1. 斜切直立四棱柱管的展开

分析：图 12-3a 所示为斜切四棱柱管的轴测图，图 12-3b 所示为斜切四棱柱管的已知视图。从已知的主、俯视图可以看出，四条棱线为铅垂线，其正面投影反映棱线的实长；底面 Ⅰ Ⅱ Ⅲ Ⅳ 为水平面，其水平投影反映实形。因棱线垂直于底面，则棱线必然垂直于底面的四条边，棱线之间的距离就是底面四边形的边长，且展开后底面的四条边成一直线。

作图步骤：作图步骤如图 12-3c 所示。

1）选棱线 $AⅠ$ 为基准棱线，确定 $AⅠ$ 在展开图中的位置，且取 $AⅠ = a'1'$。

2）过Ⅰ点作棱线 $AⅠ$ 的垂直线，并在该垂直线上截取线段 Ⅰ Ⅱ = 12、Ⅱ Ⅲ = 23、Ⅲ Ⅳ = 34、Ⅳ Ⅰ = 41，得 Ⅱ、Ⅲ、Ⅳ、Ⅰ 点。

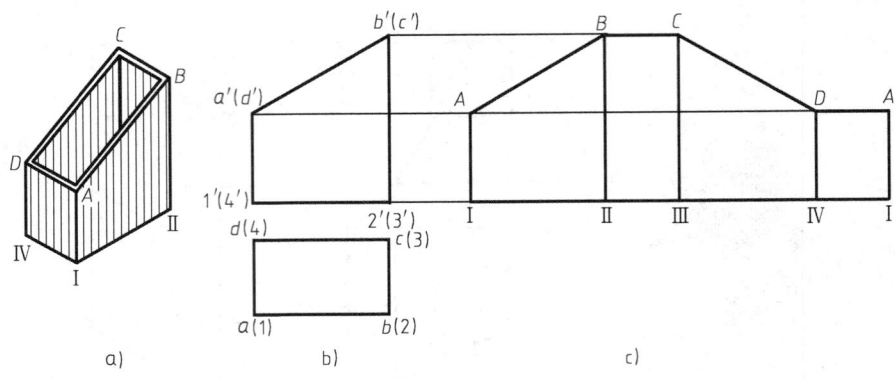

图 12-3 斜切四棱柱管的展开图
a) 轴测图 b) 视图 c) 展开图

3) 过 Ⅱ、Ⅲ、Ⅳ、Ⅰ 点分别作直线平行于棱线 $A\mathrm{I}$，并分别截取线段 $B\mathrm{II}=b'2'$、$C\mathrm{III}=c'3'$、$D\mathrm{IV}=d'4'$、$A\mathrm{I}=a'1'$，得 B、C、D、A 点。

4) 依次连接 A、B、C、D、A 各点，即得斜切直立四棱柱管的展开图。

2. 正圆柱管的展开

分析：图 12-4a 所示为正圆柱管的轴测图，图 12-4b 所示为正圆柱管的已知视图，从图中可以看出，正圆柱管的相邻两条素线互相平行。

作图步骤：正圆柱管的展开图如图 12-4c 所示，展开后的图形为一矩形，矩形底边的边长为正圆柱管底圆的周长 πD，高为正圆柱管的高度 H，通过计算，即可进行展开。

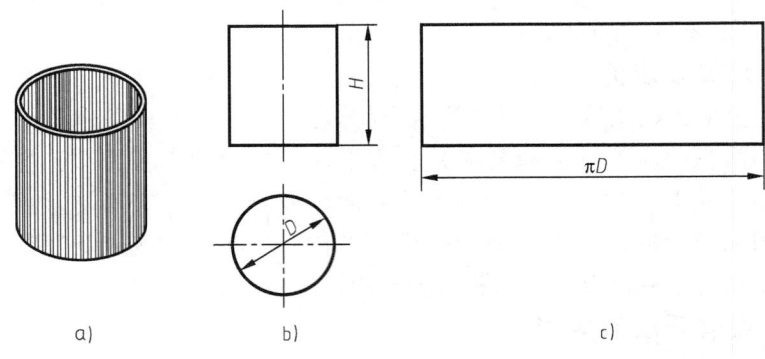

图 12-4 正圆柱管的展开图
a) 轴测图 b) 视图 c) 展开图

3. 斜切正圆柱管的展开

分析：如图 12-5a 所示，正圆柱管斜切后，使得圆柱面上各条素线的长度不相等。作展开图时应根据视图的投影关系求出若干素线的实长，然后光滑连接这些素线的端点，即可得到展开图。

作图步骤：

1) 在俯视图上将圆柱管的底圆周长分成 12 等分（等分越多，展开图越准确，因图形

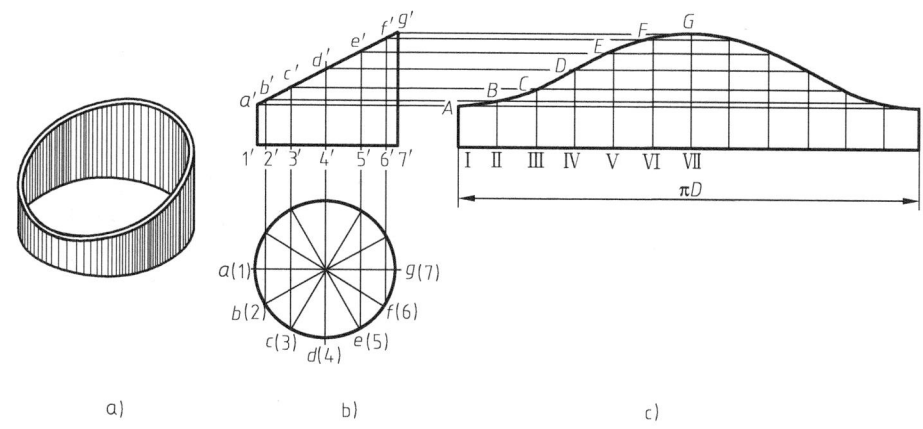

图 12-5 斜切正圆柱管的展开图
a) 轴测图 b) 视图 c) 展开图

的前后对称,所以只画出前半部分),得若干等分点;求出各等分点的正面投影 $1'$、$2'$、$3'$、…;过各等分点的正面投影作相应的素线,即得素线的实长,如 $1'a'$、$2'b'$、$3'c'$…,如图 12-5b 所示。

2) 将底圆周长展开成直线,其长度为 πD,并取同样的等分(图中为 12 等分),得各等分点;过这些等分点作该直线的垂直线,得圆柱面展开后各素线的位置线。

3) 把斜切正圆柱管正面投影上各素线的实长移至展开图上,得相应素线的端点 A、B、C…点,再依次光滑连接各素线的端点,即得斜切正圆柱管的展开图,如图 12-5c 所示。

4. 多节等径圆柱弯管的展开

分析: 多节等径圆柱弯管采用多节等径斜圆柱管拼接而成。如图 12-6a 所示为四节等径圆柱弯管,中间两节是双斜口圆柱管(称为全节),每节所对应的角度为 30°,中间节的长度和形状都相同,且中间节与各自中部的横截面相对称;两端的节为半节,是中间节的一半,为单斜口圆柱管,每节所对应的角度为 15°,该圆柱弯管共有 6 个半节(即 3 个全节)。

为了节省材料和提高工效,把四节斜口圆管拼合成一完整的圆管来展开,如图 12-6b 所示,再依次画出如图 12-6c 所示的四节直角弯管的展开图。

按展开曲线将各节切割分开以后,卷制成斜口圆管,并将 Ⅱ、Ⅳ 两节绕其轴线旋转 180°(见图 12-6d),按顺序将各节连接即可。

作图步骤: 已知四节等径直角圆柱弯管的直径为 d,弯头中心半径为 R,其作图步骤如下:

1) 作相互垂直的两条直线,其交点为 O。以 O 为圆心,R 为半径画弯管中心圆,再分别以 $R+d/2$、$R-d/2$ 为半径画圆弧,并画出弯管各节分界线($\alpha = 90°/6 = 15°$),作出与半径 $R+d/2$、$R-d/2$ 相外切的各节切线,即得弯管的主视图,如图 12-6b 所示。

2) 按斜切圆柱管展开图的画法画出弯管表面的展开图,如图 12-6c 所示。

5. 等径直角三通管的展开

分析: 图 12-7a 所示为等径直角三通管的轴测图,它是由两个直径相同的圆柱管 A 和 B

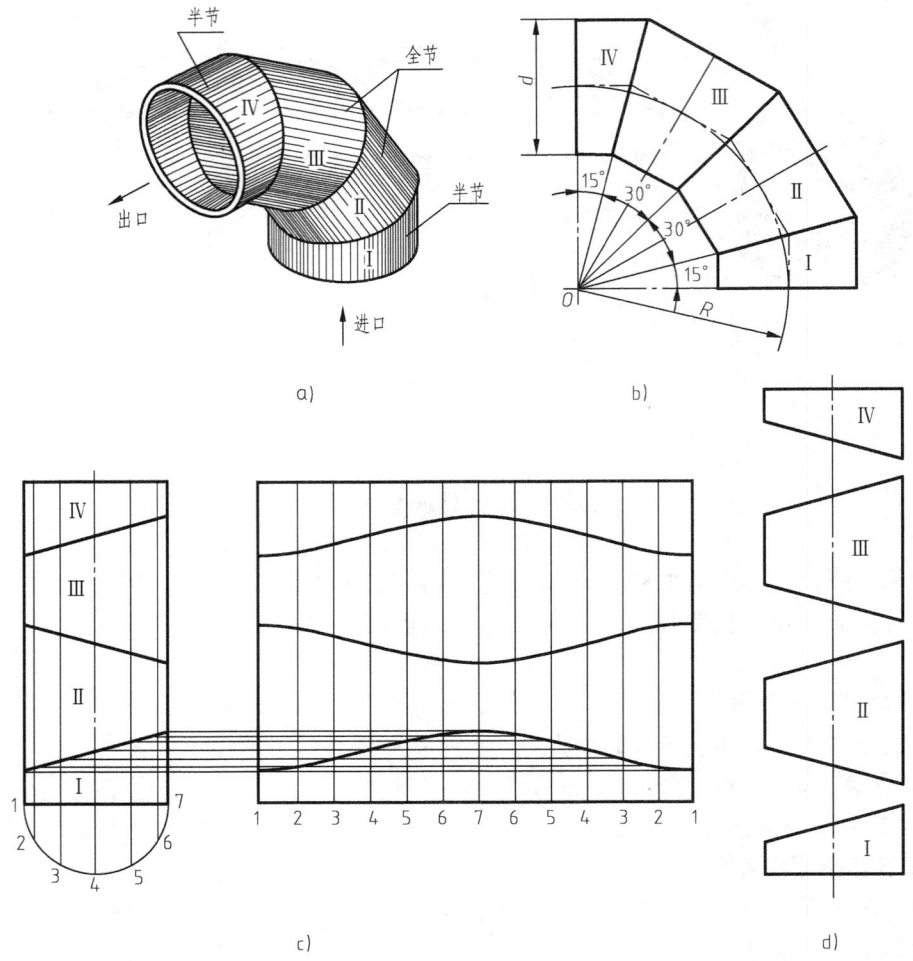

图 12-6 多节等径圆柱弯管的展开图
a）轴测图　b）视图　c）展开图　d）Ⅱ、Ⅳ节旋转180°

垂直相交而成的。两圆柱管表面的相贯线是两圆柱管的共有线，作展开图时必须先求出相贯线的投影，再分别画出两个圆柱管的展开图。为了简化作图，可以不画水平投影，而把铅垂圆柱管 A 的水平投影用半个圆周画在正面投影上，如图12-7b所示，从而作出相贯线的正面投影和两圆柱管的展开图。

直立圆柱管 A 的展开画法的作图步骤：

1）作出相贯线的投影，再将圆柱管 A 的顶端分为12等分，过各等分点作相应素线的投影，如图12-7b所示。

2）作一水平线 EF，使其等于圆柱管 A 的周长 πd_A，并将其分成12等分，过各等分点作垂线，使其长度等于相应素线的长度，得出各相应素线的端点Ⅰ、Ⅱ、Ⅲ、Ⅳ…，再光滑连接各端点，即得圆柱管 A 的展开图，如图12-7c所示。

水平圆柱管 B 的展开画法的作图步骤：

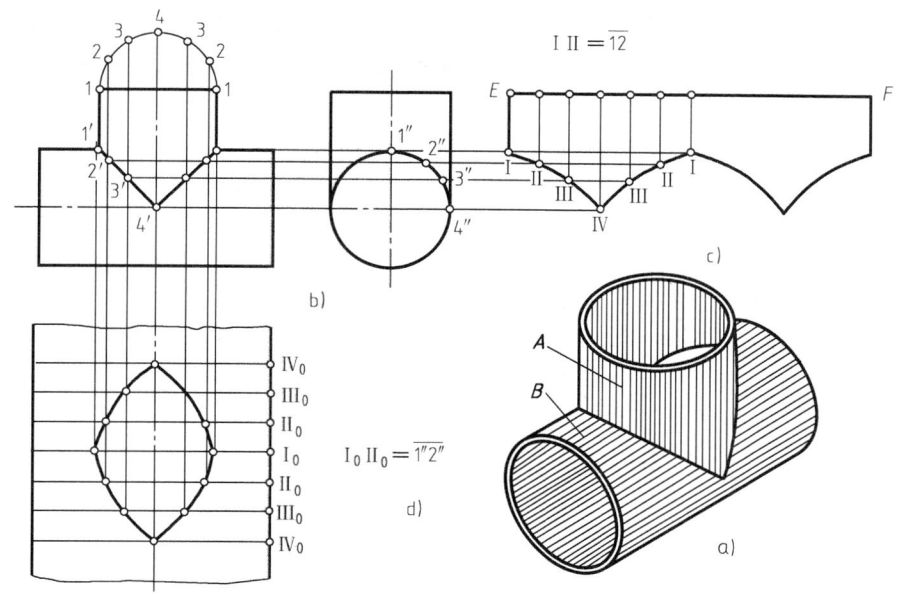

图 12-7 等径直角三通管的展开图
a) 轴测图 b) 视图 c) 圆柱管 A 的展开图 d) 圆柱管 B 的展开图

1) 作水平圆柱管 B 的展开图。展开图为矩形，矩形的宽度为圆柱管 B 的周长 πd_B，长度为与主视图对应的矩形的长度，图中用断开画法画出，如图 12-7d 所示。

2) 画出对称中心线，在垂直方向的中心线上取 $I_0 II_0 = \overline{1''2''}$、$II_0 III_0 = \overline{2''3''}$、$III_0 IV_0 = \overline{3''4''}$（以弦长代替弧长），即得等分点 I_0、II_0、III_0、IV_0，再过各等分点引水平线，与过主视图上各素线上的对应点 $1'$、$2'$、$3'$、$4'$ 向下引的铅垂线相交，得相应素线上的交点。

3) 用作对称点的方法得到相贯线上其他对称点，并依次将各点光滑连接，即得到水平圆柱管 B 的展开图，如图 12-7d 所示。

课题二 放射线展开法

如果形体表面是由一组交汇于一点的直线构成的，则该形体称为锥体，该形体表面称为锥面，如棱锥、圆锥。所有锥体表面的直线在展开前都交于一点，称为锥顶。展开后的直线仍交于一点，呈放射状，所以这种展开方法称放射线展开法。

一、放射线展开法的原理

把锥体表面上任意相邻的两条直线（素线或棱线）及其所夹的底边线看成是一个近似的平面三角形。当各小三角形的底边足够短的时候，各小三角形面积的和就等于原来形体的表面积。若把所有小三角形依次铺开成一平面，原来的形体表面也就展开了。

作展开图的关键是确定这些直线（素线或棱线）的长度和相邻直线间的夹角或底边实长。

二、用旋转法求棱线和素线的实长

分析：根据正投影规律，当一直线段平行于投影面时，则线段在该投影面上的投影反映实长。因此，求一般位置直线段的实长时，可将该线段绕垂直于某一投影面的直线旋转到与另一投影面平行的位置，其投影即反映实长。

如图 12-8a 所示，线段 AB 为一般位置直线，过端点 A 取垂直于 H 面的直线 OO 为轴，将线段 AB 绕轴 OO 旋转到正平线的位置 AB_1，其新的正面投影 $a'b'_1$ 即为实长。

作图步骤：如图 12-8b 所示。

1）以 a 为圆心，把 ab 旋转到与投影轴平行的位置 ab_1。
2）过 b' 作投影轴平行线与过 b_1 作的投影轴垂直线相交得 b'_1。
3）连 $a'b'_1$ 即得线段 AB 的实长。

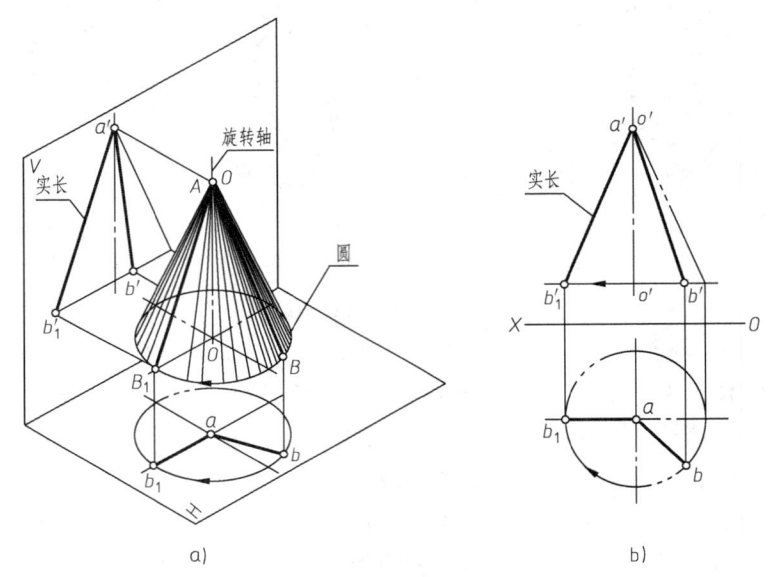

图 12-8 用旋转法求一般位置直线的实长

三、放射线展开法的应用

放射线展开法主要用于锥体、锥台的表面展开。

1. 四棱台管表面的展开

分析：图 12-9a 所示为四棱台管的轴测图，图 12-9b 所示为四棱台的主、俯视图。从图中可以看出，四棱台的四个棱面都是等腰梯形，但在主视图和俯视图上都不反映其实形，所以必须先求出四个等腰梯形的实形。在梯形中，上、下底的水平投影反映实长，四条棱线相等，且为一般位置直线。所以要求出等腰梯形的实形，必须先求出四条棱线的实长，并以它为半径画出扇形，再在扇形内作出四个等腰梯形（其中对面梯形相等），就得到四棱台的展开图。

作图步骤：

1）将主视图中的各棱线延长得交点 s'，如图 12-9b 所示。
2）用旋转法求棱线 SⅠ、SA 的实长 $s'1'_1$、$s'a'_1$。
3）以 S 为圆心，$s'1'_1$ 和 $s'a'_1$ 为半径画圆弧，在圆弧上依次截取 ⅠⅡ = 12、ⅡⅢ = 23、Ⅲ

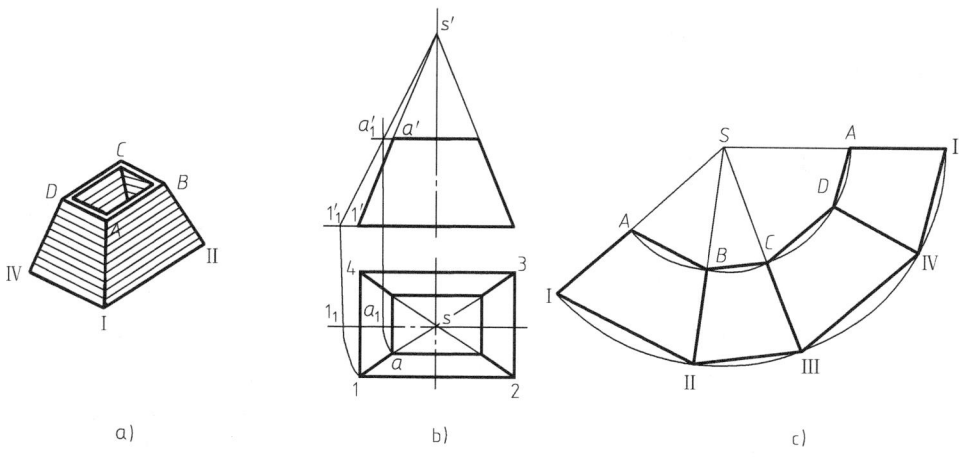

图 12-9 四棱台管表面的展开图
a) 轴测图 b) 视图 c) 展开图

Ⅳ=34、ⅣⅠ=41，并通过Ⅰ、Ⅱ、Ⅲ、Ⅳ、Ⅰ各点向 S 连线，再过 A 点依次作底边的平行线，得 AB、BC、CD、DA，即完成四棱台管的表面展开图，如图 12-9c 所示。

2. 圆锥管表面的展开

分析：正圆锥面的展开图是扇形，如图 12-10e 所示，可用计算法计算出相应参数直接作图。其中，扇形直线边的边长等于圆锥素线的实长 R，圆弧长度等于圆锥底圆的周长 πd，中心角 $\alpha = 180°d/R$。

近似作锥面的展开图时，可将正圆锥表面看成是由很多三角形（即棱面）组成的，则这些三角形的展开图近似地为锥管表面的展开图。

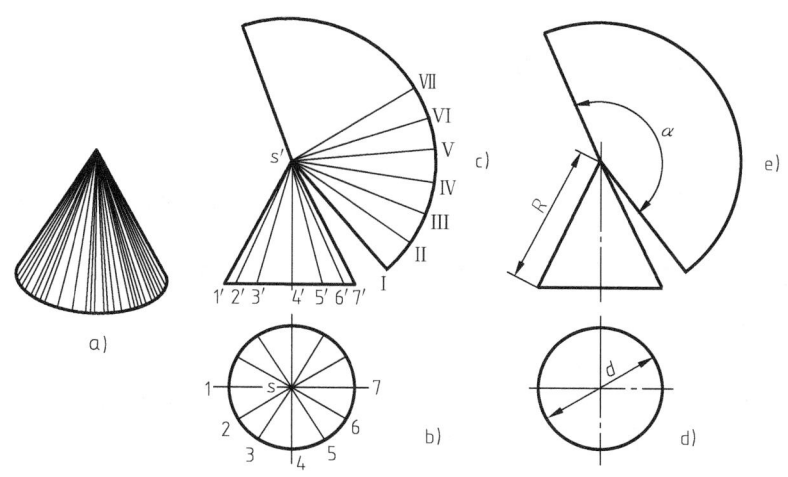

图 12-10 圆锥管表面的展开图

作图步骤：作图步骤如下：

1）将水平投影圆周12等分，在正面投影图上作出相应的投影 $s'1'$、$s'2'$、$s'3'\cdots$，如图

12-10b、c 所示。

2) 以 s' 为圆心，素线的实长 $s'1'$ 为半径画弧，在圆弧上量取 12 段等距离，此时以底圆上的分段弦长近似代替分段弧长即 Ⅰ Ⅱ = 12、Ⅱ Ⅲ = 23…，将首尾两点与圆心相连，得正圆锥面的展开图。

3. 斜切口圆锥管表面的展开

分析：图 12-11a 所示为斜切口正圆锥管的轴测图，它的近似展开图如图 12-11c 所示。

斜切口圆锥管的展开图为正圆锥展开图的一部分。因此，应首先作出正圆锥的展开图，然后求出斜切口平面与圆锥面各素线的交点，再确定这些交点在相应素线实长上的真实位置，得到被截素线的实长，依次连接这些素线的端点，即可得所要求作的展开图。

作图步骤：作图步骤如图 12-11b、c 所示。

1) 将正面投影的素线延长，求出锥顶的正面投影 s，并作出正圆锥面的展开图。

2) 用旋转法求出被切去各素线的实长。

3) 以 s 为圆心，被切去各素线的实长为半径画圆弧与相应的正圆锥素线相交可得到若干交点，例如 A、B、C、D…。

4) 依次光滑连接上述各交点 A、B、C、D…，即可得到斜切正圆锥管的展开图，如图 12-11c 所示。

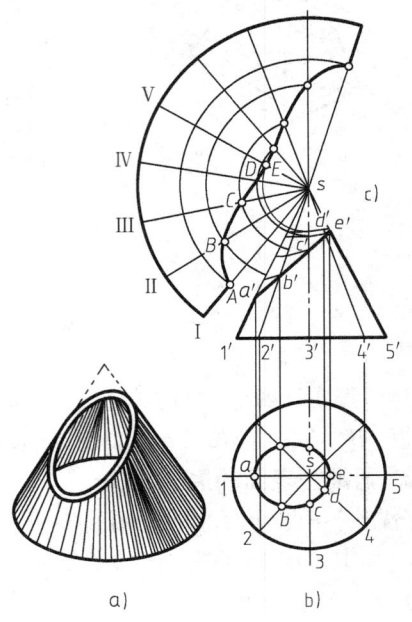

图 12-11 斜切口圆锥管的展开图
a) 轴测图 b) 视图 c) 展开图

课题三　三角形展开法

在生产中，有些机件的表面是由平面、柱面和锥面的全体或部分曲面组合而成的任意形状的表面，如图 12-12 所示为变形管接头的轴测图，可以看成是由四个斜圆锥的部分表面和四个三角形平面组合而成的。

这类机件虽然可以采用前述的平行线展开法或放射线展开法作展开图，但却非常麻烦，而采用三角形法就简便多了。

一、三角形展开法的原理

若形体的表面是由若干个平面与曲面、曲面与曲面或平面与平面构成的，就可以把表面划分成若干个小三角形，再把这些小三角形按原来的相互位置和顺序不遗漏的铺开，则形体的表面就被展开了。

二、三角形展开法的应用

作图 12-1b 所示吸尘罩下部的变形管接头的展开图。

分析：从图 12-1b 可以看出：变形管接头的上部与圆柱邻接，所以其顶面是圆形，而下部与正四棱柱体邻接，所以其底面是方形。

变形管接头的结构如图 12-12 所示。从图中可以看出该接头的表面由四个全等的等腰三角形和四个相同的局部斜圆锥面组成。变形管接头的顶面和底面的水平投影反映实形和实长；三角形的两腰 $A\text{I}$、$B\text{I}$ 以及锥面上的所有素线均为一般位置直线，必须求出它们的实长，才能画出展开图。

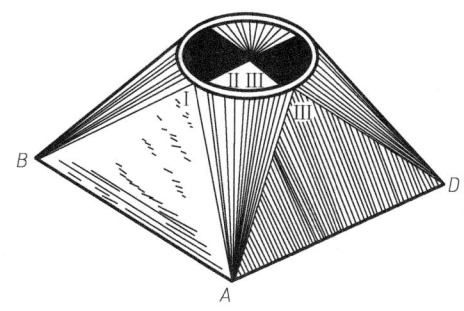

图 12-12 变形管接头

作图步骤：

1）在投影图上按上述分析的方法画出平面与圆锥面之间的分界线，如图 12-13a 所示。

2）将顶面 1/4 圆周 3 等分，并与底面顶点相连，得斜圆锥面上四条素线的投影。用旋转法求作素线的实长 $A\text{I}=A\text{IV}=a'4'_1$、$A\text{II}=A\text{III}=a'3'_1$，如图 12-13a 所示。

3）以后面等腰三角形的中垂线为接缝展开，则展开图与前面的等腰三角形的高对称。如图 12-13b 所示，首先以水平线 $AB=ab$ 为底，$A\text{I}=B\text{I}=a'4'_1$ 为两腰，作出等腰三角形 $AB\text{I}$。

4）以 A 为圆心，$a'3'_1$ 为半径画弧；再以 I 为圆心，顶面等分弧的弦长为半径画弧，两弧相交得 II 点，作出△$A\text{I}\text{II}$。用同样的方法作出△$A\text{II}\text{III}$、△$A\text{III}\text{IV}$，再将 I、II、III、IV 各点光滑地连接，得一斜圆锥面的展开图。

5）用上述方法向两侧继续作图，最后在两侧分别作出一个直角三角形，也就是相当于上述等腰三角形的一半，即得变形管接头的展开图，如图 12-13b 所示。

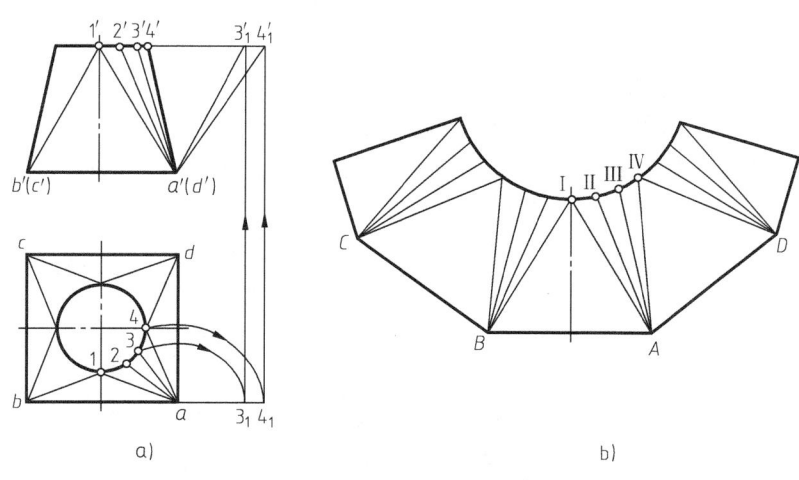

图 12-13 变形管接头的展开图
a）视图　b）展开图

【项目小结】

将机件的表面按其实际形状和大小，摊平在一个平面上，称为表面展开，展开后的图形称为展开图。展开图分为平行线展开、放射线展开和三角形展开三种。

项目十三　焊　接　图

【任务描述】

焊接图与展开图一样，也是汽车工业生产中常用的技术图样。本项目简要介绍焊接图的基本知识，包括焊缝符号及焊接图的画法和焊接图的识读。

【学习目标】

1. 了解焊缝的种类及其规定画法。
2. 了解焊缝符号及其标注方法。
3. 能看懂焊接图。

焊接是对需要连接的零件的连接处进行局部加热到熔化或半熔化状态，同时填充熔化金属或加压，使它们构成一种不可拆的连接的方法。焊接具有施工简单、连接可靠、节省材料、劳动强度低等优点，所以在汽车、机械、电气、工程建设等各个领域中得到广泛应用。

焊接图是焊接加工时所用的图样。焊接图除了要把焊接件的结构表达清楚以外，还必须把焊接的有关内容表示清楚，如焊接接头型式、焊缝型式、焊缝尺寸、焊接方法等。本项目主要介绍焊接图的画法、国家标准有关焊缝的符号及其标注的规定。

课题一　焊接图的画法

一、常用的焊接方法及其代号

按焊接过程中金属所处的状态不同，焊接方法分为熔焊、压焊和钎焊三大类。国家标准（GB/T 5185—2005）《焊接及相关工艺方法代号》中规定：用阿拉伯数字代号来表示各种焊接方法，并可在图样上标出。常用的焊接方法及其数字代号见表13-1。

表13-1　常用的焊接方法及其数字代号

代号	焊接方法	代号	焊接方法	代号	焊接方法	代号	焊接方法
111	焊条电弧焊	21	点焊	321	空气乙炔焊	75	光辐射焊
12	埋弧焊	22	缝焊	42	摩擦焊	91	硬钎焊
121	单丝埋弧焊	25	电阻对焊	43	锻焊	912	火焰硬钎焊
122	带极埋弧焊	291	高频电阻焊	441	爆炸焊	916	感应硬钎焊
15	等离子弧焊	311	氧乙炔焊	72	电渣焊	94	软钎焊
181	碳弧焊	312	氧-丙烷焊	74	感应焊	942	火焰软钎焊

二、焊缝的种类及规定画法

1. 常见的焊接接头

常见的焊接接头有对接、T形接、角接、搭接四种，如图13-1所示。

2. 焊缝的画法

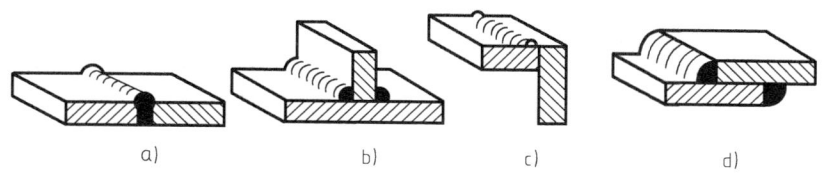

图 13-1 常见的焊接接头形式
a）对接 b）T形接 c）角接 d）搭接

工件经焊接后形成的接缝称为焊缝，焊缝的规定画法如图 13-2 所示。

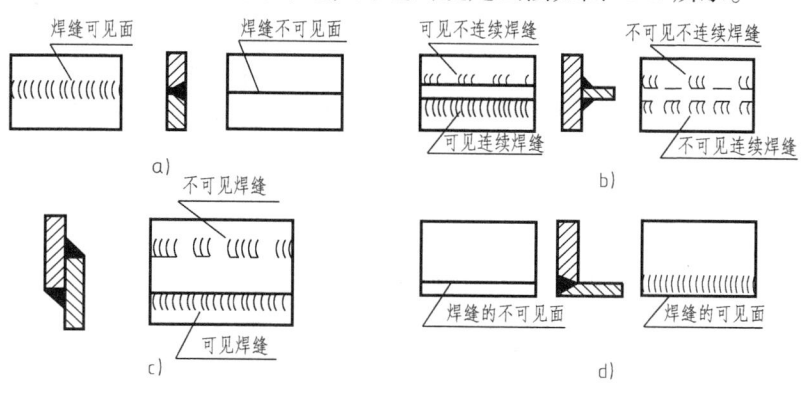

图 13-2 焊缝的规定画法

课题二 焊缝符号及标注方法

为简化图样上焊缝的表示方法，一般采用焊缝符号（表示焊接方式、焊缝形式和焊缝尺寸等技术内容的符号）来表示焊缝。GB/T 324—2008 规定，焊缝符号由基本符号和指引线组成，必要时还可加上辅助符号、补充符号和焊缝尺寸符号。

一、基本符号

基本符号是表示焊缝横断面形状的符号，采用近似焊缝横断面形状的符号来表示。基本符号用粗实线绘制。常用焊缝的基本符号、图示法及标注方法示例见表 13-2，其他焊缝的基本符号可查阅 GB/T 324—2008。

表 13-2 常用焊缝的基本符号、图示法及标注示例

焊缝名称	基本符号	焊缝形式	一般图示法	标注示例
I 形焊缝	‖			
V 形焊缝	V			

(续)

焊缝名称	基本符号	焊缝形式	一般图示法	标注示例
带钝边 U 形焊缝	Y		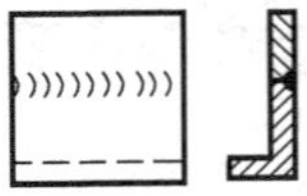	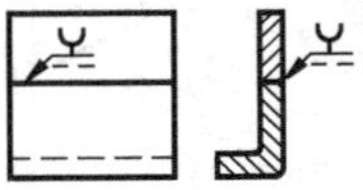
角焊缝	◸	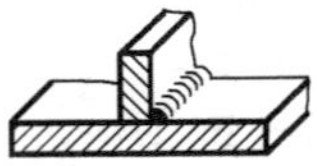	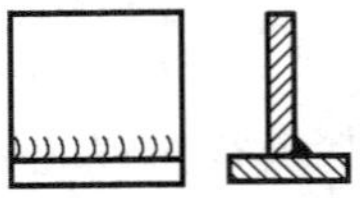	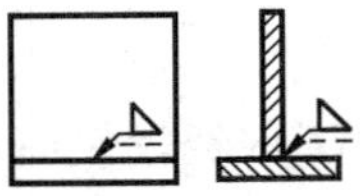
点焊缝	○	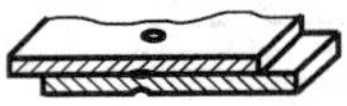	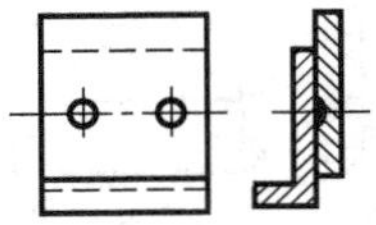	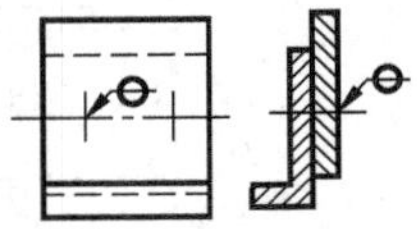

二、辅助符号

辅助符号是表示焊缝表面形状特征的符号，用粗实线绘制，见表 13-3。

不需要确切说明焊缝表面形状时，可不用辅助符号。

表 13-3 常用辅助符号及标注示例

名 称	说 明	符 号	示 意 图	标 注 示 例
平面符号	焊缝表面齐平	—		
凹面符号	焊缝表面凹陷	⌣	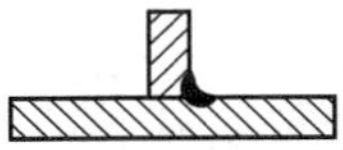	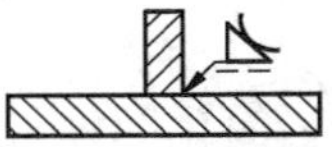
凸面符号	焊缝表面凸起	⌢		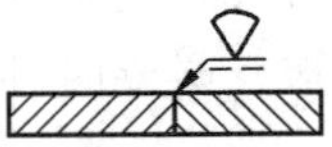

三、补充符号

补充符号是为了说明焊缝的某些特征而采用的符号，用粗实线绘制。补充符号及标注示例见表 13-4。

表 13-4 补充符号及标注示例

名 称	符 号	形式及标注示例	说 明
带垫板符号	▭	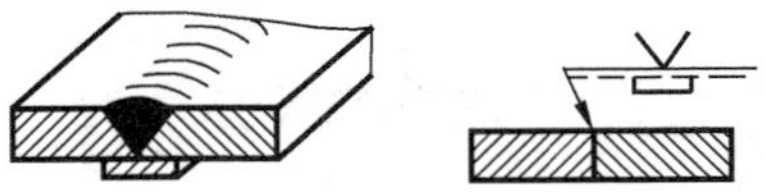	表示 V 形焊缝的背面尾部有垫板
三面焊缝符号	⊏	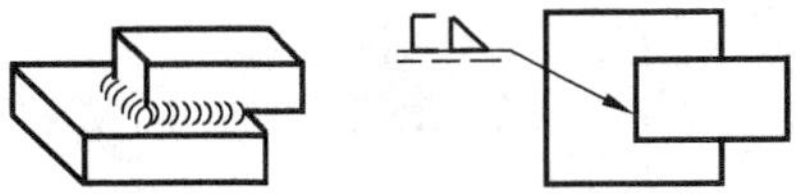	工件三面施焊，开口方向与实际方向一致

(续)

名 称	符 号	形式及标注示例	说 明
周围焊缝符号	○		表示在现场沿工件周围施焊
现场符号	▐		
尾部符号	<		表示用焊条电弧焊

四、指引线

完整的焊缝表示方法除了上述基本符号、辅助符号、补充符号以外，还包括指引线、一些尺寸符号及数据。

1）指引线一般由带有箭头的指引线（简称箭头线）和两条基准线（一条为细实线，另一条为细虚线）两部分组成。箭头可画在基准线左端或右端，也可引向上方或下方，指向焊缝，如图 13-3 所示。

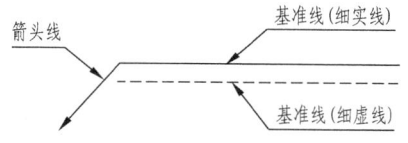

图 13-3 指引线

2）基准线一般应与图样的主标题栏平行，但在特殊情况下亦可与底边相垂直。基准线的细虚线可以画在基准线细实线的下侧或上侧。

3）基准线的上侧或下侧用来标注各种符号和尺寸，必要时可在基准线的细实线末端加一尾部作说明。

4）如焊缝在接头的箭头侧，则将基本符号标在基准线的细实线侧，如图 13-4a 所示；如焊缝在接头的非箭头侧，则将基本符号标在基准线的细虚线侧，如图 13-4b 所示；标对称焊缝或双面焊缝时，可不加细虚线，如图 13-4c 所示。

5）箭头线相对焊缝的位置一般没有特殊要求，必要时，允许箭头线弯折一次。

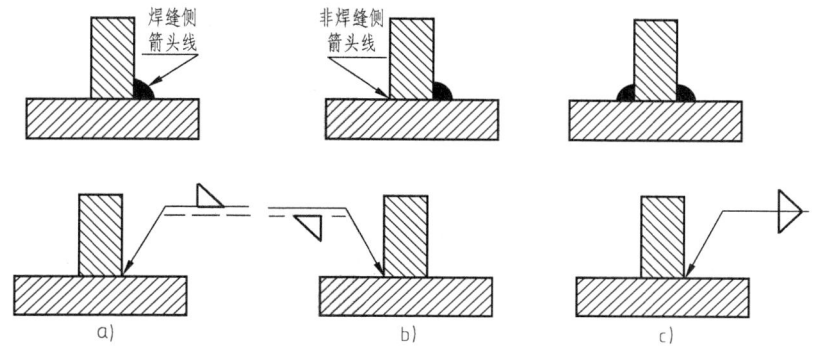

图 13-4 基本符号相对基准线的位置
a）焊缝在接头的箭头侧 b）焊缝在接头的非箭头侧 c）对称或双面焊缝

五、焊缝尺寸符号

焊缝尺寸符号用来表示坡口及焊缝尺寸。对于无严格尺寸要求的焊缝，一般不标注焊缝尺寸。如设计或生产需要注明焊缝尺寸时，可按 GB/T 324—2008 焊缝代号的规定标注。

1. 常用焊缝尺寸符号

常用焊缝尺寸符号见表 13-5。

表 13-5 常用焊缝尺寸符号

名称	符号	示意图	名称	符号	示意图
坡口角度 根部间隙 钝边 坡口深度	α b p H	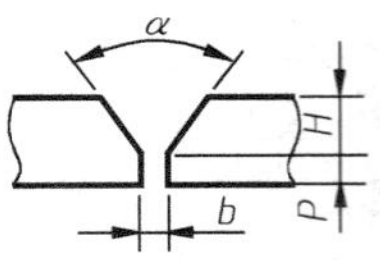	焊缝长度 焊缝间距 焊缝段数	l e n	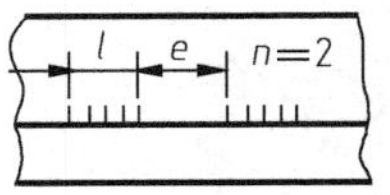
工件厚度 焊缝宽度 根部半径 余高 焊缝有效厚度	δ C R h S	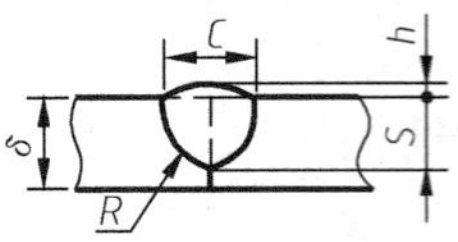	熔核直径	d	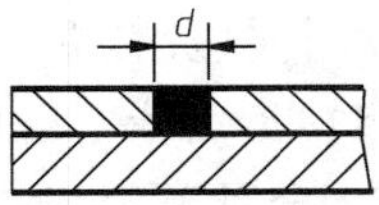
焊脚尺寸	K	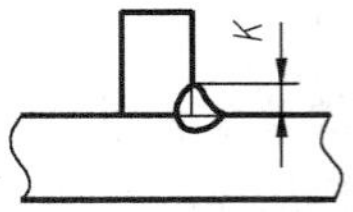	相同焊缝 数量符号	N	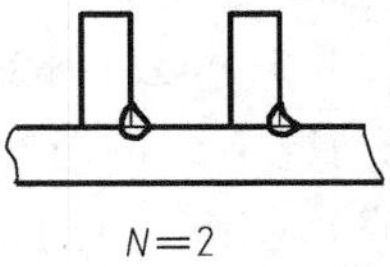

2. 焊缝尺寸符号的标注

焊缝尺寸符号的标注如图 13-5 所示。

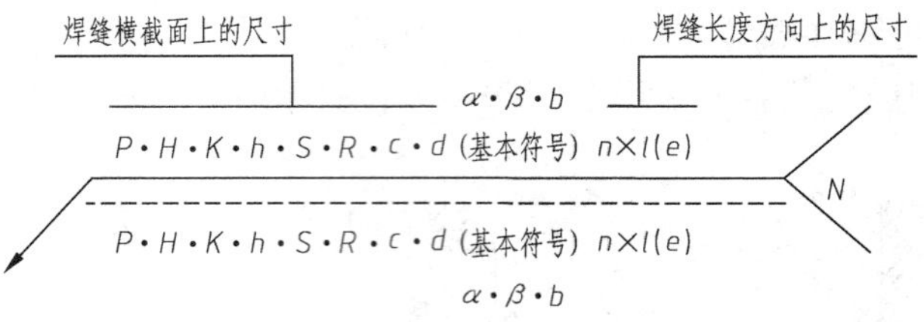

图 13-5 焊缝尺寸符号的标注

1) 焊缝横截面上的尺寸标在基本符号的左侧。
2) 焊缝长度方向的尺寸标在基本符号的右侧。
3) 坡口角度、坡口深度、根部间隙等尺寸标在基本符号的上侧或下侧。
4) 相同焊缝数量符号标在尾部。
5) 当需要标注的尺寸数据较多又不易分辨时，可在数据前面增加相应的尺寸符号。当箭头方向变化时，上述原则不变。

六、焊缝的标注示例

常见焊缝的标注示例见表 13-6。

表 13-6　常见焊缝的标注示例

接头形式	焊缝形式	标注示例	说　　明
对接接头	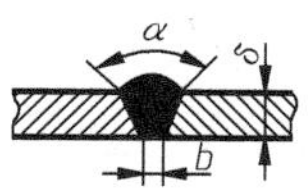	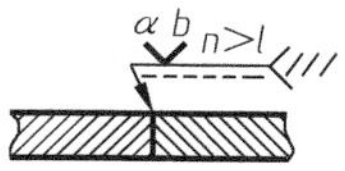	///表示用焊条电弧焊，V形坡口，坡口角度为 α，根部间隙为 b，有 n 段焊缝，焊缝长度为 l
T形接头	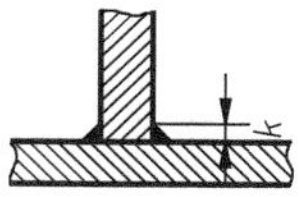	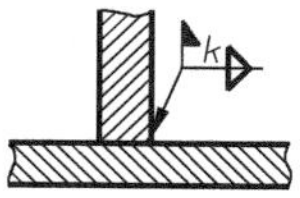	▶表示在现场装配时进行焊接 表示双面角焊缝，焊脚尺寸为 k
T形接头	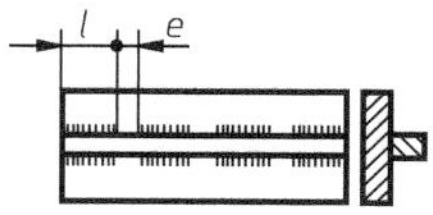	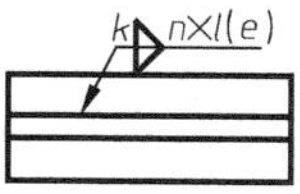	表示 n 段断续双面角焊缝，l 表示焊缝长度，e 表示断续焊缝的间距
角接接头	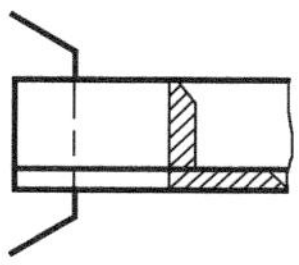	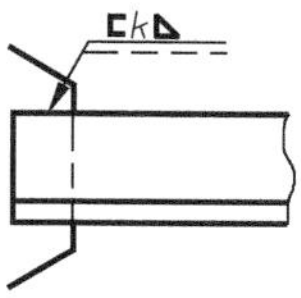	⊏表示三面焊接 表示单面角焊缝
角接接头	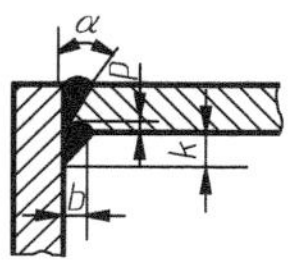	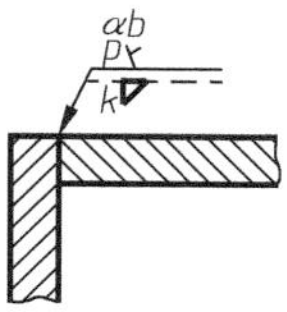	表示双面焊缝，上面为带钝边单边 V 形焊缝，下面为角焊缝
搭接接头	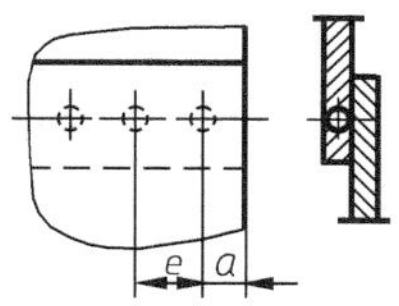	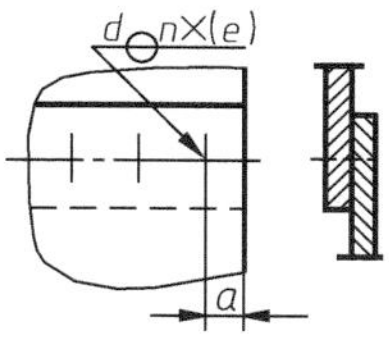	○表示点焊缝，d 表示焊点直径，e 表示焊点的间距，a 表示焊点至板边的间距

课题三　识读焊接图

焊接图除了将构件的形状、尺寸表示清楚以外，还要把焊接的有关内容表达清楚。

识读如图 13-6 所示弯头的焊接图。

分析：图示弯头的焊接图用两个视图表示。从已知视图可看出，弯头是由三个部分焊接而成的，底座 3 在下方，方形凸缘 1 在左上方，弯管 2 处于中间位置。

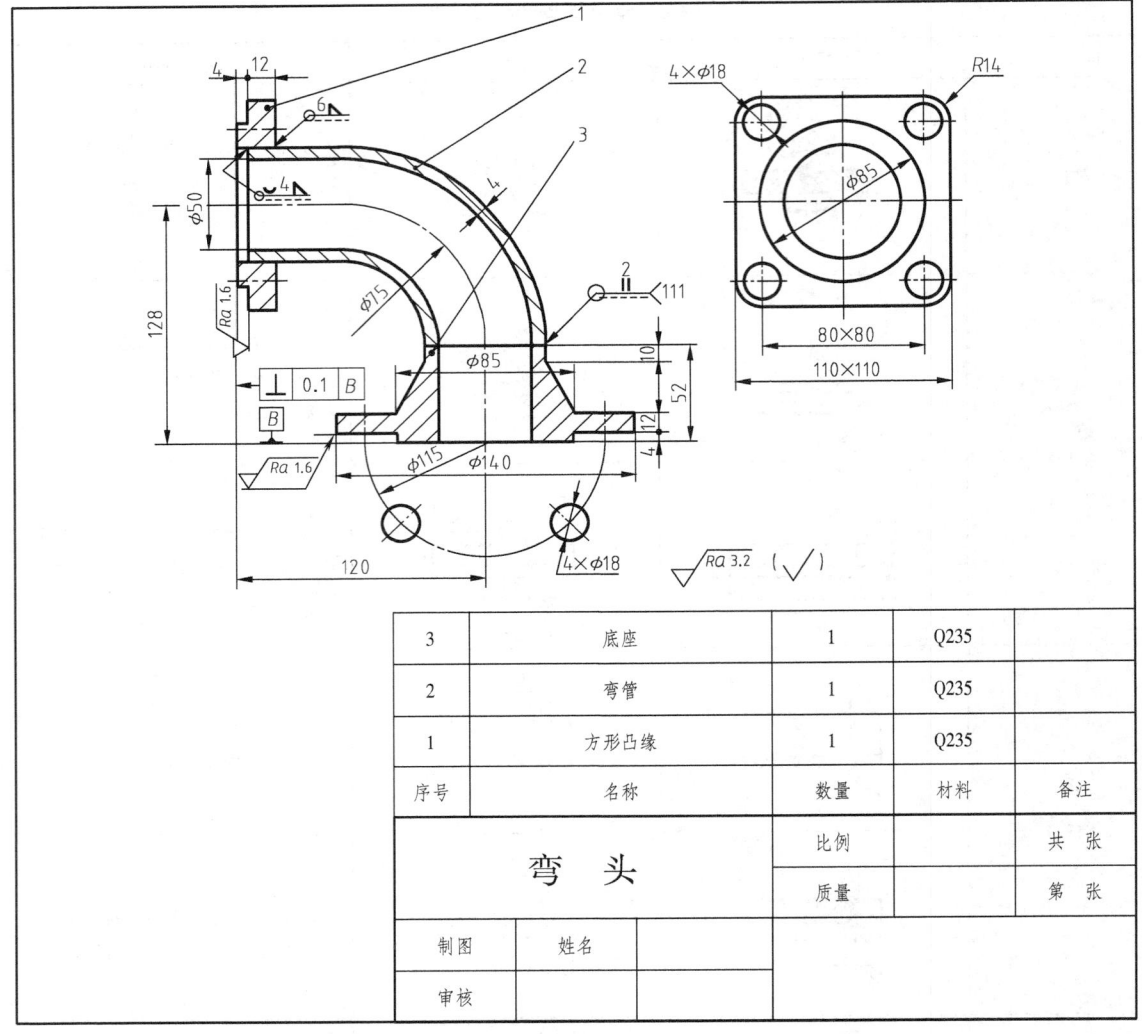

图 13-6 弯头的焊接图

图中各焊缝的含义如下：

1）底座 3 和弯管 2 之间的焊缝代号为 ，其中"

2
ΙΙ
"表示 I 型焊缝，根部间隙 b = 2 mm；"111"表示全部焊缝均采用焊条电弧焊。

2）方形凸缘 1 和弯管 2 外壁的焊缝代号为 ，其中"○"表示环绕工件周围焊接；"⊿"表示角焊缝，焊脚高度为 6 mm。

3）方形凸缘 1 和弯管 2 的内焊缝代号为 ，其中"⌣"表示焊缝表面凹陷。

【项目小结】

焊接是一种不可拆的连接方式。焊接图是构件进行焊接加工时所用的图样。识读焊接图的关键是读懂焊接符号。本内容可结合学校及学生的实际情况有选择地进行教学。

附 录

附录 A 螺纹

表 A-1 普通螺纹直径与螺距系列（GB/T 193—2003）、基本尺寸（GB/T 196—2003）

（单位：mm）

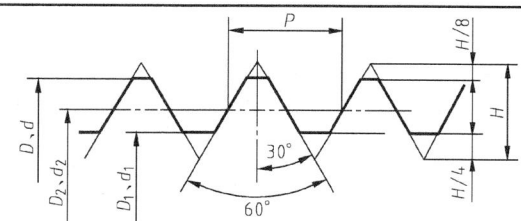

标记示例

公称直径 24mm、螺距 3mm、右旋粗牙普通螺纹，其标记为：M24

公称直径 24mm、螺距 1.5mm、左旋细牙普通螺纹，公差带代号 7H，其标记为：M24×1.5-7H-LH

公称直径 D，d		螺距 P		粗牙螺纹中径 D_2，d_2	粗牙螺纹小径 D_1，d_1
第一系列	第二系列	粗牙	细牙		
3		0.5	0.35	2.675	2.459
	3.5	0.6		3.110	2.850
4		0.7	0.5	3.545	3.242
	4.5	0.75		4.013	3.688
5		0.8		4.480	4.134
6		1	0.75	5.350	4.917
8		1.25	1, 0.75	7.188	6.647
10		1.5	1.25, 1, 0.75	9.026	8.376
12		1.75	1.5, 1.25, 1	10.863	10.106
	14	2	1.5, 1	12.701	11.835
16		2	1.5, 1	14.701	13.835
	18	2.5	2, 1.5, 1	16.376	15.294
20		2		18.376	17.294
	22	2.5	2, 1.5, 1	20.376	19.294
24		3	2, 1.5, 1	22.051	20.752
	27	3	2, 1.5, 1	25.051	23.752
30		3.5	(3), 2, 1.5, 1	27.727	26.211
	33	3.5	(3), 2, 1.5	30.727	29.211
36		4	3, 2, 1.5	33.402	31.670
	39	4		36.402	34.670
42		4.5	4, 3, 2, 1.5	39.077	37.129
	45	4.5		42.077	40.129
48		5		44.752	42.587
	52	5		48.752	46.587
56		5.5	4, 3, 2, 1.5	52.428	50.046
	60	5.5		56.428	54.046
64		6		60.103	57.505
	68	6		64.103	61.505

注：1. 公称直径优先选用第一系列，第三系列未列出（尽可能不用），括号内的尽可能不用。
2. M14×1.25 仅用于火花塞。

表 A-2　梯形螺纹直径与螺距系列、基本尺寸（GB/T 5796.3—2005）（单位：mm）

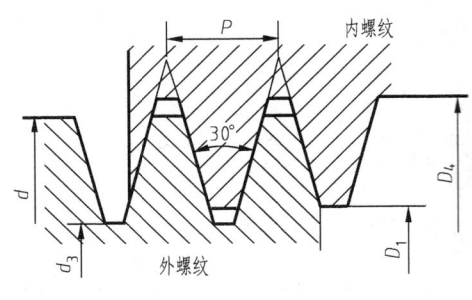

标记示例

公称直径 28mm、螺距 5mm、中径公差带代号为 7H 的单线右旋梯形内螺纹，其标记为：Tr28×5-7H

公称直径 28mm、导程 10mm、螺距 5mm、中径公差带代号为 8e 的双线左旋梯形外螺纹，其标记为：Tr28×10（P5）-LH 8e

内外螺纹旋合所组成的螺纹副的标记为：Tr24×8-7H/8e

公称直径 d		螺距 P	中径 $d_2=D_2$	大径 D_4	小径		公称直径 d		螺距 P	中径 $d_2=D_2$	大径 D_4	小径	
第一系列	第二系列				d_3	D_1	第一系列	第二系列				d_3	D_1
8		1.5	7.25	8.30	6.20	6.50		26	3	24.50	26.50	22.50	23.00
	9	1.5	8.25	9.30	7.20	7.50			5	23.50	26.50	20.50	21.00
		2	8.00	9.50	6.50	7.00			8	22.00	27.00	17.00	18.00
10		1.5	9.25	10.30	8.20	8.50	28		3	26.50	28.50	24.50	25.00
		2	9.00	10.50	7.50	8.00			5	25.50	28.50	22.50	23.00
	11	2	10.00	11.50	8.50	9.00			8	24.00	29.00	19.00	20.00
		3	9.50	11.50	7.50	8.00	30		3	28.50	30.50	26.50	27.00
12		2	11.00	12.50	9.50	10.00			6	27.00	31.00	23.00	24.00
		3	10.50	12.50	8.50	9.00			10	25.00	31.00	19.00	20.00
	14	2	13.00	14.50	11.50	12.00	32		3	30.50	32.50	28.50	29.00
		3	12.50	14.50	10.50	11.00			6	29.00	33.00	25.00	26.00
16		2	15.00	16.50	13.50	14.00			10	27.00	33.00	21.00	22.00
		4	14.00	16.50	11.50	12.00		34	3	32.50	34.50	30.50	31.00
	18	2	17.00	18.50	15.50	16.00			6	31.00	35.00	27.00	28.00
		4	16.00	18.50	13.50	14.00			10	29.00	35.00	23.00	24.00
20		2	19.00	20.50	17.50	18.00	36		3	34.50	36.50	32.50	33.00
		4	18.00	20.50	15.50	16.00			6	33.00	37.00	29.00	30.00
	22	3	20.50	22.50	18.50	19.00			10	31.00	37.00	25.00	26.00
		5	19.50	22.50	16.50	17.00		38	3	36.50	38.50	34.50	35.00
		8	18.00	23.00	13.00	14.00			7	34.50	39.00	30.50	31.00
24		3	22.50	24.50	20.50	21.00			10	33.00	39.00	27.00	28.00
		5	21.50	24.50	18.50	19.00	40		3	38.50	40.50	36.50	37.00
		8	20.00	25.00	15.50	16.00			7	36.50	41.00	32.50	33.00
									10	35.00	41.00	29.00	30.00

注：螺纹公差带代号：外螺纹有 9c、8c、8e、7e；内螺纹有 9H、8H、7H。

表 A-3　55°密封管螺纹（GB/T 7306.2—2000）

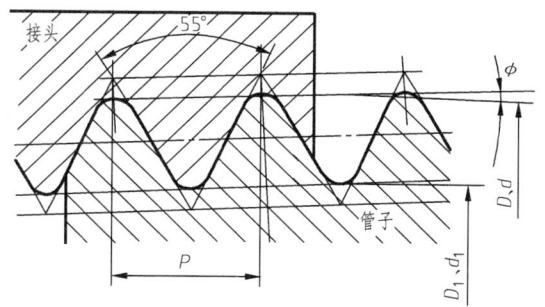

标记示例

尺寸代号为2、右旋、圆锥内螺纹，其标记为：Rc2
尺寸代号为3、右旋、圆柱内螺纹，其标记为：Rp3
尺寸代号为1/2、圆锥外螺纹，其标记为：$R_2 1/2$
尺寸代号为1½、圆锥外螺纹、左旋，其标记为：$R_2 1½LH$

尺寸代号	每25.4mm内的牙数 n	螺距 P/mm	牙高 h/mm	基准平面内的基本直径/mm			基准距离/mm	有效螺纹长度/mm
				大径（基准直径）$d=D$	中径 $d_2=D_2$	小径 $d_1=D_1$		
1/16	28	0.907	0.581	7.723	7.142	6.561	4	6.5
1/8	28	0.907	0.581	9.728	9.147	8.566	4	6.5
1/4	19	1.337	0.856	13.157	12.301	11.445	6	9.7
3/8	19	1.337	0.856	16.662	15.806	14.950	6.4	10.1
1/2	14	1.814	1.162	20.955	19.793	18.631	8.2	13.2
3/4	14	1.814	1.162	26.441	25.279	24.117	9.5	14.5
1	11	2.309	1.479	33.249	31.770	30.291	10.4	16.8
1¼	11	2.309	1.479	41.910	40.431	38.952	12.7	19.1
1½	11	2.309	1.479	47.803	46.324	44.845	12.7	19.1
2	11	2.309	1.479	59.614	58.135	56.656	15.9	23.4
2½	11	2.309	1.479	75.184	73.705	72.226	17.5	26.7
3	11	2.309	1.479	87.884	86.405	84.926	20.6	29.8
4	11	2.309	1.479	113.030	111.551	110.072	25.4	35.8
5	11	2.309	1.479	138.430	136.951	135.472	28.6	40.1
6	11	2.309	1.479	163.830	162.351	160.872	28.6	40.1

表 A-4　55°非密封管螺纹（GB/T 7307—2001）

标记示例

尺寸代号 2、右旋、圆柱内螺纹，其标记为：G2

尺寸代号 3/4、右旋、A 级圆柱外螺纹，其标记为：G3/4A

尺寸代号 1/4、左旋、圆柱内螺纹，其标记为：G1/4LH

尺寸代号 4、左旋、B 级圆柱外螺纹，其标记为：G4BLH

尺寸代号	每 25.4mm 内的牙数 n	螺距 P/mm	牙高 h/mm	基本直径/mm			基准距离 /mm	有效螺纹长度/mm
				大径 $d=D$	中径 $d_2=D_2$	小径 $d_1=D_1$		
1/16	28	0.907	0.581	7.723	7.142	6.561	4	6.5
1/8	28	0.907	0.581	9.728	9.147	8.566	4	6.5
1/4	19	1.337	0.856	13.157	12.301	11.445	6	9.7
3/8	19	1.337	0.856	16.662	15.806	14.950	6.4	10.1
1/2	14	1.814	1.162	20.955	19.793	18.631	8.2	13.2
3/4	14	1.814	1.162	26.441	25.279	24.117	9.5	14.5
1	11	2.309	1.479	33.249	31.770	30.291	10.4	16.8
1¼	11	2.309	1.479	41.910	40.431	38.952	12.7	19.1
1½	11	2.309	1.479	47.803	46.324	44.845	12.7	19.1
2	11	2.309	1.479	59.614	58.135	56.656	15.9	23.4
2½	11	2.309	1.479	75.184	73.705	72.226	17.5	26.7
3	11	2.309	1.479	87.884	86.405	84.926	20.6	29.8
4	11	2.309	1.479	113.030	111.551	110.072	25.4	35.8
5	11	2.309	1.479	138.430	136.951	135.472	28.6	40.1
6	11	2.309	1.479	163.830	162.351	160.872	28.6	40.1

附录B 螺纹紧固件

表B-1 六角头螺栓　　　　　　　　　　　　　　　　（单位：mm）

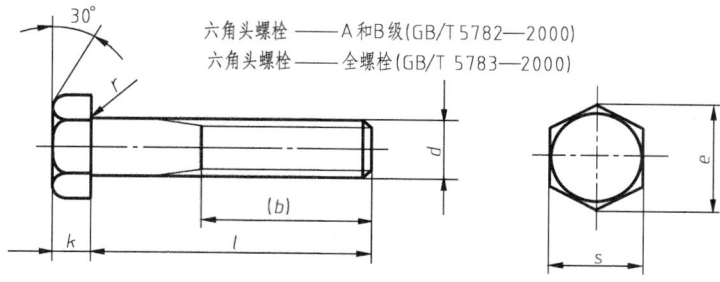

六角头螺栓——A和B级（GB/T 5782—2000）
六角头螺栓——全螺栓（GB/T 5783—2000）

标记示例

螺纹规格 d = M12、公称长度 l = 80mm、性能等级为8.8级、表面氧化、A级的六角头螺栓，

其标记为：螺栓　GB/T 5782　M12×80

螺纹规格 d		M3	M4	M5	M6	M8	M10	M12	M16	M20	M24	M30	M36
s (max)		5.50	7.00	8.00	10.00	13.00	16.00	18.00	24.00	30.00	36.00	46.00	55.0
k (公称)		2	2.8	3.5	4	5.3	6.4	7.5	10	12.5	15	18.7	22.5
r (min)		0.1	0.2	0.2	0.25	0.4	0.4	0.6	0.6	0.8	0.8	1	1
e (min)	A	6.01	7.66	8.79	11.05	14.38	17.77	20.03	26.75	33.53	39.98	—	—
	B	5.88	7.50	8.63	10.89	14.20	17.59	19.85	26.17	32.95	39.55	50.85	60.79
(b) GB/T 5782	$l\leqslant125$	12	14	16	18	22	26	30	38	46	54	66	—
	$125<l\leqslant200$	18	20	22	24	28	32	36	44	52	60	72	84
	$l>200$	31	33	35	37	41	45	49	57	65	73	85	97
l 范围 (GB/T 5782)		20~30	25~40	25~50	30~60	40~80	45~100	50~120	65~160	80~200	90~240	110~300	140~360
l 范围 (GB/T 5783)		6~30	8~40	10~50	12~60	16~80	20~100	25~120	30~150	40~150	50~150	60~200	70~200
l 系列		6, 8, 10, 12, 16, 20, 25, 30, 35, 40, 45, 50, 55, 60, 65, 70, 80, 90, 100, 110, 120, 130, 140, 150, 160, 180, 200, 220, 240, 260, 280, 300, 320, 340, 360, 380, 400, 420, 440, 460, 480, 500												

表 B-2　双头螺柱　　　　　　　　　　　　　　　　（单位：mm）

$b_m = 1d$（GB/T 897—1988）；　$b_m = 1.25d$（GB/T 898—1988）；　$b_m = 1.5d$（GB/T 899—1988）
$b_m = 2d$（GB/T 900—1988）

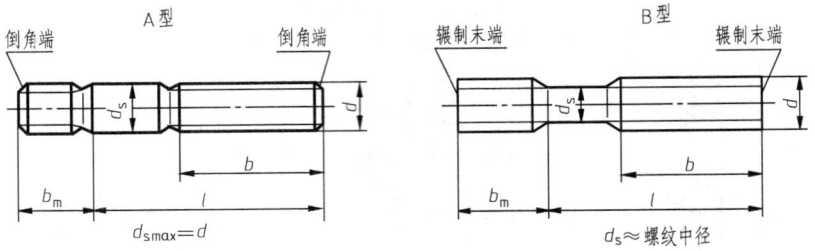

标记示例

两端均为粗牙普通螺纹，$d = 10$mm、$l = 50$mm、性能等级为 4.8 级、不经表面处理、B 型 $b_m = 1d$ 的双头螺柱，
　　　　　　　其标记为：螺柱　GB/T 897　M10×50
若为 A 型，则标记为：螺柱　GB/T 897　AM10×50

螺纹规格 d	b_m				l/b（螺柱长度/旋入端长度）				
	GB/T 897	GB/T 898	GB/T 899	GB/T 900					
M4	—	—	6	8	$\frac{16\sim22}{8}$	$\frac{25\sim40}{14}$			
M5	5	6	8	10	$\frac{16\sim22}{10}$	$\frac{25\sim50}{16}$			
M6	6	8	10	12	$\frac{20\sim22}{10}$	$\frac{25\sim30}{14}$	$\frac{32\sim75}{18}$		
M8	8	10	12	16	$\frac{20\sim22}{12}$	$\frac{25\sim30}{16}$	$\frac{32\sim90}{22}$		
M10	10	12	15	20	$\frac{25\sim28}{14}$	$\frac{30\sim38}{16}$	$\frac{40\sim120}{26}$	$\frac{130}{32}$	
M12	12	15	18	24	$\frac{25\sim30}{16}$	$\frac{32\sim40}{20}$	$\frac{45\sim120}{30}$	$\frac{130\sim180}{36}$	
M16	16	20	24	32	$\frac{30\sim38}{20}$	$\frac{40\sim55}{30}$	$\frac{60\sim120}{38}$	$\frac{130\sim200}{44}$	
M20	20	25	30	40	$\frac{35\sim40}{25}$	$\frac{45\sim65}{35}$	$\frac{70\sim125}{46}$	$\frac{130\sim200}{52}$	
(M24)	24	30	36	48	$\frac{45\sim55}{30}$	$\frac{55\sim75}{45}$	$\frac{80\sim120}{54}$	$\frac{130\sim200}{60}$	
(M30)	30	38	45	60	$\frac{60\sim65}{40}$	$\frac{70\sim90}{50}$	$\frac{95\sim120}{66}$	$\frac{130\sim200}{72}$	$\frac{210\sim250}{85}$
M36	36	45	54	72	$\frac{65\sim75}{45}$	$\frac{80\sim110}{60}$	$\frac{120}{78}$	$\frac{130\sim200}{84}$	$\frac{210\sim300}{97}$
M42	42	52	65	84	$\frac{70\sim80}{50}$	$\frac{85\sim110}{70}$	$\frac{120}{90}$	$\frac{130\sim200}{96}$	$\frac{210\sim300}{109}$
M48	48	60	72	96	$\frac{80\sim90}{60}$	$\frac{95\sim110}{102}$	$\frac{120}{108}$	$\frac{130\sim200}{108}$	$\frac{210\sim300}{121}$

注：1. GB/T 897—1988 和 GB/T 898—1988 规定螺柱的螺纹规格 d = M5～M48，公称长度 l = 16～300mm；GB/T 899—1988 和 GB/T 900—1988 规定螺柱的螺纹规格 d = M2～M48，公称长度 l = 12～300mm。
　　2. 螺柱公称长度 l（系列）：12，(14)，16，(18)，20，(22)，25，(28)，30，(32)，35，(38)，40，45，50，(55)，60，(65)，70，(75)，80，(85)，90，(95)，100～260（10 进位），280，300mm，尽可能不采用括号内的数值。
　　3. 材料为钢的螺柱性能等级有 4.8、5.8、6.8、8.8、10.9、12.9 级，其中 4.8 级为常用。

表 B-3 1型六角螺母（GB/T 6170—2000）　　　　（单位：mm）

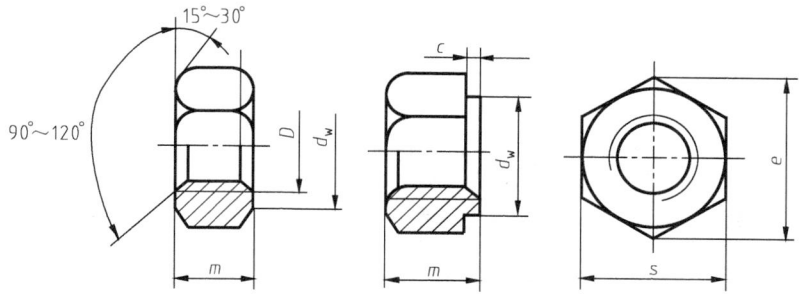

标记示例

螺纹规格 D = M12、性能等级为8级、不经表面处理、产品等级为A级的1型六角螺母，

其标记为：螺母 GB/T 6170 M12

螺纹规格 d		M3	M4	M5	M6	M8	M10	M12	M16	M20	M24	M30	M36
e	(min)	6.01	7.66	8.79	11.05	14.38	17.77	20.03	26.75	32.95	39.55	50.85	60.79
s	(max)	5.5	7.00	8.00	10.00	13.00	16.00	18.00	24.00	30.00	36	46	55.0
	(min)	5.32	6.78	7.78	9.78	12.73	15.73	17.73	23.67	29.16	35	45	53.8
c	(max)	0.4	0.4	0.5	0.5	0.6	0.6	0.6	0.8	0.8	0.8	0.8	0.8
d_w	(min)	4.6	5.9	6.9	8.9	11.6	14.6	16.6	22.5	27.7	33.3	42.8	51.1
d_a	(max)	3.45	4.6	5.75	6.75	8.75	10.8	13	17.3	21.6	25.9	32.4	38.9
m	(max)	2.4	3.2	4.7	5.2	6.8	8.4	10.8	14.8	18	21.5	25.6	31
	(min)	2.15	2.9	4.4	4.9	6.44	8.04	10.37	14.1	16.9	20.2	24.3	29.4

表 B-4 平垫圈 A级（GB/T 97.1—2002）、平垫圈 倒角型 A级（GB/T 97.2—2002）
（单位：mm）

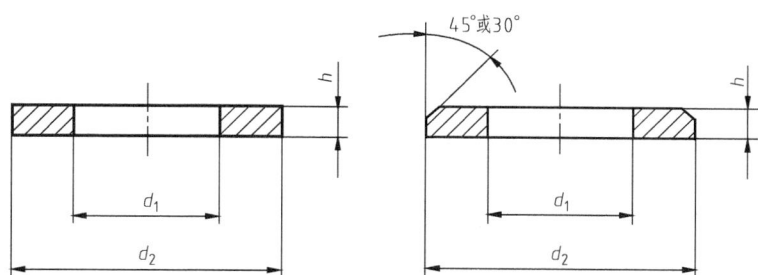

标准系列、公称规格8 mm、由钢制造的硬度为200HV、不经表面处理、产品等级为A级的平垫圈，

其标记为：垫圈 GB/T 97.1 8

公称规格（螺纹大径）	2	2.5	3	4	5	6	8	10	12	14	16	20	24	30
内径 d_1	2.2	2.7	3.2	4.3	5.3	6.4	8.4	10.5	13	15	17	21	25	31
外径 d_2	5	6	7	9	10	12	16	20	24	28	30	37	44	56
厚度 h	0.3	0.5	0.5	0.8	1	1.6	1.6	2	2.5	2.5	3	3	4	4

表 B-5 标准型弹簧垫圈（GB/T 93—1987）、轻型弹簧垫圈（GB/T 859—1987）

（单位：mm）

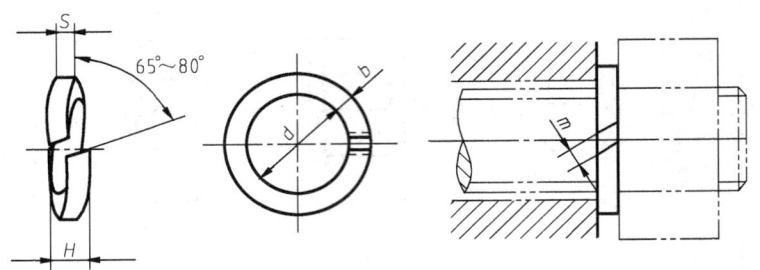

公称直径 16mm、材料为 65Mn、表面氧化的标准型弹簧垫圈，
其标记为：垫圈 GB/T 93 16

规格（螺纹大径）		2	2.5	3	4	5	6	8	10	12	16	20	24	30	36	42	48
d		2.1	2.6	3.1	4.1	5.1	6.2	8.2	10.2	12.3	16.3	20.5	24.5	30.5	36.6	42.6	49
H	GB/T93.1—1987	1.2	1.6	2	2.4	3.2	4	5	6	7	8	10	12	13	14	16	18
	GB/T 859—1987	1	1.2	1.6	1.6	2	2.4	3.2	4	5	6.4	8	9.6	12			
$S(b)$	GB/T 93—1987	0.6	0.8	1	1.2	1.6	2	2.5	3	3.5	4	5	6	6.5	7	8	9
S	GB/T 859—1987	0.5	0.6	0.8	0.8	1	1.2	1.6	2	2.5	3.2	4	4.8	6			
$m \leqslant$	GB/T 93—1987	0.4	0.4	0.5	0.6	0.8	1	1.2	1.5	1.7	2	2.5	3	3.2	3.5	4	4.5
	GB/T 859—1987	0.3	0.3	0.4	0.4	0.5	0.6	0.8	1	1.2	1.6	2	2.4	3			
b	GB/T 859—1987	0.8	0.8	1	1	1.2	1.2	1.6	2	2.5	3.5	4.5	5.5	6.5			

表 B-6 螺钉

（单位：mm）

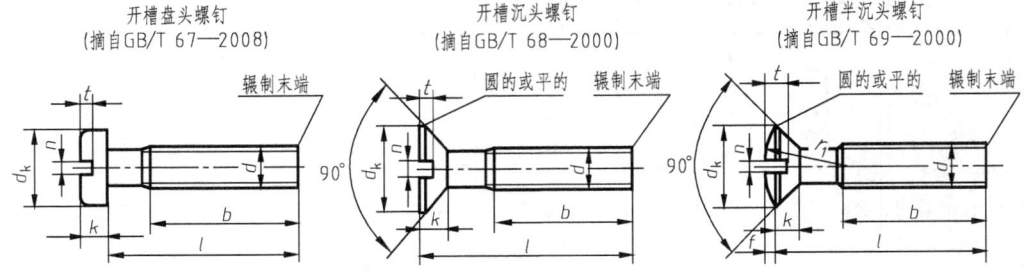

标记示例

螺纹规格 d = M5，公称长度 l = 20mm、性能等级为 4.8 级、不经过表面处理的 A 级开槽圆柱头螺钉，
其标记为：螺钉 GB/T 65 M5 × 20

（续）

螺纹规格 d		M1.6	M2	M2.5	M3	M4	M5	M6	M8	M10
GB/T 65—2000	d_k					7	8.5	10	13	16
	k					2.6	3.3	3.9	5	6
	t_{min}					1.1	1.3	1.6	2	2.4
	r_{min}					0.2	0.2	0.25	0.4	0.4
	l					5~40	6~50	8~60	10~80	12~80
	全螺纹时最大长度					40	40	40	40	40
GB/T 67—2008	d_k	3.2	4	5	5.6	8	9.5	12	16	20
	k	1	1.3	1.5	1.8	2.4	3	3.6	4.8	6
	t_{min}	0.35	0.5	0.6	0.7	1	1.2	1.4	1.9	2.4
	r_{min}	0.1	0.1	0.1	0.1	0.2	0.2	0.25	0.4	0.4
	l	2~16	2.5~20	3~25	4~30	5~40	6~50	8~60	10~80	12~80
	全螺纹时最大长度	30	30	30	30	40	40	40	40	40
GB/T 68—2000	d_k	3	3.8	4.7	5.5	8.4	9.3	11.3	15.8	18.5
	k	1	1.2	1.5	1.65	2.7	2.7	3.3	4.65	5
	t_{min}	0.32	0.4	0.5	0.6	1	1.1	1.2	1.8	2
	r_{min}	0.4	0.5	0.6	0.8	1	1.3	1.5	2	2.5
	l	2.5~16	3~20	4~25	5~30	6~40	8~50	8~60	10~80	12~80
	全螺纹时最大长度	30	30	30	30	45	45	45	45	45
n		0.4	0.5	0.6	0.8	1.2	1.2	1.6	2	2.5
b_{min}		25					38			
l 系列		2, 2.5, 3, 4, 5, 6, 8, 10, 12, 16, 20, 25, 30, 35, 40, 45, 50, 60, 70, 80								

表 B-7　紧定螺钉　（单位：mm）

开槽锥端紧定螺钉
GB/T 71—1985

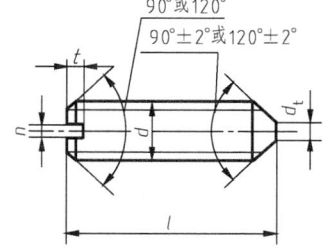

开槽平端紧定螺钉
GB/T 73—1985

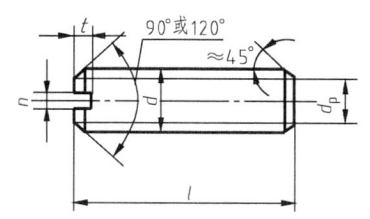

开槽长圆柱端紧定螺钉
GB/T 75—1985

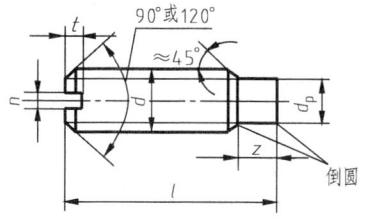

标记示例：螺钉　GB/T 71—1985　M5×20
螺纹规格 $d=5$、公称长度 $l=20$、性能等级为14H级、表面氧化的开槽紧定螺钉

(续)

螺纹规格 d		M2	M3	M4	M5	M6	M8	M10	M12
螺距 P		0.4	0.5	0.7	0.8	1	1.25	1.5	1.75
d_{tmax}		0.2	0.3	0.4	0.5	1.5	2	2.5	3
d_{pmax}		1	2	2.5	3.5	4	5.5	7	8.5
n		0.25	0.4	0.6	0.8	1	1.2	1.6	2
t_{max}		0.84	1.05	1.42	1.63	2	2.5	3	3.6
z_{max}		1.25	1.75	2.25	2.75	3.25	4.3	5.35	6.3
l 范围	GB/T 71	3~10	4~16	6~20	8~25	8~30	10~40	12~50	14~60
	GB/T 73	2~10	3~16	4~20	5~25	6~30	8~40	10~50	12~60
	GB/T 75	3~10	5~16	6~20	5~25	8~30	10~40	12~50	14~60
l 系列		2,2.5,3,4,5,6,8,10,12,(14),16,20,25,30,35,40,45,50,(55),60							

附录 C　普通平键

表 C-1　普通平键的尺寸与公差（GB/T 1096—2003）　　　（单位：mm）

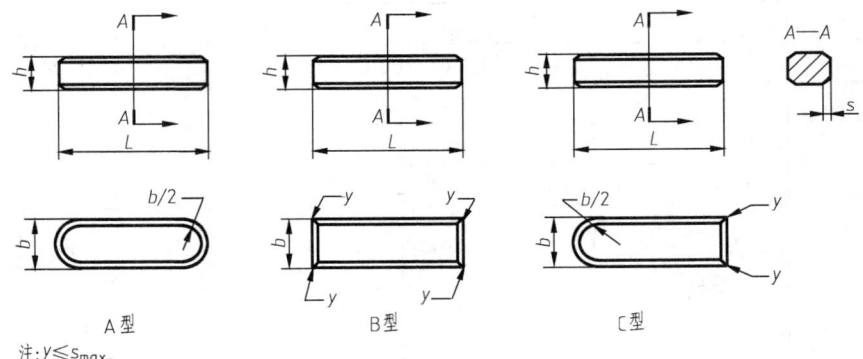

注：$y \leqslant s_{max}$。

标记示例

圆头普通平键（A 型）、$b=18mm$、$h=11mm$、$L=100mm$，其标记为：GB/T 1096—2003　键 $18 \times 12 \times 100$

平头普通平键（B 型）、$b=18mm$、$h=11mm$、$L=100mm$，其标记为：GB/T 1096—2003　键 $B18 \times 12 \times 100$

单圆头普通平键（C 型）、$b=18mm$、$h=11mm$、$L=100mm$，其标记为：GB/T 1096—2003　键 $C18 \times 12 \times 100$

宽度 b	基本尺寸	2	3	4	5	6	8	10	12	14	16	18	20	22
	极限偏差 (h8)	$0 \atop -0.014$			$0 \atop -0.018$			$0 \atop -0.027$			$0 \atop -0.027$		$0 \atop -0.033$	
高度 h	基本尺寸	2	3	4	5	6	7	8	8	9	10	11	12	13
	极限偏差 矩形 (h11)	—							$0 \atop -0.090$				$0 \atop -0.010$	
	方形 (h8)	$0 \atop -0.014$			$0 \atop -0.018$			—						
倒角或圆角 s		0.16~0.25			0.25~0.40				0.40~0.60				0.60~0.80	
长度 L 基本尺寸	极限偏差 (h14)													

（续）

6	$\begin{array}{c}0\\-0.36\end{array}$		—	—	—	—	—	—	—	—	—	—	—
8													
10				—	—	—	—	—	—	—	—	—	—
12	$\begin{array}{c}0\\-0.43\end{array}$		标准					—	—	—	—	—	—
14													
16								—	—	—	—	—	—
18										—	—	—	—
20	$\begin{array}{c}0\\-0.52\end{array}$		—		长度						—	—	—
22			—									—	—
25			—										—
28			—										
32	$\begin{array}{c}0\\-0.62\end{array}$		—		范围								
36			—										
40			—	—									
45			—	—									
50			—	—	—								

表 C-2　普通平键键槽的尺寸与公差（GB/T1095—2003）　　　　（单位：mm）

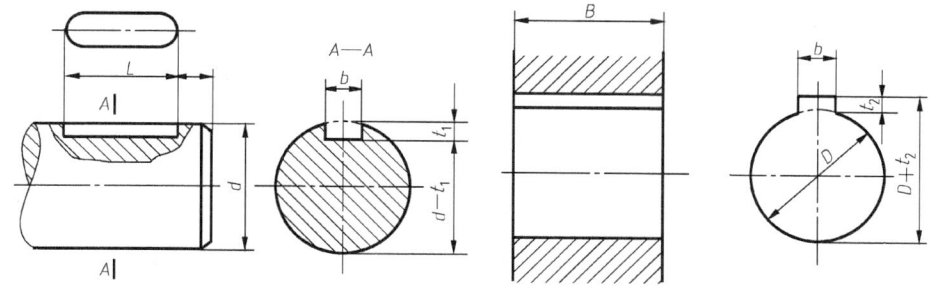

注：在工作图中，轴槽深用 $(d-t_1)$ 或 t_1 标注，轮毂槽深度用 $(D+t_2)$ 标注

轴	键	键 槽											
		宽度 b						深度				半径 r	
		基本尺寸	极限偏差					轴 t_1		毂 t_2			
公称直径 d	键尺寸 $b \times h$		正常联接		紧密联接	松联接		基本尺寸	极限偏差	基本尺寸	极限偏差	min	max
			轴 N9	毂 JS9	轴和毂 P9	轴 H9	毂 D10						
自 6~8	2×2	2	-0.004	±0.0125	-0.006	+0.025	+0.060	1.2	+0.10 0	1.0	+0.10 0	0.08	0.16
>8~10	3×3	3	-0.029		-0.031	0	+0.020	1.8		1.4			
>10~12	4×4	4	0	±0.015	-0.012	+0.030	+0.078	2.5		1.8			
>12~17	5×5	5	-0.030		-0.042	0	+0.030	3.0		2.3		0.16	0.25
>17~22	6×6	6						3.5		2.8			

(续)

轴	键	键槽										
		宽度 b						深度				半径 r
公称直径 d	键尺寸 b×h	基本尺寸	极限偏差					轴 t_1		毂 t_2		
			正常联接		紧密联接	松联接		基本尺寸	极限偏差	基本尺寸	极限偏差	
			轴 N9	毂 JS9	轴和毂 P9	轴 H9	毂 D10					min	max
>22~30	8×7	8	0 −0.036	±0.018	−0.015 −0.051	+0.036 0	+0.098 +0.040	4.0	+0.20 0	3.3	+0.20 0	0.16	0.25
>30~38	10×8	10						5.0		3.3			
>38~44	12×8	12	0 −0.043	±0.0215	−0.018 −0.061	+0.043 0	+0.120 +0.050	5.0		3.3		0.25	0.40
>44~50	14×9	14						5.5		3.8			
>50~58	16×10	16						6.0		4.3			
>58~65	18×11	18						7.0		4.4			
>65~75	20×12	20	0 −0.052	±0.026	−0.022 −0.074	+0.052 0	+0.149 +0.065	7.5		4.9		0.40	0.60
>75~85	22×14	22						9.0		5.4			
>85~95	25×14	25						9.0		5.4			
>95~110	28×16	28						10.0		6.4			
>110~130	32×18	32						11.0		7.4			
>130~150	36×20	36	0 −0.062	±0.031	−0.026 −0.088	+0.062 0	+0.180 +0.080	12.0	+0.30 0	8.4	+0.30 0	0.70	1.00
>150~170	40×22	40						13.0		9.4			
>170~200	45×25	45						15.0		10.4			

注：1. $d-t_1$ 和 $d+t_2$ 两组组合尺寸的极限偏差按相应的 t_1 和 t_2 的极限偏差选取，但 $(d-t_1)$ 极限偏差值应取负号。
2. 轴的直径不在本标准所列，仅供参考。

附录 D　销

表 D-1　圆柱销　不淬硬钢和奥氏体不锈钢（GB/T 119.1—2000）
　　　　　圆柱销　淬硬钢和马氏体不锈钢（GB/T 119.2—2000）　　（单位：mm）

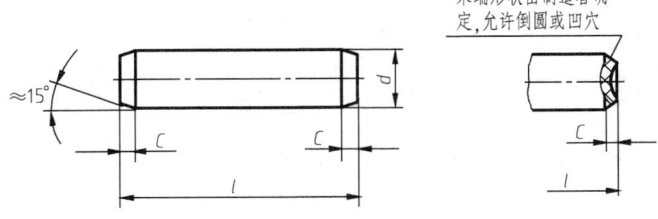

标记示例

公称直径 $d=8$mm，公差带代号为 m6，公称长度 $l=30$mm，材料为钢，不经表面处理的圆柱销，其标记为：
销 GB/T 119.1 8m6×30

公称直径 $d=8$mm，公差带代号为 m6，公称长度 $l=30$mm，材料为钢，普通淬火（A 型），表面氧化处理的圆柱销，其标记为：
销 GB/T 119.2　8×30

(续)

公称直径 d		3	4	5	6	8	10	12	16	20	25	30
$c\approx$		0.50	0.63	0.80	1.2	1.6	2.0	2.5	3.0	3.5	4.0	5.0
公称长度 l	GB/T 119.1	8~30	8~40	10~50	12~60	14~80	18~95	22~140	26~180	35~200	50~200	60~200
	GB/T 119.2	8~30	10~40	12~50	14~60	18~80	22~100	26~100	40~100	50~100	—	—
l 系列		8,10,12,14,16,18,20,22,24,26,28,30,32(2进位);35,40,45,50,55,60,65,70,75,80,85,90,95(5进位);100,120,140,160,180,200(20进位)											

注：1. GB/T 119.1—2000 规定圆柱销的公称直径 $d=0.6\sim50$mm，公称长度 $l=2\sim200$mm，公差带代号有 m6 和 h8。
2. GB/T 119.2—2000 规定圆柱销的公称直径 $d=1\sim20$mm，公称长度 $l=3\sim100$mm，公差带代号仅有 m6。
3. 当圆柱销公差带代号为 h8 时，其表面粗糙度 $Ra\leq1.6\mu$m。

表 D-2 圆锥销（GB/T 117—2000）　　　　　　　　　　　单位：（mm）

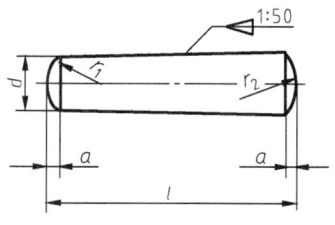

标记示例

公称直径 $d=10$mm，公称长度 $l=60$mm，材料为 35 钢，热处理硬度 28~38HRC，表面氧化处理的 A 型圆锥销，其标记为：

销 GB/T 117 10×60

$r_1\approx d$　　$r_2\approx a/2+d+(0.02l)^2/8a$

公称直径 d	4	5	6	8	10	12	16	20	25	30
$a\approx$	0.5	0.63	0.8	1	1.2	1.6	2	2.5	3	4
公称长度 l	14~55	18~60	22~90	22~120	26~160	32~180	40~200	45~200	50~200	55~200
l 系列	2,3,4,5,6,8,10,12,14,16,18,20,22,24,26,28,30,32,35,40,45,50,55,60,65,70,75,80,85,90,95,100,120,140,160,180,200									

注：1. 标准规定圆锥销的公称直径 $d=0.6\sim50$mm。
2. 有 A 型和 B 型。A 型为磨削，锥面表面粗糙度 $Ra=0.8\mu$m；B 型为切削或冷镦，锥面粗糙度 $Ra=3.2\mu$m。

附录 E 滚 动 轴 承

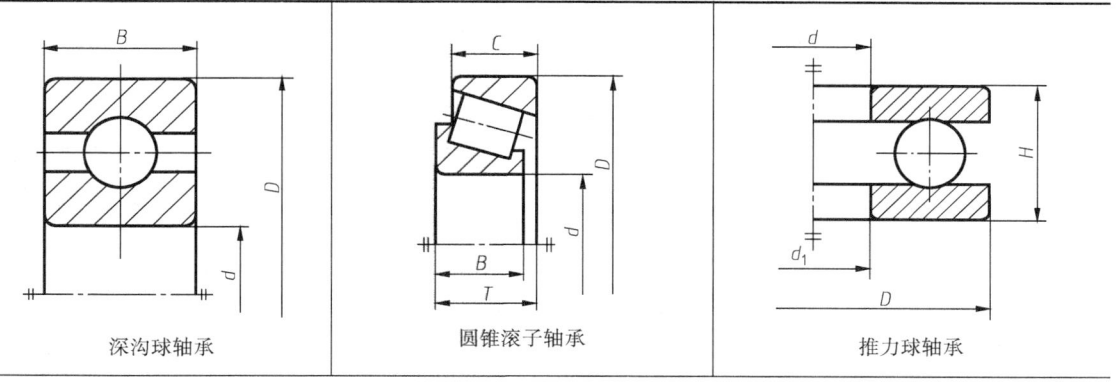

深沟球轴承　　　圆锥滚子轴承　　　推力球轴承

（续）

标记示例 滚动轴承 62010 GB/T 276				标记示例 滚动轴承 30308 GB/T 297						标记示例 滚动轴承 51312 GB/T 301				
轴承型号	尺寸/mm			轴承型号	尺寸/mm					轴承型号	尺寸/mm			
	d	D	B		d	D	B	C	T		d	D	H	d_{1min}
尺寸系列（02）				尺寸系列（02）						尺寸系列（02）				
6202	15	35	11	30203	17	40	12	11	13.25	50202	15	32	12	17
6203	17	40	12	30204	20	47	14	12	15.25	50203	17	35	12	19
6204	20	47	14	30205	25	52	15	13	16.25	50204	20	40	14	22
6205	25	52	15	30206	30	62	16	14	17.25	50205	25	47	15	27
6206	30	62	16	30207	35	72	17	15	18.25	50206	30	52	16	32
6207	35	72	17	30208	40	80	18	16	19.75	50207	35	62	18	37
6208	40	80	30	30209	45	85	19	16	20.75	50208	40	68	19	42
6209	45	85	19	30210	50	90	20	17	21.75	50209	45	73	20	47
6210	50	90	20	30211	55	100	21	18	22.75	50210	50	78	22	52
6211	55	100	21	30212	60	110	22	19	23.75	50211	55	90	25	57
6212	60	110	22	30213	65	120	23	20	24.75	50212	60	95	26	62
尺寸系列（03）				尺寸系列（03）						尺寸系列（03）				
6302	15	42	13	30302	15	42	13	11	14.25	50304	20	47	18	22
6303	17	47	14	30303	17	47	14	12	15.25	50305	25	52	18	27
6304	20	52	15	30304	20	52	15	13	16.25	50306	30	60	21	32
6305	25	62	17	30305	25	62	17	15	18.25	50307	35	68	24	37
6306	30	72	19	30306	30	72	19	16	20.75	50308	40	78	26	42
6307	35	80	21	30307	35	80	21	18	22.75	50309	45	85	28	47
6308	40	90	23	30308	40	90	23	20	25.25	50310	50	95	31	52
6309	45	100	25	30309	45	100	25	22	27.25	50311	55	105	35	57
6310	50	110	27	30310	50	110	27	23	29.25	50312	60	110	35	62
6311	55	120	29	30311	55	120	29	25	31.5	50313	65	115	36	67
6312	60	130	31	30312	60	130	31	26	33.5	50314	70	125	40	72
6313	65	140	33	30313	65	140	33	28	36.0	50315	75	135	44	77

附录F 极限与配合

表 F-1 标准公差数值（GB/T 1800.4—1999）

基本尺寸 /mm		标准公差等级																
大于	至	IT1	IT2	IT3	IT4	IT5	IT16	IT7	IT8	IT9	IT10	IT11	IT12	IT13	IT14	IT15	IT16	IT17	IT18
		μm											mm						
—	3	0.8	1.2	2	3	4	6	10	14	25	40	60	0.1	0.14	0.25	0.4	0.6	1	1.4
3	6	1	1.5	2.5	4	5	8	12	18	30	48	75	0.12	0.18	0.3	0.48	0.75	1.2	1.8

(续)

基本尺寸/mm		标准公差等级																
		IT1	IT2	IT3	IT4	IT5	IT16	IT7	IT8	IT9	IT10	IT11	IT12	IT13	IT14	IT15	IT16	IT17	IT18
大于	至	μm											mm						
6	10	1	1.5	2.5	4	6	9	15	22	36	58	90	0.15	0.22	0.36	0.58	0.9	1.5	2.2
10	18	1.2	2	3	5	8	11	18	27	43	70	110	0.18	0.27	0.43	0.7	1.1	1.8	2.7
18	30	1.5	2.5	4	6	9	13	21	33	52	84	130	0.21	0.33	0.52	0.84	1.3	2.1	3.3
30	50	1.5	2.5	4	7	11	16	25	39	62	100	160	0.25	0.39	0.62	1	1.6	2.5	3.9
50	80	2	3	5	8	13	19	30	46	74	120	190	0.3	0.46	0.74	1.2	1.9	3	4.6
80	120	2.5	4	6	10	15	22	35	54	87	140	220	0.35	0.54	0.87	1.4	2.2	3.5	5.4
120	180	3.5	5	8	12	18	25	40	63	100	160	250	0.4	0.63	1	1.6	2.5	4	6.3
180	250	4.5	7	10	14	20	29	46	72	115	185	290	0.46	0.72	1.15	1.85	2.9	4.6	7.2
250	315	6	8	12	16	23	32	52	81	130	210	320	0.52	0,81	1.3	2.1	3.2	5.2	8.1
315	400	7	9	13	18	25	36	57	89	140	230	360	0.57	0.89	1.4	2.3	3.6	5.7	8.9
400	500	8	10	15	20	27	40	63	97	155	250	400	0.63	0.97	1.55	2.5	4	6.3	9.7
500	630	9	11	16	22	32	44	70	110	175	280	440	0.7	1.1	1.75	2.8	4.4	7	11
630	800	10	13	18	25	36	50	80	125	200	320	500	0.8	1.25	2	3.2	5	8	12.5
800	1000	11	15	21	28	40	56	90	140	230	360	560	0.9	1.4	2.3	3.6	5.6	9	14
1000	1250	13	18	25	33	47	66	105	165	260	420	660	1.05	1.65	2.6	4.2	6.6	10.5	16.5
1250	1600	15	21	29	39	55	78	125	195	310	500	780	1.25	1.95	3.1	5	7.8	12.5	19.5
1600	2000	18	25	35	46	65	92	150	230	370	600	920	1.5	2.3	3.7	6	9.2	15	23
2000	2500	22	30	41	55	78	110	175	280	440	700	1100	1.75	2.8	4.4	7	11	17.5	28
2500	3150	26	36	50	68	96	135	210	330	540	860	1350	2.1	3.3	5.4	8.6	13.5	21	33

表 F-2 优先配合中轴的极限偏差（GB/T 1800.4） （单位：μm）

基本尺寸/mm		公差带											
		c	d	f	g	h				k	n	p	s	u
大于	至	11	9	7	6	6	7	9	11	6	6	6	6	6
—	3	−60 −120	−20 −45	−6 −16	−2 −8	0 −6	0 −10	0 −25	0 −60	+6 0	+10 +4	+12 +6	+20 +14	+24 +18
3	6	−70 −145	−30 −60	−10 −22	−4 −22	0 −8	0 −12	0 −30	0 −75	+9 +1	+16 +8	+20 +12	+27 +19	+31 +23
6	10	−80 −170	−40 −76	−13 −28	−5 −14	0 −9	0 −15	0 −36	0 −90	+10 +1	+19 +10	+24 +15	+32 +23	+37 +28

(续)

基本尺寸 /mm		公差带											
		c	d	f	g	h	h	h	h	k	n	p	s	u
大于	至	11	9	7	6	6	7	9	11	6	6	6	6	6
10	14	−95	−50	−16	−6	0	0	0	0	+12	+23	+29	+39	+44
14	18	−205	−93	−34	−17	−11	−18	−43	−110	+1	+12	+18	+28	+33
18	24	−110	−65	−20	−7	0	0	0	0	+15	+28	+35	+48	+54 +41
24	30	−240	−117	−41	−20	−13	−21	−52	−130	+2	+15	+22	+35	+61 +48
30	40	−120 −280	−80	−25	−9	0	0	0	0	+18	+33	+42	+59	+76 +60
40	50	−130 −290	−142	−50	−25	−16	−25	−62	−160	+2	+17	+26	+43	+86 +70
50	65	−140 −330	−110	−30	−10	0	0	0	0	+21	+39	+51	+53	+72 +106 +87
65	80	−150 −340	−174	−60	−29	−19	−30	−74	−190	+2	+20	+32	+78 +59	+121 +102
80	100	−170 −390	−120	−36	−12	0	0	0	0	+25	+45	+59	+93 +71	+146 +124
100	120	−180 −400	−207	−71	−34	−22	−35	−87	−220	+3	+23	+37	+101 +79	+166 +144
120	140	−200 −450											+117 +92	+195 +170
140	160	−210 −460	−145 −245	−43 −83	−14 −39	0 −25	0 −40	0 −100	0 −250	+28 +3	+52 +27	+68 +43	+125 +100	+195 +190
160	180	−230 −480											+133 +108	+235 +210
180	200	−240 −530											+151 +122	+265 +236
200	225	−260 −550	−170 −285	−50 −96	−15 −44	0 −29	0 −46	0 −115	0 −290	+33 +4	+60 +31	+79 +50	+159 +130	+287 +258
225	250	−280 −570											+169 +140	+313 +284
250	280	−300 −620	−190 −320	−56 −108	−17 −49	0 −32	0 −52	0 −130	0 −320	+36 +4	+66 +34	+88 +56	+190 +158	+347 +315
280	315	−330 −650											+202 +170	+382 +350

(续)

基本尺寸 /mm		公差带											
		c	d	f	g	h				k	n	p	s	u
大于	至	11	9	7	6	6	7	9	11	6	6	6	6	6
315	355	-360 -720	-210 -350	-62 -119	-18 -54	0 -36	0 -57	0 -140	0 -360	+40 +4	+73 +37	+98 +62	+226 +190	+426 +390
355	400	-400 -760											+244 +208	+471 +435
400	450	-440 -840	-230 -385	-68 -131	-20 -60	0 -40	0 -63	0 -155	0 -400	+45 +5	+80 +40	+108 +68	+272 +232	+530 +490
450	500	-480 -880											+292 +252	+580 +540

表 F-3 优先配合中孔的极限偏差（GB/T 1800.4） （单位：μm）

基本尺寸 /mm		公差带											
		C	D	F	G	H				K	N	P	S	U
大于	至	11	9	8	7	7	8	9	11	7	7	7	7	7
—	3	+120 +60	+45 +20	+20 +6	+12 +2	+10 0	+14 0	+25 0	+60 0	0 -10	-4 -14	-6 -16	-14 -24	-18 -28
3	6	+145 +70	+60 +30	+28 +10	+16 +4	+12 0	+18 0	+30 0	+75 0	+3 -9	-4 -16	-8 -20	-15 -27	-19 -31
6	10	+170 +80	+76 +40	+35 +13	+20 +5	+15 0	+22 0	+36 0	+90 0	+5 -10	-4 -19	-9 -24	-17 -32	-22 -37
10	14	+205 +95	+93 +50	+43 +16	+24 +6	+18 0	+27 0	+43 0	+110 0	+6 -12	-5 -23	-11 -29	-21 -39	-26 -44
14	18													
18	24	+240 +110	+117 +65	+53 +20	+28 +7	+21 0	+33 0	+52 0	+130 0	+6 -15	-7 -28	-14 -35	-27 -48	-33 -54
24	30													-40 -61
30	40	+280 +120	+142 +80	+64 +25	+34 +9	+25 0	+39 0	+62 0	+160 0	+7 -18	-8 -33	-17 -42	-34 -59	-51 -76
40	50	+290 +130												-61 -86
50	65	+330 +140	+174 +100	+76 +30	+40 +10	+30 0	+46 0	+74 0	+190 0	+9 -21	-9 -39	-21 -51	-42 -72	-76 -106
65	80	+340 +150											-48 -78	-91 -121

(续)

基本尺寸/mm		公差带											
		C	D	F	G	H				K	N	P	S	U
大于	至	11	9	8	7	7	8	9	11	7	7	7	7	7
80	100	+390 +170	+207 +120	+90 +36	+47 +12	+35 0	+54 0	+87 0	+220 0	+10 -25	-10 -45	-24 -59	-58 -93	-111 -146
100	120	+400 +180											-66 -101	-131 -166
120	140	+450 +200	+245 +145	+106 +43	+54 +14	+40 0	+63 0	+100 0	+250 0	+12 -28	-12 -52	-28 -68	-77 -117	-155 -195
140	160	+460 +210											-85 -125	-175 -215
160	180	+480 +230											-93 -133	-195 -235
180	200	+530 +240	+285 +170	+122 +50	+61 +15	+46 0	+72 0	+115 0	+290 0	+12 -33	-14 -60	-33 -79	-105 -151	-219 -265
200	225	+550 +260											-113 -159	-241 -287
225	250	+570 +280											-123 -169	-267 -313
250	280	+620 +300	+320 +190	+137 +56	+69 +17	+52 0	+81 0	+130 0	+320 0	+16 -36	-14 -66	-36 -88	-138 -190	-295 -347
280	315	+650 +330											-150 -202	-330 -382
315	355	+720 +360	+350 +210	+151 +62	+75 +18	+57 0	+89 0	+140 0	+360 0	+17 -40	-16 -73	-41 -98	-169 -226	-369 -426
355	400	+760 +400											-187 -244	-414 -471
400	450	+840 +440	+385 +230	+165 +68	+83 +20	+63 0	+97 0	+155 0	+400 0	+18 -45	-17 -80	-45 -108	-209 -272	-467 -530
450	500	+880 +480											-229 -292	-517 -580

附录 G 常用材料及热处理

表 G-1 黑色金属

名 称	牌 号	说 明	应 用 举 例
灰铸铁件 GB/T 9439—1988	HT100	HT——"灰铸铁"代号 150——抗拉强度（MPa）	属低强度铸铁。用于盖、手把、手轮等不重要零件
	HT150		属中等强度铸铁。用于一般铸件如机床座、端盖、带轮、工作台等
	HT200		属高强度铸铁。用于较重要铸件如气缸、齿轮、凸轮、机座、床身、飞轮、带轮、齿轮箱、阀壳、联轴器、轴承座等
球墨铸铁件 GB/T 1348—2009	QT450—10	QT——"球墨铸铁"代号 450——抗拉强度（MPa） 10——伸长率（%）	具有较高的强度和塑性。广泛用于机械制造业中受磨损和受冲击的零件，如曲轴、气缸套、活塞环、摩擦片、中低压阀门、千斤顶座等
	QT500—7		
	QT600—3		
一般工程用铸造碳钢件 GB/T 11352—2009	ZG200—400	ZG——"铸钢"代号 200——屈服强度（MPa） 400——抗拉强度（MPa）	用于各种形状的零件，如机座、变速箱壳等
	ZG270—500		用于各种形状的零件，如飞轮、机架、水压机工作缸、横梁等
	ZG310—570		用于各种形状的零件，如联轴器、气缸、齿轮及重负荷的机架等
碳素结构钢 GB/T 700—2006	Q215A	Q——"屈"字代号 215——屈服强度（MPa） A—质量等级	塑性大、抗拉强度低、易焊接。用于炉撑、铆钉、垫圈、开口销等
	Q235A		有较高的强度和硬度，伸长率也相当大，可以焊接，用途很广，是一般机械上的主要材料。用于低速轻载齿轮、键、拉杆、钩子、螺栓等
	Q275		
优质碳素结构钢 GB/T 699—1999	15、15F	15——平均碳的质量分数（万分之几） F——沸腾钢	塑性、韧性、焊接性能和冷冲性能均极好，但强度低。用于螺钉、螺母、法兰盘、渗碳零件等
	35		不经热处理可用于中等载荷的零件，如拉杆、轴、套筒、钩子等；经调质处理后适用于强度及韧性要求较高的零件，如传动轴等
	45		用于强度要求较高的零件，如齿轮、机床主轴、花键轴等
	15Mn	15——平均碳的质量分数（万分之几） Mn——含锰量较高	其性能与15钢相似，渗碳后淬透性、强度比15钢高
	45Mn		用于受磨损的零件，如转轴、心轴、齿轮、花键轴等

表 G-2　有色金属及非金属材料

名　称		牌　号	说　明	应用举例
有色金属	普通黄铜 GB/T 5231—2001	H62	H——"黄铜"的代号 96——基体元素铜的含量	用于热轧、热压零件，如套管、螺母等
		H68		用于复杂的冷冲零件和拉伸零件，如弹壳、垫座等
		H96		用于散热器和冷凝器管子等
	铸造青铜 GB/T 1176—1987	ZCuSn5Zn5Pb5	Z——"铸造"代号 Cu——基体金属铜元素符号 Sn10——锡元素符号及平均质量分数(%)	用于轴瓦、衬套、缸套、离合器、蜗轮等中等滑动速度下工作的耐磨、耐腐蚀零件
		ZCuSn10Zn2		用于中等及较高负荷和小滑动速度下工作的重要管配件以及阀、旋塞、泵体、齿轮、叶轮、蜗轮等
		ZCuAl9Fe4Ni4Mn2		用于船舶螺旋桨、耐磨和400℃以下工作的零件，如轴承、齿轮、蜗轮、螺母、阀体、法兰等
		ZCuAl10Fe3		用于强度高、耐磨、耐蚀的零件，如蜗轮、轴承、衬套、耐热管配件等
	铸造铝合金 GB/T 1173—1995	ZAlSi5Cu1Mg	Z——"铸造"代号 Al——基体元素铝元素符号 Si5——硅元素符号及平均质量分数（%）	用于风冷发动机的气缸头、机闸、油泵体等225℃以下工作的零件
		ZAlCu4		用于中等载荷、形状较简单的200℃以下工作的小零件
非金属	尼龙	尼龙6	6、66 为顺序号，66 比 6 的力学性能和线膨胀系数高	力学性能高、韧性好、耐磨、耐水、耐油，用于一般机械零件、传动件及减磨耐磨件，如齿轮、蜗轮、轴承、丝杠、螺母、凸轮、风扇叶轮、螺钉、垫圈等。其特点是运转时噪声小
		尼龙66		
	工业橡胶板 GB/T 5574—2008	3707	37、38——顺序号 07——扯断强度（kPa）	用于在一定温度的机油、变压器油、汽油等介质中工作的零件，冲制各种形状的垫圈
		3807		
		3709		
		3809		
	软钢纸板 QB/T 2200—1996		规格： 920×650　650×490 650×400　400×300	用于密封连接处垫片
	工业用毛毡 FZ/T 25001—1992	T112—32~44 T122—30~38 T132—32~36	T112——细毛 T122——半粗毛 T132——粗毛 后两位数是密度（g/cm³）的百分数（如 0.32~0.44g/cm³）	用作密封、防振缓冲衬垫

表 G-3　常用的热处理方法及应用（GB/T 12603—2005 和 JB/T 8555—2008）

名　称	有效硬化层深度和硬度标注举例	处 理 方 法	应 　用
退火	退火 163~197HBW	将钢件加热到临界温度以上，保温一段时间，然后缓慢地冷却下来（例如在炉中冷却）	用来消除铸、锻、焊零件的内应力，降低硬度，改善加工性能，增加塑性和韧性，细化金属晶粒，使组织均匀。适用于含碳量（质量分数）在 0.83% 以下的铸、锻、焊零件
正火	正火 170~217HBW	将钢件加热到临界温度以上，保温一段时间，然后在空气中冷却下来，冷却速度比退火快	用来处理低碳和中碳结构钢件及渗碳零件，使其晶粒细化，增加强度与韧性，改善切削加工性能
淬火	淬火 42~47HRC	将钢件加热到临界温度以上，保温一段时间，然后在水、盐水或油中急速冷却下来	用来提高钢的硬度、强度和耐磨性。淬火后会引起内应力及脆性，因此淬火后的钢件必须回火
回火		将淬火后的钢件，加热到临界温度以下的某一温度，保温一段时间，然后在空气或油中冷却下来	用来消除淬火时产生的脆性和内应力，以提高钢件的韧性和强度
调质	调质 200~230HBW	淬火后进行高温回火（450~650℃）	可以完全消除内应力，并获得较高的综合力学性能。一些重要零件淬火后都要经过调质处理
感应加热淬火	48~52HRC	用火焰或高频电流将零件表面迅速加热至临界温度以上，急速冷却	使零件表层有较高的硬度和耐磨性，而内部保持一定的韧性，零件既耐磨又能承受冲击，如重要的齿轮、曲轴、活塞销等
渗碳	58~63HRC	将低、中碳钢件，在渗碳剂中加热到 900~950℃，停留一段时间，使零件表面增碳 0.4~0.6mm，然后淬火	增加零件表面硬度、耐磨性、抗拉强度及疲劳极限。适用于低碳、中碳结构钢的中小型零件及大型重负荷、受冲击、耐磨的零件
碳氮共渗	58~63HRC	使零件表面增加碳与氮，其扩散层深度较浅（0.2~0.5mm），在 0.2~0.4mm 层具有 66~70HRC 的高硬度	增加结构钢、工具钢零件的表面硬度、耐磨性及疲劳极限，提高刀具切削性能和使用寿命。适用于要求硬度高、耐磨的中、小型及薄片的零件和刀具
渗氮	≥850HV	使零件表面增氮，氮化层为 0.25~0.8mm。氮化层硬度极高（达 1200HV）	增加零件的表面硬度、耐磨性、疲劳极限及抗蚀能力。适用于含铝、铬、钼、锰等的合金钢，如要求耐磨的主轴、量规、样板、水泵轴、排气门等零件
冷处理		将淬火钢件继续冷却至室温以下的处理方法	进一步提高零件的硬度和耐磨性，使零件尺寸趋于稳定，如用于滚动轴承的钢球

(续)

名　称	有效硬化层深度和硬度标注举例	处 理 方 法	应　用
发蓝发黑		用加热办法使零件工作表面形成一层氧化铁组成的保护性薄膜	防腐蚀、美观，用于一般紧固件
时效		自然时效：在空气中存放半年到一年以上 人工时效：加热到200℃左右，保温10~20h或更长时间	使铸件或淬火后的钢件慢慢消除内应力，而稳定其形状和尺寸

参 考 文 献

[1] 全国技术产品文件标准化技术委员会. 技术产品文件标准汇编：技术制图卷［G］. 2版. 北京：中国标准出版社, 2009.
[2] 全国技术产品文件标准化技术委员会. 技术产品文件标准汇编：机械制图卷［G］. 北京：中国标准出版社, 2007.
[3] 王槐德. 机械制图新旧标准代换教程［M］. 北京：中国标准出版社, 2004.
[4] 钱可强. 机械制图［M］. 5版. 北京：中国劳动社会保障出版社, 2007.
[5] 金大鹰. 机械制图［M］. 北京：机械工业出版社, 2005.
[6] 刘贵森. 机械识图［M］. 2版. 北京：中国劳动社会保障出版社, 2008.
[7] 霍振生. 汽车机械识图［M］. 北京：高等教育出版社, 2005.
[8] 大连理工大学. 机械制图［M］. 5版. 北京：高等教育出版社, 2003.
[9] 夏华生. 机械制图［M］. 3版. 北京：高等教育出版社, 2004.
[10] 钱可强, 邱坤. 机械制图［M］. 2版. 北京：化学工业出版社, 2008.
[11] 李跃兵, 钟震坤. 机械制图［M］. 长沙：中南大学出版社, 2008.
[12] 杨裕根, 诸世敏. 现代工程制图［M］. 2版. 北京：北京邮电大学出版社, 2006.
[13] 姚民雄. 机械制图［M］. 北京：电子工业出版社, 2009.
[14] 刘家平. 机械制图［M］. 西安：西安电子科技大学出版社, 2006.
[15] 陈家瑞. 汽车构造［M］. 5版. 北京：人民交通出版社, 2010.
[16] 解云. 汽车构造［M］. 北京：中国劳动社会保障出版社, 2004.
[17] 张永高. 机械识图［M］. 北京：人民交通出版社, 1998.
[18] 侯文君. 机械制图［M］. 北京：北京邮电大学出版社, 2006.